老罗话指数投资系列

U0869528

指数基金投资

从入门到精通

修订版

老罗 著

電子工業出版社
Publishing House of Electronics Industry
北京•BEIJING

内 容 简 介

本书的写作初衷是写一本让大家能看懂的、干货满满的、注重实战而不是理论知识和教条堆砌的指数投资书籍。对于很多上班族而言，如果平常几乎没有研究股票和基金的时间和精力，那么定投指数基金是一个不错的投资方式，这类投资者可以好好看看本书定投章节的内容，从中可以学习到定投的优势、定投金额、定投品种及止盈方式等相关知识。

对于爱好学习及时间充裕的投资者来说，可以通过学习本书，掌握如何挑选一只好的指数基金，学会运用指数估值数据选择指数基金，并且在不同市场环境下合理运用不同策略投资指数基金，了解指数基金产品进行低风险套利的方法，最终通过学会更多的指数投资相关知识，来帮助自己更好地进行投资理财。

本书内容由浅入深，既适合基金投资的新手，也适合希望进一步提升指数投资能力的投资老手。在每个章节的最后，老罗都会谈谈自己对该节内容的感悟和理解，帮助大家更好地理解每个章节的内容。

图书在版编目（CIP）数据

指数基金投资从入门到精通 / 罗国庆著. —修订本. —北京：电子工业出版社，2020.11
（老罗话指数投资系列）
ISBN 978-7-121-39700-4

Ⅰ. ①指… Ⅱ. ①罗… Ⅲ. ①指数－基金－投资 Ⅳ. ①F830.59

中国版本图书馆 CIP 数据核字（2020）第 187576 号

责任编辑：高洪霞
印　　刷：三河市华成印务有限公司
装　　订：三河市华成印务有限公司
出版发行：电子工业出版社
　　　　　北京市海淀区万寿路 173 信箱　　　　邮编：100036
开　　本：720×1000　1/16　　印张：23　　字数：439 千字
版　　次：2019 年 7 月第 1 版
　　　　　2020 年 11 月第 2 版
印　　次：2022 年 7 月第 5 次印刷
定　　价：79.80 元

凡所购买电子工业出版社图书有缺损问题，请向购买书店调换。若书店售缺，请与本社发行部联系，联系及邮购电话：（010）88254888，88258888。

质量投诉请发邮件至 zlts@phei.com.cn，盗版侵权举报请发邮件至 dbqq@phei.com.cn。

本书咨询联系方式：010-51260888-819，faq@phei.com.cn。

推 荐 序

“授人以鱼不如授人以渔”，我司指数基金经理罗国庆在繁忙的工作之余，将在多年指数与指数基金投资研究过程中的所思所想记录下来，以生动形象的文字为投资者深入浅出地展示“从指数到指数基金投资理念，再到指数基金投资技巧”的整个过程，这种努力值得赞赏。

近年来，指数投资在全球日益受到重视，尤其以低成本、高透明度和高效率为特色的 ETF，更是冲击了全球资产管理行业的传统思维模式，成为当前全球金融市场最成功的创新产品之一。根据普华永道会计师事务所的统计，截至2017 年年底，全球 ETF 行业规模已超过 4.6 万亿美元，近 10 年年均复合增长率超过 20%，且当前依然维持快速增长之势。

在海外指数投资行业发展如火如荼之际，境内指数投资行业经过 10 余年发展也取得了阶段性成果，但与海外成熟市场相比，仍有很长的路要走。境内市场在指数产品布局的广度上，已涵盖了境内外权益型指数、债券型指数、商品、REITs、货币等主流资产，大类品种已相对齐全。但境外权益型指数、债券型指数、商品、REITs 等品种还相对较少，投资者可选择的余地有限，未来可开拓的空间较大。在权益型指数方面，境内市场遵循了从宽基、行业、风格、主题指数再到策略指数的路径，未来 Smart Beta 指数产品将更加受到重视。在指数产品形式上，场内基金日益受到追捧，未来 ETF 将越来越受欢迎。

对于专业性较强的指数投资领域，投资者教育是一项长期而艰巨的任务。纵观海外市场，哪怕是美国这类指数投资已颇为成功的市场，对投资者的教育依然是当前各参与方工作的重点。回首境内市场，指数投资行业经过多年发展，已初具规模，也积聚了不少忠实的中小投资者群体。“老罗话指数投资系列”之《指数基金投资从入门到精通》（修订版）一书是基金经理面向中小投资者答疑解惑的著作。该书以基金经理罗国庆近 10 年的一线从业经验为基础，综合了作者对指数、指数基金投资理念、投资技巧、投资心态调整等方面的理解与总结，该书脉络清晰、可读性强，内容由浅入深，较为适合初入市场的中小投资者阅读。

“博学而笃志，切问而近思”，投资是贯穿我们一生的事情，资本市场唯一确定的事情就是不确定性，投资者能做的只有不断地总结与反思。相信罗国庆能够在长期的职业生涯中，保持对指数投资事业的这份专注与热情，随着行业发展的变迁，不断修正与丰富“老罗话指数投资系列”图书的内容，将其打造成中小投资者进入指数投资领域的教科书。也希望更多的从业人员能够在工作之余，加入到为投资者解疑答惑的投教之路，更愿相信在各方的共同努力下，境内指数投资行业发展前景可期。

广发基金管理有限公司总经理　林传辉

前　言

当下社会比较流行的一句话就是“你不理财，财不理你”，而当前投资理财品种主要以银行理财、股票、基金、黄金、信托等为主。指数基金作为投资理财的重要品种，近年来也越来越得到投资者的接受和喜欢。大家已经不满足于银行理财的那几个点的收益率，希望找到一种能够获得更高收益率的投资方法。这也是我写本书的原因，希望通过对本书的学习，帮助大家找到适合自己的指数投资方法，让大家对指数基金从入门到精通，学会一门理财投资的技能。

指数投资能否帮助投资者实现投资收益率十年十倍呢？我的回答是：尽管比较难，但是可以实现。如果你选择代表成长的宽基指数中证 500 指数，在 2005 年 1 月 1 日买入，持有到 2015 年 6 月 12 日，你的投资收益率可以达到 1155%；或者从中证一级行业里面选择有潜力的全指信息、全指消费、全指医药行业，在 2005 年 1 月 1 日买入，持有到 2015 年 6 月 12 日，你的投资收益率可以分别达到 1182%、1232% 和 1551%，同样也能实现十年十倍的收益率。除了长期持有的方法，你还可以通过指数定投或者指数波段操作方法，运用中证 500 指数等指数基金进行操作，也可能实现十年十倍的收益率。

为什么很多人投资指数基金赚不到钱，反而赔钱呢？

很多投资者发现指数基金的盈利效果不好，有些人甚至亏钱，这主要是因为没找到适合自己的投资方法。很多新人投资指数基金，可能在市场低位买入 1000 元，赚了 200 元，感觉投资太容易了，后悔自己为什么当初买那么少，就在高点买入 2 万元，结果市场下跌，于高位被套；还有一种投资者在市场高点满仓或者高仓位买入，后续市场下跌导致亏损变大，但是发现自己没有额外资金补仓降低成本。相信这两种投资者在亏钱的投资者中占很大比例，究其原因，是没有找到适合自己的投资策略和方法。

对于普通投资者来说，是否能找到适合自己的投资方式呢？

我觉得是完全可以的，本书的写作初衷就是写一本让大家能看懂的、干货满满的、注重实战而不是理论知识和教条堆砌的指数投资图书，即帮助更多投资者玩转指数基金，找到适合自己的投资方式。

对于很多上班族而言，如果平常几乎没有研究股票和基金的时间和精力，那么定投指数基金是一个不错的投资方式，这类投资者可以好好看看本书中关于定投章节的内容，从中可以学到定投的优势、定投金额、定投品种及止盈的方式等相关知识。

对于爱好学习及时间充裕的投资者来说，可以通过本书学习如何挑选一只好的指数基金，学会运用指数估值数据选择指数基金，并且在不同市场环境下合理运用不同策略投资指数基金，了解指数基金产品进行低风险套利的方法，最终通过学会更多的指数投资相关知识，帮助自己更好地进行投资理财。

《指数基金投资从入门到精通》自 2018 年 7 月上市以来，深受投资者喜欢，长期位居京东、当当、天猫等平台基金类书籍畅销榜前列。很多读者评论读后受益良多，同时也反馈了一些问题，加之我这几年在指数投资方面有一些新的思考，所以下决心将《指数基金投资从入门到精通》一书重新修订、完善。此次修订不仅是在数据方面进行了更新，还删除了分级基金和晦涩难懂的内容，并在基金的入门投资基础知识、投资策略、资产配置等内容方面进行了完善，使本书的实战性和可读性得到了进一步提升。

本书写法由浅入深，既适合基金投资的新手，也适合希望进一步提升指数投资能力的投资老手。在每章的最后，老罗都会谈谈自己对该部分内容的感悟和理解，帮助大家更好地理解相应的内容。

第 1 章主要介绍指数基金的魅力，让大家更深刻地了解指数投资的优势，以及为何指数投资在海外大行其道，了解指数基金之父为何看好指数基金的发展，知道为什么连“股神”巴菲特都多次推荐指数产品，这些内容将更有利于读者对指数投资的理解。

第 2 章和第 3 章围绕指数的应用方法，以及市场常见的各类型指数的投资价值分析，介绍了指数体系分类和指数的加权方式，价格指数与全收益指数的区别，并指导投资者如何去研究一只指数的基本情况，掌握指数的计算指标，以及如何运用指数的估值指标帮助自己判断指数是否具有投资价值，最后按照宽基、行业、主题、策略及跨境的分类介绍市场上主要的各类常见指数，这对大家以后投资相关指数基金有很大的帮助。

第 4 章是针对不同类型的指数基金进行介绍，主要围绕我们常用的股票型指数基金、债券指数基金、商品指数基金及跨境指数基金，主要介绍了各类型指数基金的基本概况、优势，以及当前市场主要的指数基金产品情况。

第 5 章对指数基金的重要品种 ETF 进行了详细介绍，帮助大家了解 ETF 的基础知识、交易机制、沪深跨市场的交易模式及套利机制。

第 6 章和第 7 章主要介绍了指数基金投资入门知识和投资技巧，介绍了大家疑惑的场内指数基金与场外指数基金的区别，指数基金费用、分红、净值和清盘等复杂的知识点，最后分享了选择指数基金的技巧。

第 8 章主要针对指数基金定投知识进行了由浅入深的讲解。告诉大家指数基金的定投可能是适合很多散户的投资方式、如何选择指数基金进行定投，并介绍了掌握定投的关键——微笑曲线，以及在牛市来临时如何进行定投止盈等。

第 9 章介绍指数基金投资策略，讲解了对指数基金这种工具如何进行策略的运用，大家可以在这些策略中找到适合自己的投资策略，并在实践中不断运用。

第 10 章介绍了指数基金配置策略，基于经济周期下的 ETF 配置策略，为什么我们需要配置股票资产，以及如何动态调整资产配置策略，帮助大家通过对本书的学习，找到伴自己一生的投资方式。

在创作这本书的过程中，得到了很多朋友的支持和帮助。感谢广发基金管理有限公司总经理林传辉，在百忙之中给本书写序，并在日常工作中给我很多的帮助和支持。感谢电子工业出版社的编辑们，为了使本书早日问世，不辞辛劳地进行编辑、排版。感谢这几年来一路支持我的粉丝。感谢我的妻子，在这几年我出差和工作加班的过程中，无怨无悔地支持我，没有她的理解和帮助，我很难坚持把这本书稿完成。相信看完这本书的投资者，都将会对指数投资有更深的理解，也能够找到适合自己的投资方法。由于笔者能力有限，书中若有不足之处欢迎大家多多指正。另外，大家可以关注我的雪球账号和微信公众号“老罗话指数投资”（ID：index_fund），在每个交易日都会发布市场主流指数的估值数据，并且争取每天分享一篇原创指数投资相关的科普文章，与大家共同进步。

老罗

2020 年 7 月 28 日

作者介绍

老罗，广发基金公司指数投资部负责人兼基金经理、央视财经栏目嘉宾、雪球“大V”（ID：老罗话指数投资），江湖人称老罗，多年来专注于指数及量化投资领域。曾多次在包含证券三大报在内的权威财经媒体发表指数投资相关的文章，并长期担任沪深交易所“指数基金及ETF特约讲师”。

老罗秉承“授人以鱼不如授人以渔”的原则，结合自己多年的指数投资一线从业经历，以原创为主的方式，向广大投资者传授“指数及指数基金投资理念、投资技巧”。以“老罗话指数投资”为品牌的雪球专栏和微信公众号的粉丝数超过40万，成为最受投资者欢迎的指数投资自媒体号之一。

对于投资经验不足的中小投资者，老罗更推崇以指数基金定投的方式介入市场，并在其公众号中详细阐述了定投的理念及投资方法。投资是贯穿投资者一生的长期事业，老罗深知“独行者速，众行者远”的道理，因此，愿意以开放的心态将自己在指数投资管理过程中的所思所想与投资者共同分享，也达到鞭策自己的作用。

同时，作为一名指数与量化行业的从业者，老罗更注重“用数据说话”，所发布的文章一般除要求有逻辑性外，还要求有数据支持，包括公众号中每个交易日发布的市场主流指数估值及历史分位等数据，相信都可以成为投资者投资指数基金的重要参考。老罗真心希望“老罗话指数投资”这一平台能够为投资者带来实实在在的能力提升，也希望投资者与老罗共同努力，一起在投资的征途上走得更远。

目　录

第 1 章　指数基金的魅力

1.1　找到适合自己的理财方式

如何理财？这是当下大家最关心的热点问题。绝大多数工薪阶层或者中产阶层，并不甘心只存银行定期、只买货币型基金，也希望有办法去分享股票市场高额的投资回报。所以，老罗经常碰到很多“小白”客户在“老罗话指数投资”微信公众号问些让人哭笑不得的问题。比如“老罗，你觉得明天大盘会涨吗？”“老罗，买哪只股票可以赚大钱？”“老罗，通过买基金可以实现快速致富吗？”，等等。

在遇到这些问题时，老罗常常在想，要是投资这么简单，那不是全世界人民都发财了？要是我能每天预测涨跌，那么我每天通过炒股指期货放杠杆也早发财了。要是谁能准确告诉你某个投资品种一定赚大钱并且没有风险，那么他一定是骗子：如果有那么好的赚大钱机会，他为什么自己不借钱去赚这个钱，而把机会让给你呢？最典型的例子就是 P2P 理财，如果 P2P 收益率超过 10%、别人告诉你没风险，你一定要谨慎，如果收益率超过 20%并且宣传没风险，老罗可以负责地告诉你，那肯定是骗人的。钱宝、e 租宝等一个个血淋淋的案例在前，投资者一定要醒悟，往往你看中的是别人的收益，别人看中的是你的本金。

投资原则上最简单的四个常识，你要谨记。

（1）风险和收益成正比。大家要相信市场上都是聪明人，收益越高的资产伴随的风险也越高，很多人往往就是因为轻信了无良公司宣传的“高收益，零风险”的理财产品，而忽略了其存在的投资风险，最后落得血本无归的下场。因此，对自我进行风险评估、对理财产品逐一详细地了解和学习，是每一个投资者入门的必备功课。

（2）人取我弃，人弃我取。“股神”巴菲特也说过：“在别人贪婪的时候恐惧，在别人恐惧的时候贪婪。”最简单的例子就是每当身边的人都谈论股票、基金公司随随便便就发行规模达上百亿元的股票型基金时，通常都是股票投资的高位，在大家疯狂购买股票的时候，我们需要谨慎。反之，当大家谈股色变、基金管理公司募集成立新基金都非常困难的时候，通常是股票投资的低位，在大家恐惧购买股票的时候，我们可以贪婪。

（3）理性投资，远离杠杆。我们常在外汇和期货交易中听到人们谈论“杠杆”，通俗来讲就是通过借债、融资，用较少的钱撬动大量的钱，从而放大投资收益的一种高风险的交易方式。期货市场的“保证金交易”、A 股市场的“借钱炒股”都是杠杆投资的一种，然而，我们更加熟悉的往往是与“杠杆”有关的一桩桩失败的投资案例，甚至有人错用杠杆，不堪亏损的重负撒手人寰，令人唏嘘不已。对于时间紧、经验少的上班族和其他业余投资人士来说，老罗建议大家谨防杠杆操作，并且坚持“闲钱操作”原则，因为无论什么时候，超出自身承受能力的风险暴露都是十分危险的。

（4）不断学习，积累经验。投资的路上没有捷径，需要不断学习。投资大师查理·芒格经常说，广泛阅读大有裨益。广泛阅读、学习能够扩充我们的视野和格局，有助于我们培养独立客观思考的能力，提升自身投资的敏锐度和洞察力。学习如同吃饭，是需要我们坚持一生的事情。同时，投资经验的积累非常重要，每一次失败的投资，都能成为我们宝贵的财富，帮我们避免犯同样的错误。我们所经历的每轮投资，都会给我们一些经验教训，让我们能更好地应对下一轮的投资机会。

那么我们这些“小白”如何找到正确的、适合自己的理财方式呢？这就是本书的写作目的之一——让大家了解指数基金这个风靡全球的投资工具，希望每个人都能根据自己的性格，找到属于自己的投资方式。

很多“小白”可能都有这样的经历：听身边人说股市行情不错，于是投资 2 万元试水，结果赚了 4 千元，此时后悔自己投少了，感觉赚钱太容易了，马上追加了 10 万元，紧接着熊市来了，追加的 10 万元亏损掉 4 万元。很多新手就这样在高点被套，只好躺下“装死”，经历漫漫熊市几年，等待下一次牛市来临解套——这个过程是非常痛苦的。

那么有什么简单的、适合普通投资者的投资方式吗？

老罗认为，指数基金定投是最适合普通“小白”的投资方式，“股神”巴菲特也多次推荐指数基金，认为它最适合普通投资者，我会在第 8 章好好和大家说说指数基金定投。

说到基金定投，有一位定投达人萧女士，她凭借在基金定投上的探索和长期的坚持，在十余年的时间里，累计赚取了上千万元的收益，平均年化收益率为 20%。千万不要对平均 20%的年化收益率嗤之以鼻，因为就算是“股神”巴菲特的长期投资，年化收益率也才 20%出头而已。最难能可贵之处就在于，在长达十余年甚至数十年的时间里，她都能取得平均 20%的收益率。

假如中国香港的普通工薪阶层在 1964 年 18 岁的时候，每年拿出 1 万元开始定投恒生指数，定投 53 年，至 2017 年年底可以拥有 3052 万元的资产，而他投入的本金总共才 53 万元，年化收益率也仅为 8%，这就是定投和复利效应的威力。其实，在 A 股市场如果坚持定投类似于中证 500 这样的指数基金，牛市止盈出来接着开始定投，也可以实现年化 15%左右的收益率。当然，如果你在每轮牛市都能止盈实现年化 15%的收益率，只需要 40 年，就可以让 40 万元资产增值到 1 亿元。

当然，定投的最大问题是考验人的耐心，如果你觉得自己的性格不适合这种投资方式，那么可以选择 ETF、指数基金等方式，通过定投、资产配置、套利以及行业轮动等方式进行投资，这需要你有较好的指数方面的基础知识。老罗希望你在看完本书后，找到适合自己的投资方式，早日实现财务自由。

1.2　指数基金为什么经久不衰

提到指数基金，如今很多投资者已不陌生，殊不知指数投资起步之路却往往走得步履蹒跚。1975 年，全球第一只指数基金诞生。有别于传统主动投资，指数投资相信“大道至简、无为而治”，因为其否定主动基金经理的价值而一直不被华尔街所看好，甚至备受嘲讽。然而，时间是最好的试金石，经过 40 余年的检验，指数投资凭借其特有的优势一次次证明自身存在的价值，并最终成为可与主动投资分庭抗礼的市场流派。

1. 从昔日的“荒唐事”到华尔街的“香饽饽”

全球第一只指数基金是先锋基金1975年发行的第一指数投资信托(先锋500指数基金的前身)。作为指数投资的先行者和倡导者，先锋基金创始人约翰·博格（John Bogle）是全球公认的“指数基金之父”。然而，先锋500指数基金发行之初打算募集1.5亿美元，最终只募集了1100万美元，整个华尔街都在看博格的笑话，并将他这一疯狂的举动戏称为“博格的荒唐事”。

> **小贴士：**
>
> 古代的一个阿拉伯头目，为了找到他梦寐以求的钻石矿，寻遍天涯海角，几乎耗尽所有家产，最终绝望而死。多年之后，后人在他遗留下的一块牧场里遛马，不经意间发现了一块黝黑的石头，仔细查看竟是一块钻石，并由此找到了数英亩的钻石矿。

“所有这些钻石，其实就在这个阿拉伯头目自己家的后院。”博格认为，基金管理人辛苦找寻的股市“钻石”，恰恰就是人所共知的市场指数。博格是全球最大的两家共同基金组织之一——先锋集团的缔造者，他在共同基金领域如同巴菲特在股票投资领域一样名声显赫。

直到10年之后，市场中才出现第二只指数基金产品，这期间博格不仅承受着来自华尔街的嘲讽压力，还得为先锋基金的生存问题而苦恼。但华尔街那些“大佬”却没有预料到指数基金出现大逆转的局面。

统计显示，在第一只指数基金成立后的40余年间，指数基金（含ETF）资产大幅增长：从1975年的1100万美元增长到1985年的5.11亿美元，再到1995年的550亿美元，然后跃升至2005年的8680亿美元，再到2018年达到4.7万亿美元。值得一提的是，指数基金占权益类基金的比例也从1995年的不足4%，增长到2018年的36%。与指数基金大行其道形成鲜明对比的是，主动基金近年来不断遭遇净流出。据统计，2008年以来被动管理的指数基金净申购了近1万亿美元，而同期主动管理的股票型基金则净赎回6000多亿美元。

在共同基金行业的发展历程中，如此戏剧化的投资策略转变并没有先例。而博格凭借其强大的意志力与信心，坚持被动投资之路，最终赢得“指数基金之父”的美誉。如今，先锋基金凭借指数基金规模优势跃升至全美第二大投资集团。当前，指数基金、ETF 已成为华尔街各大机构竞相追逐的“香饽饽”，包括高盛、富达等以主动投资见长的机构，也相继加入指数投资的大军中。

2. 指数投资何以扭转格局

指数投资能够在 40 余年间实现大翻身，除“分散个股风险、低廉的费用与成本、不依赖于基金经理、明确的风险收益特征”等固有的优势外，还有以下几个方面的重要原因。

首先，时间是最好的试金石——长期来看，大多数主动基金难以战胜指数。在资本市场，投资的过程可能是主观的，但评价投资的结果却是相当客观的——用业绩说话。当初博格说服董事会同意其发行第一只指数产品，除保罗·萨缪尔森的《投资组合管理》奠定理论基础外，更重要的是历史数据对指数投资的支持：博格统计的从 1945 年到 1975 年标普 500 指数的年化收益率为 11.3%，同期主动股票型基金年化收益率仅为 9.7%，前者年化超额收益率为 1.6%，如表 1.1 所示。30 年累计超额收益率可达 863%。

表 1.1　美国市场 1945—1975 年间主动股票型基金与标普 500 指数收益率比较

主动股票型基金年化收益率	标普 500 指数年化收益率	指数基金年化超额收益率
9.7%	11.3%	1.6%

在 40 年后的 2015 年，先锋基金再次统计了自 1985 年到 2015 年标普 500 指数与主动管理基金的平均收益率，发现标普 500 指数年化收益率为 11.2%，同期大盘主动基金的平均收益率为 9.6%，同样跑不赢指数，如表 1.2 所示。70 余年的历史数据表明：长期来看，绝大多数主动管理基金难以战胜同期市场指数，这也成为指数投资最有力的实践支持。

表 1.2　股票型基金收益率

主动股票型基金年化收益率	标普 500 指数年化收益率	指数基金年化超额收益率
9.6%	11.2%	1.6%

3. 指数基金为什么经久不衰

如何建立一家伟大并长盛不衰的公司？著名的管理大师柯林斯在斯坦福大学为期 6 年的研究项目中，最终选出了 18 家他认为可以卓越非凡、长盛不衰的公司，这些公司包括通用电气、3M、默克、沃尔玛、惠普、迪士尼等，同时他也选取了 18 家平庸的企业作为对照公司，如表 1.3 所示。结果 20 多年过去了，我们发现很多被认为高瞻远瞩的企业并没有做到基业长青，甚至没能跑赢对照公司，比如过去 18 年来年化收益率仅为-9.3%的花旗、年化收益率低于通胀的美国运通和年化收益率为-3.3%的福特汽车。其中有几组研究企业和对照企业由于科技的发展或行业整体的衰退最终面临双双被时代抛弃的命运，比如先后被收购的摩托罗拉和顶峰电子、日渐式微的通用电气和已经破产的西屋电气。

表 1.3 研究对象中各组股票的对比

研究组			对照组			结果	
统计年数	研究对象	年化收益率	统计年份	对照企业	年化收益率	基业长青	跑赢对照企业
20 年	3M	11.3%	——	诺顿	——	是	是
20 年	美国运通	0.8%	20 年	富国银行	6.9%	否	否
20 年	波音	14.3%	——	麦道	——	是	是
20 年	花旗	−9.3%	20 年	大通	4.3%	否	否
20 年	福特汽车	−3.3%	8 年	通用汽车	1.4%	否	不确定
20 年	通用电气	−4.5%	——	西屋电气	——	否	不确定
20 年	惠普	−0.5%	20 年	德州仪器	2.0%	否	否
20 年	IBM	−0.6%	9 年	Burroughs	−12.5%	否	是
20 年	强生	4.6%	20 年	百时美	−1.2%	不确定	是
20 年	万豪酒店	11.6%	——	豪生酒店	——	是	不确定
9 年	默克制药	12.5%	9 年	辉瑞制药	14.4%	是	不确定
——	摩托罗拉	——	——	顶峰电子	——	否	不确定
19 年	诺斯通	9.5%	——	梅尔维尔	——	是	是
20 年	菲利普莫里斯	9.0%	12 年	雷诺烟草	36.8%	是	不确定
20 年	宝洁	6.2%	20 年	高露洁	3.3%	是	是
20 年	索尼	−1.3%	——	建伍	——	否	不确定
20 年	沃尔玛	2.4%	——	Ames 百货	——	是	是
20 年	迪士尼	7.9%	——	哥伦比亚	——	是	不确定

在 18 个研究对象中，有 9 家确定基业长青，1 家不确定，8 家确定没有基业长青。管理大师柯林斯精挑细选的这些当时的很多优秀公司都没能做到基业长青，我们又如何保证自己选择的公司能够一直有优秀的表现呢？在瞬息万变的世界里，唯一不变的就是变化本身，就算企业本身的内部环境不出现问题，也有很多的外部复杂因素在影响着企业的经营。与此同时，如果把企业比作一个生命体，那么经历完整的生命周期是必然发生的。由此可见，企业不能够做到经久不衰，就像人无法做到长生不老一样，同时企业过去的业绩也不能够作为未来业绩的保证。在这种情形下，作为投资者，我们所能做的就是尽量抓住不确定中的确定性、偶然中的必然，有效规避风险。

那么如何才能抓住不确定中的确定性，避免选错个股带来的损失呢？答案就是买指数基金。单个公司很难长期保持优势，倒闭或者被收购都是很有可能的事情，但是诸如纳斯达克 100、标普 500 等优秀的指数却能够经久不衰，这是不确定中的确定性。究其原因，指数的编制通常采用经典的市值加权的方法，而这种设计机制，能够使得指数在定期调样中实现成份股的优胜劣汰，从而保证在指数成份股中不断纳入优秀的上市公司，并且随着优秀上市公司的不断成长，优秀公司的指数权重占比不断加大。同样，被市场淘汰的企业也会被指数无情地剔除出指数成份股。例如，某家公司由于市场变化或经营不善，其股价就会被投资者"用脚投票"，公司的市值不断变小，同时由于市值的变化及公司经营业绩的变化，在指数的定期调样中该公司会被剔除。

以美国市场标普 500 指数为例，在 1980—1990 年前十大成份股主要以石油、能源企业为主，代表公司为荷兰皇家石油、埃克森美孚壳牌石油等石油巨头，而到 1990—2000 年前十大成份股主要以消费、制造企业为主，主要代表有可口可乐、沃尔玛、通用电气等优秀企业，而近年来，随着科技类互联网企业的快速发展，标普 500 指数前十大成份股主要以科技、互联网企业为主，涌现了苹果、谷歌、亚马逊等互联网科技龙头公司，如图 1.1 所示。

同样，我们以中国市场的深成指为例，1995 年前十大成份股主要以房地产公司为主，代表公司有中国宝安、深深房 A、世纪星源等。2005 年前十大成份股主要以能源类企业为主，代表公司有西山煤电、鞍钢股份、深圳能源等。到

2015 年，在前十大成份股中出现了一批优秀的家电消费类企业，代表公司有格力电器、美的集团、苏宁易购等。目前，深证成指前十大成份股涌现了不少科技、医疗类企业，代表公司有立讯精密、宁德时代、迈瑞医疗、海康威视等，如图 1.2 所示。

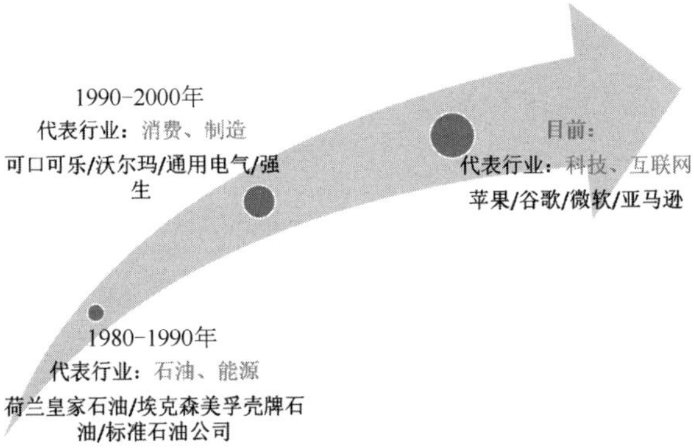

图 1.1　美国标普 500 主要成份股变化

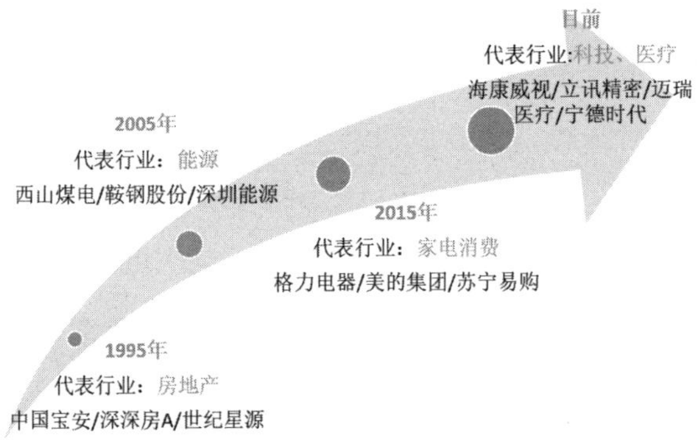

图 1.2　深成指主要成份股变化

俗语说“不要把鸡蛋放在同一个篮子里”，而投资指数基金正是把资金分散到指数中多只优秀的成份股里，避免了投资单只股票由于意外导致该股票退市而造成资金血本无归的情况。同时，也正是由于指数这种吐旧纳新的机制，才能将当下优秀企业不断纳入，使其权重占比不断变大，而将被时代淘汰的上市公司剔除，从而保证了指数基金经久不衰。

老罗有话说：

国内指数化投资还未深入人心，主要是由于我们的资本市场发展时间相对较短，而美国从指数基金诞生到大发展也经历了几十年的时间。国内指数基金没得到大发展有多方面的原因。老罗认为，第一是银行渠道不愿意销售指数基金，因为指数基金管理费率低，对于银行销售激励不足导致销售人员没有动力。第二是很多投资者对指数基金不够了解，指数产品更多的是工具，很多个人投资者不知道怎么运用指数基金进行投资。第三，指数基金的红利时代还未到来，美国 ETF 及指数基金大发展受益于其 401(K)计划，而中国 401(K)计划推出，会让更多养老型基金的底层资产选择费率低廉的指数基金产品进行配置。总之，老罗对指数基金尤其是场内 ETF 产品的未来发展非常看好，相信越来越多的投资者会配置指数基金。

1.3　指数基金之父约翰·博格

1. 约翰·博格何许人也

约翰·博格，指数基金之父，被《财富》杂志评为 20 世纪四位投资巨人之一。他是世界第一大基金管理公司先锋集团的创始人与董事长。1974 年，博格断定并不存在能战胜市场指数的基金，开始推行以指数为基准进行投资的原则，同年成立了先锋指数基金。尽管发展初期只有 1100 多万美元的资金，但是经过数十年的发展，这家基金公司旗下管理的资金超过 1 万亿美元。博格是指数基金的缔造者，他创造的指数基金开创了一个全新的投资时代。而在这些光环环绕之下的博格还有着另一面：他被人们称为基金行业的“圣徒”、资管行业的“讨厌鬼”。因为身为基金行业教父的他，年逾 80 岁高龄，却仍像不知疲倦的堂吉诃德一样，在媒体上批评、讽刺基金行业的弊端。而且，他常年为工薪族投资者提供低费率、低风险、收益稳定的投资产品，由于他对中小投资者的担当与承诺，而被誉为“投资行业的良知”。博格一直致力于推广指数基金，在海外市场，指数基金投资已经成为主流投资趋势。

2．与其选择干草堆里面的针尖，不如要干草堆

博格在一次演讲中提出，所谓干草堆和针的比喻，是引用了塞万提斯的一句话：“别在干草堆里找针”，指的是指数基金和所谓优秀的共同基金。在投资领域，“在干草堆里找针”的现象屡见不鲜，比如面对数以千计的各种基金产品，我们总是花大量精力查看基金历史记录，看媒体推荐，找朋友打听或者了解基金评级，希望找到一只优秀的、能给我们带来巨大且持续收益的基金。从另一个角度来看，我们找那根“针”，其实就是在找一位优秀的基金经理。由于各方面原因很多人不想去折腾股票，便交给“专业人士”来打理，自然希望这位“专业人士”的业务能力是最强的，即所谓的“明星基金经理”。有这一想法是人之常情。

但博格却用统计学规律告诉你，别费力在干草堆里找针了。他统计了 1970 年的股票型基金，当时“干草堆”中有 355 只基金，到 1999 年，这些基金经历了足够的长跑，结果是什么？其中 186 只关闭了，只剩下 169 只。而这些基金与美国市场收益相比，整体来看，幸存基金的年化收益率为 11.5%，而市场平均的年化收益率为 13.6%，如图 1.3 所示。

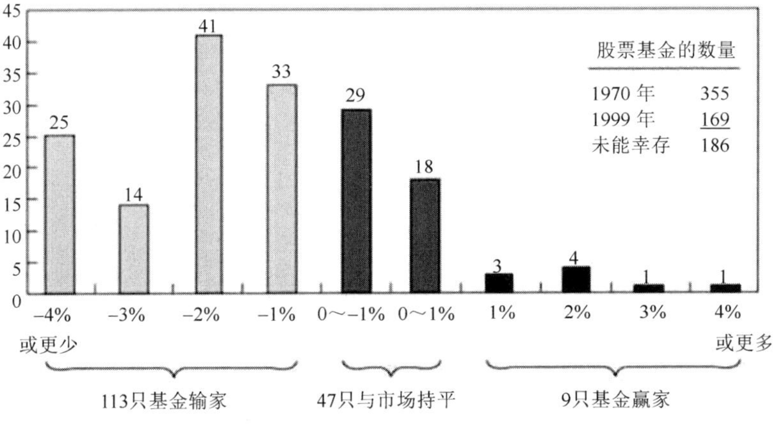

图 1.3 美国 1970 年和 1999 年股票型基金样本分析

接着，他具体分析幸存的基金，发现只有 9 只基金年化收益率超过市场 1 个百分点，鉴于几十年的观察期，每年高出这 1 个百分点已经足以产生巨大的复利差异，所以无疑，它们是优秀的基金。还有 18 只基金超过市场收益率不到 1%，29 只低于市场平均收益率 1%以内，勉强过得去，可以认为与市场持平。

而剩下的 113 只基金，年化收益率均低于市场 1%以上，其中 39 只平均每年低于市场 3%以上，有 25 只甚至落后于市场 4%以上。博格认为，长期拥有一只基金，首先生存概率就低于 50%，因为有很多中途就关门了，再综合以上计算，在基金市场干草堆中找到那根针的概率实际上只有 2.5%。

博格对专家的基金评级也不以为然，他提到，1991 年，专业的基金评级机构晨星，精选了 13 只股票型基金，作为自己员工 401（K）计划的投资标的。结果却如表 1.4 所示。

表 1.4　股票型基金收益率

	年均收益率（%）	累计收益率（%）
晨星基金	15.3	172
威尔逊 5000 指数	18.1	252
基金落后指数	-2.8	-80

数据来源：第一海外金融 App。

对于主动基金，博格没那么排斥，市场上也确实存在优秀的“针尖”，他只是提醒投资者，找到“针尖”的概率太低，即便找到了，“针尖”还有“生锈”的可能；而且能持续站在市场前列的优秀基金经理少之又少，再加上主动基金的管理费率比指数基金又高了许多，这些都与投资者的初衷相违背。本来，选择基金，是为了低成本（包括自己的时间成本、机会成本）投资，但若需要花费大量的时间找“针尖”，岂不是可能得不偿失？况且对于普通投资者而言，也不具备每年选到“针尖”的能力，就算选到也如中彩票，如果是这样，还不如放弃“针尖”，选择草堆。

3．博格的投资之道

博格对投资者的忠告是“关于基金的种种信息，往往被那些看上去无所不知的人宣讲，但无论获得了什么信息，我们都必须牢记，自己处于一个不确定的金融环境中，我们应该依靠的是常识性的原则”，并总结了下面 5 个投资原则。

（1）选择低成本基金

目前国内基金投资者非常看重基金预期收益率水平，而博格却把投资成本放到了第一位。实际上，对于基金投资中低成本的重要性，巴菲特也非常重视，他在哈萨维1996年年报中写道：成本确实很重要。基金产生的成本，其中很大一部分支付给了基金管理人，随着时间的推移，相当于对投资者收益征了税。

我们可以简单假设基金获得了10%的绝对收益，目前基金市场平均费率水平约为4%（包括申购费、赎回费、管理费等），可见我们本应获得的收益早已经被各种费用吞噬了近一半。可见，成本对投资收益结果还是非常重要的。

对于控制基金投资成本，博格建议从两方面考虑：

- 被动型基金（指数基金）优于主动型基金。指数基金采用的是跟踪某个标的指数的被动投资方式，研发费用低（只投资标的指数成份股，不必花费过多的资金去进行上市公司调研），交易费用少（跟踪指数走势，不像主动投资型基金那样频繁进出）。
- 在主动型基金中，低换手率的优于高换手率的。基金买卖过程中的交易成本，实际上被掩盖了，但这些成本同样吞噬着投资者的收益。博格建议，应该选择换手率较低的基金。成本只有40个基点的基金，好比帆船比赛中对付时速20海里的微风；有着150个基点费用的高成本基金，则无异于与时速130海里的台风抗衡。

（2）认真考虑成本

博格提出的第二个建议仍然与成本有关。很多投资者接触并决定购买基金，是通过媒体的介绍，或者代销机构的推荐，其中隐藏的附加成本，就是博格提醒投资者注意的问题。

美国市场目前约有3000只无销售佣金、无发行费用的基金，博格认为，对于那些具备一定分析能力的投资者，选择这种基金是个可行的方案。在基金品种选择正确的前提下，购买无发行费用的基金，就等于使成本占未来收益的比例下降到了最低。

对于那些不具备独立决策能力、需要接受投资建议的普通投资者，博格建议关注那些优秀咨询机构的研究报告。目前国内的银河证券基金评价中心、海通证券基金研究中心、华宝证券研究所等都提供独立第三方的基金分析报告，投资者可作为参考，但并不构成投资决策的唯一依据。正如博格所言："我并不认为有人能够预先得知谁将是业绩最优异的基金管理者。"

（3）不要过高评价明星基金

明星基金是基金公司力捧的招牌，这也是最被投资者看重的因素之一，不过约翰·博格对此并不十分在意，“或许业绩记录在评价纯种马速度时有用，当然有时也会失效，但在估计资金管理者会如何运营时，却往往容易出现误导”。因为即使有人能够预见市场未来的绝对收益，也不可能预测出个别基金相对于市场的收益，至多能预测出指数型基金的收益水平。

博格认为，很有可能预测准确的只有两种情况：一是高成本基金的业绩，通常劣于相应的市场指数；二是历史业绩显著优于市场指数收益的明星基金，会向市场平均值回归，甚至低于后者。

目前国内市场上，由于基金业历史还比较短，尚无相应统计数据，但从美国市场看，从 20 世纪 70 年代到 80 年代，以及 1987—1997 年两个时间段内，业绩位于市场前 25%的基金，回归到均值和均值以下的分别为 97%和 100%。

博格说：“基金行业非常清楚，几乎所有的绩优者，终有一天会失去他们的优势。基金发起人坚持花费巨资对过去的业绩广为传播，目的只有一个，就是吸引投资者的大量新资金。”

博格认为，历史业绩的真正参考意义在于，这些数据可以帮助投资者分析基金业绩是否具有可持续性，比如在经历上涨和下跌的完整过程中，基金是否能始终保持良好业绩；在相同的经济和政策环境下，目标基金是否显著优于其他同类型基金。

（4）大的未必是好的

博格曾提到这样一个例子：美国市场上某只成长型中市值基金，由于业绩出色吸引了大量的申购份额，但其业绩却随着基金份额的膨胀而不断恶化。1991—1995 年，该基金在 5 年时间内有 4 年的业绩排名位列行业第一梯队，基金规模也从 1200 万美元增加到 20 亿美元。从 1996 年开始的连续三年中，该基金规模最高达到了 60 亿美元，但业绩排名却跌到了行业末尾。

博格提醒投资者注意，一只低换手率、申购资金流入稳定的基金，要比采用积极操作、基金份额变动幅度大的基金更容易管理，因为后者需要更加频繁的交易。

博格说："太多的钱会损害投资效果。"原因一是规模提高了交易成本，而且规模越大，对所持有股票的价格影响也越大，这会在时间紧迫的交易中进一步加剧股票价格的波动；二是为了保持基金的流动性和分散投资原则，大市值基金不得不以更小的集中度，持有更多数量的股票，而每一只持仓品种所能提供的收益率也更低；三是相对于小市值的基金，大市值基金对于流动性要求更高，因此可以选择的股票品种更加有限。

（5）不要持有太多基金

国际著名基金评级机构美国晨星的一项调查显示，随机选取 4～30 只股票型基金建立组合，并不能达到降低风险的效果。

博格说：没有必要持有 5 只以上的股票型基金，因为过度分散投资的效果类似于投资于一只指数型基金，但由于股票型基金的成本高，导致最终的收益很可能低于指数。

分散持有不同风格的股票型基金，也未必是个明智选择。博格认为，假设建立由大市值混合型和小市值成长型基金构成的基金组合，这个组合将具有比市场更显著的波动性，这种比市场指数风险更高的组合没有意义。单一持有大市值混合型基金的风险，比任何基金组合都低。

老罗有话说：

老罗认为投资"大道至简"，想想我们通常是怎么选主动基金的：一般都是选择上一年表现非常优秀的明星基金经理，结果呢？大部分明星基金经理业绩很难持续优秀，他们很快从明星基金经理的神坛跌落，在中国是这样，在美国也是这样。借用博格的名言："选择干草堆里面的针尖，不如要干草堆。"

1.4 为何巴菲特如此青睐指数基金

"股神"巴菲特作为价值投资的楷模，成为无数人学习投资时的榜样，他的长期投资业绩是有目共睹的，但是令人想不到的是，巴菲特非常推崇指数投资，尽管他的主动投资收益率早已超过指数投资收益率。从 1993 年至今，巴菲特先后不下 10 次推荐了指数基金。

1993 年巴菲特在《致股东的信》中写道：“通过定期投资指数基金，一个什么都不懂的投资者通常都能打败大部分的专业基金经理。”巴菲特认为：“大部分的投资者，不管是机构投资者还是个人投资者，投资股票最好的方式是直接去买手续费低廉的指数型基金，而且这样做的收益（在扣除相关费用后），应该可以轻易地击败市场上的大部分投资专家。”

在 2004 年的《致股东的信》中，巴菲特痛心地剖析道：“过去 35 年来，美国企业创造了优异的业绩，按理说股票投资者也应该相应地取得优异的收益，只要大家以分散且低成本的方式投资所有美国企业即可分享其优异业绩，通过投资指数基金就可以做到，但绝大多数投资者很少投资指数基金，结果他们投资股票的业绩大多只是平平而已，有的甚至亏得惨不忍睹。我认为主要有三个原因，第一，成本太高，投资者买入卖出过于频繁，或者费用支出过大；第二，投资决策是根据小道消息或市场潮流做出的，而不是经过深思熟虑并且量化分析上市公司做出的；第三，盲目追涨杀跌，在错误的时间进入或退出股市。”

典型的股民炒股心态图如图 1.4 所示。

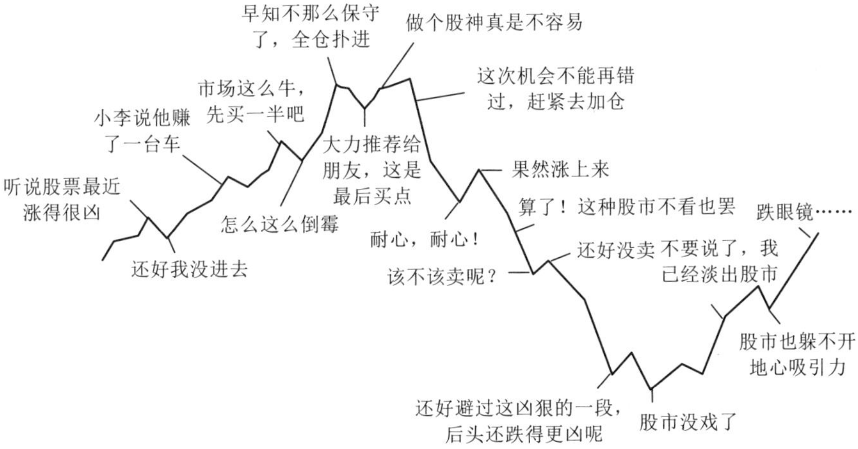

图 1.4　股民炒股心态图

在 2008 年伯克希尔股东大会上，Tim Ferriss 向巴菲特提问：“如果你只有 30 岁，没有其他经济依靠，只能靠一份全日制工作谋生，没有办法每天进行投资，假设你已经有些储蓄足够支撑你一年半的生活开支，那么你攒的第一个 100 万元将会如何投资？”巴菲特回答：“我会把所有的钱都投资于一只低成本的跟踪标准普尔 500 指数的指数基金，然后继续努力工作……”

2014 年的时候，巴菲特还立下遗嘱：如果他过世，那么其名下的 90%的现金将用于购买指数基金。巴菲特相信遵守这个策略，指数基金的长期业绩会战胜大多数聘请了高费率管理人的投资者——无论是养老金、机构还是个人。

小贴士：

1950 年，美国哥伦比亚大学商学院入学考试有这么一道题目：“假如你有两块面包，你会怎么做？”本杰明·格雷厄姆教授参加了阅卷，答案各种各样。有的学生说，我会留一块作为晚餐。教授批注道：你很节俭。有的学生说，我会送一块给乞丐。教授批注道：你很善良。有的干脆说，统统吃掉。教授笑了笑，批注道：你真可爱，我的孩子。

忽然，有一个答案吸引了他，上面写的是：假如我有两块面包，我会用其中一块去换一朵水仙花。本杰明教授在卷末为他批注了几行字：世人都知道面包的好，却不知道一朵水仙花的妙……我可爱的孩子，你小小年纪已经领略到人生的真谛，不为物质所累，堪成大器。

这名学生就是沃伦·巴菲特，当年刚刚 20 岁。后来本杰明教授一直对他非常关注，并将自己的所有知识和诀窍传授给他。1957 年，巴菲特筹集了 30 万美元，进入股市炒股，从此资金就像滚雪球一样越滚越多，到 2005 年，他的个人资产达到 440 亿美元，仅次于比尔·盖茨。

2006 年 6 月 25 日，巴菲特宣布，捐出 300 多亿美元的私人财富，投入慈善事业。这时人们才发现，他的“水仙花”开得如此美丽。2008 年，他以 620 亿美元的总资产超越比尔·盖茨，成为新的世界首富。

谁都知道，不是每个人都可以成为巴菲特的，但就像他年轻时那样，我们也可以在心里发一些利他的宏愿，并让这种强大力量推动我们尽可能多修些善法。其实行善不仅是高尚的，也是有智慧的，诚如《正法念处经》里所说：“一切时一心，常勤修善业，舍离不善者，此是智慧相。”有了这样的智慧，常常保持善良，我相信，终有一天，我们也可以绽放心中的水仙花。

1. 巴菲特的十年赌约

“股神”巴菲特曾多次向投资者推荐指数基金，说：“如果我和芒格只有 30 岁，只有一份稳定的工作，我想我们会把所有的钱都投到像约翰·博格管理的先锋 500 指数基金那样的低成本费率基金上。”

2007 年，巴菲特以 50 万美元作为赌注，宣称对冲基金的基金经理选择任何基金组合，10 年的收益率都不会超过标普 500 指数基金的收益率。来自美国对冲基金的西德斯接受了巴菲特的挑战。西德斯选择了 5 种对冲基金组合与巴菲特的标普 500 指数基金对赌。赌局协议内容如图 1.5 所示。

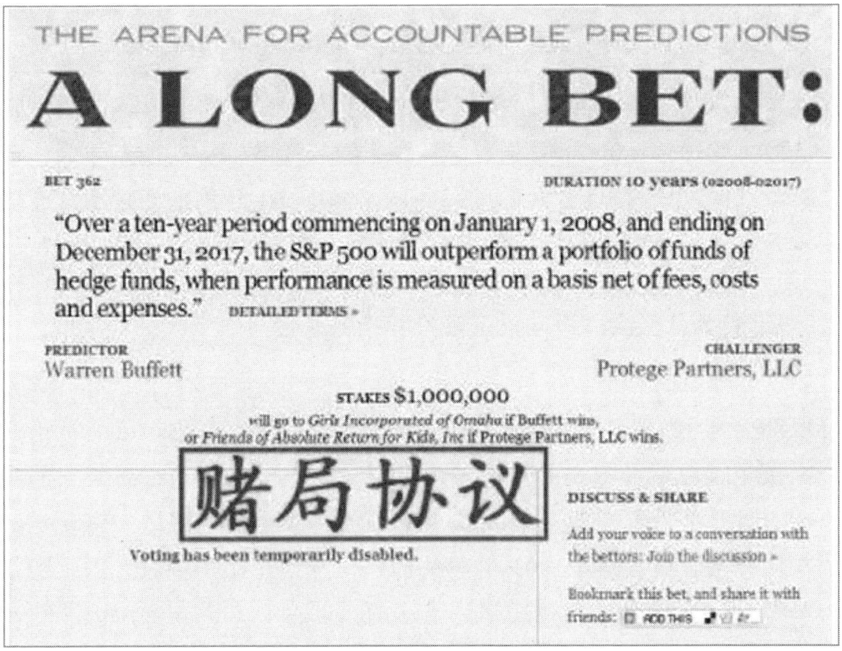

图 1.5　赌局协议内容

10 年过去，西德斯精选的 5 只 FOF 基金最初都有一个很好的开局，2008 年都跑赢了指数基金，然后就没有“然后”了。剩下 9 年里的每一年，5 只基金的整体组合都跑输了指数基金。标普 500 则累计获得 125.8%的收益率，8.5%的年化收益率，而西德斯精选的 5 只 FOF 基金平均年化收益率仅有 3.0%，远低于巴菲特选择的标普 500 指数的收益率，如图 1.6 所示。

年份	FOF 基金 A	FOF 基金 B	FOF 基金 C	FOF 基金 D	FOF 基金 E	标普 500 指数基金
2008	-16.5%	-22.3%	-21.3%	-29.3%	-30.1%	-37.0%
2009	11.3%	14.5%	21.4%	16.5%	16.8%	26.6%
2010	5.9%	6.8%	13.3%	4.9%	11.9%	15.1%
2011	-6.3%	-1.3%	5.9%	-6.3%	-2.8%	2.1%
2012	3.4%	9.6%	5.7%	6.2%	9.1%	16.0%
2013	10.5%	15.2%	8.8%	14.2%	14.4%	32.3%
2014	4.7%	4.0%	18.9%	0.7%	-2.1%	13.6%
2015	1.6%	2.5%	5.4%	1.4%	-5.0%	1.4%
2016	-3.2%	1.9%	-1.7%	2.5%	4.4%	11.9%
2017	12.2%	10.6%	15.6%	N/A	18.0%	21.8%
最终累计	21.7%	42.3%	87.7%	2.8%	27.0%	125.8%
年化收益率	2.0%	3.6%	6.5%	0.3%	2.4%	8.5%

图 1.6　5 只 FOF 基金与标普 500 指数收益率比较

当然，在对赌开始之前，巴菲特就知道自己必赢无疑。他说："我经常推荐的就是低成本的标普 500 指数基金，但是只有极少数谦虚的朋友才会相信我的话。"如今，许多个人投资者开始意识到，巴菲特 10 年前的建议多么有效。大量的资本开始进入低成本的指数基金，指数基金俨然成为最火热的投资品种。

2. 巴菲特为什么会一再向投资者推荐指数基金

这要从巴菲特的长期投资理念说起。我们都称巴菲特为"股神"，认为巴菲特的择股能力异于常人。然而，巴菲特一直不赞成投机行为，巴菲特于股东大会前一天接受雅虎财经主编苏安迪采访时坦言：投资者应该远离股票的短线交易，不要去做那些看起来像是自我毁灭的事情。股民所犯的最大错误是，自以为知道在何时买股票。对于 99%的股民而言，任何想做"择时"的企图都是错误的，甚至就连"择股"的想法都是错误的。就在股东大会上，巴菲特谈及投机行为时表示："我觉得投机是一种不太聪明的做法。"

小贴士：

指数化投资的魔力早在大大小小的实验中就被证实过了。最出名的是 20 世纪 80 年代末，美国投资理论界带着无情的有效市场假说（Efficient Market Hypothesis）要打分析师的脸。于是，《华尔街日报》出面组织了一场历时数年的著名公开竞赛：每一轮竞赛挑出一组当时最著名的华尔街分析师选股投资，另一方则是一只大猩猩，用它随意向墙上的报纸股票版扔飞镖掷中的股票组成投资组合，由双方投资组合一定时期后的收益率决定胜负。最后战绩竟然平分秋色。虽然分析师们的收益率总体还是高一些，但大猩猩的“飞镖组合”收益率超越了同期过半的主动投资基金！换句话说，我们当然可以期望超越市场平均的收益率，但华尔街分析师专家组不断换人，表明常胜将军真不常有，而投资者在每个时期要找到最优秀的基金经理、最适应市场的投资策略，就难上加难了。

其实，巴菲特一直是全球最优秀的长期投资者，并坚守长期投资的理念。在这里分享一下巴菲特的几句投资心得：“若你不打算持有某只股票达十年，则连十分钟也不要持有。”他奉行长期投资理念，而对于大多数投资者，巴菲特不推荐购买个股，他只推荐过一款投资方案，那就是指数基金。

这一看似矛盾的选择，其实源于对人性弱点的深刻理解，巴菲特曾说，如果你不能确定你远比“市场先生”更加了解你的公司并能够正确估价，那么你就不能参加游戏。绝大多数投资者无法克服“市场先生”的情绪左右，对于普通投资者而言，购买指数基金是更适用于他们的投资建议。

另外，单个公司很难长期保持优势，甚至多数公司连生存都困难，倒闭或者被收购是常事，这就是为何在过去 20 年美国很多公司已经不复存在，而且纳斯达克、标普 500 等指数频创新高的根本原因。指数基金有一套很好的机制，保证指数成份股都是好公司，优胜劣汰，新陈代谢，且费用低廉，长期看，优势非常明显。

老罗有话说：

个人投资者没有巴菲特的投资能力，却可以利用指数基金的天然优势获得很好的长期回报。当然最好选择中证 100、中证 500 或者创业板等宽基指数，它们代表性强，波动性小，还能有效地分散风险。同时，为了平滑短期的波动，指数基金定投是最好的投资方式。如此，既不用择时，也无须择股，只要相信 A 股市场未来还有牛市，那么指数基金定投就是不错的投资方式。另外，巴菲特分享投资理念时说：投资需要耐心，不要担心短期的价格波动。投资者选择了指数基金定投，就需要做好长期坚持的准备，不被市场短期起起伏伏所影响是长期投资的关键。

1.5 美国家庭如何配置基金资产

关于海外投资者基金配置问题，在 Black Rock 和 ICI 报告中有一些数据，对回答此类问题颇具参考意义。在此，老罗摘录部分重点内容供投资者参考，毕竟作为“过来人”，美国也是交过学费之后才有了如今相对成熟的基金投资格局。“他山之石，可以攻玉”，了解美国市场家庭配置 ETF（交易型开放式指数基金，详见本书其他章节）的情况，对我们配置指数基金有指导作用。

1.5.1 美国市场 ETP 发展迅猛

数据显示，截至 2018 年年底，美国市场 ETP 的数量为 2344 只，规模为 3.37 万亿美元，尽管 2018 年产品数量相比于 2017 年增长了 239 只，但是总规模却比 2017 年减少了 410 亿美元，说明美国市场 ETP 规模经历了多年的快速发展，目前面临增长的瓶颈，如图 1.7 所示。

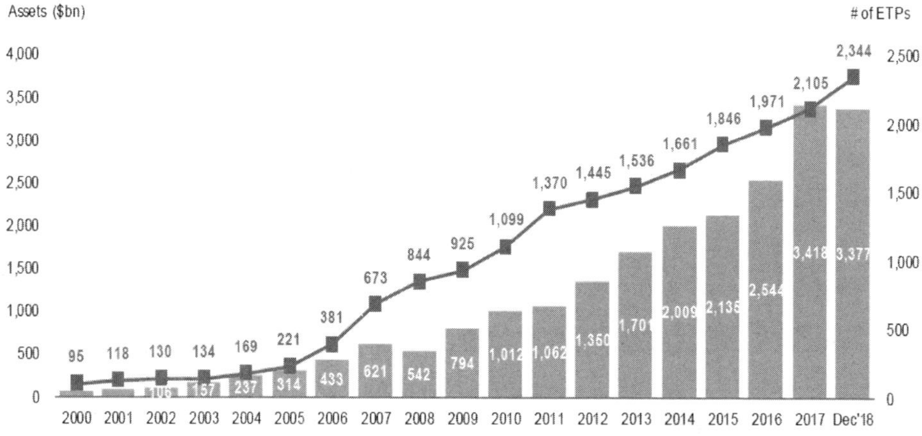

图 1.7 美国 ETP 规模和数量变化

美国权益 ETF 投资者以机构为主，以个人为辅。在 2018 年之前的 5 年中，美国权益 ETF 的机构投资者持仓占比约为六成，个人投资者的持仓占比约为四成，如表 1.5 所示。

表 1.5　美国 ETP 提供商及规模情况

	2015 年	2016 年	2017 年	2018 年
机构投资者持仓（%）	60.63	57.91	59.20	60.88
个人投资者持仓（%）	39.37	42.09	40.80	39.12

数据来源：Bloomberg。

小贴士：

ETP（Exchange Tradeable Products），即交易所买卖产品，又被称为“场内交易产品”，与交易型开放式指数基金 ETF（Exchange Traded Funds）类似。国外 ETF 发展出很多结构上的变化：Trust, ETN (Exchange Traded Note), Swap based ETF, ETC (Exchange Traded Commodity)，等等。有些研究单位会把以上这些 ETF 的变种统称为 ETP (Exchange Traded Products), 也有人把所有 ETF 相关产品统称为 ETP。

数据显示，1996—2008 年，美国主动共同基金在多数年份的资金净流入额大于指数共同基金和 ETF。在 2009 年以来的后金融危机时期，美国主动共同基金累计净流出资金达到 16 089 亿美元，这些资金有相当一部分流入了指数共同基金和 ETF，同一时期 ETF 累计净流入资金达到 22 549 亿美元，指数共同基金累计净流入资金达到 12 369 亿美元，如图 1.8 所示。

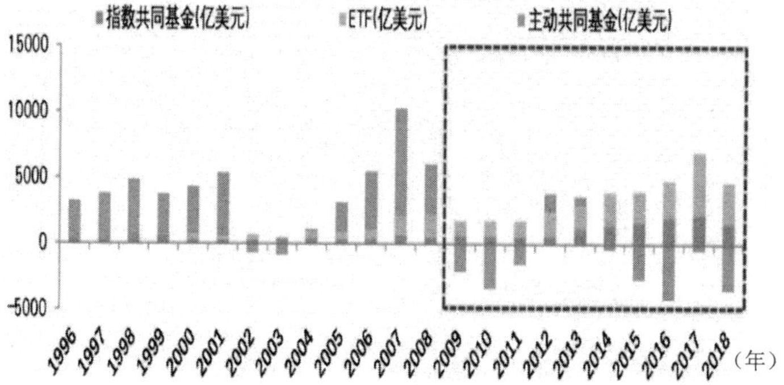

图 1.8　2009 年以来，ETF 和指数基金持续净流入

目前，美国最大的三家 ETP 公司为 iShares（安硕）、Vanguard（先锋）和 State Street（道富），资产规模分别为 1.32 万亿美元、0.86 万亿美元和 0.57 万亿

美元，三者合计市场份额达到 81%。可见，在美国 ETP 市场规模行业集中度非常高，也说明 ETP 市场产品供应商“强者恒强”的特点，如表 1.6 所示。

表 1.6　美国 ETP 提供商及规模情况

美国 ETP 提供商	资产规模（单位：10 亿美元）	市场份额
iShares	1322	39%
Vanguard	855	25%
State Street	568	17%
Invesco	170	5%
Charles Schwab	116	3%
First Trust	61	2%
Wisdom Tree	36	1%
Van Eck	34	1%
ProShares	27	1%
Other Providers	187	5%
总计	3377	100%

数据来源：Black Rock 报告，截至 2018 年 12 月 31 日。

从美国市场来看，前 15 大 ETF 产品合计规模达到 1 万亿美元，其中最大的产品为跟踪标普 500 的 ETF 产品，规模达到 2360 亿美元。从产品分布来看，前 15 大产品里面有 12 只为权益类 ETF，仅 3 只为债券类 ETF。从公司分布来看，在这 15 只产品里面，有 8 只来自 iShares，4 只来自 Vanguard，如表 1.7 所示。

表 1.7　美国市场最大的 15 只 ETF 产品

基金代码	基金名称	资产规模（亿美元）	备注
SPY	SPDR S&P 500 ETF	2360	美国权益类
IVV	iShares Core S&P 500 ETF	1165	美国权益类
VTI	Vanguard Total Stock Market ETF	802	美国权益类
EFA	iShares MSCI EAFE ETF	765	国际权益类
VOO	Vanguard S&P 500 ETF	704	美国权益类
VWO	Vanguard FTSE Emerging Markets ETF	558	国际权益类
VEA	Vanguard FTSE Developed Markets ETF	557	国际权益类
QQQ	PowerShares QQQ ETF	478	美国权益类
AGG	iShares Core U.S. Aggregate Bond ETF	476	债券类
IJH	iShares Core S&P Mid-Cap ETF	395	美国权益类

续表

基金代码	基金名称	资产规模（亿美元）	备注
IWM	iShares Russell 2000 ETF	377	美国权益类
IWD	iShares Russell 1000 Value ETF	370	美国权益类
LQD	iShares iBoxx $ Investment Grade Corporate Bond ETF	361	债券类
IWF	iShares Russell 1000 Growth ETF	354	美国权益类
BND	Total Bond Market ETF	344	债券类

注：数据截至 2017 年 7 月 13 日。

1.5.2　基金投资在美国家庭理财中扮演着重要角色

ICI 基金投资年鉴的数据十分翔实，有兴趣的投资者可去官网细细研读，在此老罗仅摘录重点内容供投资者参考。

1．金融投资产品占美国家庭资产比例不断上升

1980 年，美国家庭持有金融投资产品（包括共同基金、ETF、封闭式基金以及信托）的比例仅为 3%，2018 年这一比例已上升至 21%，如图 1.9 所示。而据有关调查，中国家庭持有基金资产比例仅略超 4%，可提升空间巨大。

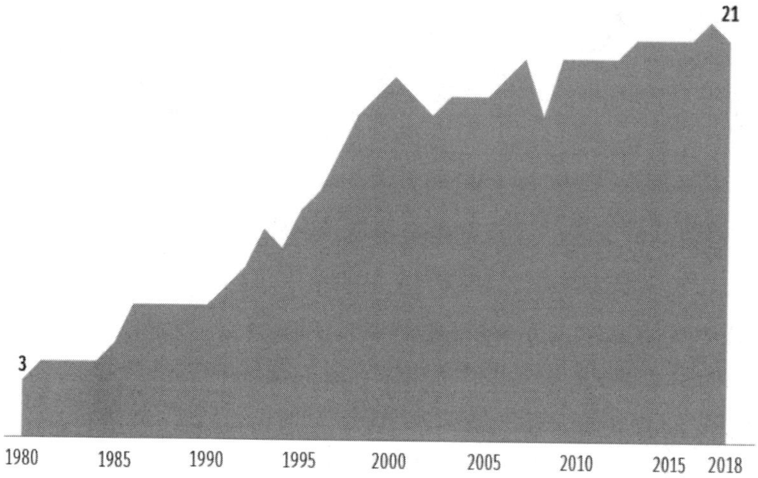

图 1.9　美国家庭持有金融资产比例不断攀升

2. 共同基金在美国养老金投资中占据半壁江山

美国养老金最大的组成部分是 IRA（个人退休账户）和雇主发起式 DC 计划（确定缴费型计划，相当于企业年金），共同基金（相当于国内的公募基金）是 IRA 和 DC 的重要投资方向。截至 2018 年年底，IRA 账户中持有共同基金的比例达到 45%，DC 计划持有共同基金的比例超过 56%，可以说美国近半数养老金均投资于共同基金，如图 1.10 所示。

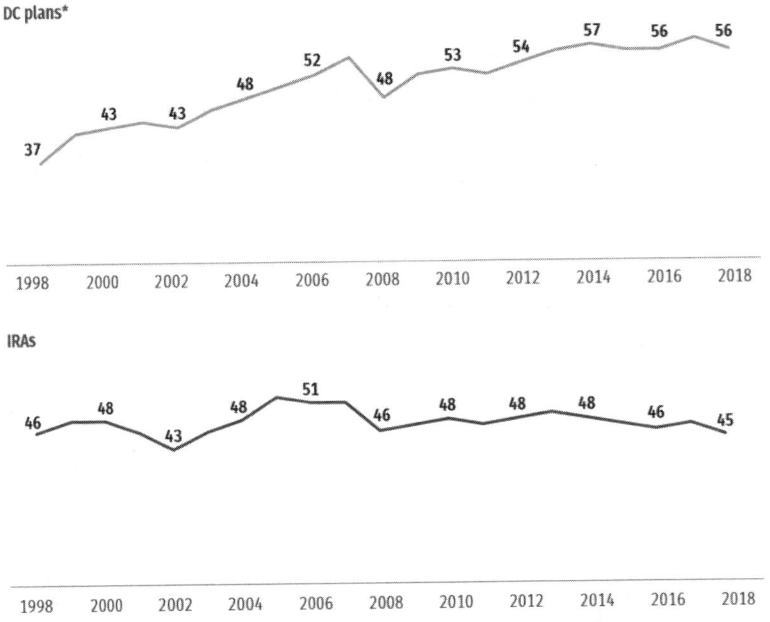

图 1.10　美国主要养老金投资共同基金的比例

3. 股票型基金仍是公募基金投资者首选

当前，国内公募基金以货币型基金为主，美国公募基金中国内和全球股票型基金规模占比达到 52%，而货币型基金占比为 17%，债券型基金占比为 23%，如图 1.11 所示。老罗相信市场长期向上的趋势，而且历史经验告诉我们，持有股票资产的长期收益率要远远优于货币资产，为此，每个家庭最好持有一定比例的股票型基金。

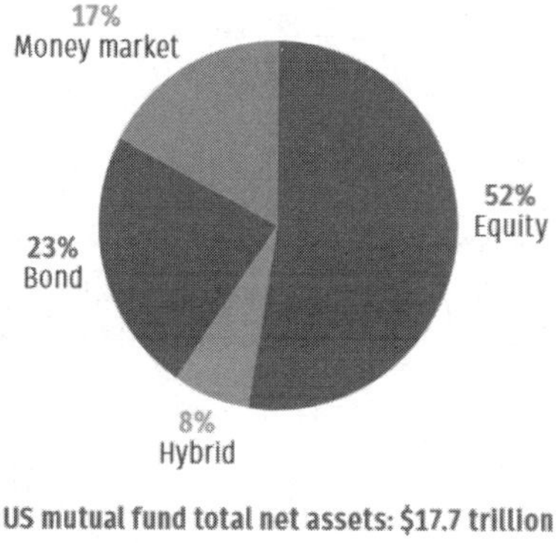

图 1.11　股票型基金占共同基金中资产规模过半

1.5.3　指数型基金产品是美国投资者的最爱

1．指数产品不断替代主动投资产品

如图 1.12 所示，2007 年—2018 年，投资美国国内市场的指数型共同基金与指数型 ETF 持续获得资金净流入，而投资美国国内市场的主动型共同基金产品则遭遇持续资金流出。这也是老罗看好指数型基金产品投资价值的原因之一，美国的聪明投资者都选择指数型产品，你还在犹豫什么？

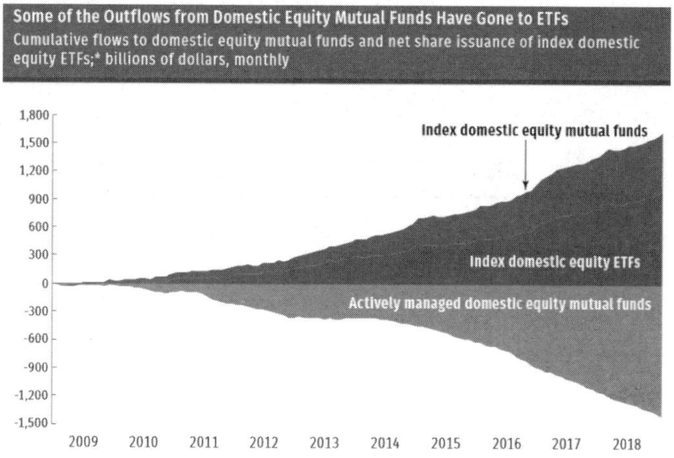

图 1.12　美国国内市场的指数型与主动型基金产品资金流对比

2. 越来越多的家庭选择股票型 ETF 基金产品

据 ICI 统计，股票型指数基金占股票型共同基金的比例已从 2009 年的 14% 逐步提升至 2018 年的 29%，且比例呈加速递增趋势，如图 1.13 所示。

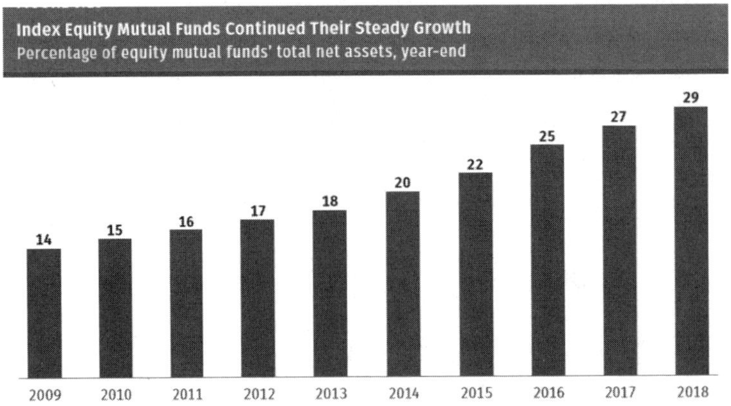

图 1.13 股票型指数基金占股票型共同基金的比例逐年提升

3. ETF 持有者家庭有更高收入与教育背景

ICI 的研究还发现，持有 ETF 的家庭整体收入、家庭金融资产都较高，如表 1.8 所示，持有 ETF 的家庭年收入均值为 13 万美元；而所有美国家庭的年收入均值仅为 6 万美元。同时，持有 ETF 的家庭接受 4 年大学及以上教育的比例达到 65%；而美国所有家庭这一比例仅为 35%。所以，如果你已经开始关注并投资 ETF，则说明你已经走在大多数投资者之前了。

表 1.8 美国市场投资 ETF 的投资者家庭特征（2018 年）

	所有美国家庭	持有 ETF 的家庭	持有共同基金的家庭	持有个股的家庭
中值				
户主的年龄 [1]	52	49	51	53
家庭收入 [2]	$60 000	$130 000	$100 000	$113 000
家庭金融资产 [3]	$80 000	$500 000	$250 000	$400 000
家庭占比（百分比）				
家庭储蓄和投资的主要决策者或共同决策者				
已婚或者同居	57	71	70	69

续表

	所有美国家庭	持有 ETF 的家庭	持有共同基金的家庭	持有个股的家庭
四年大学教育及以上	35	65	53	57
在业（全职或兼职）	62	76	76	72
退休	29	25	23	28
家庭持有的养老账户				
个人退休账户（IRA）	33	77	61	64
DC 退休计划账户	48	74	84	72

注：[1] 年龄数据以家庭储蓄和投资的单一决策者或共同决策者来确定；[2] 所有收入数据均为 2017 年税前的家庭收入数据；[3] 家庭金融资产包括雇主发起式退休计划资产，但不包括家庭主要房产。

4．ETF 持有者家庭的风险承受能力更高

ICI 的研究数据显示，所有美国家庭、持有共同基金的家庭以及持有 ETF 的家庭的风险承受能力也不一样，如图 1.14 所示。在持有 ETF 的家庭中，愿意承受超过市场平均风险的资产持有占比最高，达到了 51%，而在所有美国家庭中，愿意承受超过市场平均风险的资产持有占比仅有 24%。可见，在美国，持有 ETF 资产的投资者风险承受能力更强。

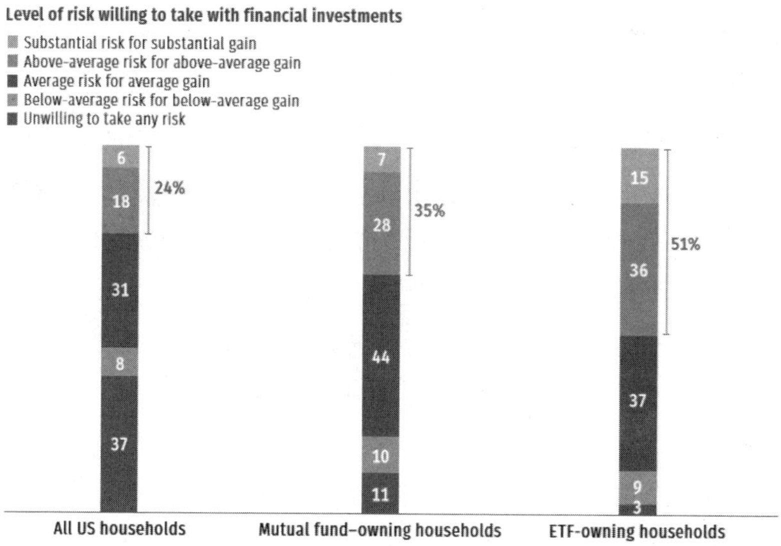

图 1.14　美国不同家庭的风险承受能力情况

1.5.4 指数基金是美国智能投顾发展的基石

智能投顾是当前资管机构角逐的热点，其主要解决客户投资“个性化、成本、便利性”方面的痛点，而 ETF 是解决上述痛点的最佳工具。因此，纵观美国市场，主流智能投顾机构包括 Vanguard、Wealthfront、Betterment 等均以 ETF 为底层资产，如表 1.9 所示。

表 1.9 美国智能投顾机构的基本情况

	管理资产规模（亿美元）	收费标准	投资范围
Vanguard Personal Advisor Service	470	0.3%/年，投资门槛为 5 万美元	Vanguard 基金和 ETF
Schwab Intelligent Portfolios	123	投资门槛 5000 美元，普通投资者无手续费/服务费，机构 1 亿元以下按照 0.1%收取手续费	11 个大类的 ETF
Wealthfront	43	第一个 1 万美元免费，之后按 0.25%收取手续费	11 个大类的 ETF
Betterment	67	根据账户资金不同收取 0.15%～0.35%手续费	13 种 Vanguard 和 iShares 的 ETF，不投资大宗商品
Personal Capital	28	根据账户资金不同收取 0.49%～0.89%手续费	ETF，70～100 种股票

数据来源：广发证券研发中心。

智能投顾通过减少人工成本，利用大数据算法为客户提供智能理财解决方案，收取基于管理规模 0.25%的管理费，这一标准远低于传统财富管理公司所收取的 1%的管理费。此外，智能投顾采用透明化、标准化的收费标准，杜绝了隐藏费用、额外收费等情况。

- 低投资门槛：智能投顾大大降低传统财富管理顾问的高门槛，目前主流智能投顾公司门槛为 0～5000 美元，适用于传统投顾难以覆盖的大众富裕阶层。
- 投资建议个性化：智能投顾根据客户投资目标以及客户风险偏好来制定客户资产配置建议，而不是盲目参考历史市场表现来购买 ETF。实现了相对个性化，从而为客户提供分散化的资产配置建议。

- 多元化、数字化沟通渠道：智能投顾公司通过众多电子终端设备以及沟通渠道为客户提供 7×24 小时的理财服务，以便于客户随时获取其自身账户情况。此外，用户界面简洁友善、方便使用、整体流程顺畅，提升了客户的用户体验。
- 自动账户再平衡：目前大多数智能投顾为客户提供自动账户资产配置再平衡服务，是指当客户资产配置比例因为分红、再投资以及调整资产投资策略等情况而产生变化时，系统根据既定的投资目标对于客户资产配置进行自动调整，例如增持低仓位证券，减持高仓位证券，自动按比例投资现金分红等。
- 税收亏损收割计划：目前一部分智能投顾公司为客户提供税收亏损收割计划，是指通过挑选与卖出 ETF 高度相关的资产组合作为替代，实现确定的投资损失来抵消所缴纳的资本利得税，从而达到帮助客户节省税收的目的。

同时，国内智能投顾业务业在加速推进。2019 年 10 月 25 日，中欧基金、易方达基金、南方基金、华夏财富、嘉实财富等机构入围首批开展投资顾问业务试点的公司，相信未来更多指数基金产品也会成为各家投顾业务机构的底层资产。

老罗有话说：

指数基金作为配置资产，未来也会成为中国家庭重要的组成部分。老罗认为，对于普通家庭来说，定投指数基金是一种非常好的投资方式，可能这是我们和美国不同的地方。

第 2 章　指数的分类及应用

2.1　指数体系分类

什么是指数？《路透金融词典》对指数的定义为：各种数值的综合，用于衡量市场或经济的变化。指数被广泛地应用于经济、金融领域，如居民消费价格指数（CPI）、生产价格指数（PPI）等。而广大投资者耳熟能详的上证综指、沪深 300 等股票价格指数是指数在股票市场的应用。

证券市场的指数主要有三个作用：（1）市场的标尺，反映市场的平均收益和波动状况；（2）指数基金的跟踪标的，按照指数的样本权重进行指数化投资；（3）衍生产品的基础，股票指数期货、期权等衍生产品标的。

下面按照指数选样标准、资产类别、指数公司这三种分类方式将国内的指数体系给大家好好理一理，让大家对国内指数体系有大致的了解。

2.1.1　指数选样标准

指数最简单的分类就是宽基指数和窄基指数两大类，其实，我们常见的一些指数，代表整个市场走势的，都属于宽基指数，比如中证 100、沪深 300、上证 50、中证 500、恒生指数、标准普尔 500、纳斯达克 100 等。除宽基指数外，还有一类是窄基指数，一般多是行业指数或者主题指数，这种分类过于简单。

还有一种分类方法，将指数主要分为综合指数、规模指数、行业指数、风格指数、主题指数、策略指数 6 大类。

综合指数：是总指数的综合形式，反映总体的综合变动情况，用于比较总量指标。常见的如上证综指、深证综指、创业板综指等，分别反映上海股票市场、深圳股票市场、创业板股票市场所有股票的走势情况。

规模指数是从市值规模角度选择不同成份股数量，更好地表征不同板块大中小市值股票的走势情况。例如沪深 300、中证 500 和中证 1000 三只指数，分别表征 A 股市场大盘、中盘及小盘市值股票的走势情况。

风格指数是根据股票的风格特征，通常分为成长和价值两种风格。常见的如沪深 300 价值指数和沪深 300 成长指数。随着股票数量的增加，成长和价值划分已难以满足投资者的要求，于是出现了在成长型和价值型股票中进行的二级风格分类。这种进一步划分风格的办法，也称“风格的萃取”。规模是最常见的二级风格划分，于是出现了大盘成长、大盘价值、小盘成长、小盘价值等分类。

行业指数主要按照上市公司的主营业务收入进行分类，参照国际标准和行业指数的可投资性将营业业务属于一个行业的划分成一类。例如中证全指一级行业（10 个一级行业），包含中证全指信息技术、主要消费、金融地产、可选消费、医药卫生、工业、能源、原材料、电信等 10 个行业。

主题指数是动态跟踪经济驱动因素的投资方式，通过发现经济体的长期发展趋势及使这种发展趋势产生和持续的驱动因素，将能够受惠的相关产业和上市公司纳入投资范围。常见的主题指数如环保指数、养老指数、国企改革指数、一带一路主题指数、京津冀协调发展主题指数等。

策略指数是除传统的只做多的市值加权指数之外的指数。从定义表述可以看出，策略指数与其他指数的本质区别在于两点：一是加权方式，策略指数主要采用非市值加权方式，如基本面加权、财富加权、固定权重等；二是多空交易，策略指数可以采用多空两种交易方式，其他指数只能做单边操作。常见的策略指数如大数据指数、基本面指数、中证 500 低波指数等，如图 2.1 所示。

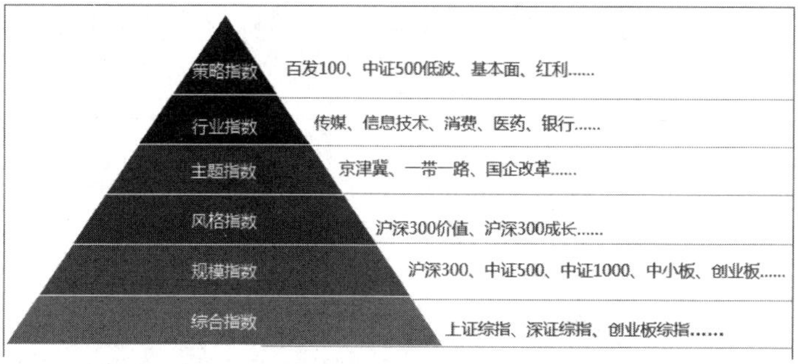

图 2.1　指数分类及各类指数中的代表指数

2.1.2 资产类别

从指数的资产类别来区分，主要可以分为股票指数、商品指数、债券指数、跨境股票指数等，如图 2.2 所示。目前，A 股市场围绕多资产类别的指数产品也越来越丰富，除 A 股 ETF 外，还有黄金 ETF、国债 ETF 等多类资产品种，若未来有更多的资产类别的指数开发成产品，将有利于投资者分散同一类资产的风险，进行合理的资产配置。

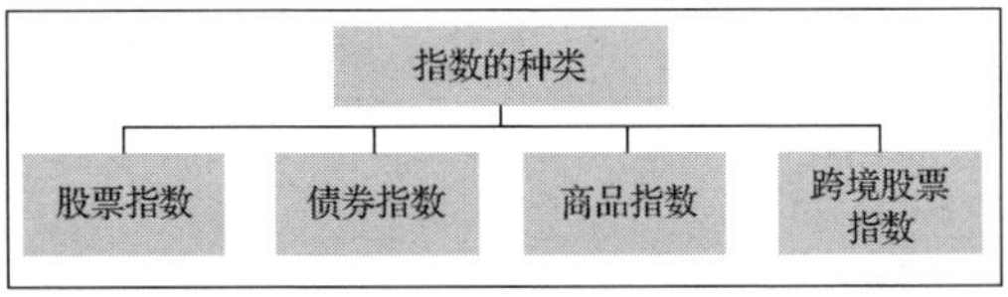

图 2.2　按资产类别分类的指数的种类

股票指数主要反映在证券交易所上市的股票组合的走势情况，目前，国内市场围绕 A 股股票指数的相关 ETF 产品也越来越丰富。股票型 ETF 兼具基金及股票的优点，为投资者提供了一个便捷及费率低廉的投资渠道。投资者一笔交易就可以买到一篮子股票组合，比单一投资风险小，避免了“赚了指数不赚钱”的情况发生。目前，ETF 品种越来越丰富，而且很多有做市商，除涵盖上证 50、中证 100、沪深 300、深证 100、中小板、中证 500、创业板等宽基 ETF 外，还包括环保 ETF、传媒 ETF、医药 ETF、信息技术 ETF、银行 ETF、证券 ETF 等主题行业 ETF，可投资的 ETF 品种也日益丰富，如表 2.1 所示。

表 2.1　A 股市场流动性较好的股票型 ETF 产品

类别	跟踪指数	证券代码	证券简称	基金成立日	资产规模（亿元）
宽基 ETF	上证 50	510050	华夏上证 50ETF	2004/12/30	461.9
	中证 100	512910	广发中证 100ETF	2019/5/27	6.2
	沪深 300	510300	华泰柏瑞沪深 300ETF	2012/5/4	403.2
	中证 500	510500	南方中证 500ETF	2013/2/6	445.4
	创业板指	159915	易方达创业板 ETF	2011/9/20	167.3
行业 ETF	中证传媒	512980	广发中证传媒 ETF	2017/12/27	16.8
	中证银行	512800	华宝中证银行 ETF	2017/7/18	29.3
	全指证券	512000	华宝中证全指证券 ETF	2016/8/30	56.8
	中证主要消费	159928	汇添富中证主要消费 ETF	2013/8/23	35.3

续表

类别	跟踪指数	证券代码	证券简称	基金成立日	资产规模（亿元）
行业 ETF	全指医药	159938	广发中证全指医药卫生 ETF	2014/12/1	24.1
	全指信息技术	159939	广发中证信息技术 ETF	2015/1/8	14.4
主题 ETF	中证环保	512580	广发中证环保产业 ETF	2017/1/25	18.4
	中证 5G 通信	515050	华夏中证 5G 通信主题 ETF	2019/9/17	76.8
	上海国企	510810	汇添富中证上海国企 ETF	2016/7/28	120.7
	上证红利	510880	华泰柏瑞红利 ETF	2006/11/17	30.7

数据来源：Wind，截至 2019 年 12 月 31 日。

债券指数反映的是债券市场价格总体走势。和股票指数一样，债券指数是一个比值，其涨跌反映了对应债券组合的涨跌情况。国内债券 ETF 跟踪标的有 10 年期国债、5 年期国债及城投债等品种，但是整体规模还是较小，场内流动性不足，如表 2.2 所示。

表 2.2　交易所债券 ETF 产品情况

基金代码	名称	基金管理公司	成立时间	资产规模（亿元）
159926	国债 ETF	嘉实基金	2013-05-10	0.08
511010	国债 ETF	国泰基金	2013-03-05	4.76
511020	活跃国债	平安基金	2018-12-21	11.43
511030	公司债	平安基金	2018-12-27	52.49
511220	城投 ETF	海富通基金	2014-11-13	18.34
511260	十年国债	国泰基金	2017-08-04	24.92
511270	十年地债	海富通基金	2018-10-12	7.61
511280	中期信用	华夏基金	2018-05-03	0.45
511290	国债十年	广发基金	2018-03-26	0.29
511310	十年债	富国基金	2018-03-19	0.34

数据来源：Wind，截至 2019 年 12 月 31 日。

商品指数反映同质化、可交易的商品的价格走势，如黄金、白银、原油等商品，如表 2.3 所示。作为大类资产的配置型工具，商品指数产品的推出有助于投资者优化自身投资组合，获取稳健收益。尽管国内已经有黄金 ETF、白银 LOF、石油 LOF 三类主要的商品类基金，但是相对于股票型 ETF，商品指数产品规模较小，场内流动性也较差。需要说明的是，尽管原油 LOF 基金跟踪的是海外商品原油的价格，但是其跟踪误差较大，所以场内流动性较差。

表 2.3　交易所商品 ETF 及 LOF 产品情况

基金代码	证券简称	跟踪指数	资产规模（亿元）
518880	华安黄金 ETF	国内黄金现货价格收益率	69.95
518800	国泰黄金 ETF	上海黄金交易所 Au99.99 合约	10.60
159937	博时黄金 ETF	黄金现货实盘合约 AU99.99	45.69
159934	易方达黄金 ETF	上海黄金交易所 Au99.99 合约	20.51
161226	国投瑞银白银期货	上期交所白银期货主力合约	7.89
501018	南方原油证券投资基金	WTI 原油*60%+BRENT 原油*40%	1.30

数据来源：Wind，截至 2019 年 12 月 31 日。

跨境股票指数主要是跟踪境外股票市场的指数。目前，国内跟踪跨境指数的 ETF 品种还算丰富，已有跟踪恒生国企指数、恒生指数、纳斯达克 100 指数、标普 500 指数及德国 DAX 指数等指数基金产品，如表 2.4 所示。未来跟踪境外的指数品种会日益丰富。

表 2.4　市场主要跨境 ETF 产品情况

证券代码	证券简称	基金成立日	基金管理人	资产规模（亿元）
510900	H 股 ETF	2012-08-09	易方达基金管理有限公司	103.39
159920	恒生 ETF	2012-08-09	华夏基金管理有限公司	46.87
513100	纳指 ETF	2013-04-25	国泰基金管理有限公司	8.35
513500	标普 500	2013-12-05	博时基金管理有限公司	14.78
513030	德国 30	2014-08-08	华安基金管理有限公司	4.70
159941	纳指 ETF	2015-06-10	广发基金管理有限公司	0.31

数据来源：Wind，截至 2019 年 12 月 31 日。

2.1.3　指数公司

指数公司是指数的重要编制机构，目前国内的指数公司主要分两类，一类是官方性质的指数公司——中证指数有限公司和深圳证券信息公司，市场上绝大部分基金产品都用这两家公司的指数。另一类是第三方编制机构，如申万证券和中信证券等证券公司，由于市场上使用它们的指数开发的产品极少，就不介绍其指数体系了，重点介绍中证指数公司和深圳证券信息公司的指数体系。

（1）中证指数公司的指数体系

中证指数公司是由上海证券交易所和深圳证券交易所共同出资成立的、国内最大的指数编制、运营和服务机构，中金所上市的三个股指期货合约跟踪的上证 50、沪深 300 和中证 500 指数均由中证指数公司负责授权和运营。

中证系列指数包括规模、行业、风格、主题、策略、客户定制、跨境、债券、期货、基金等指数，表 2.5 列出了中证指数体系的主要指数品种，并未列出中证指数公司旗下所有的指数。

表 2.5　中证指数体系主要指数

指数类别	指数名称	说　明
规模指数	中证 100	市值排名第 1 至 100 名的股票组成
	中证 200	市值排名第 101 至 300 名的股票组成
	沪深 300	市值排名第 1 至 300 名的股票组成
	中证 500	市值排名第 301 至 800 名的股票组成
	中证 800	市值排名第 1 至 800 名的股票组成
	中证 1000	市值排名第 801 至 1800 名的股票组成
	中证全指	全部股票组成
行业指数	中证全指行业	按照全市场 A 股股票进行行业分类
	中证 800 行业指数	中证 800 股票里面进行行业分类
	沪深 300 行业指数	沪深 300 股票里面进行行业分类
	中证 500 行业指数	中证 500 股票里面进行行业分类
风格指数	沪深 300 风格指数	沪深 300 价值和沪深 300 成长指数
	中证 500 风格指数	中证 500 价值和中证 500 成长指数
	中证 800 风格指数	中证 800 价值和中证 800 成长指数
主题指数	中证环保	
	中证养老	
	京津冀协调发展指数	
策略指数	基本面 50	
	中证 500 低波指数	
	红利低波指数	
	300 等权指数	
客户定制指数	小康指数	南方基金
	财富大盘	光大证券
	百发 100	广发基金

续表

指数类别	指数名称	说　明
跨境指数	香港 100	
	金砖国家	
	中证东盟 80	
债券指数	中证全债	
	中证国债	
	中证金融债	
期货指数	商品 CFCI	
	农产 CFCI	
	金属 CFCI	
基金指数	中证基金	
	ETF 基金	

数据来源：中证指数公司。

（2）深圳证券信息公司的指数体系

深圳证券信息有限公司为深交所下属企业，经深交所授权，负责“深证”系列指数的规划设计、日常运维和市场营销等业务。深圳证券信息公司为国内最早开展指数业务的专业化运营机构，是中国内地交易所直属指数机构之一。

深圳证券信息有限公司旗下管理的“深证”系列单市场指数早于 1991 年开始计算，自 2002 年以来率先推出跨深沪两个市场的“国证”系列指数，本着服务于多层次资本市场的发展战略，得益于所在资本市场的高速发展以及多年来的不断探索实践，编制和发布了深证成份指数、中小板指数和创业板指数等市场代表性指数，成功推出了深证 100 等产品化的成功的投资型指数，不断发展完善“深证”及“国证”两大指数系列。目前，深证系列的指数体系在市场中应用比较多，我们主要介绍一下深证系列指数体系的主要指数，如表 2.6 所示。

表 2.6　深证系列指数体系主要指数

指数类别	指数名称	说　明
规模指数	深成指	深证市场按照市值等指标排名前 500 的股票
	深证 100	深证市场按照市值等指标排名前 100 的股票
	深证 300	深证市场按照市值等指标排名前 300 的股票
	中小 100	中小板市场按照市值等指标排名前 100 的股票
	中小 300	中小板市场按照市值等指标排名前 300 的股票
	创业板 100	创业板市场按照市值等指标排名前 100 的股票

续表

指数类别	指数名称	说　明
行业指数	深证行业指数	
	中小板行业指数	
风格指数	中小板风格	
	创业板风格	
主题指数	深证风格	深证 300 价值指数和深证 300 成长指数
	深证红利	
	深证治理	
策略指数	中小低波	
	深证 100 等权	
定制指数	成长 40	
	中关村 60	
综合指数	深证综指	
	中小板综指	
	创业板综指	
基金指数	深证 ETF	
	乐富指数	
深证债券	深信用债	
	深公司债	

数据来源：国证指数网。

老罗有话说：

将指数进行分类后，投资者会对自己所购买的指数有更深刻的了解。另外，目前市场用的主流指数都来自中证指数公司和深圳证券信息公司，大家如果想看指数的编制方案，则可以到指数公司的官网进行查找。

2.2　指数的加权方式

随着股票市场的发展，以及指数投资的不断演进，越来越多的指数被开发出来，加权方式也不仅仅是平均价格或市值加权，基本面加权、等权重、市值加权、波动率加权、GDP 加权等更加聪明的加权方式应运而生，如图 2.3 所示。老罗给大家介绍一下这几种加权方式。

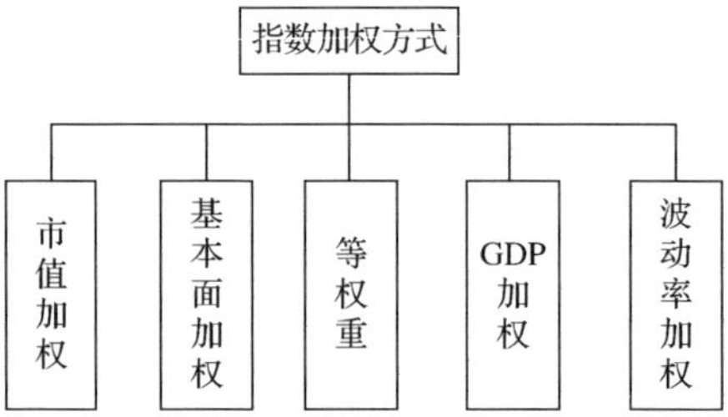

图 2.3　指数加权方式的种类

1. 市值加权

市值加权是大家最熟知的加权方式，它是指一种以每只成份股的流通股本数量乘以每只股票的价格为基础确定数值的股票指数，是以股票市值作为权重计算出来的指数，如图 2.4 所示。以市值作为投资者组合加权的依据，市值越大的股票权重越高，股票涨跌对指数的影响也越大。

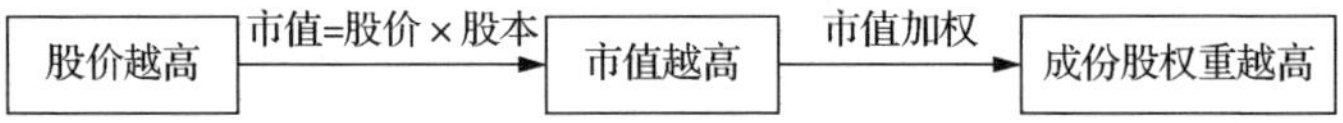

图 2.4　市值加权的方式

市值加权方式的优点如下：

✔ 中国内地的股价指数基本上都是市值加权指数。因此追踪市值加权指数的指数基金数量最多，流动性最高，费用最低。

✔ 计算方法简单，容易复制，易管理，追踪误差相对较小。

✔ 是有效市场理论和资本资产定价模型等理论支持下的投资策略。

缺点如下：

✖ 股价变化会导致市值加权指数效率不佳。由于成份股股价可能偏离其真实价值，而使得指数组合过多买进价值被高估的股票、过多卖出价值被低估的股票，从而导致投资效率降低。

✖ 个股权重过高，会导致指数风险加大，以及投资效率降低；个股权重集中也会使部分行业在指数中配置的权重过高，而对某些国家和地区的权重高估，会对基于全球市场的指数造成同样的影响。

2. 基本面加权

基本面加权通常使用基本面因素来决定成份股权重。许多基本面加权指数的权重因素都来自公司的财务报表。这里的权重因子既可以是单变量，也可以是复杂的多变量模型生成的结果。单变量因子包括每家公司的股票营业收入、现金流、净资产、分红等基本面指标，对股票进行权重分析。

以中证锐联基本面 50 指数为例。

该指数是在剔除流动性不佳的部分股票后，以过去 5 年的年报数据计算营业收入、现金流、净资产、分红这 4 个基本面指标，按降序排列，选取排名在前 50 名的股票作为样本股。该指数的计算公式如下：

$$\text{index} = \frac{\sum_{i=1}^{n}\left(p_i \times s_i \times f_i \times c_i\right)}{\text{divisor}}$$

其中，p 为价格，s 为总股本，f 为加权比例，c 为基本面调整因子，divisor 为除数。

基本面加权方式的优点如下：

✔ “公平价值”指数。基本面指数的因子均不受市值波动的影响，从而能够辨别每只股票的真正“公平价值”。

✔ 回报率高，风险稳定。从全球视野来看，基本面指数具有高回报率与稳定的风险特征，这也是基本面指数的最大优势之一。

✔ 财务投资理论支持下的全球通用实务投资策略。从财务投资理论看，投资者对于财务优秀可靠的公司应该给予更多的投资偏好和投资权重，而不是根据股票市值进行权重分配，因此，财务投资理论支持基本面指数投资理念。

3. 等权重

等权重指给予每个成份股相同的权重，即成份股数量的倒数。理论上，权重是要每日进行再平衡的，否则便会偏离成份股数量的倒数，但实际上为了避免烦琐和换手率高企，通常采取定期再平衡的方法。

与其他加权方式相比，等权重不偏向任何一个成份股，而是一视同仁，从市值角度看，等权重减少了那些市值高的股票权重，同时，也增加了那些市值低的股票权重。

等权重方式的优点如下：

✔ 从市值角度看，等权重方式通过定期调整机制，对指数成份股进行高抛低吸，将一段时间里涨幅过高的股票卖出，从而规避了成份股市值越大、权重越高的现象。

✔ 从业绩表现上来看，小盘股优胜期间的等权重指数业绩容易占优。

对于国内市场，目前深市、沪市两市场指数中的主流指数，均已开发出相应的等权重指数。进一步，不少等权重指数已被开发成 ETF、指数分级基金等产品，如上证超级大盘指数、中证等权重 90 指数、沪深 300 等权重指数等。

4．GDP 加权

GDP 加权主要用于国际指数，将传统的市值加权，改为以国家或地区的 GDP 为相应证券赋予权重。举例来说，2016 年世界上 GDP 排名前三的国家为美国、中国和日本，那么在世界股票指数中，权重最高的就应该是这三个国家的股票，并且其权重与其各自的 GDP 成正比。

在 A 股市场中，深证 GDP100 指数的编制虽然并非 GDP 加权，但其在行业选择上已经运用了 GDP 指标，因而算是国内相关方面的初步尝试。

5．波动率加权

风险与收益的平衡，是投资者最为关注的主题之一，在同样的约束条件下，投资者希望能够获得最高收益而将风险降到最低，即使懂得很多理论，在实际中也很难运用，要想获得最高收益更难，但要获得较低的波动则相对容易，因此波动率加权指数应运而生（主要是低波动指数）。

根据历史波动率对成份股进行排序和加权，对于波动率大的股票给予低的权重，对于波动率低的股票给予高的权重，即权重与波动率大小成反比，以此构建一个低波动率的权重配置组合，如表 2.7 所示。

表 2.7　MSCI 和 S&P 风险加权指数编制方法归纳

	MSCI 风险加权指数（Risk Weighted Index）	S&P 500 低波动率指数（Low Volatility Index）
指数样本	同市值母指数	500 只股票中波动率最低的 100 只
加权方法	与个股历史方差成反比：$w_j = \frac{1/\sigma_j^2}{\sum_1^n 1/\sigma_j^2}$	与个股历史标准差成反比：$\omega_j = \frac{\frac{1}{\text{Volatility}_i}}{\sum_{i=1}^{100} \text{Volatility}_i}$
计算波动率用历史数据	过去 3 年周收益率的方差	过去 252 个交易日日收益率标准差
定期调整频率	半年度调整	季度调整

数据来源：MSCI，标普指数。

沪深 300 波动、中证 500 波动、上证 180 波动、上证 380 波动、深证 100 波动等指数均已开发（均为低波动率指数）。

以中证行业中性低波动率指数（简称 500SNLV）为例，该指数于 2016 年 2 月 4 日由中证指数公司发布，在保持与中证 500 二级行业结构一致的前提下，优选各行业内波动率最低的 150 家公司构成，并用波动率的倒数进行加权。中证 500SNLV 指数与中证 500 指数的基日都是 2004 年 12 月 31 日。

自 2004 年年底至 2019 年年底，中证 500 行业中性低波动率指数（500SNLV）累计收益率为 1160.08%，年化收益率为 18.40%，大幅领先中证 500 的 11.71%，从 2005 年开始的连续 13 个年度中，仅有 2012 年和 2019 年分别跑输 0.87%和 3.77%，其余年份都战胜了中证 500，胜率较高，这主要是因为近些年低波动率因子对国内市场比较有效，但在 2019 年牛市行情中表现一般，如表 2.8 所示。

表 2.8　中证 500 低波指数与主要指数指标比较

	500SNLV	中证 500	沪深 300	上证 50
累计收益率	1160.08%	426.77%	309.66%	263.49%
年化收益率	18.40%	11.71%	9.86%	8.98%
年化波动率	29.89%	31.16%	27.21%	27.40%
夏普比率	0.57	0.33	0.31	0.27

数据来源：Wind，2004 年 12 月 31 日至 2019 年 12 月 31 日。

老罗有话说：

（1）指数最常用的是市值加权方法，该方法也是最经典的指数加权方法。

（2）市值加权法和等权法没绝对的好坏。以中小板指数（代码：399005）和中小板等权指数（代码：399634）为例，两者成份股一样，均是由中小板市场规模最大的100只股票组成的，只是加权的方法不同，在2013年至2015年中小板等权指数连续3年均能跑赢中小板指数，很多人就认为等权的方式不错，每年都有超额。而2016年至2017年，中小板指数均跑赢了中小板等权指数。究其原因，2013年至2015年，市场小市值股票对指数贡献更多收益，而在2016年至2017年，大市值股票对指数贡献更多收益。所以，两种加权方法没有绝对的好坏，如果是在大市值风格的上涨行情中，则市值加权更有优势，而在小市值风格的上涨行情中，等权加权更有优势。

2.3 价格指数与全收益指数

很多投资者要查看沪深300指数的走势时，常常会在同花顺等行情软件中输入代码000300，这样就能查询到指数点位及指数每年的涨幅。截至2019年12月31日，你会查询到沪深300指数点位为4097点，这就意味着从2004年12月31日基日1000点以来，沪深300指数累计上涨了309.7%，年化收益率为9.85%。

其实这个收益率并不能反映沪深300的真实收益率水平，老罗通常会搜索代码H00300，发现这个代码在2019年12月31日为5228点，这就意味着沪深300从基日起累计收益率为422.8%，年化收益率为11.65%，也意味着大家通常计算沪深300年化收益率的时候少计算了1.8%，这可不是小数目。

初入股市的小基民是不是会纳闷："沪深300的代码难道不是000300吗？怎么冒出了H00300的沪深300？指数'身份证'还能换号吗？哪个是真，哪个是假？"

其实指数也是有所不同的，大家常搜索的指数代码 000300 是沪深 300 价格指数，而老罗用的指数代码 H00300 是沪深 300 全收益指数。它们就像孪生兄弟，我们稍不留神就分不清！接下来，老罗给大家科普一下两者的差别。

1．价格指数与全收益指数区别

价格指数（Price Return Index）是以某个时期为基期，用价格变动反映一篮子股票变化水平的指数。顾名思义，价格指数仅计算股票价格的波动，不考虑上市公司分红因素的影响，即若指数内一篮子股票价格变了，则指数能直接反映出来。

通俗点讲，价格指数就像股票进行分红派息除权后的价格，例如某只股票分红前价格为 10 元，当天进行了 1 元的分红，股价在除权后就变成了 9 元。价格指数也是同样的道理，指数里面的成份股不断进行分红，那么指数的点位也不断进行除权，指数点位自然会因为成份股分红的原因导致指数点位回落。

全收益指数（Total Return Index）也称“总回报指数”“总收益指数”。全收益指数就考虑得更全面了，我们知道，上市公司的股票会有分红，如果将现金分红所得再投资到原组合中，就得到了比较全面的收益，即“全收益”。所以，全收益指数除反映股价波动外，还包含所有股票分红再投资所产生的收益，相较而言，其更能准确反映指数内一篮子股票的真实表现。

通俗点讲，全收益指数就像股票进行分红派息、复权后的价格，例如某只股票分红前价格为 10 元，当天进行了 1 元的分红，股价复权后的价格仍然为 10 元。客观来说，全收益指数更能反映指数的真实表现，而在实际的指数基金过程中，基金经理也会将成份股分红的股息重新投入指数基金中。

小贴士：

在全球范围内，上市公司的分红形式多种多样，包括股票分红、以股代息、现金分红等，全收益指数主要考虑了现金分红这种形式，以原组合成份股所得到的现金分红再投资到原有组合，分红再投收益+原收益一起，构成了全收益指数的收益。

相信大家大概知道两者的差异在哪里了，老罗在这里简单梳理一下：

（1）从指数本身来看，价格指数和全收益指数的区别，就是对分红派息的处理方式不同。正常情况下，当有样本股分红派息时，股价一般都会下降，价格指数任其股价自然回落（分多少降多少）；而全收益指数会将分红款再投资获得的收益考虑进去，对股价进行修正，因此其回落幅度相较更小。

（2）从收益来看，价格指数和全收益指数表现的差异来源于分红金额及其再投资的累计收益。分红金额越高、时间越长、投资收益率越高，则全收益指数相对于价格指数的差异就越不能忽视。例如我们分别用沪深300、中证100的价格指数与全收益指数进行比较。

由于每年分红的原因，沪深300全收益率指数比沪深300价格指数高2%左右，2014年1月1日至2019年12月31日，沪深300全收益指数累计收益率约为100%，而价格指数累计收益率仅有近76%，两者相差约24%，如表2.9所示。

表2.9　沪深300价格指数与沪深300全收益指数收益率比较

年份（年）	沪深300价格指数	沪深300全收益指数	差值
2014	51.66%	55.85%	4.19%
2015	5.58%	7.22%	1.63%
2016	−11.28%	−9.26%	2.02%
2017	21.78%	24.25%	2.48%
2018	−25.31%	−23.64%	1.67%
2019	36.07%	39.19%	3.12%
累计收益率	75.82%	100.24%	24.42%

数据来源：Wind，2013年12月31日至2019年12月31日。

由于每年分红的原因，中证100全收益率指数比中证100价格指数高3%左右，2014年1月1日至2019年12月21日，中证100全收益指数累计收益率为134%左右，而同期的中证100价格指数累计收益率仅为100%左右，两者相差34%左右，如表2.10所示。

表2.10　中证100价格指数与中证100全收益指数收益率比较

年份（年）	中证100价格指数	中证100全收益指数	差值
2014	59.64%	65.21%	5.57%
2015	−1.52%	0.47%	1.98%
2016	−7.50%	−4.85%	2.65%

续表

年份（年）	中证 100 价格指数	中证 100 全收益指数	差值
2017	30.21%	33.37%	3.16%
2018	−21.94%	−19.94%	2.00%
2019	35.54%	39.11%	3.58%
累计收益率	100.35%	134.61%	34.26%

数据来源：Wind，2013 年 12 月 31 日至 2019 年 12 月 31 日。

我们进一步看中证 100 全收益指数和主动型股票型基金的情况：从表 2.11 可以看到，2017 年至 2019 年期间，在同类可比的 712 只股票型基金与混合偏股型基金中，仅 106 只主动基金收益战胜中证 100，相比之下中证 100 全收益指数表现更亮眼，如表 2.11 所示。

表 2.11　中证 100 全收益指数与主动基金收益率比较

年份（年）	中证 100 全收益指数	主动基金	中证 100 排名
2017	33.37%	15.20%	79/712
2018	−19.94%	−24.12%	250/861
2019	31.20%	27.57%	545/1324
累计收益率	40.09%	17.67%	106/712

数据来源：Wind，截至 2019 年 9 月 30 日。此处主动管理基金为普通股票型和混合偏股型基金。指数过往表现不预示其未来表现，也不预示相关基金未来表现，投资需谨慎。

2．为什么指数基金跟踪基准是价格指数

A 股市场上有很多指数基金，尤其是 2018 年 ETF 迎来了大爆发。许多投资者在投资指数基金的时候都会积极对比基金超业绩基准多少，也知道基金跟踪的指数是哪一个，但是问题来了：跟踪指数是价格指数还是全收益指数，大家注意到了吗？

正常来说，指数基金是与其跟踪的指数比较的。目前市面上的绝大部分指数基金跟踪的是价格指数，所以自然价格指数是业绩比较基准了，而大多数 QDII 指数是跟踪全收益指数。

正是因为绝大多数以完全复制指数表现的普通指数基金跟踪的是价格指数，比如沪深 300、中证行业指数等，指数基金跑赢跟踪的价格指数相对容易（如图），但是想要跑赢对应的全收益指数就有一定难度了，一方面价格指数基金跟

踪标的本身没有考虑分红再投的收益；另一方面指数基金运作有成本，除了交易费用、税收等摩擦成本，指数基金还有管理费、托管费、销售服务费等费用。

简单来说，如果要拿普通指数基金和全收益指数的表现来对比，普通指数基金里面的成份股虽然可以红利再投，但是考虑基金运作过程中管理费及交易费等成本，所以要超越全收益指数的表现，难度较大。

既然运作成本是基金运作过程中没法避免的支出成本，那么指数基金能否在承担这些成本的基础上还有可能跑赢全收益指数呢？

答案当然是肯定的！指数基金经理通常会用到下面两个方法：

（1）辅助一些确定增强的投资策略。通过股票大宗交易及打新股等投资策略提高收益率，如图 2.5 所示，由于打新股有门槛，不满足市值要求无法申购全部可申购的新股，所以基金的规模不能过小，但也不能太大，规模过大会稀释打新的收益，目前打新基金较优增厚收益的规模在 2 亿元左右，所以规模在 2～5 亿元区间以内的指数基金都可以通过打新做到较好的增强。

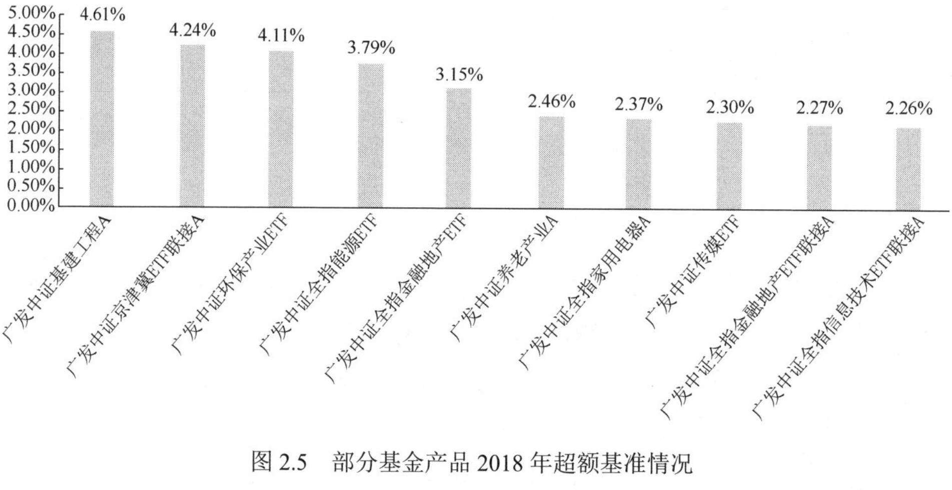

图 2.5　部分基金产品 2018 年超额基准情况

（2）尽可能降低指数基金运作过程的相关费用。投资者在投资前务必认真比较各指数基金的各项费用，在全市场中选择费率更低廉的指数基金，例如选择跟踪同一标的指数的指数基金，可以考虑选择管理费、托管费及交易费费率较低的指数基金。

老罗有话说：

很多投资者经常用价格指数去计算指数的收益率，价格指数忽略了红利再投的收益，理论上股票分红得到分红收益后，基金经理通常会将红利再投，所以对于分红较高的指数，指数基金经理战胜价格指数的基准较为容易，理论上指数基金的基准设置为全收益指数会更为科学。当然，这对于指数基金经理而言，跟踪难度挑战不小，因为会有管理费、托管费等费用对基金收益进行侵蚀。另外，通常基金经理会通过参与打新股、大宗交易等方式对指数基金进行增强。

2.4　研究指数的基本方法

想要购买指数基金的投资者，首先要了解和分析自己所选的指数的构成和特点，只有熟悉所购买的指数标的，才能更好地运用它。

老罗在这里分享一下自己分析宽基指数的几个步骤，大家也可以依葫芦画瓢试试，肯定比你一无所知就去买指数基金好。

1. 了解对应指数的编制信息

了解指数的编制信息是买指数基金前首先要走的步骤。编制方案很好找，如果是中证指数公司编制的指数，在中证指数公司的官网就能找到对应指数的编制方案，如果是深圳证券信息公司编制的指数，在国证指数官网能找到对应指数编制方案。通过编制方案，你可以了解指数的指数代码、调仓频率、加权方式等。

以中证 100 指数为例，它属于中国 A 股核心宽基指数，如图 2.6 所示。

进入中证指数公司官网，找到中证 100 指数的编制方案。

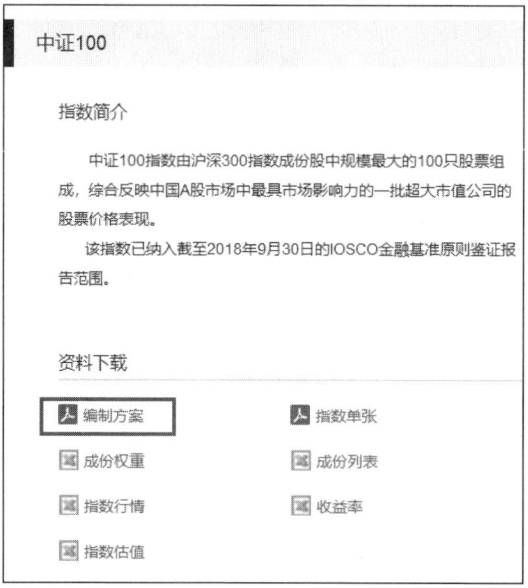

图 2.6　中证 100 指数的编制方案

从编制方案中了解中证 100 的以下三个信息就够了。

（1）选样的方法。沪深 300 对样本空间内的股票按照最近一年（新股为上市以来）的日均总市值进行排名，原则上选取排名在前 100 名的股票作为指数样本。通俗点讲，中证 100 指数从沪深 300 中挑选规模最大的 100 只股票组成样本股，综合反映沪深证券市场中最具市场影响力的一批大市值公司的整体表现。

（2）市值加权的方法。该方法采用的是自由流通量加权方式，读起来有点拗口难懂，简单理解，该方式就是市值加权方法的一种，通常自由流通市值越大的股票其权重越高。

（3）调仓频率和调整数量。中证 100 指数每半年调整一次样本股，样本股调整实施时间分别为每年 6 月和 12 月的第二个星期五的下一交易日。每次调整的比例一般不超过 10%，样本调整设置缓冲区，排名在 80 名内的新样本优先进入，排名在 120 名之前的老样本优先保留。在进行定期调整时，根据样本空间内股票的综合得分设置备选名单，备选名单中股票数量一般为指数样本数量的 5%。

2．分析市值、行业和十大权重股

分析指数的市值，了解指数成份股总数、总市值和平均个股市值。以中证

100 指数 2019 年 12 月 31 日的数据为例进行分析，发现中证 100 指数总市值约为 28 万亿元，市值较大，个股平均市值为 2776 亿元，估值约为 11 倍，说明中证 100 指数是大市值股票的蓝筹指数，是中国核心资产的集中地，如表 2.12 所示。

表 2.12　中证 100 指数基本信息

指数代码	指数名称	成份股数量	总市值（万亿元）	个股平均市值（亿元）	PE
000903	中证 100	100	27.76	2776	11.35

数据来源：Wind，截至 2019 年 12 月 31 日。

分析指数的行业分布，这个数据可以在 Wind 数据库软件中找到，或者可以定期看老罗的指数分析报告，里面也会对这些数据进行实时更新。从行业权重来看，中证 100 指数里面金融板块占比最大，达到 43%左右，其中非银金融（证券和保险）和银行板块占比均达到 20%左右。简单来说，如果某天金融板块表现不错，则会对当天中证 100 指数贡献比较大，如图 2.7 所示。

就成份股而言，在中证 100 指数的 100 只成份股中，既包含沪市大盘代表的中国平安、贵州茅台、招商银行等企业，又包含深市蓝筹的格力、美的等行业龙头，可以说中证 100 指数是 A 股核心蓝筹股的集中地，因而适合进行价值投资、长期配置的机构投资者。前十大成份股占比合计为 39%左右，如表 2.13 所示。

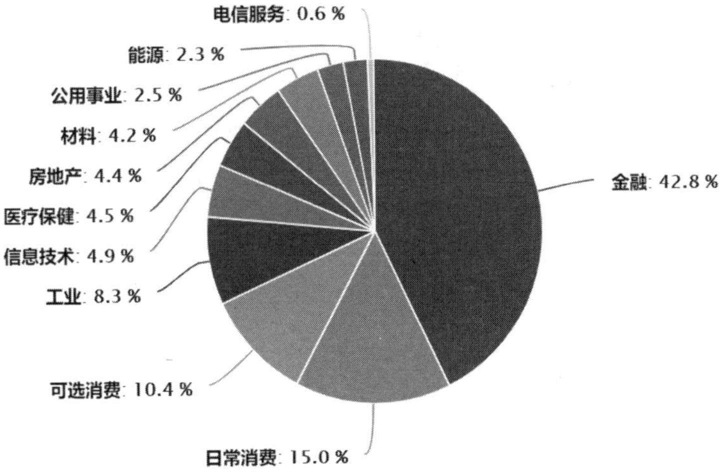

图 2.7　中证 100 指数行业权重（2019.12.31）

表 2.13　中证 100 指数前十大成份股

排　名	代　码	简　称	权　重↓
1	601318	中国平安	9.66%
2	600519	贵州茅台	6.20%
3	600036	招商银行	4.04%
4	000651	格力电器	3.29%
5	601166	兴业银行	3.00%
6	000333	美的集团	2.95%
7	600276	恒瑞医药	2.83%
8	000858	五粮液	2.69%
9	600030	中信证券	2.08%
10	600887	伊利股份	1.97%
合计			38.71%

数据来源：Wind，截至 2019 年 12 月 31 日。

3. 了解指数的历史走势表现

你可以上网找找别人写的报告，也可以自己在行情软件中输入指数代码，比如中证 100 就输入 000903，将指数的收盘点位数据导出来，然后和其他指数进行比较，如与中证 500、中证全指的历史收益率进行比较，了解这个指数的历史走势情况，帮助你知道在什么环境下这个指数会表现得较好，如表 2.14 所示。

表 2.14　中证 100 与上证 50、沪深 300 历史收益率比较

年份（年）	沪深 300	上证 50	中证 100	中证 100 排名
2006	121.02%	126.69%	127.05%	1
2007	161.55%	134.13%	145.69%	2
2008	-65.95%	-67.23%	-66.48%	2
2009	96.71%	84.40%	87.49%	2
2010	-12.51%	-22.57%	-19.28%	2
2011	-25.01%	-18.19%	-20.87%	2
2012	7.55%	14.84%	10.77%	2
2013	-7.65%	-15.23%	-13.12%	2
2014	51.66%	63.93%	59.64%	2
2015	5.58%	-6.23%	-1.52%	2
2016	-11.28%	-5.53%	-7.50%	2
2017	21.78%	25.08%	30.21%	1

续表

年份（年）	沪深 300	上证 50	中证 100	中证 100 排名
2018	-25.31%	-19.83%	-21.94%	2
2019	36.07%	33.58%	35.54%	2

数据来源：Wind，截至 2019 年 12 月 31 日。

老罗有话说：

上面这套方法中的大部分数据都可以通过免费渠道获得，对于爱好指数基金的投资者来说，简单易学。熟能生巧，大家可以在看完这一节内容后，马上按照上面的方法对沪深 300、创业板指数进行价值分析，这样有益于大家加深对该方法的理解，从而帮助大家做投资决策。

2.5　指数的常用的计算指标

投资者对指数和指数基金并不陌生，不过也有许多朋友反映说对于指数的一些基本的研究指标和方法存在一定的困惑，那么老罗就专门为大家介绍一下专业人员在进行指数研究时最常用到的一些指标，方便大家在未来研究指数时参考。

1. 区间累计收益率

定义：一段时间内投资的回报率。

对应到指数，计算公式如下：

$$\text{指数区间累计收益率}=\frac{\text{区间末日收盘价}-\text{区间首日收盘价}}{\text{区间首日收盘价}}$$

投资者可以通过行情软件提取指数收盘价数据。

举个例子：中证 100 指数在 2016 年 12 月 30 日的收盘点位为 3134.45，在 2019 年 12 月 31 日的收盘点位为 4317.93，那么中证 100 指数在 2016 年年底到 2019 年年底三年间（通常也可以写作 2017—2019 年）的累计收益率就是：37.76%。

图 2.8 中证 100 指数点位

计算公式：

$$\text{中证 100 指数 2016 年年底到 2019 年年底的累计收益率}=\frac{4317.93-3134.45}{3134.45}=37.76\%$$

2. 区间年化收益率

定义：年化收益率是把累计收益率换算成以年为单位来计算得到的结果。可以简单理解为：在期初投入一笔钱，按年化收益率逐年利滚利，最终得到的收益率就等于累计收益率。

举个例子：如果投入 100 元，两年后 100 元变为 144 元，则累计收益率为 44%；也相当于每年都按 20%增长，即投入 100 元以后，第一年变为 100×（1+20%）=120 元，第二年变为 120×（1+20%）=144 元，这里 20%就是年化收益率。

对应到指数，计算公式如下：

$$\text{指数区间年化收益率}=(1+\text{区间累计收益率})^{\frac{1}{\text{区间年份数}}}-1$$

这里年份数不足一年就用小数来计算，以交易日天数为准。投资者可以通过行情软件提取一段时间内对应的交易日天数。

接着我们上面中证 100 的例子来说，从 2016 年年底到 2019 年年底正好 3 年，所以中证 100 在这 3 年里的区间年化收益率计算如下：

$$\text{中证 100 指数 2016 年年底到 2019 年年底的区间年化收益率}=(1+37.76\%)^{\frac{1}{3}}-1$$

$$=11.23\%$$

友情提醒一下：使用百度可以计算 *n* 次方哦！

3. 区间年化波动率

定义：收益率标准差的年化数据。可以简单理解为：反映一段时间内投资收益的波动情况。年化波动率是一个风险指标，波动率越大，风险越大；波动率越小，风险越小。

对应到指数，计算公式如下：

$$指数区间年化波动率=每日收益率的标准差\times(250)^{\frac{1}{2}}$$

其中 $(250)^{\frac{1}{2}} \approx 15.81$。在具体计算时，要统计每天指数的收益率数据，得到一个收益率数列，然后在 Excel 里用 STDEV 函数计算收益率数列的标准差，再乘以 $(250)^{\frac{1}{2}} \approx 15.81$ 就可以得到年化波动率。

还是以我们前面提到的中证 100 为例，从 2016 年年底至 2019 年年底中证 100 指数每日收益率数列的标准差是 0.01145，所以中证 100 在这 3 年里的区间年化波动率计算如下：

$$中证100指数2016年年底的2019年年底的区间年化波动率=0.01145\times(250)^{\frac{1}{2}}$$

$$=18.11\%$$

4. 夏普比率

定义：风险调整后的收益情况，用于衡量综合考虑风险和收益后投资的整体表现。可以简单理解为：每单位风险对应的投资回报；夏普比率越高，单位风险所取得的投资回报越高，投资综合表现越好。

对应到指数，计算公式如下：

$$指数夏普比率=\frac{区间年化收益率-无风险收益率}{区间年化波动率}$$

这里无风险收益率对应的无风险资产是一个笼统的概念，可以为银行定期存款、长期国债等，一般我们取无风险收益率为 1.5%（通常为人民银行规定的一年定存利率，可以把它看成无风险收益率）。

以中证 100 从 2016 年年底至 2019 年年底的表现来看，指数夏普比率计算如下：

$$中证100指数夏普比率=\frac{11.23\%-1.5\%}{18.11\%}=0.54$$

5. 净资产收益率

定义：净资产收益率（ROE）等于净利润除以净资产，该指标反映股东权益的收益水平，用来衡量公司运用自有资本的效率。该指标值越高，说明投资带来的收益越高，它是衡量企业的盈利能力的重要指标。ROE 越高，代表一个企业的盈利能力越强，企业的质地也就越好。

举个例子：一家净资产为 100 亿元的公司，一年盈利 20 亿元，那么在不分红的情况下该公司当年的 ROE 就是 20%。ROE 是价值投资者非常喜欢的指标之一，查理·芒格就说过，股票投资的长期回报大致等同于这只股票的 ROE（不过芒格老爷子这句话是有前提条件的，有的时候两者并不相等）。

对应到指数，一般而言指数的 ROE 指的是所有成份股的净利润之和与所有成份股的净资产之和的比值，这个数据通常不需要投资者计算，可以直接在行情软件中查看。如图 2.9 所示，中证 100 指数 2020 年第一季度对应的 ROE 为 9.86%。

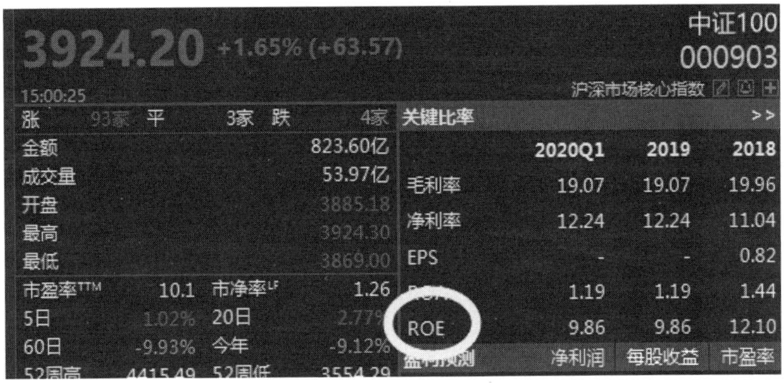

图 2.9　中证 100 的 ROE

6. 股息率

定义：股息率是一年的总派息额与总市值的比例，也等于每股分红除以股价。股息率是挑选收益型股票的重要参考标准，如果连续多年年度股息率超过 1 年期银行存款利率，则这只股票基本可以被视为收益型股票。股息率越高，越吸引人。股息率也是挑选其他类型股票的参考标准之一。决定股息率高低的不仅仅是股利和股利发放率的高低，还有股价。

举个例子：两只股票，A 的股价为 10 元，B 的股价为 20 元，两家公司同样发放每股 0.5 元股利，则 A 公司 5%的股息率显然要比 B 公司 2.5%的股息率诱人。一般在 A 股市场股息率较高的指数主要由偏大盘蓝筹的公司组成。

股息率通常也不需要投资者计算，关注指数股息率的投资者一般可以到中证指数公司的官网搜索查看指数单张，其中有股息率的最新数据。例如，中证 100 指数股息率，如图 2.10 所示。

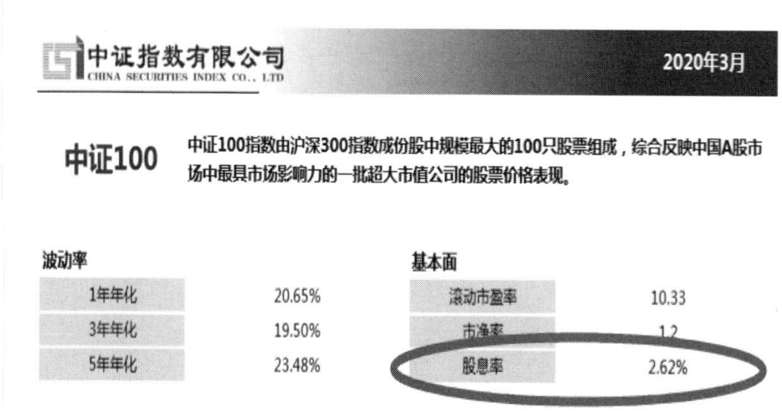
中证指数有限公司
CHINA SECURITIES INDEX CO., LTD
2020年3月

中证100　中证100指数由沪深300指数成份股中规模最大的100只股票组成，综合反映中国A股市场中最具市场影响力的一批超大市值公司的股票价格表现。

波动率		基本面	
1年年化	20.65%	滚动市盈率	10.33
3年年化	19.50%	市净率	1.2
5年年化	23.48%	股息率	2.62%

图 2.10　中证 100 指数股息率

7．市盈率

定义：市盈率（PE）是总市值与公司盈利的比值。其中 P 代表市值，E 代表公司盈利，PE 更准确的表达应该为 P/E。可以简单将其理解为一家公司按目前每年的利润需要赚多少年才能到达目前的市值。

市盈率是市场中最常用的估值指标之一，它可以被分为静态市盈率、滚动市盈率和动态市盈率。三种市盈率的计算方式的区别主要在于盈利的选取，静态市盈率是选用上一年度的净利润来计算的；滚动市盈率是选用最近 4 个季度财报的净利润来计算的；动态市盈率是选用预估的公司下一年度的净利润来计算的。

举个例子：假定麦当劳共有 20 张面值为 10 元的股票，那么麦当劳的总市值就是 10×20=200 元。如果麦当劳在 2017 年赚了 20 元，那么每张股票分到的利润就是 20 元/ 20 张股票=1 元/张，2017 年的市盈率 PE=200/20=10 倍。也就是说，如果我投资了麦当劳的股票，而麦当劳将每年利润的 20 元全部分配给我，那么理论上我只要 10 年就可以收回当年投资的本金。

对应到指数，指数的市盈率指的是所有成份股的市值之和与所有成份股的净利润之和的比值。这个数据也不需要大家去算，图 2.10 中也有市盈率的信息，例如，中证 100 指数截至 2020 年 3 月的滚动市盈率数据为 10.33 倍。

市盈率绝对值的高低更多地用在结构行情中，如果现在是大盘股行情，则一般选择估值低的宽基或行业指数进行投资。如果现在是中小盘股行情，则一般选择成长性较好的宽基或行业指数进行投资，在通常情况下成长性好的行业估值已经不低。估值分位数是通过与该指数本身历史的估值进行比较，看看该指数的当前估值在历史估值中的水平，来判断指数是否具有投资价值的。

8．市净率

定义：市净率（PB）是总市值与净资产的比值。其中 P 代表市值，B 代表净资产。

举个例子：一家公司市值为 100 亿元，如果净资产为 90 亿元，那么市净率就等于 100/90=1.11 倍。

对应到指数，指数的市净率指的是所有成份股的市值之和与所有成份股的净资产之和的比值。这个数据也可以从指数公司官网查到，例如，中证 100 指数截至 2020 年 3 月的市净率数据为 1.2 倍。

9．市盈率和市净率的历史分位数

定义：历史分位数代表的是一个数据在历史序列中从小到大的排名高低，它的计算方法是按照当前估值在历史中由小到大排序，得到当前的估值排名，然后用当前估值排名除以历史估值总数（即分位数=当前估值排名/历史估值总数），得到历史估值分位数，该数取值区间为 0～100%，按百分比计算。一个数据的历史分位数越接近 100%，就越能代表这个数据在历史序列中比其他大多数数据都更大，如果等于 100%，就代表这个数据是历史序列中数值最大的一个数据。反之亦然。

我们平时在投资时除了关注指数在某一时点的市盈率、市净率，更重要的是还需要了解这些数据在历史上到底算比较高的还是比较低的，也就是高估值或者低估值的意思。简单来说，如果目前指数市盈率、市净率的历史分位数接近 100%，那么就意味着指数目前的市盈率、市净率在历史上看是比较高的，对应的就是高估值；反过来说也是一样的道理，指数市盈率、市净率的历史分位数越接近 0，那么估值就越低。

要计算指数市盈率和市净率的历史分位数，需要提取指数过去一段时间内每天的市盈率和市净率数据，然后再通过计算当前市盈率和市净率在各自历史序列中的百分比排名得到。因为指数每天的市盈率和市净率数据不太容易取得，所以普通投资者自己计算这个数据略有困难，不过别担心，下面老罗给大家整理了几种查看数据的方法。

（1）大家关注的“老罗话指数投资”微信公众号（微信号：index_fund）以及“老罗话指数投资”雪球公众号，每天都会更新当天市场主要宽基指数及行业主题指数的估值分位数与大家分享。例如查看老罗公众号的内容，会发现这里截取了部分内容，如图 2.11 所示，2020 年 4 月 14 日中证 100 指数 PE 为 10.07 倍，对应历史分位数为 35%；PB 为 1.24 倍，对应历史分位数为 14%。

× 老罗话指数投资 > •••

2020年4月14日A股主要指数估值表

指数类型	指数代码	指数简称	PE（TTM）最新	当前PE所处分位	PB（LF）最新	当前PB所处分位	股息率（%）（近12个月）	ROE（%）上一年度	PE分位计算开始日期
宽基指数	000016	上证50	8.78	18%	1.07	1%	3.07	11.43	2010/4/14
	000903	中证100	10.07	35%	1.24	14%	2.84	11.55	2010/4/14
	000300	沪深300	11.33	35%	1.35	14%	2.40	11.56	2010/4/14
	000905	中证500	25.70	17%	1.82	10%	1.32	7.53	2010/4/14
	000906	中证800	12.73	38%	1.42	10%	2.17	11.06	2010/4/14
	000852	中证1000	39.44	34%	2.25	25%	0.99	6.68	2014/10/17
	399008	中小300	30.85	33%	3.01	17%	1.07	10.99	2010/4/14
	399006	创业板指	54.86	64%	6.05	78%	0.51	13.89	2010/6/1

图 2.11　“老罗话指数投资”公众号的估值表

（2）可在且慢、雪球、广发基金 App 等平台上查看。

（3）可用 Wind 或 Choice 等金融终端查看。Wind 一般需要收费，机构用得比较多；普通投资者可以用 Choice 查看。

老罗为大家整理的以上日常投资中最常用到的一些分析指数的指标，希望能对大家未来的投资有帮助。

2.6　指数的估值指标应用

目前市场上常用的指数或股票估值信息很多，包括了 DCF、PE、PB、PEV、

NAV 等估值指标信息，那么如何利用好指数的估值信息帮助你判断该指数是否具有投资价值呢？我们从行业角度进行分析，告诉大家不同的估值方法适用于不同行业、不同财务状况的公司，对于不同公司要具体问题具体分析，谨慎择取不同估值方法。

公司估值方法通常分为两类：一类是相对估值方法，特点是主要采用乘数方法，较为简便，如 PE 估值法、PB 估值法、EV/EBITDA 估值法、PEG 估值法、市销率估值法、EV/销售收入估值法、NAV 估值法；另一类是绝对估值方法，特点是主要采用折现方法，如现金流折现 DCF、股利贴现模型 DDM 等。相对估值法和绝对估值法作为估值体系的两个方面，不存在孰优孰劣的问题。

PE 市盈率估值法适合于盈利相对稳定、周期性较弱的行业。计算以公司上一年的盈利水平为依据，其最大的缺陷在于忽略了对公司未来盈利状况的预测。从单个公司来看，市盈率指标对业绩较稳定的公用事业、商业类公司参考较大，但对业绩不稳定的公司，则易产生判断偏差。以腾讯为例，由于公司市场前景广阔，具有很高的成长性，受到投资者的追捧，股价上升，市盈率居高不下，但以公司每年 40%以上利润增长速度，以现价购入，一年后的市盈率已经大幅下降；相反，一些身处夕阳产业的上市公司，目前市盈率低到 20 倍左右，但公司经营状况不佳，利润呈滑坡趋势，以现价购入，一年后的市盈率可就奇高无比了。

地产行业也不是只看 PE，主要看 NAV，E 只是结果，NAV 是净资产价值。在一定销售价格、开发速度和折现率的假设下，地产企业当前储备项目的现金流折现价值剔除负债后，即为净资产价值（NAV）。假设一个地产公司，刚开发楼盘没有体现出利润，但土地储备的可开发价值是市值的几倍，最典型的是融创中国已经轻松翻了一倍，因为土地储备远远超过市值，你能说没有价值？招商蛇口也是如此，PE 不低，但公司有大量优质土地储备未来可供释放利润。

PB 市净率估值法适合流动性资产比较高的行业，如银行。银行股其实不太适合现金流折现，也不适合 PE 估值，因为 E 是失真的。银行的 PE 很低，但大家都知道有坏账，可能如果坏账爆发 PE 一下就高了甚至 E 变成负数了，银行股用 PB 估值可能更合理，核心看的是信贷资产质量。

对于钢铁、煤炭、水泥、汽车这些强周期行业，PE、PB、DCF 用处都不大，因为未来现金流很难预期，固定资产清算时又是废铁，今年赚 10 亿元，明年可能亏 20 亿元，所以强周期行业不能用 PE 来估值。按彼得•林奇的说法，反着看，强周期行业就是高 PE、低 PB 时买入，低 PE、高 PB 时卖出。低 PE 时说明行业在景气周期，大家都纷纷上马，产能扩张，未来可能就要陷入价格战的泥潭了；而高 PE 时表明全行业微利或亏损，也表明供给端在去产能，供需平衡走，行业反而可能走出低谷。

对于零售行业，由于销售收入相对稳定、波动性小，且具有微利的特点，因此应考虑市销率指标。一方面营业收入不受公司折旧、存货、非经常性收支的影响，不像利润那样易操控，另一方面收入不会出现负值，不会出现没有意义的情况，即使净利润为负也可用。

对于成长性较高的企业，如高科技企业（TMT）、生物医药、网络软件开发等，应优先考虑 PEG 法，而这个方法对于成熟行业则不太适用。因为 PEG 反映了未来预期增长率对于企业价值的影响，而成熟行业具有低风险、低增长率的特点，因此不适合运用 PEG 法。

对于运营商，如高速公路上市公司运营、电信运营业，注重稳定性，则应综合考虑现金流贴现模型（DCF）和 EV/EBITDA 法。EV/EBITDA 估值方法一般适用于资本密集、准垄断或者具有巨额商誉的收购型公司，这样的公司往往因为大量折旧摊销而压低了账面利润。EV/EBITDA 还适用于净利润亏损，但毛利、营业利益并不亏损的公司。但对于固定资产更新变化较快的公司，净利润亏损、毛利、营业利益均亏损的公司以及资本密集、有高负债或大量现金的公司，则不适用 EV/EBITDA 法。

不同行业使用的估值方法如表 2.15 所示。

表 2.15　不同行业使用的估值方法一览表

行　　业	行业特点	适用的估值方法
公共服务业	盈利稳定、周期性较弱	市盈率
钢铁、水泥	周期性强、拥有大量固定资产且账面价值相对较为稳定	市净率
银行业	流动资产比例高	市净率
房地产	注重资产账面价值与实际价值的差异	NAV
TMT、生物医药、网络软件开发业	成长性高	PEG
高速公路运输、电信运营业	经营注重稳定性	EV/EBITDA

数据来源：中银证券研究所。

尽管行业是按照上述方法去估值的，但我们以全指信息技术行业指数（指数代码：000993）为例，运用 PE、PE 分位数及成长性进行分析，发现如果仅仅看 PE 及 PE 分位数去投资远远不够，因为在 2010 年 1 月 4 日全指信息的 PE 市盈率为 116 倍，PE 分位数为 98%（PE 所处分位数为当前最新 PE 在统计区间内按升序排列所处的分位数，分位数=当前估值排名/历史估值总数），而全指信息技术的指数点位为 2776，从长远看，这个指数点位还是个相对低点，相比 2015 年 6 月 3 日的 11947 点，会错失 330%的涨幅空间，如图 2.12 所示。出现这个问题的主要原因是忽视了信息技术行业在未来几年的高速成长导致估值的下降。

但是若结合 PE、PE 分位数以及未来两年净利润盈利增长，可以抓住 2012 年投资全指信息技术的低点。从表 2.16 可以看到，全指信息技术在 2012 年 11 月中旬至 2012 年 12 月中旬期间，PE 估值仅有 30 倍左右，PE 分位数在 10%以下，说明 PE 处于历史低位。另外，全指信息技术行业也处于景气发展阶段，2013 年和 2014 年的净利润增长率分别为 42%和 52%。可见，结合 PE、PE 分位数加上对行业盈利的预测，可以坚定地在 2012 年 11 月至 12 月低点买入全指信息技术指数，若持有到 2015 年 6 月高点，则可获得 500%左右涨幅收益，年化收益率超过 100%。

图 2.12　全指信息技术估值指标以及涨幅变化

表 2.16　全指信息技术 PE 分位数 10%以下的估值信息

日　　期	PE	PE 分位数	全指信息技术点位	2013 净利润增长率	2014 年净利润增长率
20121112	32.9888	10%	2094.614	42%	52%
20121113	32.481	10%	2062.957	42%	52%
20121114	32.5608	9%	2069.168	42%	52%
20121115	31.9821	8%	2027.901	42%	52%
20121116	31.7257	8%	2011.188	42%	52%
20121119	31.7925	8%	2014.683	42%	52%
20121120	31.7271	9%	2010.619	42%	52%
20121121	32.0437	8%	2032.538	42%	52%
20121122	31.6299	8%	2005.805	42%	52%
20121123	31.5144	6%	2001.815	42%	52%
20121126	30.933	5%	1967.263	42%	52%
20121127	29.8909	4%	1897.796	42%	52%
20121128	29.3188	4%	1859.809	42%	52%
20121129	29.0431	4%	1840.365	42%	52%
20121130	29.4265	4%	1865.122	42%	52%
20121203	28.5799	4%	1811.392	42%	52%
20121204	29.0616	6%	1842.3	42%	52%
20121205	30.2928	6%	1919.066	42%	52%
20121206	30.3128	7%	1919.195	42%	52%
20121207	30.9077	8%	1955.411	42%	52%
20121210	31.4576	7%	1989.87	42%	52%
20121211	31.2107	7%	1970.92	42%	52%
20121212	31.0293	6%	1961.018	42%	52%
20121213	30.6538	9%	1935.157	42%	52%
20121214	31.8264	9%	2010.66	42%	52%
20121217	31.6774	8%	2007.931	42%	52%
20121218	31.5742	9%	2003.514	42%	52%
20121219	31.8028	10%	2015.615	42%	52%

数据来源：Wind。

可见，理解和参考行业背后适合的估值方法，可以为我们投资决策做重要贡献。

老罗有话说：

估值在证券投资领域是一个很复杂的工程，正如巴菲特所说的“只能是模糊的正确”，没有说用一个固定的方法去投资就能获得很好的投资回报。大家选择行业去投资时，比如信息技术和传媒行业，不仅要看当前的PE及PE分位数，还要看看这个行业未来的成长性，如果当前PE和PE分位数都很高，则未必不具有投资价值，若行业成长空间广阔，那么也会有投资价值，所以在选择行业时需要把多个估值指标结合起来看，因为不同行业适用的估值方法不一样。

第 3 章　各类指数的介绍

3.1　常见 A 股宽基指数

股票价格指数有多种分类方法，我们可以最简单地将其分为宽基指数和窄基指数。宽基指数包括我们常看到的沪深 300、中证 100、创业板指等指数，代表着市场的整体走势。以中证 100 为例，其成份股为跨沪、深两个市场的大盘蓝筹股，覆盖了银行、信息技术、交通运输等多个行业的大型公司，因此能够代表大市值股票的走势。窄基指数就是一些行业或主题指数，如全指医药指数、全指消费指数等。同时，近年来越来越流行的 Smartbeta 策略类指数也属于股票价格指数。除了国内市场的股票价格指数外，跨境市场还有纳斯达克 100、标普 500 等股票价格指数。

从指数分类来看，股票指数可被分为宽基指数、行业指数、主题指数及策略指数等。下面老罗就按此分类为大家一一介绍目前 A 股市场中各类型指数的基本情况。

3.1.1　上证 50 指数

上证 50 指数由沪市 A 股中规模大、流动性好的最具代表性的 50 只股票组成，反映上海证券市场最具影响力的一批龙头公司的股票价格表现，如表 3.1 所示。该指数于 2004 年 1 月由中证指数公司发布，基日为 2003 年 12 月 31 日，基值为 1000 点。截至 2019 年年底，上证 50 指数历史累计收益率为 206%，历史年化收益率为 8%，历史年化波动率为 27%。

表 3.1　上证 50 指数基本情况

指数代码	指数简称	基　日	成份股个数	总市值（万亿元）	成份股平均总市值（亿元）
000016	上证 50	2003-12-31	50	21.28	4256

数据来源：Wind，截至 2019 年 12 月 31 日。

上证 50 指数的成份股以沪市大盘股为主，指数成份股总市值为 21 万亿元，平均个股总市值为 4256 亿元，权重占比前三大行业分别为非银金融（28%）、银行（27%）、食品饮料（13%），总体而言，金融行业的股票在上证 50 指数中占了大部分比例，因此上证 50 指数也呈现出较为显著的低估值大蓝筹的特征，如图 3.1 所示。

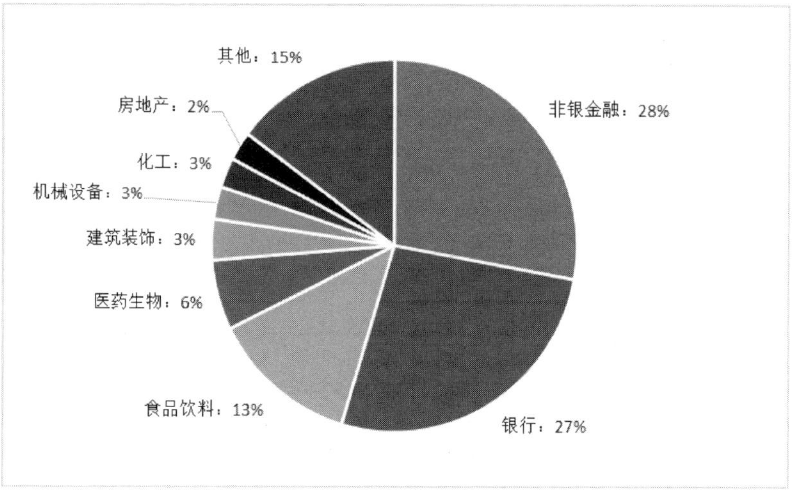

图 3.1　上证 50 指数行业分布情况（2019.12.31）

在前十大成份股中，既有我国第一家股份制保险企业中国平安，也有世界三大名酒生产商之一贵州茅台，还有银行股龙头招商银行、兴业银行、交通银行等 5 家银行股，同时伊利股份、恒瑞医药这样的大消费、大医药类股票也在其中。前十大成份股合计占比达到 55%左右，权重分布较为集中，如表 3.2 所示。

表 3.2　上证 50 指数前十大成份股情况

排　名	代　码	简　称	权　重（%）
1	601318	中国平安	15.46
2	600519	贵州茅台	9.93
3	600036	招商银行	6.47

续表

排　名	代　码	简　称	权　重（%）
4	601166	兴业银行	4.81
5	600276	恒瑞医药	4.52
6	600030	中信证券	3.33
7	600887	伊利股份	3.15
8	600016	民生银行	2.62
9	601328	交通银行	2.58
10	600000	浦发银行	2.43
合计			55.29

数据来源：Wind，截至 2019 年 12 月 31 日。

截至 2019 年年底，全市场跟踪上证 50 指数的 ETF 产品共有 7 只，均在上海证券交易所上市。其中华夏上证 50ETF 是 A 股市场第一只 ETF（Exchange-Traded Fund，交易型开放式指数基金）产品，也是第一只场内期权——上证 50ETF 期权的标的。该产品于 2004 年年底成立，2005 年年初上市交易，发展至 2019 年年底规模达到约 462 亿元，2019 年场内日均成交额达到约 20 亿元，无论是规模还是交易活跃度都远超市场上其他 6 只上证 50ETF，如表 3.3 所示。

表 3.3　全市场跟踪上证 50 指数的 ETF 产品情况

成立日期	证券代码	证券简称	上市场所	基金规模（亿元）	2019 年日均成交额（亿元）
2004-12-30	510050	华夏上证 50ETF	上海	461.91	20.07
2018-12-07	510850	工银上证 50ETF	上海	59.72	1.79
2015-05-27	510710	博时上证 50ETF	上海	7.49	0.40
2017-12-22	510800	建信上证 50ETF	上海	2.80	0.07
2019-09-06	510100	易方达上证 50ETF	上海	2.39	0.24
2013-10-31	510680	万家上证 50ETF	上海	1.67	0.00
2018-09-03	510600	申万菱信上证 50ETF	上海	1.06	0.06

数据来源：Wind，截至 2019 年 12 月 31 日。

小贴士：

期权是指在支付一定额度的权利金后，获得在未来某个特定时间、以特定价格买入或卖出标的资产的权利，到期后可以选择行使该权利获得差价收益，也可以选择不行使该权利，损失权利金。期权是继股票、期货后的第三大金融投资工具，被誉为“衍生品皇冠上的明珠”。根据期权的权利不同，可分为看涨期权和看跌期权。期权具有双向交易、“T+0 模式”、当天随买随卖等特点，是普通投资者快速盈利和机构投资者进行对冲的有力工具。目前我国交易所上市的场内期权产品有上证 50ETF 期权、沪深 300ETF 期权等，其中上证 50ETF 期权的标的资产就是在上交所上市的上证 50ETF。

3.1.2 沪深 300 指数

中证指数公司于 2005 年 4 月 8 日发布了沪深 300 指数，该指数是中国多层次证券市场最重要的指数之一，由沪深市场 300 家具有代表性的公司组成，基期为 2004 年 12 月 31 日，如表 3.4 所示。截至 2019 年年底，沪深 300 指数历史累计收益率为 310%，历史年化收益率为 10%，历史年化波动率为 27%。

表 3.4 沪深 300 指数基本情况

指数代码	指数简称	基日	成份股个数	总市值（万亿元）	成份股平均总市值（亿元）
000300	沪深 300	2004-12-31	300	38.97	1299

数据来源：Wind，截至 2019 年 12 月 31 日。

不同于上证 50 指数只包含上海市场的股票，沪深 300 指数既包含上海市场的股票，又包含深圳市场的股票，因此是跨市场指数。从交易所分布情况来看，沪深 300 指数成份股中在上交所和深交所上市的公司数量分别为 187 只和 113 只，权重占比约为 66%和 34%，总的来说其成份股中，沪市的部分数量更多，占比更大，如表 3.5 所示。

表 3.5 沪深 300 指数成份股交易所分布情况

市 场	成份股个数	权重占比（%）
上海	187	65.98
深圳	113	34.02

数据来源：Wind，截至 2019 年 12 月 31 日。

沪深 300 指数成份股总市值约为 39 万亿元，个股平均市值为 1299 亿元，属于大盘股的范畴。从行业分布来看，沪深 300 指数权重前三大行业分别为非银金融（17%）、银行（16%）、食品饮料（10%），金融行业占比合计约为 33%，行业分布较上证 50 指数更为均匀，如图 3.2 所示。

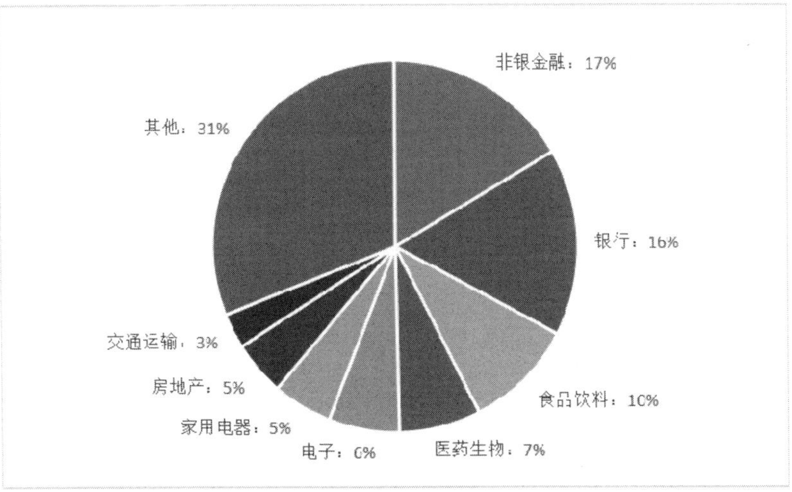

图 3.2　沪深 300 指数行业分布情况（2019.12.31）

在前十大成份股中，既包含沪市龙头中国平安、贵州茅台等，也包含深市蓝筹格力电器、五粮液等，权重占比合计约为 27%，如表 3.6 所示。

表 3.6　沪深 300 指数前十大成份股情况

排　名	代　码	简　称	权　重（%）
1	601318	中国平安	6.72
2	600519	贵州茅台	4.31
3	600036	招商银行	2.81
4	000651	格力电器	2.29
5	601166	兴业银行	2.09
6	000333	美的集团	2.05
7	600276	恒瑞医药	1.97
8	000858	五粮液	1.87
9	600030	中信证券	1.44
10	600887	伊利股份	1.37
合计			26.92

数据来源：Wind，截至 2019 年 12 月 31 日。

截至 2019 年 12 月底，全市场跟踪沪深 300 指数的 ETF 产品共有 16 只，其中 13 只在上海证券交易所上市，3 只在深圳证券交易所上市。沪深 300 指数是目前跟踪标的管理规模最大的指数，16 只沪深 300ETF 产品管理总规模达到 1428 亿元，其中规模最大的三只产品是华泰柏瑞沪深 300ETF、华夏沪深 300ETF 和嘉实沪深 300ETF，管理规模分别约为 403 亿元、311 亿元和 272 亿元，合计达到约 986 亿元，占据了所有沪深 300ETF 管理规模的绝大部分。同时，华泰柏瑞沪深 300ETF 2019 年日均成交额达到约 13 亿元，远超其他同类产品，因此沪深 300ETF 在产品上呈现出较为显著的马太效应，如表 3.7 所示。

表 3.7　全市场跟踪沪深 300 指数的 ETF 产品情况

成立日期	证券代码	证券简称	上市场所	基金规模（亿元）	2019 年以来日均成交额（亿元）
2012-05-04	510300	华泰柏瑞沪深 300ETF	上海	403.20	13.16
2012-12-25	510330	华夏沪深 300ETF	上海	311.40	4.50
2012-05-07	159919	嘉实沪深 300ETF	深圳	271.83	3.15
2013-03-06	510310	易方达沪深 300ETF	上海	92.64	0.74
2019-12-27	515380	泰康沪深 300ETF	上海	71.65	-
2017-12-25	510390	平安沪深 300ETF	上海	57.80	0.34
2018-01-19	510380	国寿安保沪深 300ETF	上海	49.94	0.01
2019-12-05	515330	天弘沪深 300ETF	深圳	43.60	0.74
2019-05-20	510350	工银沪深 300ETF	上海	39.43	1.46
2015-08-20	510360	广发沪深 300ETF	上海	38.59	0.29
2019-11-25	515660	国联安沪深 300ETF	上海	20.00	0.01
2013-02-18	159925	南方沪深 300ETF	深圳	17.33	0.01
2019-12-13	515390	华安沪深 300ETF	上海	4.46	-
2019-12-24	515350	民生加银沪深 300ETF	上海	3.69	-
2019-12-04	515310	汇添富沪深 300ETF	上海	1.25	0.38
2019-09-24	515360	方正富邦沪深 300ETF	上海	0.98	0.05

数据来源：Wind，截至 2019 年 12 月 31 日。

3.1.3　中证 100 指数

中证 100 指数由沪深 300 指数成份股中规模最大的 100 只股票组成，综合反映中国 A 股市场中最具市场影响力的一批超大市值公司的股票价格表现。该指数于 2006 年 5 月 29 日由中证指数公司发布，指数代码为 000903，以 2005 年 12 月 30 日为基日，基点为 1000 点。截至 2019 年年底，中证 100 指数历史累计收益率约为 332%，历史年化收益率约为 11%，历史年化波动率约为 28%。从分年度收益率来看，中证 100 与上证 50、沪深 300 相比，长期位于前两名，在大盘股行情中收益率表现突出，例如在2017年蓝筹股行情中，收益率达到30%，远高于同期的上证50和沪深300指数，如表3.8所示。

表3.8 中证100、上证50和沪深300指数分年度收益率情况

年　份	沪深300	上证50	中证100	中证100排名
2006	121.02%	126.69%	127.05%	1
2007	161.55%	134.13%	145.69%	2
2008	-65.95%	-67.23%	-66.48%	2
2009	96.71%	84.40%	87.49%	2
2010	-12.51%	-22.57%	-19.28%	2
2011	-25.01%	-18.19%	-20.87%	2
2012	7.55%	14.84%	10.77%	2
2013	-7.65%	-15.23%	-13.12%	2
2014	51.66%	63.93%	59.64%	2
2015	5.58%	-6.23%	-1.52%	2
2016	-11.28%	-5.53%	-7.50%	2
2017	21.78%	25.08%	30.21%	1
2018	-25.31%	-19.83%	-21.94%	2
2019	36.07%	33.58%	35.54%	2

数据来源：Wind，截至2019年12月31日。

相较于沪深300蓝筹及上证50沪市大盘的特征，中证100指数成份股是比沪深300更大、比上证50覆盖范围更广的A股核心蓝筹股，其总市值为28万亿元，个股平均市值为2776亿元，总体呈现大盘价值的特征，如表3.9所示。

表3.9 中证100、上证50及沪深300指数基本情况

指　数	成份股数量	个股平均市值（亿元）	简　介
上证50	50	4256	上证50指数由沪市A股中规模大、流动性好的最具代表性的50只股票组成，反映上海证券市场最具影响力的一批龙头公司的股票价格表现
沪深300	300	1299	沪深300指数由上海和深圳证券市场中市值大、流动性好的300只股票组成，综合反映中国A股市场上市股票价格的整体表现
中证100	100	2776	中证100指数由沪深300指数成份股中规模最大的100只股票组成，综合反映中国A股市场中最具市场影响力的一批超大市值公司的股票价格表现

数据来源：Wind，截至2019年12月31日。

从行业分布上看，中证 100 指数前三大细分行业分别为银行（22 %）、非银金融（20%）和食品饮料（13%），合计权重为 55%，金融行业权重占比为 42%，如图 3.3 所示。

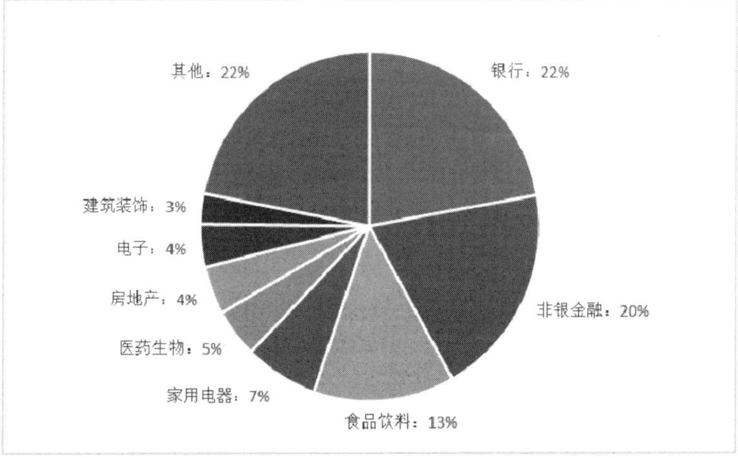

图 3.3　中证 100 指数行业分布情况（2019.12.31）

就成份股而言，中证 100 指数由于是从沪深 300 指数成份股中选取规模最大的 100 只股票组成的，因此其前十大成份股与沪深 300 指数完全一样，包含了 A 股沪深两市的核心蓝筹股，同时由于成份股个数仅有 100 只，因此每只股票权重相较沪深 300 更大、更集中，前十大成份股占比合计约为 39%，如表 3.10 所示。

表 3.10　中证 100 指数前十大成份股情况

排　名	代　码	简　称	权　重（%）
1	601318	中国平安	9.66
2	600519	贵州茅台	6.20
3	600036	招商银行	4.04
4	000651	格力电器	3.29
5	601166	兴业银行	3.00
6	000333	美的集团	2.95
7	600276	恒瑞医药	2.83
8	000858	五粮液	2.69

续表

排　　名	代　　码	简　　称	权　重（%）
9	600030	中信证券	2.08
10	600887	伊利股份	1.97
合计			38.71

数据来源：Wind，截至2019年12月31日。

截至2019年年底，上证50指数、沪深300指数在A股中的市值覆盖率约为34%和62%，而中证100指数在全部A股中占比为44%，在沪深300指数中占比超过了70%，具有相对较高的市值覆盖率，有机会成为部分跨境投资者跟踪A股两市最核心资产的标的，如表3.11所示。

表3.11　中证100、上证50及沪深300指数市值覆盖率

	总市值（亿元）	在全部A股中占比
上证50指数	21281	33.74%
沪深300指数	38965	61.77%
中证100指数	27756	44.00%
全部A股	63079	100%

数据来源：Wind，截至2019年12月31日。

中证100指数具有高股息率、高净资产收益率的特征。在2017—2019三年中，中证100指数股息率长期保持在2.4%～3.3%的水平，净资产收益率也均保持在12%以上的水平，可见代表中国核心蓝筹的中证100指数是A股市场中难得的“分红奶牛”和绩优指数，如表3.12所示。

表3.12　中证100股息率和净资产收益率

	2019年	2018年	2017年
中证100股息率	2.66%	3.29%	2.44%
中证100净资产收益率	12.46%	12.53%	12.21%

数据来源：Wind，截至2019年12月31日。

目前，全市场跟踪中证100指数的ETF产品有上海证券交易所上市的广发中证100ETF和深圳证券交易所上市的大成中证100ETF。其中，广发中证100ETF的流动性和规模都好于大成中证100ETF，如表3.13所示。

表 3.13　全市场跟踪中证 100 指数的 ETF 产品情况

成立日期	证券代码	证券简称	上市场所	基金规模（亿元）	2019 年以来日均成交额（亿元）
2019-05-27	512910	广发中证 100ETF	上海	6.17	0.24
2013-02-07	159923	大成中证 100ETF	深圳	0.33	0.00

数据来源：Wind，截至 2019 年 12 月 31 日。

3.1.4　中证 500 指数

中证 500 指数由全部 A 股中剔除沪深 300 指数成份股及总市值排名前 300 名的股票后，总市值排名靠前的 500 只股票组成，综合反映中国 A 股市场中一批中小市值公司的股票价格表现，如表 3.14 所示。该指数于 2007 年 1 月由中证指数公司发布，以 2004 年 12 月 31 日为基日，基点为 1000 点。截至 2019 年年底，中证 500 指数历史累计收益率为 427%，历史年化收益率为 12 %，历史年化波动率为 31%。

表 3.14　中证 500 指数基本情况

指数代码	指数简称	基日	成份股个数	总市值（万亿元）	成份股平均总市值（亿元）
000905	中证 500	2004-12-31	500	8.74	175

数据来源：Wind，截至 2019 年 12 月 31 日。

从市值特征来看，中证 500 指数成份股总市值约为 9 万亿元，成份股平均市值为 175 亿元，相较于表征大盘蓝筹的沪深 300 指数个股平均市值 1299 亿元，中证 500 指数总体呈现较为显著的中盘股特征，如表 3.15 所示。

表 3.15　A 股主要宽基指数关系

<table>
<tr><td rowspan="5">主板
中小板
创业板</td><td rowspan="2">大盘</td><td>中证 100</td><td rowspan="2">沪深 300</td><td rowspan="3">中证 800</td><td rowspan="5">中证全指</td></tr>
<tr><td>中证 200</td></tr>
<tr><td>中盘</td><td colspan="2">中证 500</td></tr>
<tr><td>小盘</td><td colspan="3">中证 1000</td></tr>
<tr><td colspan="4">其他</td></tr>
</table>

A 股市场近年来“黑天鹅”不断，有时候甚至是行业性的“黑天鹅”，因此分散化的行业与个股投资就显得尤为必要。就成份股权重分布而言，由于中证

500 指数成份股数量多达 500 只，所以个股分布相对均衡，有利于分散风险。其中权重第一大成份股闻泰科技占比为 0.73%，权重前 10 大成份股占比合计仅约为 6%，如表 3.16 所示。

表 3.16　中证 500 指数前十大成份股情况

排　名	代　码	简　称	权　重（%）
1	600745	闻泰科技	0.73
2	000066	中国长城	0.64
3	002463	沪电股份	0.63
4	002384	东山精密	0.61
5	601099	太平洋	0.60
6	601128	常熟银行	0.58
7	600584	长电科技	0.58
8	300014	亿纬锂能	0.57
9	600426	华鲁恒升	0.53
10	300383	光环新网	0.51
合计			5.98

数据来源：Wind，截至 2019 年 12 月 31 日。

相比上证 50、中证 100、沪深 300 等指数行业以金融地产为主，中证 500 指数行业更加均衡，以电子、医药生物、计算机等成长性较强的细分领域以及化工等周期行业为主，相关行业 2020 年和 2021 年 Wind 盈利预期均在较高的水平，如图 3.4 及表 3.17 所示。

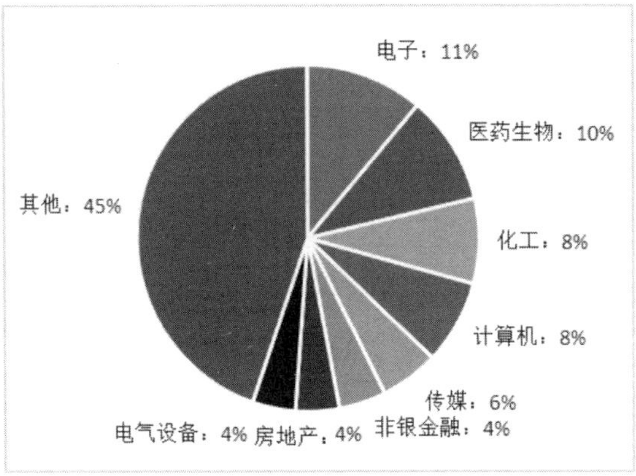

图 3.4　中证 500 指数行业分布情况（2019.12.31）

表 3.17　中证 500 指数成份股所属各行业 Wind 预测净利润增长率

行　业	2020E	2021E
电子	78.12%	28.31%
医药生物	20.32%	23.51%
化工	14.85%	33.37%
计算机	138.99%	31.05%

数据来源：Wind，截至 2019 年 12 月 31 日。行业预测净利润增长率为对应申万行业数据。

老罗统计了 2005 年以来市场主要宽基指数的年度涨跌幅，并进行年度排名。虽然中证 500 指数在近三年来的表现都不及上证 50、沪深 300 和中证全指，然而其在 2008 年和 2015 年的牛市中的表现却大幅优于其他宽基指数，如表 3.18 所示。

表 3.18　中证 500 指数成立以来年度收益率及排名变化

年份	中证 100	沪深 300	中证 500	中证全指	中证 500 排名
2005	-3.72%	-7.65%	-13.99%	-10.99%	4
2006	127.05%	121.02%	100.68%	112.17%	4
2007	145.69%	161.55%	186.63%	170.88%	1
2008	-66.48%	-65.95%	-60.80%	-64.06%	1
2009	87.49%	96.71%	131.27%	106.46%	1
2010	-19.28%	-12.51%	10.07%	-3.77%	1
2011	-20.87%	-25.01%	-33.83%	-28.01%	4
2012	10.77%	7.55%	0.28%	4.58%	4
2013	-13.12%	-7.65%	16.89%	5.21%	1
2014	59.64%	51.66%	39.01%	45.82%	4
2015	-1.52%	5.58%	43.12%	32.56%	1
2016	-7.50%	-11.28%	-17.78%	-14.41%	4
2017	30.21%	21.78%	-0.20%	2.34%	4
2018	-21.94%	-25.31%	-33.32%	-29.94%	4
2019	35.54%	36.07%	26.38%	31.11%	4

数据来源：Wind，截至 2019 年 12 月 31 日。

目前，全市场跟踪中证 500 的 ETF 产品共有 14 只，其中在上海证券交易所上市的产品有 10 只，在深圳证券交易所上市的产品有 4 只。在所有产品中南方中证 500ETF 规模最大、流动性最好，其次为华夏中证 500ETF 和广发中证 500ETF，如表 3.19 所示。

表 3.19　全市场跟踪中证 500 指数的 ETF 产品情况

成立日期	证券代码	证券简称	上市场所	基金规模（亿元）	2019 年以来日均成交额（亿元）
2013-02-06	510500	南方中证 500ETF	上海	445.40	13.17
2015-05-05	512500	华夏中证 500ETF	上海	55.98	1.91
2013-04-11	510510	广发中证 500ETF	上海	50.78	0.48
2013-02-06	159922	嘉实中证 500ETF	深圳	34.88	0.78
2018-03-23	510590	平安中证 500ETF	上海	24.57	0.30
2019-08-01	159968	博时中证 500ETF	深圳	19.50	1.18
2019-10-17	510530	工银瑞信中证 500ETF	上海	10.98	-
2015-08-27	510580	易方达中证 500ETF	上海	9.03	0.27
2015-05-29	510560	国寿安保中证 500ETF	上海	7.18	0.00
2015-05-13	512510	华泰柏瑞中证 500ETF	上海	7.13	0.12
2019-11-21	159982	鹏华中证 500ETF	深圳	4.94	-
2013-12-26	159935	景顺长城中证 500ETF	深圳	3.15	0.00
2018-11-30	510550	方正富邦中证 500ETF	上海	1.22	0.02
2019-11-15	515550	中融中证 500ETF	上海	1.11	0.38

数据来源：Wind，截至 2019 年 12 月 31 日。

小贴士：

ETF 的规模并不是越大越好。投资者在场内买卖 ETF 时，往往会选择同类中规模最大的一只产品进行投资，那么 ETF 规模真的是越大越好吗？其实并非如此。我们都知道，基金管理人可通过打新股的方式为基金带来一部分超额收益，ETF 也不例外，管理人也可通过打新为 ETF 带来稳定的增强收益。由于这一部分收益对于满足一定市值门槛的 ETF 基金来说都是一样的，因此对于规模达上百亿元的 ETF 来说，其打新的收益往往会由于自身规模较大而被摊薄。所以投资者在选择 ETF 投资时，除了流动性等因素需要考虑外，并非一定选择同类中规模最大的一只产品进行投资，有些规模适中的 ETF 产品打新增强更优，其带来的超额收益也是值得投资者关注的。

3.1.5 创业板指数

创业板指数是深交所多层次资本市场的核心指数之一，由最具代表性的100家创业板上市企业股票组成，反映创业板市场层次的运行情况，如表3.20所示。该指数由深圳证券信息有限公司发布，基日为2010年5月31日。其成份股中新兴产业、高新技术企业占比高，成长性突出，因此有着“中国的纳斯达克”之称，其兼具价值尺度与投资标的的功能。截至2019年年底，创业板指数历史累计收益率为80%，历史年化收益率为7%，历史年化波动率为31%。

表3.20 创业板指数基本情况

指数代码	指数简称	基日	成份股个数	总市值（万亿元）	成份股平均总市值（亿元）
399006	创业板指	2010-05-31	100	3.09	308.67

数据来源：Wind，截至2019年12月31日。

对于创业板指数而言目前市场有个误区，就是说创业板指数的成份股都是小票，其实不然，创业板指数成份股总市值约为3万亿元，成份股平均总市值约为309亿元，比中证500指数还要高，其第一大成份股温氏股份总市值1785亿元，是国内养殖行业的巨头。除此之外，创业板指数权重前三大行业分别为医药生物（26%）、电子（13%）、传媒（13%），如图3.5所示，均为成长性较好的行业，所以与其说创业板指是“小票”的集中地，还不如说其是成长股的代表更为准确。

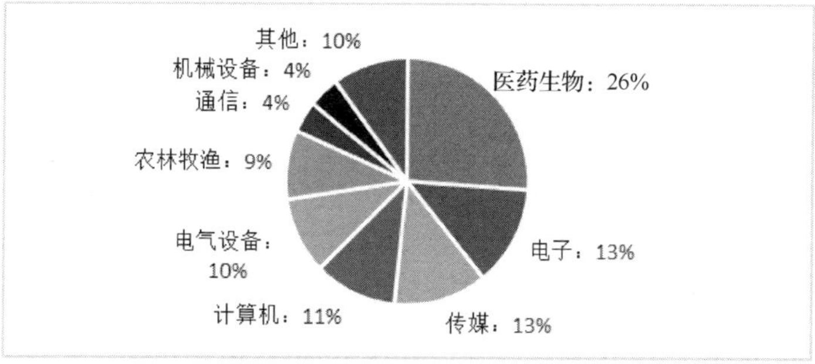

图3.5 创业板指数行业分布情况（2019.12.31）

前十大成份股合计占比约39%，并且集中分布于医药生物行业。第一大成份股是温氏股份，占比达到近9%，该公司是以畜牧养殖为主、配套相关业务的跨地区现代农牧业集团，现为农业产业化国家重点龙头企业。第二、三大成份股宁德时代、东方财富占比分别达到约 6%和 5%，如表 3.21 所示。

表 3.21　创业板指数前十大成份股情况

排　名	代　码	简　称	权　重（%）
1	300498	温氏股份	8.88
2	300750	宁德时代	5.61
3	300059	东方财富	5.15
4	300760	迈瑞医疗	4.69
5	300015	爱尔眼科	3.30
6	300142	沃森生物	2.63
7	300003	乐普医疗	2.43
8	300136	信维通信	2.39
9	300124	汇川技术	2.16
10	300347	泰格医药	2.07
合计			39.31

数据来源：Wind，截至 2019 年 12 月 31 日。

从估值情况来看，相较于 A 股其他主要宽基指数，创业板指数历来估值都比较高，其历史平均市盈率 PE（TTM）达到 52，中位水平也有 50。截至 2019 年 12 月 31 日，其指数市盈率 PE（TTM）为 50，位于历史中位的分位水平，如表 3.22 所示。

表 3.22　创业板指数市盈率 PE（TTM）所处历史分位

指　标	市盈率 PE（TTM）
当前值	49.88
历史分位比例	50%
最大值	137.86
四分之三分位	58.73
平均值	51.64
中位数	49.97
四分之一分位	40.38
最小值	27.04

数据来源：Wind，截至 2019 年 12 月 31 日。

创业板指数走势及历史 PE 如图 3.6 所示。

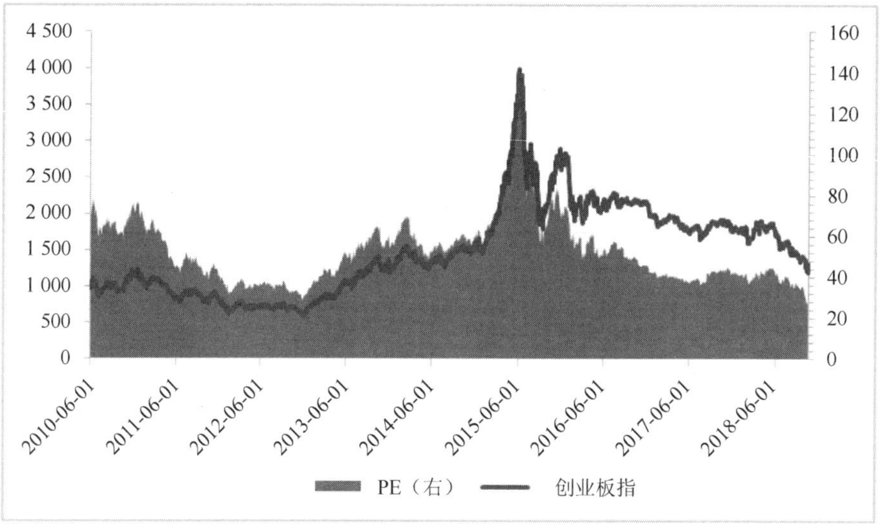

图 3.6　创业板指数走势及历史 PE（2019.12.31）

从盈利情况来看，创业板指数在 2019 年的净利润增长率约为 74%，根据 Wind 的预测数据，2020 年增速将升高至约 79%，如表 3.23 所示。这些数据都说明了创业板指数的高成长性。

表 3.23　创业板指数盈利预测

盈利预测综合值一览（年）	2017	2018	2019E	2020E	2021E
净利润增长率（%）	−42.97	30.38	73.55	78.77	16.31

数据来源：Wind，截至 2019 年 12 月 31 日（2020 年和 2021 年为 Wind 预测数据，不代表真实数据）。

截至 2019 年年底，市场上共有 11 只创业板 ETF，均在深圳证券交易所上市。从产品规模来看，截至 2019 年 12 月 31 日，市场中最大的一只创业板 ETF 为易方达创业板 ETF，规模达到 167 亿元，天弘创业板 ETF 和广发创业板 ETF 位列第 2、3 位，规模分别为 26 亿元和 13 亿元左右。从流动性来看，易方达创业板 ETF 和广发创业板 ETF 是目前市场中流动性最好的两只创业板 ETF 产品，如表 3.24 所示。从费率角度看，广发创业板 ETF、平安创业板 ETF 和南方创业板 ETF 的管理费率为 0.15%/年，其他产品的管理费率为 0.5%/年。

表 3.24 全市场跟踪创业板指数的 ETF 产品情况

成立日期	证券代码	证券简称	上市场所	基金规模（亿元）	2019 年以来日均成交额（亿元）
2011/9/20	159915	易方达创业板 ETF	深圳	167.32	9.11
2019/9/12	159977	天弘创业板 ETF	深圳	26.28	0.42
2017/4/25	159952	广发创业板 ETF	深圳	13.45	0.51
2016/5/13	159948	南方创业板 ETF	深圳	12.16	0.05
2017/12/25	159958	工银瑞信创业板 ETF	深圳	2.49	0.04
2017/12/8	159957	华夏创业板 ETF	深圳	1.72	0.02
2011/6/10	159908	博时创业板 ETF	深圳	1.01	0.02
2018/2/6	159956	建信创业板 ETF	深圳	0.62	0
2019/3/15	159964	平安创业板 ETF	深圳	0.44	0.02
2017/7/14	159955	嘉实创业板 ETF	深圳	0.25	0.01
2019/6/11	159971	富国创业板 ETF	深圳	0.07	0.07

数据来源：Wind，截至 2019 年 12 月 31 日。

3.2 常见 A 股行业指数

介绍完目前市场主要的宽基指数及其 ETF，接下来让我们来看看 A 股市场中主流的几个行业对应的指数和 ETF 产品。在介绍行业指数 ETF 之前，首先我们需要明确一个概念：什么是行业指数？顾名思义，行业指数其实指的就是同属某个行业的股票所组成的指数。不同于上证 50、中证 100、沪深 300 这样的覆盖了不同行业的宽基指数，行业指数的成份股往往同属一个细分行业，具有十分鲜明的行业特征。那么各行业之间又是怎么进行分类的呢？目前我国市场中大致是按照国际通行的标准，即 GICS（全球行业分类标准）对行业进行划分的，具体而言，共分为 10 个一级行业和 27 个二级行业。这些行业几乎覆盖了我们生活的各个方面，十分具有代表性，如表 3.25 所示。

表 3.25 中证指数公司行业分类

一级行业	二级行业
能源	能源
原材料	原材料

续表

一级行业	二级行业
工业	资本品，商业服务与商业用品，运输
可选消费	汽车与汽车零部件，耐用消费品与服装，消费者服务，媒体，零售业
主要消费	食品与主要用品零售，食品、饮料与烟草，家庭与个人用品
医药卫生	医疗保健设备与服务，制药、生物科技和生命科学
金融地产	银行，综合金融，保险，房地产
信息技术	软件与服务，技术硬件与设备，半导体产品与设备
电信业务	电信业务，通信设备
公用事业	公用事业

除此之外，市场中常见的行业分类方法还有周期和非周期行业分类法，具体而言，就是可根据行业是否具有周期性而将其分为周期行业、非周期行业等。例如能源、有色金属、金融等行业可被划分为周期行业；而消费、医药等行业则可被划分为非周期行业。下面，老罗就为大家介绍一下目前A股市场中代表性较强的、ETF规模较大的几个行业指数及其对应的ETF产品。

3.2.1 医药行业指数

俗话说，A股往往有“喝酒吃药”的行情，这是广大投资者对于白酒、医药等长期走势向上的行业的戏称。其实作为防守型板块的代表，医药股往往也是投资者在熊市和震荡市所青睐的投资标的。那么作为和我们生活息息相关的行业之一——医药行业，它到底有哪些投资价值呢？其所对应的指数和ETF产品到底有哪些呢？这里，老罗选择了以下3只具有代表性的医药指数进行对比，并就各指数为大家做详细的分析。

（1）中证全指医药卫生指数（指数代码：000991）：从中证全指样本股医药卫生行业内选择流动性和市场代表性较好的股票构成指数样本股，以反映沪深两市医药卫生行业内公司股票的整体表现。

（2）沪深300医药卫生指数（指数代码：000913）：由沪深300指数样本股中的医药卫生行业股票组成，以反映该行业公司股票的整体表现。

（3）中证医药卫生指数（指数代码：000933）：由中证800指数样本股中的医药卫生行业股票组成，以反映该行业公司股票的整体表现。

可以看到，3 只医药指数的主要区别在于选样空间不同，例如全指医药卫生指数是从中证全指选出医药行业的股票，而 300 医药卫生指数则从沪深 300 的成份股中选，同时中证医药卫生指数则是从中证 800 的成份股中选。那么从不同的选样空间选出来的医药股票组成的指数到底有什么区别呢？下面老罗就为大家梳理一下这 3 只指数的基本情况，如表 3.26 所示。

表 3.26　3 只医药行业指数的基本情况

指数代码	指数简称	基　　日	成份股个数	总市值（万亿元）	成份股平均总市值（亿元）
000991	全指医药	2004/12/31	247	4.22	171.05
000913	沪深 300 医药	2004/12/31	29	1.88	648.42
000933	中证医药	2004/12/31	79	2.75	348.68

数据来源：Wind，截至 2019 年 12 月 31 日。

截至 2019 年 12 月底，全指医药指数共有 247 只成份股，指数总市值约为 4 万亿元，个股平均市值约为 171 亿元；沪深 300 医药指数共有 29 只成份股，指数总市值约为 2 万亿元，个股平均市值约为 648 亿元；中证医药指数共有 79 只成份股，指数总市值约为 3 万亿元，个股平均市值约为 349 亿元。可以看到，全指医药指数成份股个数最多、总市值最大而成份股平均总市值最小。

对比 3 只医药指数前十大成份股可以发现，其前十大成份股一模一样，这是由于中证全指包含中证 800 指数，而中证 800 指数包含沪深 300 指数，同时 3 只指数均按市值加权，所以从其中选出的前十大成份股才会出现一样的结果。同时，又由于 3 只指数成份股个数不同，因而前十大成份股在指数中的占比互不相同。全指医药指数前十大成份股在指数中的占比约为 30%，成份股权重分布相对分散；而 300 医药前十大成份股在指数中的占比合计达到 68%左右，成份股权重分布较为集中，如表 3.27 所示。

就历史表现来看，3 只医药历史收益和波动情况相差不大，均在较长的时间区间内保持了震荡向上的趋势。总的来说，300 医药指数历史收益比全指医药指数和中证医药指数稍好，而全指医药指数年化波动率则比其他二者要稍低一些，如表 3.28 所示。

表 3.27　3 只医药行业指数前十大成份股

全指医药			300 医药			中证医药		
代　码	简　称	权重（%）	代　码	简　称	权重（%）	代　码	简　称	权重（ ）
600276	恒瑞医药	10.03	600276	恒瑞医药	27.19	600276	恒瑞医药	10.02
603259	药明康德	3.32	603259	药明康德	6.78	603259	药明康德	5.17
000661	长春高新	3.08	000661	长春高新	6.28	000661	长春高新	4.78
300015	爱尔眼科	2.41	300015	爱尔眼科	4.92	300015	爱尔眼科	3.75
000538	云南白药	2.25	000538	云南白药	4.59	000538	云南白药	3.49
002044	美年健康	2.01	002044	美年健康	4.10	002044	美年健康	3.12
300142	沃森生物	1.96	300142	沃森生物	4.00	300142	沃森生物	3.05
300003	乐普医疗	1.74	300003	乐普医疗	3.55	300003	乐普医疗	2.70
600436	片仔癀	1.63	600436	片仔癀	3.33	600436	片仔癀	2.53
300347	泰格医药	1.63	300347	泰格医药	3.33	300347	泰格医药	2.53
合计		30.05	合计		68.07	合计		41.15

数据来源：Wind，截至 2019 年 12 月 31 日。

表 3.28　3 只医药行业指数历史收益及波动情况

指数简称	累计收益率	年化收益率	年化波动率
全指医药	898.22%	17.23%	29.25%
沪深 300 医药	990.71%	17.95%	29.63%
中证医药	901.01%	17.25%	29.48%

数据来源于 Wind，截至 2019 年 12 月 31 日。

3 只医药行业指数历史走势如图 3.7 所示。

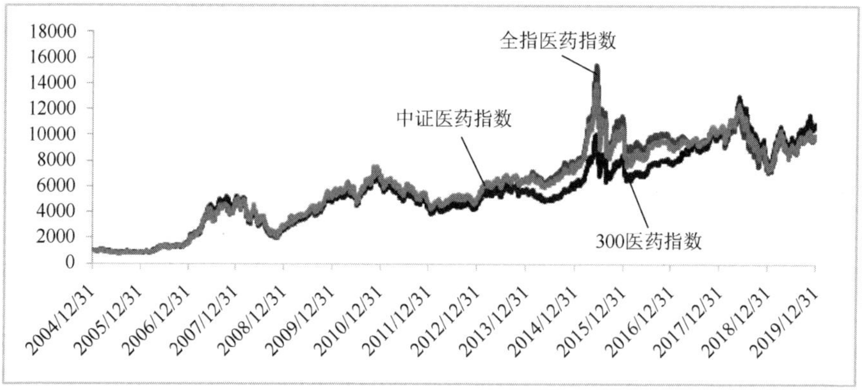

图 3.7　3 只医药行业指数历史走势（2019.12.31）

截至 2019 年年底，全市场跟踪医药行业指数的 ETF 产品共有 8 只，分别跟踪全指医药、300 医药、中证医药、500 医药、上证医药和细分医药等指数，其中广发中证全指医药卫生 ETF 和汇添富中证医药卫生 ETF 是在深圳证券交易所上市的，而其他 6 只产品是在上海证券交易所上市的。在所有产品中，广发中证全指医药卫生 ETF 规模最大，超过 24 亿元，如表 3.29 所示。

表 3.29　全市场跟踪医药行业指数的 ETF 产品情况

成立日期	证券代码	证券简称	上市场所	基金规模（亿元）	2019 年以来日均成交额（亿元）
2014-12-01	159938	广发中证全指医药卫生 ETF	深圳	24.13	0.21
2013-09-23	512010	易方达沪深 300 医药卫生 ETF	上海	13.44	0.39
2019-04-18	512290	国泰中证生物医药 ETF	上海	5.02	0.40
2013-08-23	159929	汇添富中证医药卫生 ETF	深圳	3.48	0.07
2013-03-28	510660	华夏上证医药卫生 ETF	上海	1.02	0.03
2013-12-04	512120	华安中证细分医药 ETF	上海	0.89	0.02
2014-10-30	512300	南方中证 500 医药卫生 ETF	上海	0.34	0.01
2014-06-13	512610	嘉实中证医药卫生 ETF	上海	0.14	0.00

数据来源：Wind，截至 2019 年 12 月 31 日。

小贴士：

医药与医疗的区别：我们在谈到医药行业时，通常会第一时间联想到电视广告中“斯达舒”“达克宁”等医药公司；而在谈到医疗保健时，又往往是医疗器械、医院药房等概念首先映入脑海。其实医药行业和医疗主题是两个概念，二者同为医药卫生大板块，但各有侧重。就行业分布来看，医药的细分行业主要集中在化学制药、中药及生物制品方面，而医疗主题的细分行业则主要集中在医疗器械和医疗服务方面。在研究医药卫生大板块时投资者可将二者结合起来看。

3.2.2　消费行业指数

讲完了“吃药”，下面就让我们来看看“喝酒”对应的消费行业。相信各位投资者对消费行业并不陌生，从我们日常吃的鸡鸭鱼肉到出门所需的交通工具，消费可谓无处不在。对于大消费板块而言，目前市场通常将其细分为主要消费和可选消费两大类，其中，主要消费包含了食品饮料、农林牧渔等我们赖以生存的行业；而可选消费则包含了家电、汽车等我们追求温饱以外的更高品质生活的行业。目前消费板块的指数主要有以下几只。

（1）中证全指主要消费指数（指数代码：000990）：从中证全指样本股主要消费行业内选择流动性和市场代表性较好的股票构成指数样本股，以反映沪深两市主要消费行业内公司股票的整体表现。

（2）中证主要消费指数（指数代码：000932）：由中证 800 指数样本股中的主要消费行业股票组成，以反映该行业公司股票的整体表现。

（3）沪深 300 主要消费指数（指数代码：000912）：由沪深 300 指数样本股中的主要消费行业股票组成，以反映该行业公司股票的整体表现。

（4）上证主要消费行业指数（指数代码：000036）：由上海证券市场主要消费行业股票组成，以反映该行业公司股票的整体表现。

（5）中证全指可选消费指数（指数代码：000989）：从中证全指样本股可选消费行业内选择流动性和市场代表性较好的股票构成指数样本股，以反映沪深两市可选消费行业内公司股票的整体表现。

（6）沪深 300 可选消费指数（指数代码：000911）：由沪深 300 指数样本股中的可选消费行业股票组成，以反映该行业公司股票的整体表现。

下面老罗就选择其中最具代表性的全指主要消费指数和中证主要消费指数，为大家做一些简单的分析。

截至 2019 年年底，全指主要消费指数共有 136 只成份股，指数成份股总市值约为 5 万亿元，成份股平均总市值约为 373 亿元；而中证主要消费指数共有 40 只成份股，指数成份股总市值约为 4 万亿元，成份股平均总市值约为 1030 亿元，如表 3.30 所示。

表 3.30　全指主要消费指数和中证主要消费指数基本情况

指数代码	指数简称	基　　日	成份股个数	总市值（万亿元）	成份股平均总市值（亿元）
000990	全指主要消费	2004/12/31	136	5.08	373.20
000932	中证主要消费	2004/12/31	40	4.12	1030.20

数据来源：Wind，截至 2019 年 12 月 31 日。

全指主要消费指数和中证主要消费指数前十大成份股占比合计分别高达的约 57%和 77%，其中有 4 个为著名的白酒企业，前两大成份股——贵州茅台和五粮液在全指主要消费中占比均为 10%左右，在中证主要消费指数中占比均超过 15%，龙头效应显著，如表 3.31 所示。

表 3.31　全指主要消费指数和中证主要消费指数前十大成份股

全指主要消费指数		
代　码	简　称	权重（%）
600519	贵州茅台	9.99
000858	五粮液	9.98
600887	伊利股份	9.82
300498	温氏股份	6.85
603288	海天味业	4.77
002714	牧原股份	4.21
002304	洋河股份	3.65
000568	泸州老窖	3.48
000876	新希望	2.31
000895	双汇发展	1.59
合计		56.64

中证主要消费指数		
代　码	简　称	权重（%）
600519	贵州茅台	15.04
000858	五粮液	15.01
600887	伊利股份	13.05
300498	温氏股份	8.65
603288	海天味业	6.03
002714	牧原股份	5.31
002304	洋河股份	4.61
000568	泸州老窖	4.39
000876	新希望	2.91
000895	双汇发展	2.00
合计		77.00

数据来源：Wind，截至 2019 年 12 月 31 日。

从细分行业来看，全指主要消费指数前三大细分行业分别为白酒（35%）、畜禽养殖（14%）和乳品（11%），合计占比为 60%；而中证主要消费行业前三大细分行业与全指主要消费指数相同，只是占比不同，分别为白酒（43%）、畜禽养殖（14%）和乳品（14%），占比合计为 71%，如图 3.8 所示。

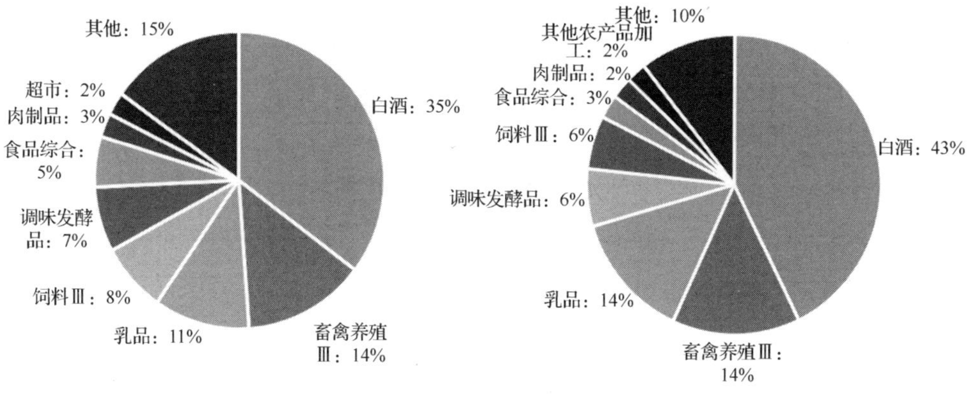

图 3.8　全指主要消费指数（左）和中证主要消费指数行业分布情况（2019.12.31）

全指主要消费指数和中证主要消费指数历史走势如图 3.9 所示。自基日（2004 年 12 月 31 日）以来至 2019 年年底全指主要消费指数总收益率高达 1312%左右，年化收益率约为 20%，而中证主要消费指数总收益率高达 1512%左右，年化收益率约为 21%，表现均十分抢眼。从逐年的收益率情况可知，在 15 年中，全指主要消费指数相比中证主要消费指数，取得正超额收益的年份为 9 个，胜率约为 60%，如表 3.32 所示。

图 3.9　全指主要消费指数和中证主要消费指数历史走势

表 3.32　全指主要消费指数和中证主要消费指数分年度收益情况

年　　份	全指主要消费指数	中证主要消费指数
2005	-1.53%	-0.96%
2006	175.82%	174.87%
2007	153.22%	152.84%
2008	-55.51%	-56.17%
2009	96.85%	95.88%
2010	18.14%	17.66%
2011	-19.72%	-19.08%
2012	-1.78%	-1.75%
2013	1.32%	0.97%
2014	17.09%	14.83%
2015	34.27%	26.49%
2016	-1.90%	0.64%
2017	29.21%	55.98%
2018	-21.82%	-23.09%

续表

年　　份	全指主要消费指数	中证主要消费指数
2019	59.38%	64.72%
累计收益率	1311.73%	1512.30%
年化收益率	20.07%	21.18%
年化波动率	28.05%	28.43%

数据来源：Wind，截至 2019 年 12 月 31 日。

截至 2019 年 12 月 31 日，跟踪消费行业指数的 ETF 共有 7 只，分别跟踪中证主要消费指数、全指可选消费指数、上证主要消费指数和上证消费 80 指数。其中汇添富中证主要消费 ETF、广发中证全指可选消费 ETF 和弘毅远方国证消费 100ETF 是在深圳证券交易所上市的，其余 4 只产品均是在上海证券交易所上市的，如表 3.33 所示。除了跟踪传统的消费行业指数外，已退市的景顺长城中证 800 食品饮料 ETF 和 2019 年上市的鹏华中证酒 ETF 也都属于大消费板块，可被归为消费行业类的 ETF 产品。

表 3.33　全市场跟踪消费行业指数的 ETF 产品情况

成立日期	证券代码	证券简称	上市场所	基金规模（亿元）	2019 年以来日均成交额（亿元）
2013-08-23	159928	汇添富中证主要消费 ETF	深圳	35.32	0.32
2019-10-14	515650	富国中证消费 50ETF	上海	6.72	0.21
2014-06-03	159936	广发中证全指可选消费 ETF	深圳	3.15	0.00
2013-03-28	510630	华夏上证主要消费 ETF	上海	2.25	0.02
2019-12-19	159986	弘毅远方国证消费 100ETF	深圳	2.14	-
2010-12-08	510150	招商上证消费 80ETF	上海	1.65	0.04
2014-06-13	512600	嘉实中证主要消费 ETF	上海	0.18	0.00

数据来源：Wind，截至 2019 年 12 月 31 日。

3.2.3　信息技术行业指数

近年来，以互联网为代表的信息技术飞速发展，云计算、VR、智慧城市、人工智能等投资者耳熟能详的新技术正在改变着我们的生活方式。信息技术行业 ETF 的推出为投资者把握 A 股市场信息技术行业整体发展脉搏提供了有利的参考。在众多信息技术行业的指数中，老罗为大家选择了最具代表性的指数之一——中证全指信息技术指数（指数代码：000993），做一些简单的分析。

中证全指信息技术指数于 2011 年 8 月 2 日发布，基日为 2004 年 12 月 31 日，从中证全指样本股信息技术行业内选择流动性和市场代表性较好的 428 只股票构成指数样本股，覆盖面较广。截至 2019 年年底，指数总市值约为 6 万亿元，成份股平均总市值为 146 亿元，整体呈现出中小型股的特征，如表 3.34 所示。

表 3.34　全指信息指数基本情况

指数代码	指数简称	基　　日	成份股个数	总市值（万亿元）	成份股平均总市值（亿元）
000993	全指信息技术	2004/12/31	428	6.24	146

数据来源：Wind，截至 2019 年 12 月 31 日。

从指数成份来看，前三大细分行业分别为电子（49%）、计算机（34%）和传媒（8%），合计权重超过 90%，如图 3.10 所示。前十大成份股占比合计为 20%，其中第一大成份股海康威视占比约为 4%，该公司是国际领先的安防产品及行业解决方案提供商，公司的营销及服务网络覆盖全球。综合来看，指数成份分布总体较为均匀，如表 3.35 所示。

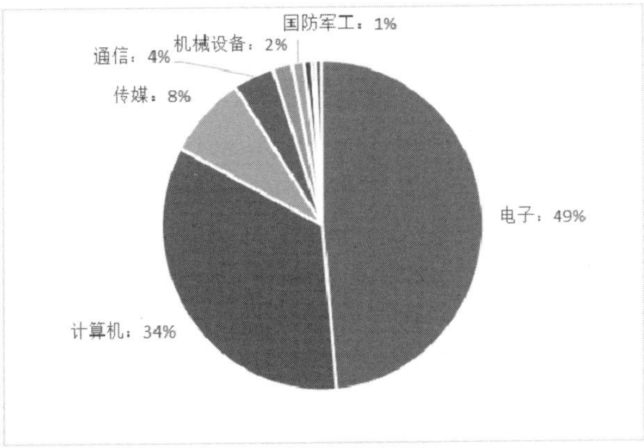

图 3.10　全指信息技术指数行业分布情况（2019.12.31）

表 3.35　全指信息技术指数前十大成份股情况

排　　名	代　　码	简　　称	细分行业	权　重（%）
1	002415	海康威视	电子	3.77
2	002475	立讯精密	电子	3.61
3	000725	京东方 A	电子	3.32
4	002230	科大讯飞	计算机	1.64

续表

排　名	代　码	简　称	细分行业	权　重（%）
5	600570	恒生电子	计算机	1.54
6	002241	歌尔股份	电子	1.40
7	600703	三安光电	电子	1.39
8	603986	兆易创新	电子	1.22
9	002236	大华股份	电子	1.11
10	600588	用友网络	计算机	1.10
合计				20.08

数据来源：Wind，截至2019年12月31日。

从历史表现情况来看，全指信息指数有着“高收益、高波动”的特征，自基日起至2019年年底，其累计收益率约为486%，年化收益率为13%，超过了同期沪深300和中证全指的表现。就波动性而言，全指信息指数高达近35%的年化波动率远超同期沪深300和中证全指，如表3.36所示。

表3.36　全指信息指数与市场主要指数表现比较

统计项目	全指信息	沪深300	中证全指
累计收益率	486.11%	309.66%	350.01%
年化收益率	13.00%	10.23%	10.95%
年化波动率	34.54%	27.31%	27.99%

数据来源：Wind，截至2019年12月31日。

全指信息指数与市场主要指数历史走势如图3.11所示。

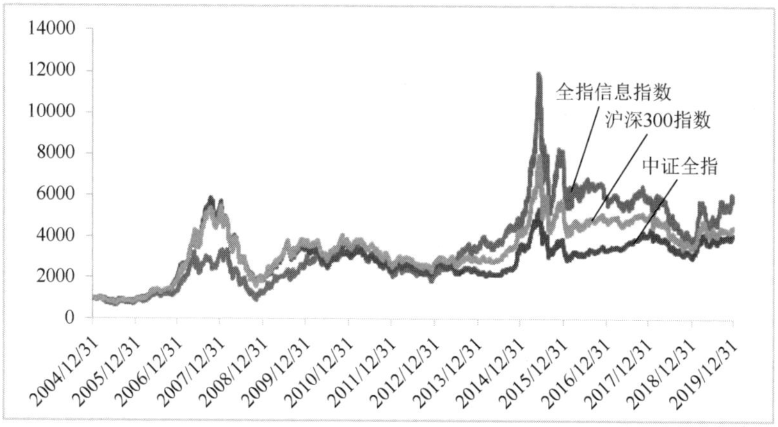

图3.11　全指信息指数与市场主要指数历史走势（2019.12.31）

老罗还统计了全指信息指数与市场主要宽基指数近 5 年来历史表现的相关性，发现全指信息与创业板指相关系数高达 0.97，如表 3.37 所示，说明全指信息指数在风格上偏向成长。

表 3.37　全指信息指数与市场主要指数近 5 年来相关性

	沪深 300	创业板指
全指信息	0.75	0.97

数据来源：Wind，截至 2019 年年底。

从盈利预测来看，全指信息指数 2017 年主营业务收入和净利润增长分别达到 60%和 28%左右，2018 年由于市场整体形势，主营业务增长率有所下降，如表 3.38 所示。据 Wind 数据，全指信息指数预期高净利润增长势头在 2020 年和 2021 年有望得到延续。

表 3.38　全指信息指数盈利预测

盈利预测综合值一览	2017	2018	2019	2020E	2021E
主营业务收入增长率（%）	60.02%	21.96%	12.50%	16.50%	-5.64%
净利润增长率（%）	27.74%	-42.04%	23.06%	72.37%	70.36%

数据来源：Wind，截至 2019 年 12 月 31 日（2020 年和 2021 年的为预期数据）。

截至 2019 年年底，全市场跟踪信息技术行业指数的 ETF 产品共有 2 只，分别为深圳证券交易所上市的广发中证全指信息技术 ETF 和上海证券交易所上市的南方中证 500 信息技术 ETF，如表 3.39 所示。

表 3.39　全市场跟踪信息技术行业指数的 ETF 产品情况

成立日期	证券代码	证券简称	上市场所	基金规模（亿元）	2019 年以来日均成交额（亿元）
2015-01-08	159939	广发中证全指信息技术 ETF	深圳	14.35	0.51
2015-06-29	512330	南方中证 500 信息技术 ETF	上海	7.82	0.08

数据来源：Wind，截至 2019 年 12 月 31 日。

小贴士：

信息技术子行业——传媒

相信各位投资者对传媒行业一定不陌生，从电梯间循环播放的广告到电视网络实时更新的综艺，从红地毯上的明星大腕儿到阅读应用里的精彩小说，作为信息技术行业的细分行业，传媒与我们的生活息息相关。伴随着物质生活的不断提高，人们更加重视高层次的精神文化需求，这也为传媒行业提供了十分有利的发展环境。截至 2020 年上半年，传媒行业已经处于 4G 技术周期长尾阶段，移动互联网人口红利逐渐消退，各方对用户价值的争夺将更加剧烈。未来，5G 的规模化有望给传媒行业新的发展和应用，传媒行业将与数字化技术结合得更加紧密，无人机、媒体大脑、裸眼 3D 影像等智慧媒体将更加广泛地应用于传媒行业中。可以说，传媒行业发展空间很大，发展前景广阔。目前市场中最大的传媒板块 ETF 产品——广发中证传媒 ETF（512980），其跟踪的中证传媒指数聚焦传媒行业，从可选消费、金融、信息技术等行业中选取不超过 50 只与传媒相关的公司股票，构成指数样本股，如图 3.12 所示。指数成份股中包含东方财富、分众传媒、光环新网等成长性较强股票，细分行业主要有互联网传媒、文化传媒、营销传播、计算机应用等。值得一提的是，2015 年至 2018 年的三年间，传媒板块在申万 28 个一级行业中每年跌幅均排名靠前，板块经历了深度回调。

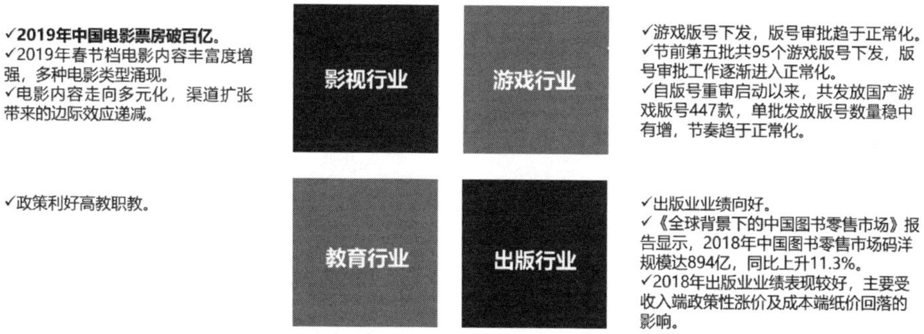

图 3.12　传媒行业主要细分板块

3.2.4　军工行业指数

各位投资者平时关注时事新闻的话，应该听说过“辽宁号”“歼 20”“武直 10”这些新型装备，它们是我国几代军工人艰苦创业的成果，也是目前我国应对纷繁复杂的国际形势的得力武器。其实，军事实力是衡量一个国家综合国力的重要指标，军事的强弱直接决定一个国家的兴衰。我国提出“全面建成世界一流军队”目标，便是经济全球化下国家安全内涵的扩展。目前 A 股中军工板块的上市企业相对不多，其中比较有代表性的公司有中国重工、中航飞机等。下面老罗就选取目前市场中对军工板块表征性较强的中证军工主题指数（指数代码：399967）来谈谈军工板块股票的整体情况。

中证军工指数是由十大军工集团控股的且主营业务与军工行业相关的上市公司以及其他主营业务为军工行业的上市公司作为指数样本，反映军工行业上市公司的整体表现。该指数由中证指数公司于 2013 年 12 月份发布，基日为 2004 年 12 月 31 日。截至 2019 年年底，指数总市值为 7998 亿元，成份股平均总市值为 216 亿元，从市值分布来看，指数成份股总市值集中在 200 亿元以下，整体属于中小型股范畴，如表 3.40 及图 3.13 所示。

表 3.40　中证军工指数基本情况

指数代码	指数简称	基　　日	成份股个数	总市值（亿元）	成份股平均总市值（亿元）
399967	中证军工	2004/12/31	37	7998	216

数据来源：Wind，截至 2019 年 12 月 31 日。

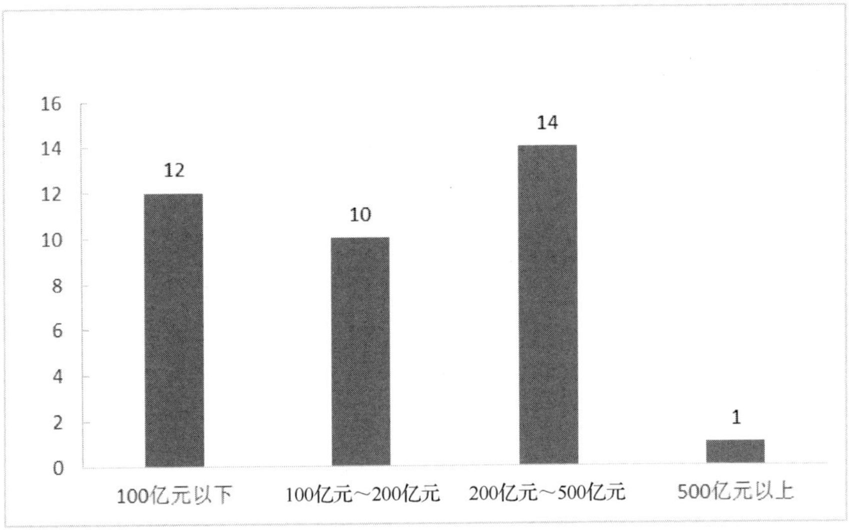

图 3.13　中证军工指数成份股市值分布（2019.12.31）

从指数成份来看，前三大细分行业分别为航空装备（38%）、地面兵装（17%）和船舶制造（15%），如图 3.14 所示。前十大成份股占比合计约为 54%，成份股分布较为集中：其中第一大成份股中国重工占比约为 10%，该公司是国内研发生产体系最完整、产品门类最齐全的船舶配套设备制造企业，业务贯穿整个船舶配套业的价值链，同时该公司是国内海军舰船装备的主要研制和供应商，如表 3.41 所示。

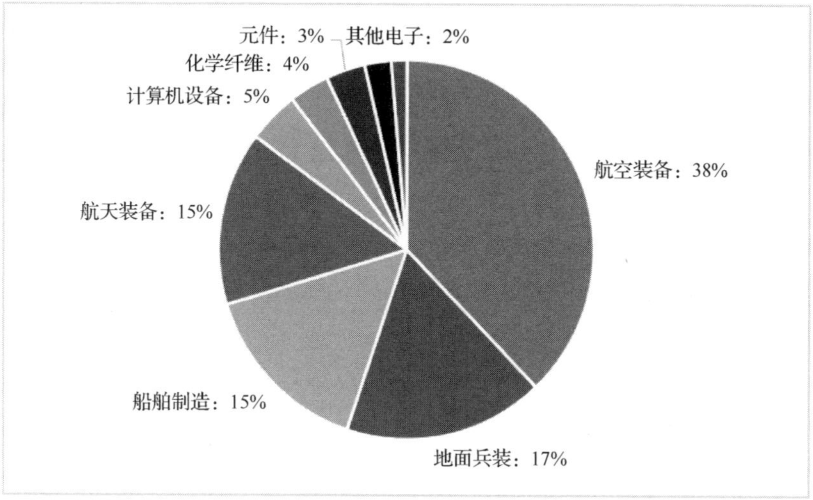

图 3.14　中证军工指数行业分布情况（2019.12.31）

表 3.41　中证军工指数前十大成份股情况

排　　名	代　　码	简　　称	权　重（%）
1	601989	中国重工	9.78
2	000768	中航飞机	6.62
3	002179	中航光电	6.10
4	002465	海格通信	5.83
5	600893	航发动力	5.69
6	002268	卫士通	4.42
7	600038	中直股份	4.10
8	600482	中国动力	3.96
9	600760	中航沈飞	3.87
10	600879	航天电子	3.80
合计			54.16

数据来源：Wind，截至 2019 年 12 月 31 日。

从历史表现来看，中证军工指数兼具高弹性和高波动的特征。截至 2019 年年底，其累计收益率为676%，年化收益率为15%，超越了同期沪深300和中证全指的表现。就波动性而言，中证军工指数年化波动率达 35%，超过了市场主要宽基指数，同期沪深300指数的年化波动率为27%。

中证军工指数与市场主要指数历史走势如图3.15所示。

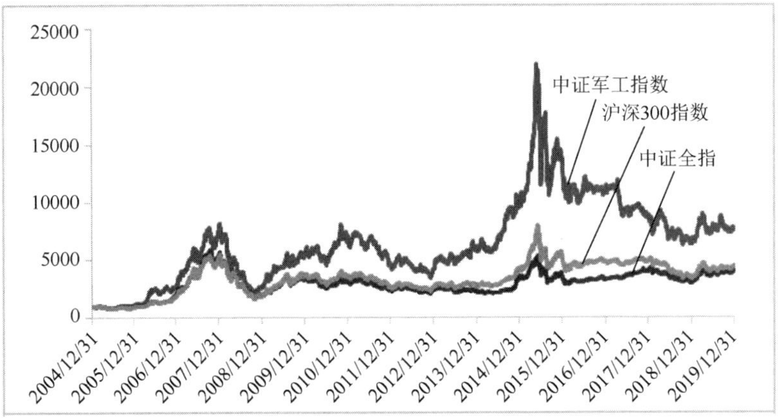

图3.15　中证军工指数与市场主要指数历史走势（2019.12.31）

从分年度数据来看，自基日起至2019年的15年以来，有9年取得正收益。同时我们可以发现，有8年中证军工指数的收益率表现明显超越了同期沪深300和中证全指的表现。在行情不好的年份中，与市场主要宽基指数收益率差距较小；在跑赢宽基指数的年份，双方差距明显，最多可以拉开将近40%的收益率差距，如表3.42所示，因此中证军工指数可谓“牛市急先锋”。

表3.42　中证军工指数和市场主要指数分年度收益率情况

年　　份	中证军工指数	沪深300指数	中证全指
2005	8.83%	-7.65%	-10.99%
2006	140.27%	121.02%	112.17%
2007	185.45%	161.55%	170.88%
2008	-66.58%	-65.95%	-64.06%
2009	123.08%	96.71%	106.46%
2010	23.37%	-12.51%	-3.77%
2011	-34.32%	-25.01%	-28.01%
2012	-5.59%	7.55%	4.58%

续表

年　　份	中证军工指数	沪深 300 指数	中证全指
2013	43.21%	-7.65%	5.21%
2014	59.27%	51.66%	45.82%
2015	44.81%	5.58%	32.56%
2016	-23.81%	-11.28%	-14.41%
2017	-18.37%	21.78%	2.34%
2018	-27.25%	-25.31%	-29.94%
2019	22.02%	36.07%	31.11%
累计收益率	676.31%	309.66%	350.01%
年化收益率	15.21%	10.23%	10.95%
年化波动率	34.79%	27.31%	27.99%

数据来源：Wind，截至 2019 年 12 月 31 日。

从估值情况来看，军工行业历来估值较高，目前中证军工指数市盈率 PE（TTM）为 53，所处历史分位比例为 7%，整体处于历史偏低水平，如表 3.43 所示。

表 3.43　中证军工指数市盈率 PE（TTM）所处历史分位

指　　标	市盈率 PE（TTM）
当前值	53
所处历史分位比例	7%
最大值	249
四分之三分位	124
中位数	84
四分之一分位	63
最小值	45

数据来源：Wind，统计区间：2013 年 12 月 26 日至 2020 年 3 月 31 日。

截至 2019 年 12 月 31 日，全市场跟踪军工板块指数的 ETF 产品共有 5 只，标的指数为中证军工指数和军工龙头指数，都在上海证券交易所上市。其中富国中证军工龙头 ETF 规模最大，其次为国泰中证军工 ETF，再次为广发中证军工 ETF，这些 ETF 场内流动性都不错，基本能满足中小投资者在场内交易的需求，如表 3.44 所示。

表 3.44　全市场跟踪中证军工指数的 ETF 产品情况

成立日期	证券代码	证券简称	上市场所	基金规模（亿元）	2019 年以来日均成交额（亿元）
2019-07-23	512710	富国中证军工龙头 ETF	上海	63.07	1.39
2016-07-26	512660	国泰中证军工 ETF	上海	24.48	1.02
2016-08-30	512680	广发中证军工 ETF	上海	4.35	0.05
2016-08-05	512810	华宝中证军工 ETF	上海	0.60	0.02
2017-07-14	512560	易方达中证军工 ETF	上海	0.21	0.00

数据来源：Wind，截至 2019 年 12 月 31 日。

3.3　常见 A 股主题指数

除上述根据行业来对指数进行划分以外，我们还可以按照特定的主题来对指数进行分类，如环保、养老、京津冀等，这些主题指数往往覆盖了相关的上、下游上市公司。简单来说，投资者可将主题划分作为行业划分的补充。下面，老罗就为大家介绍目前市场中较为常见的几只主题类指数和 ETF 产品。

3.3.1　环保主题指数

在世界各国的发展史中，环境保护始终是一个不可避免的话题。随着科技的进步，在社会物质生产效率得到大幅度提升的同时，资源浪费、环境破坏的现象也随之出现。20 世纪 60 年代，世界范围内重大环境污染事件频发，发达国家开始成立环保局并采取强有力的法律措施，加大环保产业投资力度。经过近半个世纪的发展，目前美国、欧洲、日本等发达国家或地区在全球环保市场中占据了 80%以上的份额。我国自改革开放以来在经济方面得到了长足的发展，然而环境问题依然十分严峻。不过近些年来，环境保护工作在整个社会中的地位日渐重要。未来环保产业也将随着人们环保意识的提升、资源投入的加大而迎来长期的发展机遇。目前，A 股市场中，与环保产业相关的主题类指数主要有以下几只。

（1）中证环保产业指数（指数代码：000827）：根据联合国环境与经济综合核算体系对于环保产业的界定方法，将符合资源管理、清洁技术和产品、污染管理的公司纳入环保产业主题，采用等权重加权方式，反映上海和深圳市场环保产业公司表现。

（2）中证环保产业 50 指数（指数代码：930614）：根据联合国环境与经济综合核算体系对于环保产业的界定方法，选取资源管理、清洁技术和产品、污染管理的代表性公司组成样本股，反映环保产业公司股票的整体表现。

（3）中证环境治理指数（指数代码：399806）：以中证全指为样本空间，选取涉及污水处理、固废处理、大气治理和节能再生等环保业务的上市公司股票作为成份股，以反映环保治理相关上市公司的整体表现。

（4）上证环保产业指数（指数代码：000158）：根据联合国环境与经济综合核算体系对于环保产业的界定方法，将符合资源管理、清洁技术和产品、污染管理的公司纳入环保产业主题，采用等权重加权方式，反映上海市场环保产业公司表现的指数。

老罗从中挑选出最为全面、最能代表市场环保板块的中证环保产业指数为大家做一个分析，让各位投资者了解一下 A 股环保产业整体的投资价值。

中证环保产业指数由中证指数公司于 2012 年 9 月份发布，基日为 2011 年 12 月 30 日。截至 2019 年年底，该指数包含 100 只成份股，总市值为 3.07 万亿元，成份股平均总市值为 307 亿元，如表 3.45 所示。其中市值最大的三只股票分别为长江电力（4044 亿元）、宁德时代（2350 亿元）和比亚迪（1301 亿元）。

表 3.45　中证环保指数基本情况

指数代码	指数简称	基　　日	成份股个数	总市值（万亿元）	成份股平均总市值（亿元）
000827	中证环保	2011/12/30	100	3.07	307

数据来源：Wind，截至 2019 年 12 月 31 日。

由于中证环保产业指数采用的是等权重的加权方式，其成份股之间权重差别不大，因此前十大成份股在每次调样的时候变化较大。从成份股的行业分布来看，前三大细分行业分别为公共事业（27%）、电气设备（26%）和电子（11%）。综合来看，指数成份分布较为均匀，如图 3.16 所示。

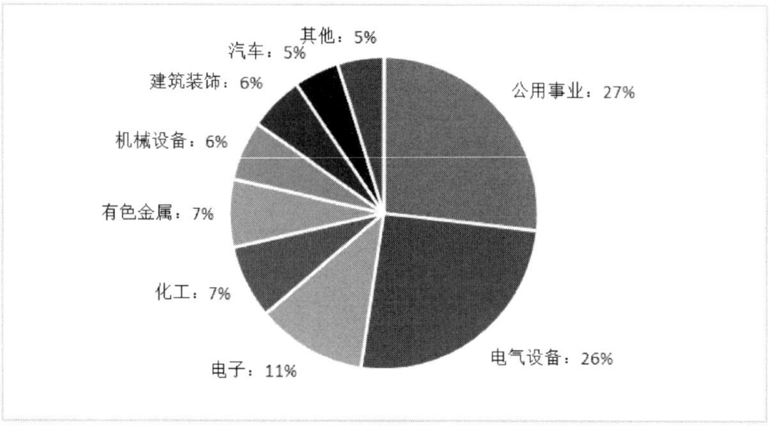

图 3.16　中证环保产业指数行业分布情况（2019.12.31）

从指数的历史收益率表现来看，自基日起至 2019 年年底，中证环保产业指数历史累计收益率为 26.93%，年化收益率为 3.14%，年化波动率为 27.72%。该指数在 2014 年牛市的时候涨幅较大，后经历熊市回撤也较大，因此可被视为“大起大落”的指数代表，如图 3.17 所示。

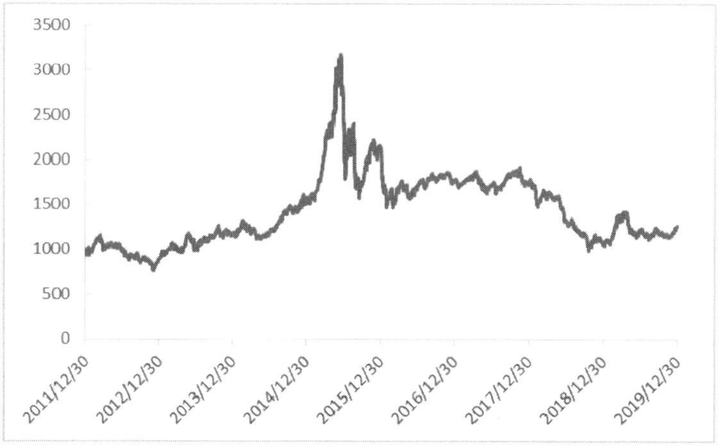

图 3.17　中证环保指数历史走势（2019.12.31）

截至 2019 年 12 月 31 日，全市场跟踪环保板块指数的 ETF 产品只有 1 只，即广发中证环保产业 ETF，该产品在上海证券交易所上市，目前规模约为 18 亿元，2019 年日均成交额为 892 万元，流动性可满足投资者的需求，如表 3.46 所示。

表 3.46　全市场跟踪环保主题指数的 ETF 产品情况

成立日期	证券代码	证券简称	上市场所	基金规模（亿元）	2019 年日均成交额（亿元）
2017-01-25	512580	广发中证环保产业 ETF	上海	18.39	0.892

数据来源：Wind，截至 2019 年 12 月 31 日。

3.3.2　中证养老指数

“老有所依”是我们每个人对于老年生活的美好愿望。其实，在 A 股市场中以“老有所依”为主线的投资主题也是长期走势良好的股票的聚集地。当下，我国已逐渐步入老龄化社会，随着生活水平的提高，加之我国历来崇尚孝道，未来养老产业领域将迎来较大的发展机遇。下面老罗就为大家介绍一只以养老为主题的指数——中证养老产业指数。

中证养老产业指数以中证全指为样本空间，选取涉及酒店旅游、文化传媒、医药卫生、人寿保险等养老相关业务的上市公司股票作为成份股，采用等权重加权的方式编制，以反映养老产业相关上市公司的整体表现。该指数于 2014 年 6 月发布，基日为 2004 年 12 月 31 日。截至 2019 年年底，指数共包含 80 只成份股，总市值合计超 7 万亿元，个股平均市值达 906 亿元，整体来看，该指数成份股呈现出大中盘股的特征，如表 3.47 所示。

表 3.47　中证养老产业指数基本情况

指数代码	指数简称	基　　日	成份股个数	总市值（万亿元）	成份股平均总市值（亿元）
399812	养老产业	2004/12/31	80	7.25	906

数据来源：Wind，截至 2019 年 12 月 31 日。

从指数行业构成来看，医药生物、传媒和非银金融为养老产业指数前三大权重行业。其中防御性较强的医药生物行业股票在指数中权重占比合计接近四成，这也赋予了养老产业指数一定的防御性，如图 3.18 所示。

由于该指数采用等权重加权，因此理论上初始权重应该一致，但随着公司股价的变动，表现优秀的公司的权重会逐渐增加一些。从目前指数前十大成份股可以看到，养老产业指数的一个特点就是网罗了各细分领域的龙头股票，如完美世界、光线传媒、中国人保等，具备长期配置价值，如表 3.48 所示。

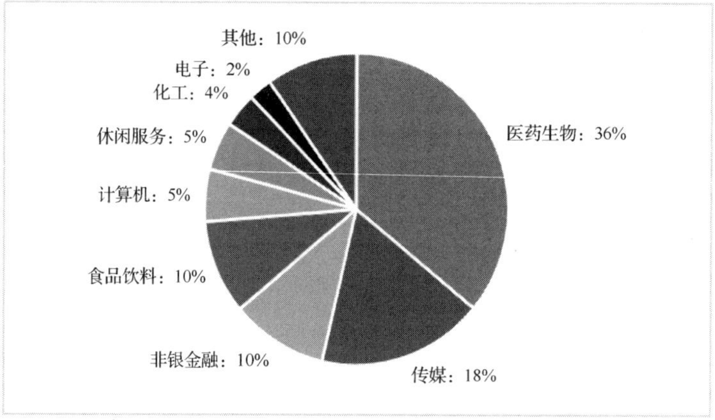

图 3.18　中证养老产业指数行业分布情况

表 3.48　中证养老产业指数前十大成份股情况

排　名	代　码	简　称	细分行业	权　重（%）
1	300773	拉卡拉	计算机	1.61
2	600053	九鼎投资	非银金融	1.51
3	002624	完美世界	传媒	1.39
4	300464	星徽精密	机械设备	1.38
5	300251	光线传媒	传媒	1.36
6	600754	锦江酒店	休闲服务	1.35
7	002739	万达电影	传媒	1.34
8	601319	中国人保	非银金融	1.33
9	002292	奥飞娱乐	传媒	1.31
10	002555	三七互娱	传媒	1.31
合计				13.88

数据来源：Wind，截至 2019 年 12 月 31 日。

从历史表现来看，中证养老产业指数具有高收益的特征。截至 2019 年年底，该指数历史累计收益率为 654.07%，年化收益率为 14.98%，收益表现显著优于同期沪深 300 指数和中证全指的表现，如表 3.49 所示。就波动性而言，养老产业指数年化波动率为 29.17%，与市场主要宽基指数接近。

表 3.49　中证养老产业指数和市场主要指数历史收益情况

年　份	中证养老产业指数	沪深 300 指数	中证全指
累计收益率	654.07%	309.66%	350.01%

续表

年　份	中证养老产业指数	沪深 300 指数	中证全指
年化收益率	14.98%	10.23%	10.95%
年化波动率	29.17%	27.31%	27.99%

数据来源：Wind，截至 2019 年 12 月 31 日。

中证养老产业指数与市场主要指数的历史走势如图 3.19 所示。

目前，市场中暂无跟踪中证养老产业指数的 ETF 产品，但是有一只跟踪该指数的普通指数基金——广发中证养老产业指数基金和一只增强指数基金——国寿安保养老指数增强基金。

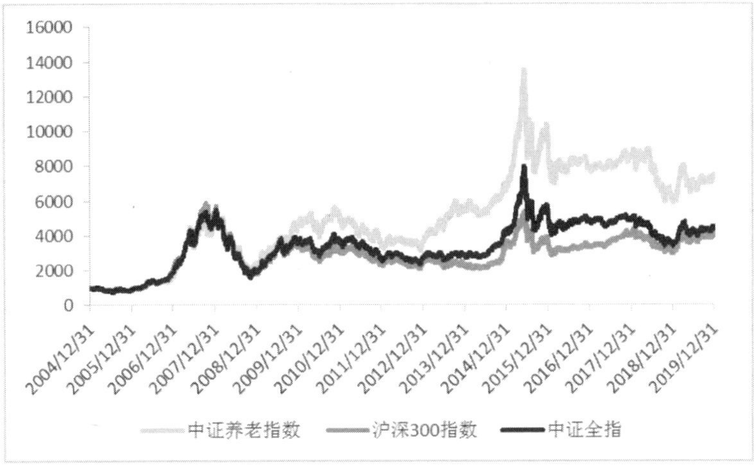

图 3.19　中证养老产业指数与市场主要指数历史走势

3.3.3　科技类主题（5G、芯片、科技）指数

自 2019 年下半年起，以电子、计算机、通信为代表的科技股迎来了春天，究其原因，一是科技类股票在经历了 2018 年大跌之后有估值修复的诉求；二是中美贸易战加速了国产替代和自主可控的进程，科技类上市公司无论在技术革新还是业务订单上都有不少突破；三是随着 5G 商用、物联网建设等的推进，新技术、新应用催生了新的需求。伴随着科技股行情的启动，为了满足投资者的配置需求，一系列科技类 ETF 纷纷面世。这其中既有聚焦芯片、5G 等细分行业 ETF，也有泛科技主题 ETF。上述产品跟踪的主题指数包括了国证半导体芯片指

数、中华半导体指数、中证全指半导体指数、中证 5G 通信指数、中证科技龙头指数、中证科技 50 指数等，下面老罗就为大家介绍这些科技类主题指数。

（1）国证半导体芯片指数（指数代码：980017）：为反映 A 股市场芯片产业相关上市公司的市场表现，丰富指数化投资工具，深证指数公司编制了国证半导体芯片指数。该指数在芯片产业股票中，剔除成交额排名后 20%的股票，选取总市值排名前 25 名的公司作为成份股，基本覆盖了芯片产业链上各条线的龙头企业。

（2）中华半导体指数（指数代码：990001）：旨在追踪中国 A 股市场半导体行业上市公司的股价表现，相关公司经营范围涵盖半导体材料、设备、设计、制造、封装和测试。

（3）中证全指半导体指数（指数代码：H30184）：选取中证全指样本股中的半导体产品与设备行业股票组成，以反映该行业股票的整体表现。

（4）中证 5G 通信指数（指数代码：931079）：选取产品和业务与 5G 通信技术相关的上市公司股票作为样本股，包括但不限于电信服务、通信设备、计算机及电子设备和计算机运用等细分行业，旨在反映相关领域的 A 股上市公司整体表现。

（5）中证科技龙头指数（指数代码：931087）：由沪深两市中电子、计算机、通信、生物科技等科技领域中规模大、市场占有率高、成长能力强、研发投入高的 50 只龙头公司股票组成，以反映沪深两市科技领域内龙头公司股票的整体表现。

（6）中证科技 50 指数（指数代码：931380）：从沪深两市科技相关行业中选取 50 只市值大、流动性好的公司股票作为样本股，以反映科技领域上市公司股票的整体表现。

老罗将上述指数的编制方案汇总如表 3.50 所示。

表 3.50　科技类指数编制方案汇总

	国证半导体芯片指数	中华半导体指数	中证全指半导体指数
选样空间	芯片产业中的材料、设备、设计、制造、封装和测试的非 ST、*ST 股票； 上市超过 6 个月，近一年无重大违法违规、财务问题，经营无异常，无重大亏损，股价无异常波动	主营业务收入须来自半导体材料、设备、设计、制造、封装或测试的非 ST、*ST 股票； 上市必须超过三个月，且最近一年无重大违法违规事件、财务报告无重大问题	中证全指样本股中涉及半导体设计、制造、应用与设备生产的上市公司股票

续表

	国证半导体芯片指数	中华半导体指数	中证全指半导体指数
选样方法	流动性：按最近6个月日均成交金额从高到底排序，剔除排名后20%的股票； 市值：按最近6个月日均总市值排名选取前25只股票	流动性：按照日均成交金额由高至低排名，保留日均成交金额排名前80%的股票； 市值：按照日均市值由高至低排名，选取前50名作为指数样本	流动性：按照过去一年日均成交金额由高到低排名，剔除流动性排名后20%的股票； 市值：按照过去一年日均总市值由高到低排名，选取不超过100只股票
	中证科技龙头指数	中证科技50指数	中证5G通信指数
选样空间	中证全指样本股中属于电子、计算机、通信、生物科技等领域股票； 剔除市盈率小于0或处于待选样本中最高的前10%的股票，剔除过去三年研发投入复合增长率为负的股票，营业收入（TTM）处于细分行业内前10%的股票全部纳入	选取中证全指样本股中属于高新技术领域，并同时符合如下两条标准的公司（1）最近一个会计年度内，研发人员占总员工的比例不低于10%；（2）最近三个会计年度内，研发支出占比营业收入满足一定比例	中证全指样本股中涉及5G通信技术相关的上市公司股票，相关领域包括但不限于电信服务、通信设备、计算机及电子设备和计算机运用等细分行业
选样方法	过去一年日均总市值与营业收入（TTM）综合排名，在细分行业内按比例选取排名靠前的股票，共100只； 最近报告期的营业收入增速与净利润增速的平均排名与最近年报研发支出占比排名作为综合排名，在细分行业内按比例选取排名靠前的50只股票	流动性和市值：剔除过去3个月日均成交金额或过去3个月日均自由流通市值排名后20%的股票； 剔除触发高风险预警的公司； 计算基本面质量因子、激励机制因子、科技创新因子，按照1:1:3的比例计算综合因子并选取得分最高的前50只股票	流动性：按照过去一年日均成交金额由高到低排名，剔除排名后20%的股票； 市值：按照过去一年日均总市值由高到低排名，剔除排名后20%的股票

从近三年的表现情况来看，自2017年1月1日起至2019年12月31日，国证半导体芯片指数累计收益率约为72%，年化收益率约为21%，而同期中华半导体指数年化收益率约为11%，中证全指半导体指数年化收益率约为14%，中证5G通信指数年化收益率约为-0.35%，科技龙头指数年化收益率约为10%，中证科技50指数年化收益率约为18%。可以看到，近三年来国证半导体芯片指数在众多科技类指数中具有更好的收益率表现，如表3.51所示。

表 3.51　市场主要科技类指数 2017—2019 年收益情况

	国证芯片	中华半导体	全指半导体	5G 通信	科技龙头	科技 50
累计收益率	72.36%	35.27%	45.82%	-1.02%	33.48%	61.51%
年化收益率	20.61%	10.96%	13.87%	-0.35%	10.45%	17.94%
年化波动率	32.39%	36.09%	36.22%	30.64%	27.54%	26.07%
夏普比率	0.59	0.26	0.34	-0.06	0.33	0.63

数据来源：Wind，统计区间：2017 年 1 月 1 日至 2019 年 12 月 31 日（为显示方便，表格中指数名称为简称）。

下面，老罗对近三年表现最好的国证半导体芯片指数做一个简单分析，为大家提供一些参考。

国证半导体芯片指数由深证信息公司于 2015 年 2 月份发布，基日为 2002 年 12 月 31 日。与泛科技类指数对比，国证半导体芯片指数囊括了芯片产业的 25 只龙头股票，在行业上更为聚焦，成份股相关度高，指数弹性大。截至 2019 年年底，指数总市值约为 0.83 万亿元，成份股平均总市值为 332 亿元，如表 3.52 所示。

表 3.52　国证半导体芯片指数基本情况

指数代码	指数简称	基　　日	成份股个数	总市值（万亿元）	成份股平均总市值（亿元）
980017	国证芯片	2002/12/31	25	0.83	332

数据来源：Wind，截至 2019 年 12 月 31 日。

国证半导体芯片指数覆盖了芯片全产业链的重点上市公司，该成份股在芯片设计、芯片制造领域的累计权重最高，分别为 40%、29%左右；在芯片封测、芯片材料、芯片设备领域的权重分别为 13%、10%、8%左右，如图 3.20 所示。

从个股角度来看，前十大成份股权重合计约为 71%，集中度较高且均为细分行业龙头企业。值得注意的是，芯片行业的利润结构呈现倒金字塔状，与一般行业正金字塔结构、低端产品占据大部分市场份额不同，这种倒金字塔结构代表的是高端产品市场份额反而比低端更好。也就是说芯片市场销量最高的，是技术最先进的高端产品，这一点和我们生活直观中的感受也是符合的。倒金字塔结构的格局利好行业龙头的发展，龙头企业的技术壁垒和竞争优势会更加凸显，如表 3.53 所示。

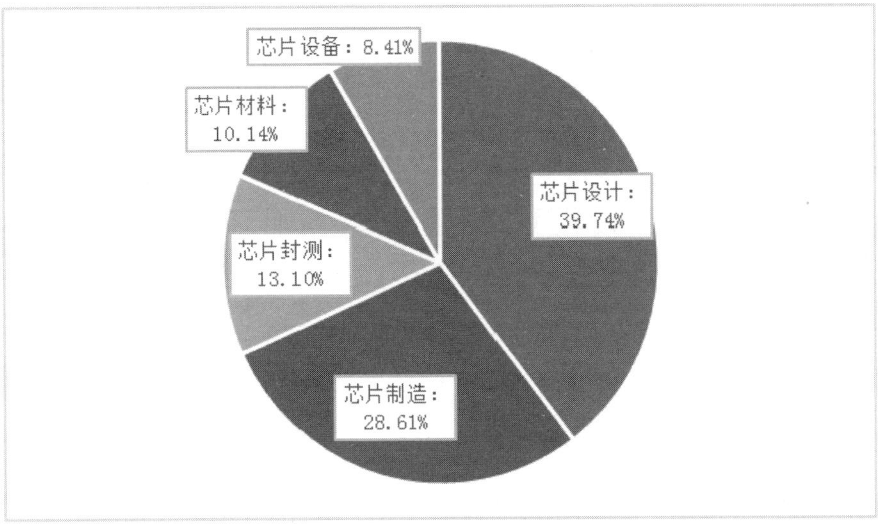

图 3.20　国证半导体芯片指数成份股产业链权重分布（2019.12.31）

表 3.53　国证半导体芯片指数前十大成份股

序号	代码	简称	细分领域	简介	权重（%）
1	600703	三安光电	芯片制造	LED 芯片制造龙头公司	10.30
2	603986	兆易创新	芯片设计	存储芯片设计龙头公司	10.16
3	600745	闻泰科技	芯片制造	收购安世半导体，成为功率半导体龙头	9.08
4	603160	汇顶科技	芯片设计	生物识别芯片龙头公司	9.06
5	603501	韦尔股份	芯片设计	图像传感芯片设计龙头	5.93
6	600584	长电科技	芯片封测	芯片封装龙头公司之一	5.85
7	002129	中环股份	芯片材料	硅片材料公司	5.79
8	002049	紫光国微	芯片设计	智能卡、特种芯片设计龙头	5.58
9	002371	北方华创	芯片设备	半导体设备龙头公司之一	5.26
10	002185	华天科技	芯片封测	主要从事半导体集成电路的封装测试业务	4.45
合计					71.45

数据来源：Wind，截至 2019 年 12 月 31 日。

截至 2020 年一季度末，全市场跟踪科技类指数的 ETF 产品有多只，比较有代表性的如表 3.54 所示。其中华夏中证 5G 通信 ETF 和广发国证半导体芯片 ETF 分别为 5G 和芯片细分行业的代表。除此之外，还有华宝中证科技龙头 ETF 这类综合科技类 ETF 产品。

表 3.54　全市场跟踪科技类指数的 ETF 产品情况

成立日期	证券代码	证券简称	上市场所	基金规模（亿元）	2020 年以来日均成交额（亿元）
2019/9/17	515050	华夏中证 5G 通信 ETF	上海	309.96	21.43
2019/7/22	515000	华宝中证科技龙头 ETF	上海	116.47	9.88
2019/5/16	512760	国泰中华半导体 ETF	上海	108.61	15.96
2019/5/8	512480	国联安中证全指半导体 ETF	上海	50.41	3.64
2020/1/20	159801	广发国证半导体芯片 ETF	深圳	46.06	7.04
2020/3/16	159807	易方达中证科技 50ETF	深圳	14.44	0.83

数据来源：Wind，截至 2020 年 3 月 31 日。

3.4　常见 A 股策略指数

在介绍了以市值加权方式为主的宽基指数和特征鲜明的行业、主题类指数之后，下面老罗为大家介绍一类暂时还不那么主流、但越来越被人们所接受的指数——策略指数。策略指数，又被称作 SmartBeta 指数。与传统的市值加权指数不同，策略指数可以以某些因子或者某些策略如基本面、红利、低波动等来进行加权。作为策略指数基金的主要产品类型，策略指数 ETF 的出现进一步丰富了 ETF 作为资产配置和交易工具的投资范围和功能。

目前，中证指数有限公司推出了一系列的策略指数，老罗罗列了部分主流的品种供大家参考，如表 3.55 所示。

表 3.55　中证指数公司策略指数及分类

中证指数系列	策略分类	指数简称
中证策略指数	基本面	基本面 50、200、400、600
	分层等权重	300 分层
	等权重指数	500 等权、300 等权、800 等权
	波动率加权指数	沪深 300 和中证 500 波动率加权
	高、低贝塔指数	300 高贝、300 低贝、500 高贝、500 低贝
	动态指数和稳定指数	300 动态、300 稳定、500 动态、500 稳定
	中证 Axioma300 优化因子指数	优化成长、价值、高贝、低贝、高波、低波
	风险加权指数	300ERC
	动量指数	300 动量、800 动量

续表

中证指数系列	策略分类	指数简称
中证策略指数	红利波动指数	红利低波
	红利价值指数	红利价值
	动态和稳定指数	100 动态、100 稳定、200 动态、200 稳定
	最小方差指数	300MV
	基本面指数	基本 300、基本 500
	事件指数	CS 增持、CS 定增
	波动率指数	500NLV

为了评价策略指数表现，老罗选取了基于沪深 300 指数的策略指数作为样本，以沪深 300 指数自身作为基准指数，统计相应指数在最近 5 年间的表现，结果如表 3.56 所示。

表 3.56 沪深 300 策略指数收益统计

指数简称	2019 年	2018 年	2017 年	2016 年	2015 年	2014 年	累计
沪深 300	36.07%	−25.31%	21.78%	−11.28%	5.58%	51.66%	75.82%
沪深 300 红利	21.28%	−17.86%	30.16%	−5.59%	6.83%	60.51%	109.91%
300 行业中性低波	21.96%	−23.72%	22.91%	−5.03%	21.51%	61.68%	113.34%
300 红利低波	15.91%	−19.18%	21.42%	0.41%	13.05%	72.05%	122.15%
300 等权	31.84%	−28.61%	7.06%	−15.05%	20.12%	43.73%	47.77%
沪深 300 高贝塔	52.66%	−32.50%	−4.44%	−15.23%	11.55%	56.98%	46.16%
沪深 300 低贝塔	13.93%	−24.32%	21.28%	−9.83%	27.61%	25.84%	51.42%
300SER	25.59%	−23.95%	15.96%	−11.61%	18.80%	37.01%	59.33%
300 波动	16.43%	−20.21%	21.71%	−2.58%	9.52%	69.58%	104.57%
沪深 300 动态	39.29%	−29.46%	2.18%	−21.70%	7.79%	52.17%	28.95%
沪深 300 稳定	34.26%	−22.49%	33.05%	−3.85%	8.20%	50.60%	116.94%
300 动量	42.85%	−26.34%	36.61%	−9.27%	−14.67%	45.41%	61.84%

数据来源：Wind，截至 2019 年 12 月 31 日。

统计结果显示，部分策略指数如红利、低波表等取得了超越沪深 300 指数的收益率，其中 300 红利低波的收益率最高，高出基准 46%，这大致说明部分策略指数在国内市场是有效的。下面，老罗就为大家介绍两类主流的策略指数及其对应的 ETF 产品。

3.4.1 基本面指数

相信做价值投资的投资者对基本面这个概念一定不陌生，它往往被用作衡量一只股票是否具备长期投资价值的技术指标。其实基本面不只是简单地说一只股票经营情况好不好，是不是绩优股，它包含了4个维度来刻画：营业收入、现金流、净资产和分红。基于以上4个财务指标开发的指数就叫作基本面指数。目前市场中主要有以下几只基本面指数，它们之间既有相似性又不完全相同，可谓各具特色。

（1）基本面50指数（全称：中证锐联基本面50指数；指数代码：000925）：挑选以 4 个基本面指标（营业收入、现金流、净资产、分红）来衡量的经济规模最大的50家A股上市公司作为样本，且样本个股的权重配置与其经济规模相适应。

（2）央视50指数（全称：央视财经50指数；指数代码：399550）：反映中国 A 股市场在“创新、成长、回报、公司治理、社会责任”5 个维度表现突出的上市公司的市场运行情况。属于广义上的基本面指数。

（3）180基本面指数（指数代码：000053）：在不改变上证180指数样本股的前提下，用以财务指标衡量的基本面价值来分配样本股的权重，在一定程度上打破了样本市值与其权重之间的关联，以避免过多地配置高估股票的现象。

（4）基本面300指数（指数代码：H30362）：通过引入健康评分筛选，剔除行业内健康评分较低的股票，以沪深A股中基本面价值最高的300只股票为成份股，采用基本面价值作为权重分配依据。

（5）深证F200指数（指数代码：399703）：以深市A股为样本空间，分别挑选基本面价值最高的 200 家上市公司作为样本。基本面价值由四个财务指标来衡量，并决定了样本股的权重。

老罗从上述基本面指数中选取了名气最大的基本面 50 和央视 50 指数来做一个简单的分析，通过数据来看看基本面指数到底有哪些特点。首先，我们来看看这两只指数的选样方法，如表3.57所示。

表 3.57　基本面 50 和央视 50 指数的选样方法

指数简称	选样方法
基本面 50	(1) 对样本空间内的股票按照最近一年（新股为上市以来）的 A 股日均成交金额由高到低排名，剔除排名后 20%的股票 (2) 对样本空间的剩余股票计算其基本面价值（FV）。单个股票的基本面价值计算方法如下。 第一步，以过去 5 年的年报数据计算以下 4 个基本面指标。 a）营业收入：公司过去 5 年营业收入的平均值 b）现金流：公司过去 5 年现金流的平均值 c）净资产：公司在定期调整时的净资产 d）分红：公司过去 5 年分红总额的平均值 第二步，若一公司可用年报数据少于 5 年，那么按可用年限的数据计算基本面指标。 第三步，计算每只股票单个基本面指标占样本空间所有股票这一指标总和的百分比： a）营业收入占样本空间所有股票营业收入总和的百分比 b）现金流占样本空间所有股票现金流总和的百分比 c）净资产占样本空间所有股票净资产总和的百分比 d）分红占样本空间所有股票分红总和的百分比 第四步，基本面价值由上述 4 个百分比数据的简单算术平均值乘以 10 000 000 得出。 (3) 将（2）中剩余股票按照基本面价值由高到低进行排名，选取排名在前 50 名的股票作为中证锐联基本面 50 指数（基本面 50）的样本股
央视 50	截至当年 4 月 30 日已披露上一个会计年度年报的上市公司 A 股，在进行基础财务指标等条件的初步筛选后，按照如下规则确定样本股： 1．维度评分排名 由央视财经频道联合五大高校，即北京大学、中央财经大学、复旦大学、南开大学以及中国人民大学（根据维度排序），分别从“创新、成长、回报、治理、责任”5 个维度设计指标评价体系。根据该评价体系，从 5 个维度对上市公司评分与排名。从每个维度选择排名靠前的上市公司作为备选样本股 2．样本股确定 由指数专家委员会与多家市场投研机构分别对备选样本股进行评价。结合两者的评价结果，由中国上市公司协会、中国注册会计师协会与大公国际资信评估公司，从公司合规性、财务状况与资信评级三种角度进行评定，最终确定每个维度 10 家、合计 50 家上市公司作为央视财经 50 指数样本股。若同一家公司同时入选多个维度，选择公司排名靠前的维度入选。在各维度未能入选的备选样本股中，分别选取排名靠前的 5 家公司作为各维度的候补样本股

可以看到，要想成为基本面 50 和央视 50 指数的成份股，必须经历重重关卡，在基本面包含的 4 个财务指标以及其他更多维度中表现得优秀，才能最终入选。了解了基本面 50 和央视 50 指数严格的选样方法后，接下来让我们看一看两只指数的基本情况。

基本面 50 指数是中证指数与锐联资产合作开发的首只内地基本面指数。该指数发布于 2009 年 2 月，以 2004 年 12 月 31 日为基日，以 1000 点为基点。截至 2019 年年底，指数 50 只成份股总市值合计达到 21 万亿元左右，成份股平均总市值为 4126 亿元。

央视 50 指数是由深圳证券信息有限公司与中央电视台财经频道联合编制的，如表 3.58 所示。该指数于 2012 年 6 月 6 日发布，基日为 2010 年 6 月 30 日，基点为 2563。截至 2019 年年底，央视 50 指数包含 50 只成份股，总市值合计为 15 万亿元左右，成份股平均总市值为 2895 亿元。

表 3.58　基本面 50 和央视 50 指数基本情况

指数代码	指数简称	基　日	成份股个数	总市值（万亿）	成份股平均总市值（亿）
000925	基本面 50	2004/12/31	50	20.63	4126
399550	央视 50	2010/06/30	50	14.48	2895

数据来源：Wind，截至 2019 年 12 月 31 日。

基本面 50 和央视 50 指数前十大成份股权重占比合计分别为 45%和 52%左右，其中基本面 50 指数前十大成份股多为银行股，而央视 50 指数前十大成份股则来自更多行业，既有保险巨头中国平安，又有白酒龙头贵州茅台，还有恒瑞医药、海康威视、伊利股份、万科 A 和信维通信等，如表 3.59 所示。

表 3.59　基本面 50 和央视 50 指数前十大成份股

基本面 50		
代　码	简　称	权重（%）
601318	中国平安	8.66
601166	兴业银行	5.93
600036	招商银行	4.70
601668	中国建筑	4.69
601328	交通银行	4.00
600016	民生银行	3.77
000651	格力电器	3.45
601288	农业银行	3.38
600000	浦发银行	3.24
600028	中国石化	3.04
合计		44.86

央视 50		
代　码	简　称	权重（%）
600276	恒瑞医药	7.16
600519	贵州茅台	6.18
601166	兴业银行	5.60
601318	中国平安	5.22
600887	伊利股份	5.22
002415	海康威视	5.15
600036	招商银行	4.87
600016	民生银行	4.32
300136	信维通信	4.11
000002	万科 A	3.70
合计		51.53

数据来源：Wind，截至 2019 年 12 月 31 日。

从行业分布来看，基本面 50 指数前三大细分行业分别为银行（39%）、非银金融（14%）和建筑装饰（11%），合计占比为 64%；而央视 50 指数前三大细分行业分别为银行（22%）、食品饮料（17%）和电子（15%），占比合计约为 53%，如图 3.21 所示。

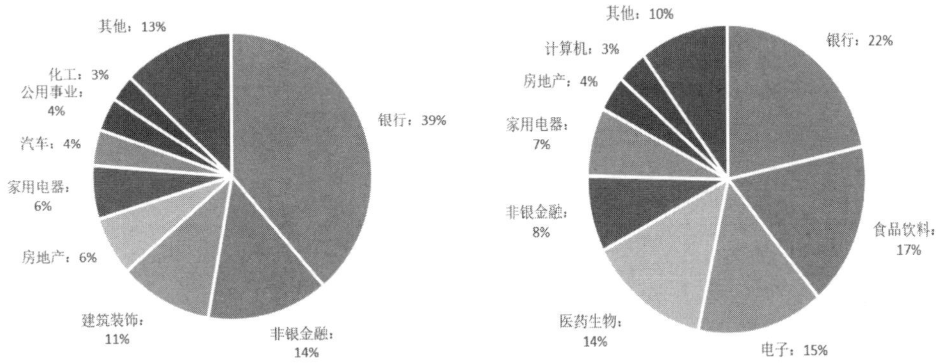

图 3.21　基本面 50 指数（左）和央视 50 指数（右）行业分布情况

自 2011 年至 2019 年年底基本面 50 指数累计收益率为 93%左右，年化收益率为 8%左右，而央视 50 指数累计收益率为 97%左右，年化收益率为 8%左右。二者波动率均在 23%上下，相较 300、500、创业板等宽基指数而言，波动较小，如表 3.60 所示。

表 3.60　基本面 50 和央视 50 指数历史表现

统计项目	基本面 50	央视 50
累计收益率	93.25%	96.63%
年化收益率	7.88%	8.09%
年化波动率	22.09%	22.65%

数据来源：Wind，截至 2019 年 12 月 31 日。

目前，全市场跟踪基本面策略指数的 ETF 共有 4 只，分别跟踪基本面 50、深证基本 120、深证基本面 60 和央视 50 指数。其中 3 只产品在深圳证券交易所上市，另外一只产品嘉实中证锐联基本面 50ETF，在上海证券交易所上市。在所有的基本面策略指数 ETF 中，嘉实深证基本面 120ETF 规模最大，接近 15 亿元。截至 2019 年年底，除嘉实中证锐联基本面 50ETF 外，其余 3 只基本面 ETF 流动性都平平，投资者在买卖时需注意折溢价风险，如表 3.61 所示。

表 3.61　全市场跟踪基本面策略指数的 ETF 产品情况

成立日期	证券代码	证券简称	上市场所	基金规模（亿元）	2019 年以来日均成交额（亿元）
2011-08-01	159910	嘉实深证基本面 120ETF	深圳	14.64	0.02
2019-03-19	159965	中融央视财经 50ETF	深圳	2.43	0.08
2011-09-08	159916	建信深证基本面 60ETF	深圳	10.07	0.00
2019-05-23	512750	嘉实中证锐联基本面 50ETF	上海	8.07	0.49

数据来源：Wind，截至 2019 年 12 月 31 日。

3.4.2　红利低波指数

以上基本面策略指数其实是仅用了一个因子，即基本面因子对股票进行加权而编制的指数。下面老罗为大家介绍一类不仅仅使用单个因子，而是使用多个因子，如红利、低波等相结合编制而成的指数。这种结合多个因子对股票进行权重打分编制而成的指数通常被称为多因子策略指数。在分类众多的多因子策略指数中，红利和低波因子的结合深受市场欢迎，那么下面就让我们看一下基于红利和低波因子相结合而开发的中证红利低波指数及其 ETF 产品。

中证红利低波指数选取股息率高且波动率低的 50 只股票作为样本股，旨在反映分红水平高且波动率低的股票的整体表现。该指数于 2013 年 12 月 19 日由中证指数公司发布，基日为 2005 年 12 月 30 日，基点为 1000 点。截至 2019 年底，中证红利低波指数包含 50 只成份股，总市值合计为 12.01 万亿元，成份股平均总市值为 2402 亿元，如表 3.62 所示。

表 3.62　中证红利低波指数基本情况

指数代码	指数简称	基　　日	成份股个数	总市值（万亿元）	成份股平均总市值（亿元）
H30269.	红利低波	2005/12/30	50	12.01	2402

数据来源：Wind，截至 2019 年 12 月 31 日。

从指数成份来看，前三大细分行业分别为银行（23%）、交通运输（17%）和房地产（15%），如图 3.22 所示。前十大成份股占比合计约为 28%，其中第一大成份股旗滨集团占比约为 3%，来自建筑材料行业；占比 3%的第二大成份股为中国石化。综合来看，指数成份分布总体较为均匀，如表 3.63 所示。

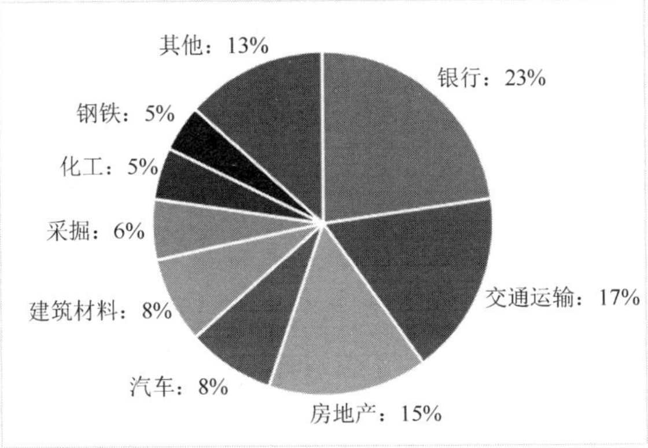

图 3.22　中证红利低波指数行业分布情况

表 3.63　中证红利低波指数前十大成份股情况

排　名	代　码	简　称	行　业	权　重（%）
1	601636	旗滨集团	建筑材料	3.35
2	600028	中国石化	化工	3.24
3	600873	梅花生物	农林牧渔	3.05
4	002233	塔牌集团	建筑材料	2.90
5	000429	粤高速 A	交通运输	2.82
6	600019	宝钢股份	钢铁	2.64
7	600376	首开股份	房地产	2.53
8	601006	大秦铁路	交通运输	2.39
9	000581	威孚高科	汽车	2.39
10	600548	深高速	交通运输	2.36
合计				27.67

数据来源：Wind，截至 2019 年 12 月 31 日。

从历史表现来看，中证红利低波指数有着“高收益、低波动”的特征，自基日起至 2019 年年底，其累计收益率达到 746%，年化收益率为 17%，年化波动率为 28%。其指数总体历史走势呈现出较为显著的上升趋势，如图 3.23 所示。

老罗还统计了中证红利低波指数近几年来的股息率情况，结果显示除个别数年份以外，中证红利低波指数在近几年间几乎每年股息率都达到 3%以上，部分年份更是保持在 4%以上，2013 年中证红利低波指数股息率甚至高达 5.53%。可见，中证红利低波指数是 A 股中难得的高分红指数，如表 3.64 所示。

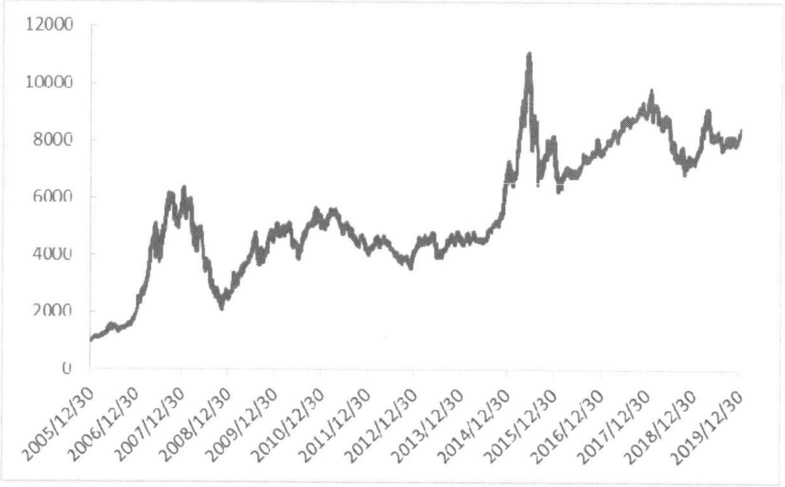

图 3.23 中证红利低波指数历史走势

表 3.64 中证红利低波指数近几年来股息率情况

年 份	2019	2018	2017	2016	2015	2014	2013
中证红利低波指数股息率	4.45%	4.55%	2.75%	3.45%	4.37%	3.86%	5.53%

数据来源：Wind，截至 2019 年 12 月 31 日。

截至 2020 年上半年，全市场跟踪红利低波类策略指数的 ETF 产品共有 4 只，分别为跟踪标普中国 A 股大盘红利低波 50 指数的南方标普中国 A 股大盘红利低波 50ETF、跟踪上证红利低波指数的兴业上证红利低波 ETF、跟踪沪深 300 红利低波指数的嘉实沪深 300 红利低波 ETF 和跟踪中证红利低波指数的华泰柏瑞红利低波 ETF，如表 3.65 所示。上述所有 ETF 均在上海证券交易所上市交易。

表 3.65 全市场跟踪红利低波指数的 ETF 产品情况

成立日期	证券代码	证券简称	上市场所	基金规模（亿元）	2019 年以来日均成交额（亿元）
2020-01-17	515450	南方标普中国 A 股大盘红利低波 50ETF	上海	8.46	0.11
2019-04-22	510890	兴业上证红利低波 ETF	上海	5.03	0.13
2019-08-08	515300	嘉实沪深 300 红利低波 ETF	上海	2.16	0.05
2018-12-19	512890	华泰柏瑞红利低波 ETF	上海	1.07	0.03

数据来源：Wind，产品信息截至 2020 年 3 月 31 日。

3.5　常见跨境指数

3.5.1　纳斯达克 100 指数

当各位品尝着星巴克咖啡的香浓、打开戴尔电脑、用谷歌搜索无限可能、用微软 Office 记下创作灵感、用 iPhone 拍下美好瞬间发给家人、在 App store 上下载各种好玩的 App、用亚马逊 Kindle 在万米高空阅读时，是否想到，其实，纳斯达克 100 指数触手可及。

作为全球市场最为重要的科技股风向标，纳斯达克 100 指数可谓备受瞩目。该指数由纳斯达克交易所发布，选取在纳斯达克交易所上市的 100 只左右非金融公司股票作为成份股（主要是市值较大的高科技成长股），在市值加权的基础上按相应的指数编制规则计算，以反映纳斯达克市场以及全球高科技上市股票的整体走势。纳斯达克 100 指数以 1971 年 2 月 5 日为基日，以 100 点为基点。截至 2019 年年底，纳斯达克 100 指数共包含 102 只成份股，指数总市值为 10.98 万亿美元，成份股平均总市值为 1076 亿美元，如表 3.66 所示。

表 3.66　纳斯达克 100 指数基本情况

指数代码	指数简称	基　　日	成份股个数	总市值（万亿美元）	成份股平均总市值（亿美元）
NDX	纳斯达克 100	1971/2/5	102	10.98	1076

数据来源：Wind，截至 2019 年 12 月 31 日。

小贴士：

纳斯达克 100 是指 100 家公司，而成份股个数为 102 只的原因是有些公司因旗下股份的投票权不同，而会产生有不同投票权的两个代码股票成份股，例如谷歌将其公开交易的股票分成两类：A 类股票 GOOGL 和 C 类股票 GOOG。此举背后的策略很简单：GOOGL 股票的所有者每股一票，而 GOOG 的所有者没有投票权。同理，标普 500 有 505 只成份股也是由于投票权的原因导致的。

从行业分布上看，纳指 100 指数成份股所属行业包括信息技术（67%）、可选消费（19%）、医疗保健（6%）、日常消费（5%）、工业（2%）等。前十大权重股均为全球领先科技公司，前十大权重股合计占比达到 61%左右，龙头效应较为显著，如图 3.24 所示。

从收益率情况来看，纳斯达克 100 指数近年来累计收益率稳居全球主流指数前列。截至 2019 年年底，纳斯达克 100 指数近十年累计收益率为 369%左右，涨幅超过 3 倍！而同期标普 500 指数累计收益率为 190%左右，欧洲斯托克 50 指数累计收益率为 32%左右，恒生指数累计收益率为 29%左右，上证指数累计收益率为-7%左右。2019 年，纳斯达克 100 指数上涨 38%左右，在全球主流指数中也处于靠前位置，再次印证了其仍处于牛市的状态，如表 3.67 所示。

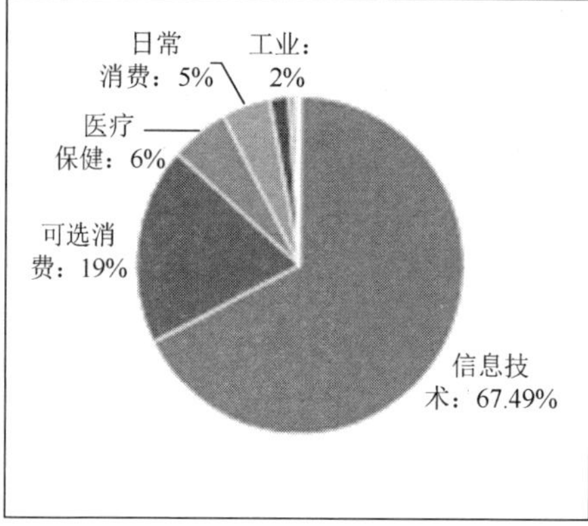

前十大权重股	权重
苹果公司(APPLE)	11.88%
微软公司(MICROSOFT)	10.96%
谷歌(ALPHABET)-A	8.41%
谷歌(ALPHABET)-C	8.40%
亚马逊(AMAZON)	8.34%
FACEBOOK	5.33%
英特尔(INTEL)	2.37%
康卡斯特(COMCAST)	1.86%
思科(CISCO SYSTEMS)	1.85%
百事公司(PEPSICO)	1.74%
合计	61.15%

图 3.24　纳斯达克 100 指数行业分布和前十大权重股

表 3.67　纳斯达克 100 与市场主要指数收益情况

全球主要股指	2019 年收益率	近三年累计收益率	近五年累计收益率	近十年累计收益率
纳斯达克 100 指数	37.96%	79.56%	106.15%	369.44%
标普 500 指数	28.88%	44.31%	56.92%	189.73%
欧洲斯托克 50 指数	23.30%	13.04%	13.29%	31.63%
恒生指数	9.07%	28.13%	19.42%	28.88%
上证指数	22.30%	-1.72%	-5.71%	-6.93%

数据来源：Wind，截至 2019 年 12 月 31 日。

纳斯达克 100 与市场主要指数近十年来累计收益率走势如图 3.25 所示。

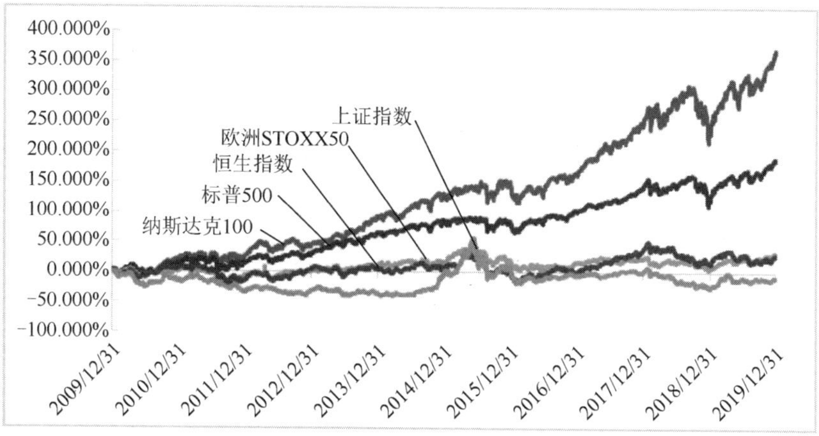

图 3.25　纳斯达克 100 与市场主要指数近十年来累计收益率走势（2019.12.31）

从指数成长来看，纳斯达克 100 指数成份股每股营业收入和净利润稳定持续增长，2018 年每股营业收入和净利润分别增长 10%和 19%，如图 3.26 所示。

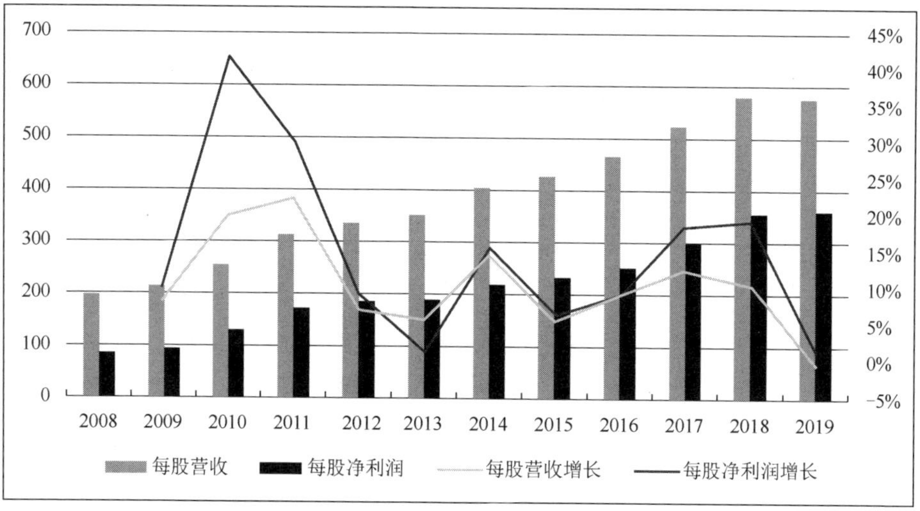

图 3.26　纳斯达克 100 指数每股营收和每股净利润情况

同时，纳斯达克 100 指数基本面数据强劲，指数的 EPS、ROE 均显著高于标普 500 指数和沪深 300 指数，盈利质量优秀，如图 3.27、图 3.28 所示。

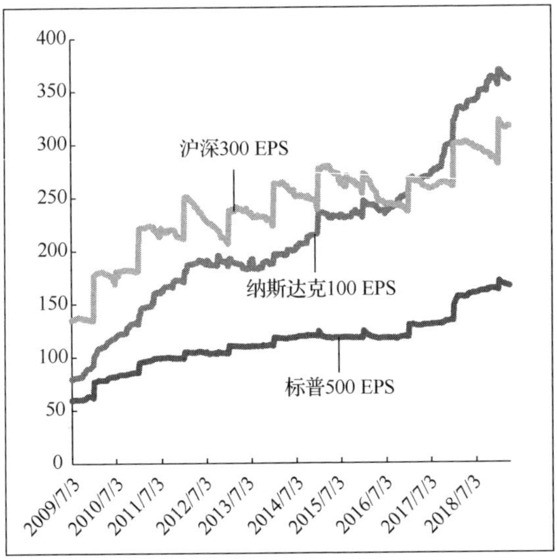

图 3.27　纳斯达克 100 与市场主要指数 EPS

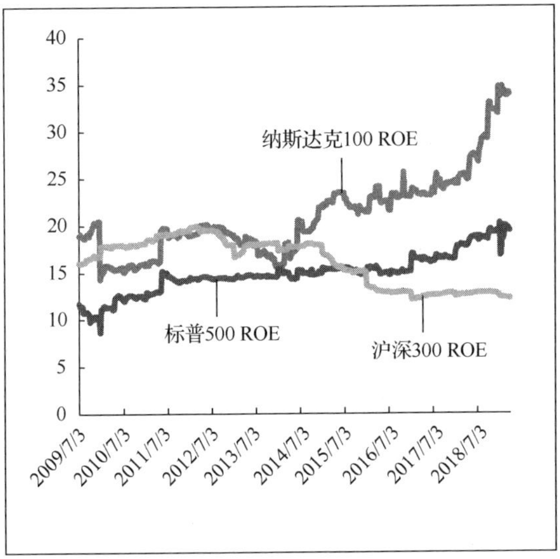

图 3.28　纳斯达克 100 与市场主要指数 ROE

从估值来看，虽然目前纳斯达克 100 指数 29 倍左右的 PE 值以及 6 倍的 PB 值分别均处于 2011 年 4 月以来历史较高分位水平，但是由于 2008 年以后，科技股价值回归，估值方面也都实现了较大程度的回调，所以 2011 年 4 月以来纳斯达克 100 指数的 PE 及 PB 几乎一直呈现出上行的态势，如图 3.29 所示。

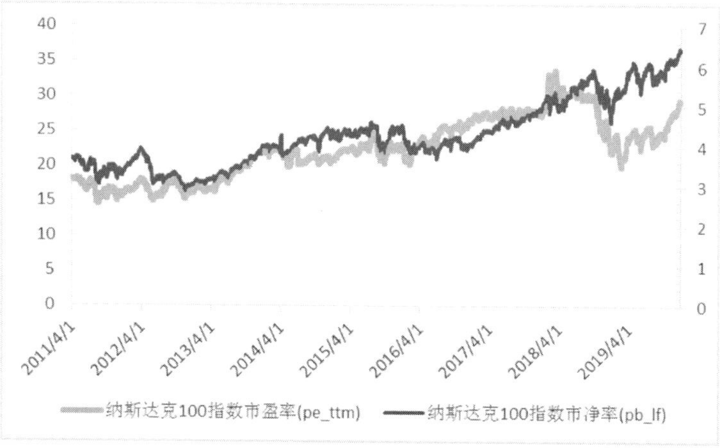

图 3.29　纳斯达克 100 指数 2011 年 4 月以来 PE、PB 的变化情况（2019.12.31）

同时，纳斯达克 100 指数的走势与 A 股市场的走势相关性较低，是资产配置的优良品种。近 10 年来，纳斯达克 100 指数与我国沪深 300 指数相关系数为 0.16，如图 3.30 所示。

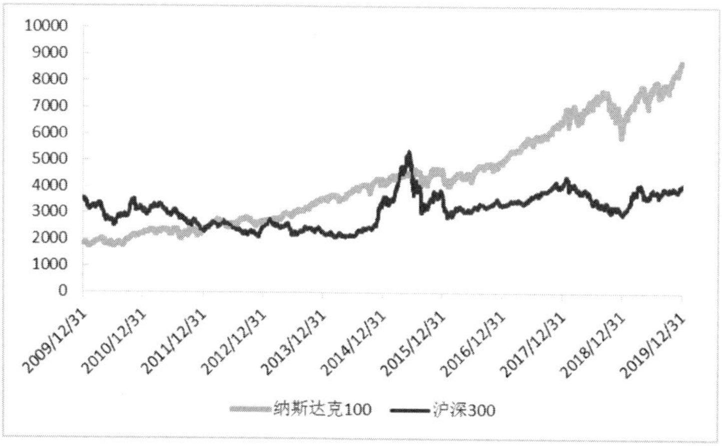

图 3.30　纳斯达克 100 与沪深 300 走势图（2019.12.31）

截至 2020 年一季度末，A 股市场跟踪纳斯达克 100 指数的 ETF 产品共有 2 只，分别为上海证券交易所上市的国泰纳斯达克 100ETF 和深圳证券交易所上市的广发纳斯达克 100ETF，二者均为“T+0”交易品种，可单日买卖双向操作，如表 3.68 所示。

表 3.68　全市场跟踪纳斯达克 100 指数的 ETF 产品情况

成立日期	证券代码	证券简称	上市场所	基金规模（亿元）	2019 年以来日均成交额（亿元）
2013-04-25	513100	国泰纳斯达克 100ETF	上海	8.19	1.64
2015-06-10	159941	广发纳斯达克 100ETF	深圳	3.13	0.30

数据来源：Wind，截至 2020 年 3 月 31 日。

小贴士：

"T+0"交易的 ETF 品种

"T+0"交易的 ETF 品种指的是可以在单日之内进行买卖双向操作的 ETF 品种。其实判断一只 ETF 是"T+1"还是"T+0"的品种十分简单，关键就看该 ETF 投资的标的资产是否是"T+0"交易的品种即可。例如我们平时最常见的 A 股股票型 ETF 全部是"T+1"的品种，这是因为股票型 ETF 投资于我国 A 股市场中的股票，其交易采取的是"T+1"的制度，即当日买入的股票当日不可卖出，得等到次日才可以卖出。而跨境指数 ETF，例如纳指 ETF 则可以"T+0"交易，这是因为其投资的标的为纳斯达克上市股票，其交易采取的是"T+0"的制度，即当天可以既买又卖。总的来说，在目前市场上常见的 ETF 中，除 A 股股票型 ETF 以外，其余品种如债券 ETF、黄金 ETF、海外 ETF、货币 ETF 均为"T+0"的品种。

3.5.2　标普 500 指数

标普 500 指数是由标普道琼斯指数公司于 1957 年发布，用于衡量美国股市大盘股整体表现的指数。作为市场中第一只美国大盘股指数，标普 500 指数最初由 425 只工业股、15 只铁路股以及 60 只公用事业股组成，如今指数包含了 500 多只来自美国主要交易所的全球闻名的各行业龙头企业，覆盖了约 80%的美股市值。也正因其较高的市值覆盖率以及良好的代表性，使得标普 500 指数成为目前全世界最重要的表征美股市场的股票价格指数之一。

下面，老罗就根据标普道琼斯指数公司的数据，为大家简要地介绍一下标普 500 指数。首先，让我们来看一下标普 500 指数的基本信息，如表 3.69 所示。

表 3.69　标普 500 指数基本信息

加权方式	浮动市值加权
再平衡频率	每季度，即 3 月、6 月、9 月及 12 月
计算频率	实时
计算货币	美元、澳元、英镑、加元、欧元等
发布日	1957 年 3 月 4 日
基准日	1928 年 1 月 3 日
管理机构	欧盟

数据来源：S&P Dow Jones，截至 2019 年 12 月 31 日。

从历史走势来看，与纳斯达克 100 指数类似，标普 500 指数也经历了长达 10 年的美股牛市，目前指数经过 2018 年的回调，重新回到上行通道。2019 年指数涨幅达到 29%左右，如图 3.31 及表 3.70 所示。

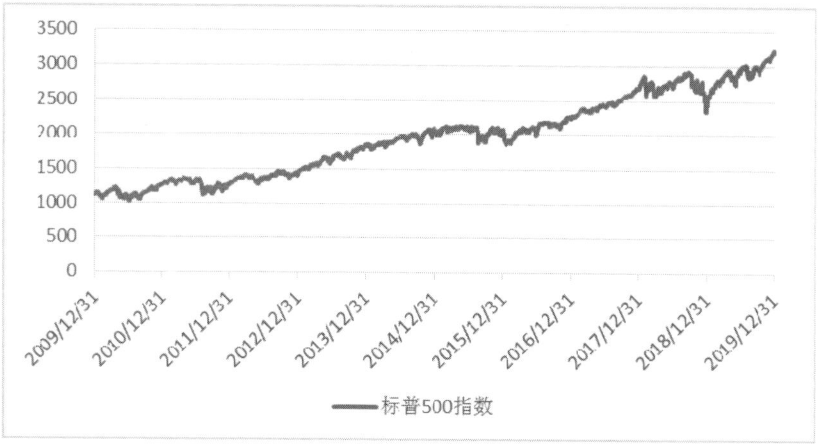

图 3.31　标普 500 指数历史走势（2019.12.31）

表 3.70　标普 500 指数历史表现

	2019 年	2018 年	2017 年	2016 年	2015 年	2014 年	2013 年
标普 500 指数	28.88%	-6.24%	19.42%	9.54%	-0.73%	11.39%	29.60%

数据来源：S&P Dow Jones，截至 2019 年 12 月 31 日。

从该指数成份来看，目前该指数包含 505 只成份股，平均市值为 524 亿美元，如表 3.71 所示。成份股中包含微软、苹果、亚马逊公司等纳斯达克 100 指数成份股，同时也包含伯克希尔哈撒韦、摩根大通等纳斯达克 100 指数里没有的金融股，前十大成份股权重占比合计为 30%左右，如表 3.72 所示。

表 3.71　标普 500 指数成份股市值分布情况

成份股个数	505
成份股平均市值（亿美元）	524
最大市值（亿美元）	13925
最小市值（亿美元）	20
中位市值（亿美元）	198
总市值（万亿美元）	26.47

数据来源：S&P Dow Jones，截至 2019 年 12 月 31 日。

表 3.72　标普 500 指数前十大成份股情况

排　　名	代　　码	简　　称	行　　业
1	MSFT	微软公司(MICROSOFT)	信息技术
2	AAPL	苹果公司(APPLE)	信息技术
3	AMZN	亚马逊(AMAZON)	可选消费
4	GOOGL	谷歌(ALPHABET)-A	信息技术
5	GOOG	谷歌(ALPHABET)-C	信息技术
6	FB	FACEBOOK	信息技术
7	JNJ	强生公司	医疗保健
8	V	VISA	信息技术
9	WMT	沃尔玛	日常消费
10	MA	万事达卡(MASTERCARD)	信息技术
成份股最大权重占比		5.26%	
前十大成份股权重占比		29.73%	

数据来源：S&P Dow Jones，截至 2019 年 12 月 31 日。

就行业分布而言，标普 500 指数第一大行业为信息技术，在指数中权重占比达到 35%；其次为可选消费，权重占比约为 14%；排名第三的是医疗保健，权重占比约为 13%。总的来说，相较于我国大盘标杆沪深 300 指数，标普 500 指数中金融行业占比更小，信息技术、医疗保健等行业占比更高，成长性更强，如图 3.32 所示。

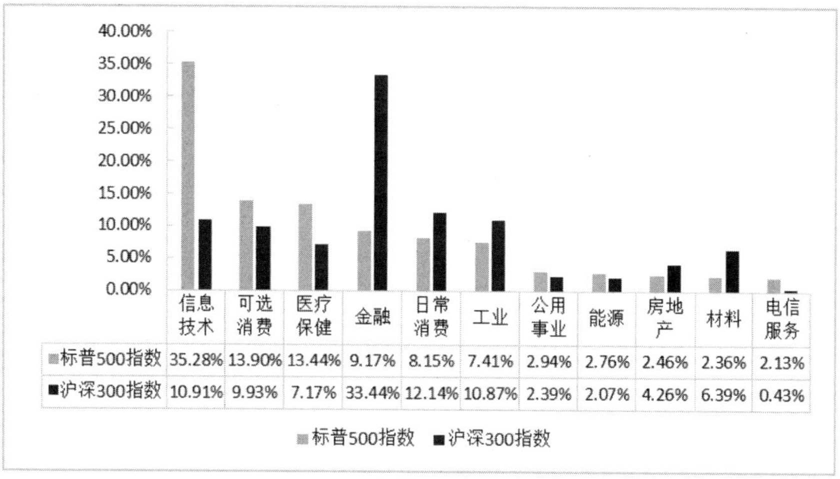

图 3.32 标普 500 指数与沪深 300 指数行业分布对比（2019.12.31）

目前，A 股市场跟踪标普 500 指数的 ETF 产品仅有 1 只，为在上海证券交易所上市的博时标普 500ETF，该产品规模约为 15 亿元，2019 年日均成交额超 1 亿元，流动性较好。同时，该产品是“T+0”交易品种，可实现单日买卖双向操作，如表 3.73 所示。

表 3.73 全市场跟踪标普 500 指数的 ETF 产品情况

成立日期	证券代码	证券简称	上市场所	基金规模（亿元）	2019 年以来日均成交额（亿元）
2013-12-05	513500	博时标普 500ETF	上海	14.78	1.23

数据来源：Wind，截至 2019 年 12 月 31 日。

3.5.3 H 股指数

相信长期关注港股的投资者对 H 股一定不陌生，简言之，H 股指的是注册地在内地、上市地在中国香港的股票。由于最开始的时候到中国香港上市的内地股基本为国企，所以 H 股又通常被称为国企股。不过近些年来，随着内地赴港上市的企业越来越多，像腾讯这样的大型非国有企业也出现在 H 股名单中，H 股也因此有了新的含义。整体来看，相较于港股中常见的“妖股”“仙股”等波动剧烈的股票，H 股表现相对稳定。1994 年 8 月，为了给市场提供代表 H 股整体表现的投资标的，恒生指数公司发布了 H 股指数，即恒生中国企业指数，该指数经过20多年的发展，已由早期反映内地国企表现的指数发展为反映在中国香港交易所上市的中国企业总体走势的综合性指数，如图3.33所示。

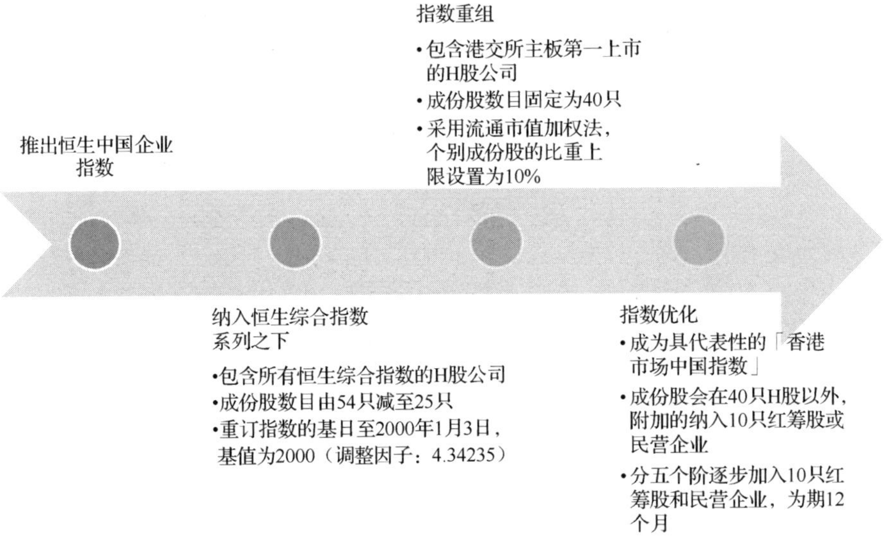

图3.33　恒生H股指数大事记

截至2019年年底，H股指数50只成份股总市值合计近13万亿港元，成份股平均总市值为2552亿港元，指数整体呈现出大盘蓝筹的特征。同时H股指数的市值对所有在港上市中国内地企业总市值的覆盖率达到51%，如表3.74所示。

表3.74　恒生中国企业指数基本情况

指数代码	指数简称	基日	成份股个数	总市值（万亿港元）	成份股平均总市值（亿港元）
HSCEI	恒生中国企业指数	2000/1/3	50	12.76	2552

数据来源：恒生指数公司，截至2020年4月29日。

从指数成份来看，前三大行业分别为金融业（约45%）、资讯科技业（约11%）和电讯业（约9%），如图3.34所示。前十大成份股占比合计约为59%，其中第一大成份股腾讯控股占比11.05%，第二大成份股建设银行占比10.23%。综合来看，指数成份分布总体较为集中，如表3.75所示。

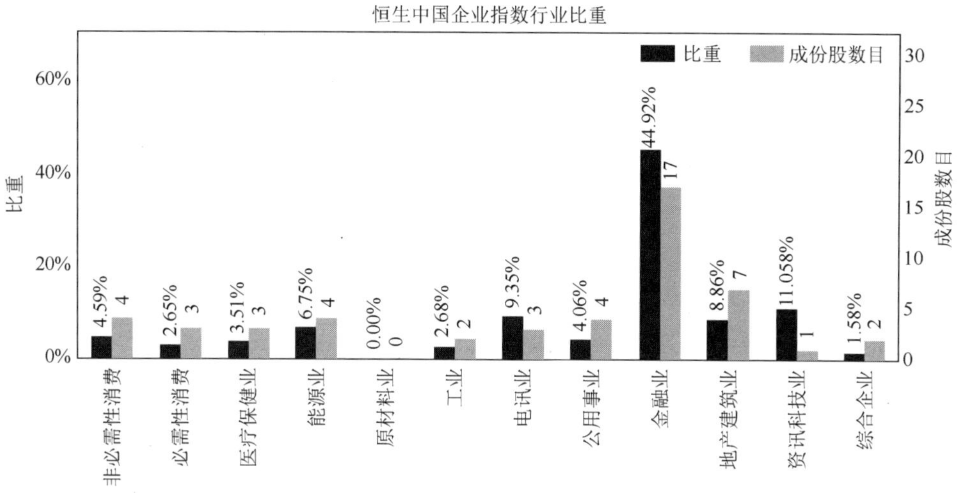

图 3.34　恒生中国企业指数行业分布情况（2020.4.29）

表 3.75　恒生中国企业指数前十大成份股情况

排　　名	代　　码	简　　称	行　　业	权　重（%）
1	0700	腾讯控股	资讯科技业	11.05
2	0939	建设银行	金融业	10.23
3	2318	中国平安	金融业	8.96
4	1398	工商银行	金融业	7.33
5	0941	中国移动	电讯业	7.23
6	3988	中国银行	金融业	4.45
7	0883	中国海洋石油	能源业	2.96
8	3968	招商银行	金融业	2.73
9	2628	中国人寿	金融业	2.32
10	1109	华润置地	地产建筑业	1.92
合计				59.18

数据来源：恒生指数公司，截至 2020 年 4 月 29 日。

目前，A 股市场跟踪 H 股指数的 ETF 产品共有 5 只，除易方达恒生 H 股 ETF 和建信港股通恒生中国企业 ETF 在上海证券交易所上市外，其余 3 只均在深圳证券交易所上市，所有产品均可实现“T+0”交易。其中规模最大的是易方达恒生 H 股 ETF，该产品为 A 股市场中首批跨境 ETF 之一，截至 2019 年年底规模超 103 亿元，2019 年日均成交额近 10 亿元，如表 3.76 所示。

表 3.76　全市场跟踪 H 股指数的 ETF 产品情况

成立日期	证券代码	证券简称	上市场所	基金规模（亿元）	2019 年日均成交额（亿元）
2012-10-22	510900	易方达恒生 H 股 ETF	上海	103.39	9.73
2018-10-22	159960	平安港股通恒生中国企业 ETF	深圳	5.78	0.00
2018-03-15	159954	南方恒生中国企业 ETF	深圳	1.47	0.01
2019-03-26	159963	富国恒生中国企业 ETF	深圳	0.57	0.07
2019-01-21	513680	建信港股通恒生中国企业 ETF	上海	0.07	0.01

数据来源：Wind，截至 2019 年 12 月 31 日。

3.5.4　恒生指数

除了 H 股指数外，港股中还有一个非常重要的指数，它是中国香港最早的股票市场指数之一，自 1969 年 11 月推出以来，便一直获广泛引用，成为反映中国香港股票市场表现的重要指标，这只指数就是恒生指数。恒生指数以 1964 年 7 月 31 日为基日，以 100 为基点。截至 2019 年年底，恒生指数共包含 50 只成份股，指数总市值达到 16.60 万亿港元，成份股平均总市值为 3320 亿港元，如表 3.77 所示。恒生指数的总市值在所有中国香港上市的企业总市值中占比达到 47%。

表 3.77　恒生指数基本情况

指数代码	指数简称	基　　日	成份股个数	总市值（万亿港元）	成份股平均总市值（亿港元）
HSI	恒生指数	2000/1/3	50	16.60	3320

数据来源：恒生指数公司，截至 2020 年 4 月 29 日。

从恒生指数类别成份来看，恒生指数中香港普通股个数最多，达到 24 只，权重占比也接近一半；其次为 H 股指数成份股，权重占比近四分之一；同时指数还含有 10 只不在 H 股指数中但也是在中国香港上市的内地公司及 7 只红筹股，如图 3.35 所示。

与 H 股指数类似，恒生指数中占比最大的行业为金融业（48%），其次资讯科技业在指数中的占比也达到 11%，第三大行业为地产建筑业，在指数中占比约为 11%，如图 3.36 所示。前十大成份股中包含多只 H 股指数成份股，如腾讯控股、建设银行、中国平安等，同时也包含友邦保险、汇丰控股、香港交易所这样的中国香港普通股，如表 3.78 所示。

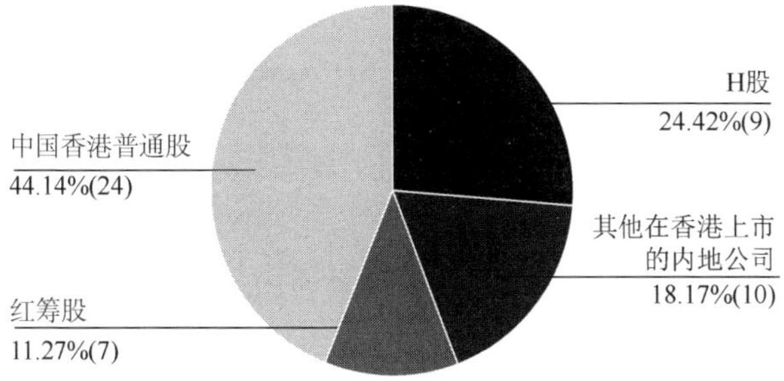

图 3.35　恒生指数按类别划分（2020.4.29）

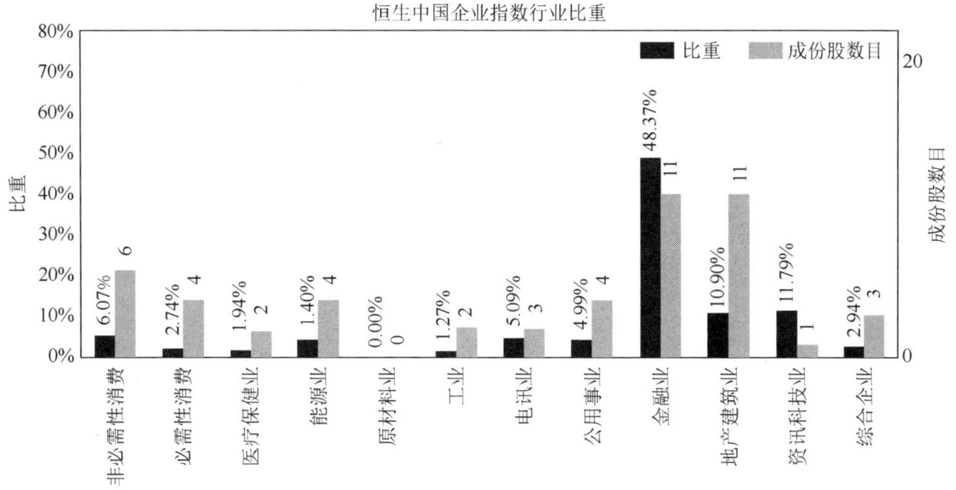

图 3.36　恒生指数行业分布情况（2020.4.29）

表 3.78　恒生指数前十大成份股情况

排　名	代　码	简　称	行　业	权　重（%）
1	0700	腾讯控股	资讯科技业	11.29
2	1299	友邦保险	金融业	10.17
3	0939	建设银行	金融业	8.4
4	0005	汇丰控股	金融业	8.17
5	2318	中国平安	金融业	5.83
6	1398	工商银行	金融业	4.78
7	0941	中国移动	电讯业	4.71

续表

排　名	代　码	简　称	行　业	权　重（%）
8	388	香港交易所	金融业	3.71
9	3988	中国银行	金融业	2.9
10	0002	中电控股	公用事业	1.93
合计				61.89

数据来源：恒生指数公司，截至 2020 年 4 月 29 日。

由于恒生指数和 H 股指数在成份股及行业分布上十分相似，因此二者在指数的走势上也有一定的相似性。历史数据显示，恒生指数与 H 股指数相关系数达到 0.94，与 H 股金融行业指数相关系数也有 0.91。总体而言，恒生指数近 10 年来累计收益率为 29%，比同期 H 股指数表现更好，如图 3.37 所示。

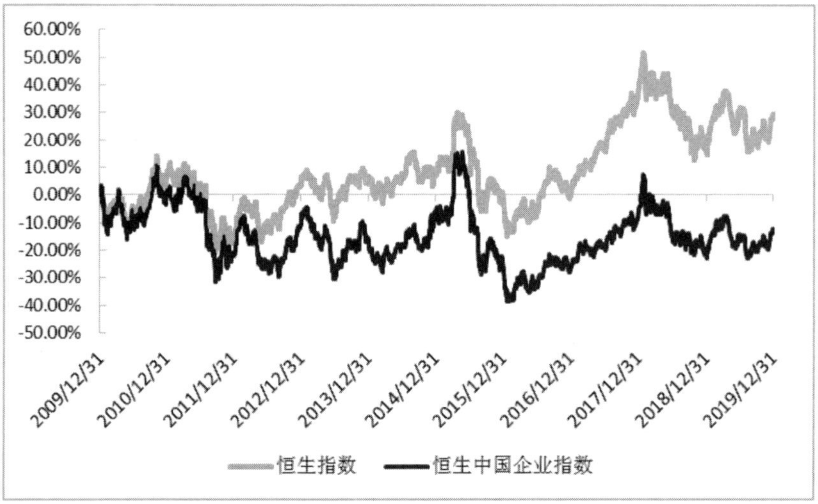

图 3.37　恒生指数与 H 股指数近十年来累计收益率走势

截至 2019 年年底，A 股市场跟踪恒生指数的 ETF 产品共有 3 只，其中华夏恒生 ETF 在深圳证券交易所上市，其余 2 只在上海证券交易所上市。作为 A 股市场第一批跨境股票指数 ETF 产品①之一，华夏恒生 ETF 自 2012 年发展至今，规模约 47 亿元，该产品 2019 年日均成交金额约 8 亿元，流动性很好，如表 3.79 所示。

① 另一只为易方达恒生 H 股 ETF，二者同时成立于 2012 年 8 月 9 日。

表 3.79　全市场跟踪恒生指数的 ETF 产品情况

成立日期	证券代码	证券简称	上市场所	基金规模（亿元）	2019 年日均成交额（亿元）
2012-08-09	159920	华夏恒生 ETF	深圳	46.87	7.54
2014-12-23	513660	华夏沪港通恒生 ETF	上海	10.46	0.01
2014-12-23	513600	南方恒生 ETF	上海	1.08	0.00

数据来源：Wind，截至 2019 年 12 月 31 日。

小贴士：

股指期货

除普通指数基金、ETF 以外，还有一种指数化投资的形式就是股指期货。股指期货通常带有杠杆属性，因此风险较大，一般为机构等大型投资者作为套期保值、对冲套利的工具。老罗列举了部分主要市场的股指期货供大家参考，如表 3.80 所示。

表 3.80　市场主要的股指期货合约情况

指数简称	期货名称	期货代码	合约乘数
上证 50	上证 50 股指期货	IH	¥300
沪深 300	沪深 300 股指期货	IF	¥300
中证 500	中证 500 股指期货	IC	¥200
恒生指数	恒生指数期货	HSIF	HK$50
	恒生指数（小型）期货	MHIF	HK$10
纳斯达克 100	CME 纳斯达克 100 指数（小型）期货	NQ.CME	$20
标普 500	CME 标普 500 指数期货	SP.CME	$250
	CME 标普 500 指数（小型）期货	ES.CME	$50

第 4 章　不同类型的指数基金

4.1　股票型指数基金

自 2002 年国内第一只指数基金发行至今，指数基金经历了从缓慢发展到近年来快速发展的过程，尤其以其费用低廉、分散风险、成份股透明等优势受到投资者青睐，市场上指数基金数量越来越多，种类也日益丰富。近 10 年来，股票型指数基金规模增长尤为迅速，从 2010 年年底至 2019 年年底，股票型指数基金产品数量从 70 只上升至 635 只，增幅达到 807%，资产规模从 2734 亿元上升至 8884 亿元，增幅达到 224%。

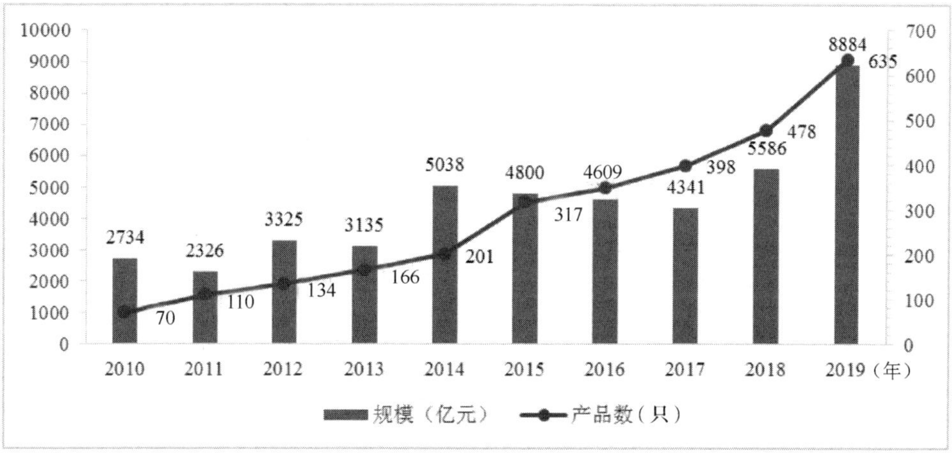

图 4.1　股票型指数基金历年产品数量和规模

截至 2019 年 12 月 31 日，国内股票型指数基金产品数量达 635 只，规模达 8884 亿元（不含增强型）。其中 ETF（Exchange-Traded Fund，交易型开放式指数基金）规模为 5647 亿元；除去 ETF 外，其他形式的股票型指数基金共计 3236 亿元，包含 ETF 联接 1403 亿元、LOF 基金 231 亿元、分级基金 1027 亿元、普通指数基金 575 亿元，如表 4.1 所示。

表 4.1 股票型指数基金产品分类

产品形式	产品数（只）	规模（亿元）
ETF	226	5647
ETF 联接	148	1403
LOF	59	231
分级	105	1027
普通指数基金	97	575
合计	635	8884

数据来源：Wind，截至 2019 年 12 月 31 日。

按照指数类型来分类，宽基指数基金规模为 4955 亿元，行业指数基金规模为 1035 亿元，主题指数基金规模为 2361 亿元，策略指数基金规模为 478 亿元，其他类型的股票型指数基金规模共计 55 亿元，如表 4.2 所示。

表 4.2 指数类型分类的指数基金规模

跟踪指数类型	产品数（只）	规模（亿元）
宽基	222	4955
行业	113	1035
主题	205	2361
策略	84	478
其他	11	55
合计	635	8884

数据来源：Wind，截至 2019 年 12 月 31 日。

1. 什么是指数

说到指数基金，自然离不开其投资的对象——指数，那么什么是指数呢？

股票价格指数就是指选取有代表性的一组股票编制计算，用以描述股票市场总体价格水平或某类股票价格水平变化的指标。简单来说，股票指数就是一个股票组合，按照事先约定的计算方法，每天告诉你这个组合的变化情况。除股票价格指数以外，还有债券指数、商品价格指数等描述各种资产的指数。

小贴士：

道琼斯股票价格平均指数（简称道琼斯指数）是世界上历史最悠久的股票价格指数，也是纽约证券交易所最权威、最具影响力的指数。道琼斯指数最早是在 1884 年由道琼斯公司的创始人查尔斯·亨利·道根据 11 种具有代表性的铁路公司的股票，采用算术平均法进行计算编制而成的。起初发表在查尔斯自己编辑出版的《每日通讯》上，发展到如今则由美国报业集团——道琼斯公司负责编制并发布，登载在其属下的《华尔街日报》上。

道琼斯指数是以在纽约证券交易所挂牌上市的一部分有代表性的公司股票作为编制对象的一种算术平均股价指数，它由 4 种股价平均指数构成。但在 4 种道琼斯股价指数中，以道琼斯工业股价平均指数（Dow Jones Industrial Average，DJIA）最为著名，它被大众传媒广泛地报道，并往往作为道琼斯指数的代表加以引用。道琼斯指数涵盖金融、科技、娱乐、零售等多个行业，是美国股市行情变化最敏感的股票价格平均指数之一，为投资者观察市场动态和从事股票投资提供参考。

2. 指数有什么作用

第一，刻画市场走势。大家最为熟悉的指数莫过于上证指数（又称为上证综指）、深证成指和创业板指数，原因很简单，财经新闻每天都会滚动播放它们，通过指数，大家就能清楚地了解当天股票市场整体是涨还是跌。

第二，是跟踪投资的工具。最常见的就是指数基金产品，大家耳熟能详的沪深 300 指数基金就是围绕沪深 300 指数产生的投资工具，通过基金管理公司运用程序化交易，替你按照指数权重购买 300 只沪深 300 指数里面的股票，最终达到指数涨幅多少，你的基金也能实现基本一致的收益水平。

第三，是金融衍生品的工具。围绕指数衍生出股指期货、股指期权、场外衍生品等风险管理工具，如大家常听到的上证 50 股指期货合约、沪深 300 股指期货合约和中证 500 股指期货合约。

3．指数基金究竟有哪些优势

指数基金，就是以指数成份股为投资对象，以获取与指数大致相同收益率为投资目标的被动型基金。比如你买了中证 500 指数基金，就如同拥有了沪深两市的 500 只股票。如果指数涨了，指数基金就赚钱。

简单来说，指数基金主要有以下四点优势。

第一，指数基金可分散投资风险。俗语说“不要把鸡蛋放在同一个篮子里”，而投资指数基金正是把资金分散到指数中不同的行业、不同的成份股里，有效规避了个股风险。

第二，指数基金投资费率较低。通常来说，普通主动股票基金的管理费率为每年 1.5%，而指数基金的管理费率每年仅为 0.5%，每年费率少收了 1%，以 100 万元的本金计算，每年能为投资者节省 1 万元。

第三，指数基金透明度较高。投资者只要看到指数基金所跟踪的目标指数的涨跌就可以大体上判断出自己投资的那只指数基金净值的变动。指数基金管理过程受人为影响较小。指数基金的投资管理过程是对相应的目标指数进行被动跟踪的过程，而不是频繁地进行主动性的投资。

第四，牛市中指数基金的收益率表现优异。由于指数基金采用纪律化投资，克服了投资者情绪的影响，仓位维持在 90%以上，因此当行情来了时，指数基金自然表现突出。

4．大部分主动基金战胜不了指数基金

大部分投资者主观上都会存在一个误区，认为主动基金选股的基金一定比指数基金投资收益更好。约翰·博格（指数基金之父，先锋集团创始人）说过：“如果你投资主动基金，那么其中隐含的原因是你认为基金经理会提前采取措施应对市场下跌。你不会期待指数基金做这件事情，不管市场如何，指数基金都会给你合理的市场回报。然而在危机实际发生的时候，主动基金经理并没能保护投资者。”

美国有一项研究证明了这个观点，在 1929—1972 年的美国股市里，如果采用市场择时方法，则判断正确的概率超过 70%，才能获得与买入并持有同期股票的人一样的收益。这就是为何大部分主动基金战胜不了指数基金的奥秘所在。

从海外数据来看，大部分主动投资基金经理战胜不了指数基金。截至 2016 年 6 月 30 日的 10 年里，美国国内股票型基金有约 88%跑不过标普 1500（综合）指数；大盘股票型基金有约 85%跑不过标普 500（大盘）指数；中盘股票型基金有 91%跑不过标普 400（中盘）指数；小盘股票型基金有 91%跑不过标普 600（小盘）指数，如表 4.3 所示。

表 4.3　美国各类型主动基金与对应风格指数胜率比较

基金种类	比较指数	最近 1 年战胜比例（%）	最近 3 年战胜比例（%）	最近 5 年战胜比例（%）	最近 10 年战胜比例（%）
所有美国股票型基金	标普 1500（综合）	90.2	87.4	94.6	87.5
所有大盘股基金	标普 500（大盘）	84.6	81.3	91.9	85.4
所有中盘股基金	标普 400（中盘）	87.9	83.8	87.9	91.3
所有小盘股基金	标普 600（小盘）	88.8	94.1	97.6	90.8
所有多市值基金	标普 1500（综合）	91.6	86.1	94.7	90.3

数据来源：S&P Dow Jones Indices LLC，CRSP，截至 2016 年 6 月 30 日。

回看 2007 年 1 月 1 日至 2017 年 9 月 30 日，中证 500 指数累计收益率约为 283%，而主动基金平均收益率约为 177%，中证 500 在 160 只主动基金里面排名第 23 名，战胜了 86%的主动基金，如表 4.4 所示。可见，长期来看指数基金能够战胜绝大部分主动基金的投资业绩。

表 4.4　A 股市场主动基金与中证 500 指数收益率比较

年　　份	主动基金平均收益率	中证 500 指数收益率	中证 500 指数排名
2007	121.43%	186.63%	4/160
2008	-49.44%	-60.80%	208/211
2009	65.47%	131.27%	1/263
2010	4.19%	10.07%	87/330
2011	-23.71%	-33.83%	368/390
2012	5.03%	0.28%	358/459
2013	15.82%	16.89%	207/518
2014	24.28%	39.01%	86/591
2015	45.36%	43.12%	382/738
2016	-9.79%	-17.78%	867/1224
2017Q3	9.18%	5.42%	1102/1702
2007—2017Q3	177.37%	282.54%	23/160

数据来源：Wind，主动基金数据统计包含普通股票型、偏股混合型、平衡混合型及灵活配置型，截至 2017/09/30。

5. 考虑复利因素，低成本的指数基金优势较大

“选择低成本基金”是约翰·博格购买基金的首要规则。不同于目前国内基金投资者看重预期收益率的普遍思维，约翰·博格把投资成本放到了第一位。约翰·博格认为，费率与收益率的联系并非偶然，低费率是某只基金表现好的唯一重要因素。因此，要仔细考虑费率对基金回报率的影响。在这个问题上，指数基金由于其被动管理的方式，有天然的低成本优势。另外，在主动管理型的基金中，基金组合的换手率也值得关注，因为高换手率也会带来高昂的成本。

为什么选择低成本基金如此重要呢？考虑复利因素，低成本的指数基金优势巨大。假设指数基金与主动基金的费前收益率都为 11%。按照上面的假设，指数基金费后收益率为 10.4%。主动基金费后收益率为 9.28%，如表 4.5 所示，经过 20 年的复利影响，指数基金 20 年后的收益率约为 623%，而主动基金的收益率仅为 490%左右，两者相差高达 133%左右，如图 4.2 所示，可以说，省到就是赚到。

表 4.5　主动基金与指数基金费率比较

基金类型	管理费率	托管费率	费前收益率	费后收益率	20 年后复利收益率
指数基金	0.5%	0.1%	11%	10.4%	623.40%
主动基金	1.5%	0.22%	11%	9.28%	489.95%

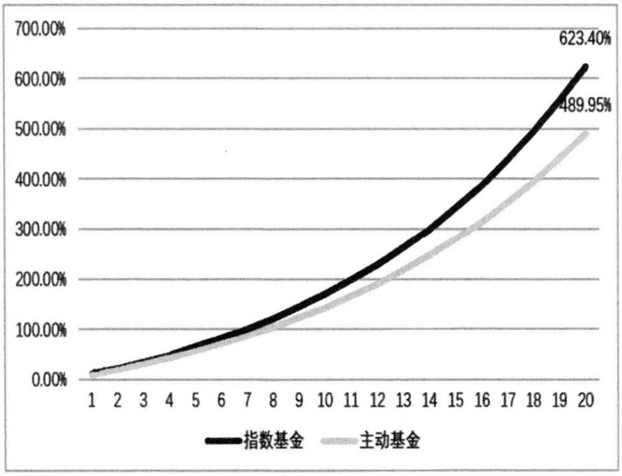

图 4.2　20 年主动基金与指数基金费后收益率比较

6．股票型指数基金长期持有收益可观

“指数基金到底能不能长期持有？”可能有很多投资者会有这样的疑问。众所周知，股票型指数基金波动较大，尤其在熊市来临的时候，市场“跌跌不休”，很多投资者对于持有股票型指数基金失去信心。然而正如经济有周期，有衰退期和萧条期，就有复苏期与繁荣期，尽管在衰退期和萧条期企业的基本面会受到冲击，但是只要企业质地没问题，相信经济长期的趋势是向上的，那么这些优秀的公司长期来看会给予投资者可观的回报。

小贴士：

强斯是一个中年男子，生活在某个富人宅院的孤室中，他与外界接触甚少。强斯有两个消磨时间的爱好：看电视和打理他居室外的花园。宅院的主人过世后，强斯首次跨出宅院，踏进外面的世界。一次，他被一辆豪华房车撞到，受了伤。车的主人是一位颇具实力的企业家，并且还是总统顾问。当强斯被紧急送到这位企业家的家里并被实施医疗救护时，他仅称自己是“园丁强斯”（Chance the gardener）。在混乱中，他的名字随即被误以为是“昌西·格德纳”（Chauncey Gardiner）。

当总统造访这位企业家时，恢复中的强斯也坐在旁边。当时，经济形势不景气，美国的诸多蓝筹股公司备受压力，股票市场濒临崩溃。总统出乎意料地向强斯征求意见。

强斯开始有点畏缩，之后，他感到自己的思维仿佛幼苗一样突然从湿润的泥土中破土而出，与这看似不利的气氛缠绕在一起。最后，他盯着地毯说：“在花园里，草木生长顺应季节，有春夏，也有秋冬，然后又是春夏，只要草木的根基未受损伤，它们将顺利生长。”

他慢慢抬起眼睛，看到总统对他的回答似乎很满意。实际上，总统非常高兴。

“我必须承认，格德纳先生，这是很长时间以来，我听到的最令人振奋和乐观的看法。我们中的很多人忘记了自然界与人类社会的相通之处。正如自然界一样，从长期来看，我们的经济体系保持着稳定和理性，这就是我们不必害怕自然规律的原因……我们坦然迎接不可避免的季节更替，却为经济的周期变动而烦恼，我们是多么愚蠢啊！”

就像强斯一样，当熊市来临的时候，我们也要对经济和企业的未来充满信心，在熊市中用分批或者定投的方式进行播种，等待经济复苏和牛市来临。

《股市长线法宝》的作者西格尔教授对美国金融市场近 200 多年的数据进行分析，发现股票资产是长期收益率最高的资产，其次是债券，而且仅仅配置债券资产是无法战胜通货膨胀的，只有长期持有股票资产才可以跑赢通货膨胀。而从 A 股市场数据来看，股票市场的长期收益率远好于债券型基金和货币型基金。从 2011 年至 2019 年，中证货币基金指数的平均年化收益率为 3.61%，中证债券基金指数的平均年化收益率为 4.64%，而中证 100 全收益指数的平均年化收益率为 7.51%，如图 4.3 所示。

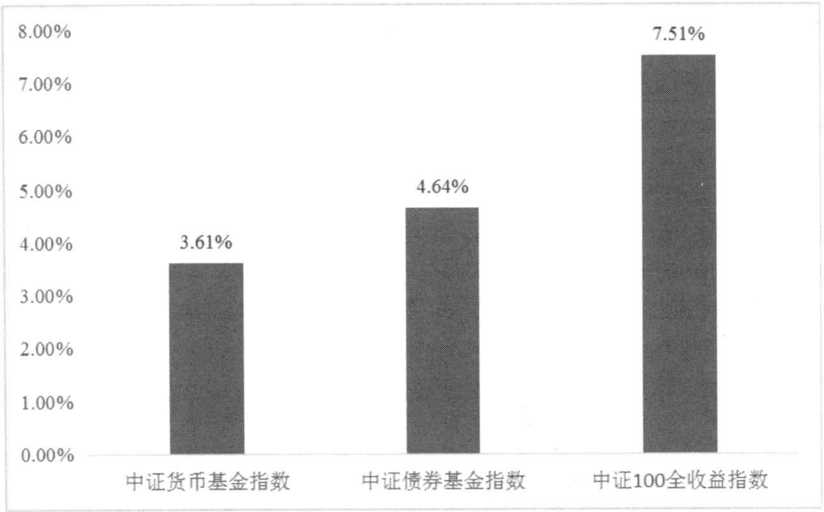

图 4.3　2011—2019 年中证货币基金指数、中证债券基金指数与中证 100 全收益指数的平均年化收益率

尽管股票资产持有期会有波动，但是如果掌握正确的方法去投资它们，在市场疯狂的时候考虑卖出，在市场恐惧的时候用分批或者定投的方式去配置指数基金，学会挑选指数基金品种，运用合理的方法去投资，那么相信大家都能够享受指数上涨带来的丰厚的长期收益。

老罗有话说：

对于小白投资者，要进行指数投资，老罗有两点忠告：

如果你看好未来股市或者某个行业，则应选择宽基指数或者行业指数买入持有，获取股市上涨带来的收益。另外，指数基金是工具，不必一直持有，需要你在高点卖出，尤其是在阶段性的高点和牛市的高点卖出，否则，如果一直持有不动，则在A股市场容易“坐过山车”。

如果你对未来行情不确定或者持悲观态度，则可以考虑采取定投方法进行投资。因为定投让你可以在指数点位低时买到更多便宜筹码，到市场出现行情时收益颇丰。老罗会在本书第8章教授大家玩转指数基金定投。

4.2 债券型指数基金

债券型指数基金（简称债基）采用指数复制法实现对标的指数的有效跟踪，以最小跟踪误差为投资目标。标的指数的成份券相比单一债券具有明显的数量优势，对单一突发事件的敏感性较低，非系统性风险相对较低。债券型指数基金的分散投资可以满足投资人大类资产配置的管理需求和对风险敞口的管理，优化整体投资组合的风险收益。

债券型指数基金主要依靠成份股里面的债券来贡献收益。债券型指数基金的收益主要由利息收入、资本利得和杠杆收入三方面构成。

（1）利息收入。债券说白了就是借款人借钱的凭证，只是借款人的等级更高，有中央政府、地方政府、金融机构、上市公司、企业等。借钱是要给利息的，这部分利息收入属于债券型基金中比较稳定的收益来源，如图4.4所示。

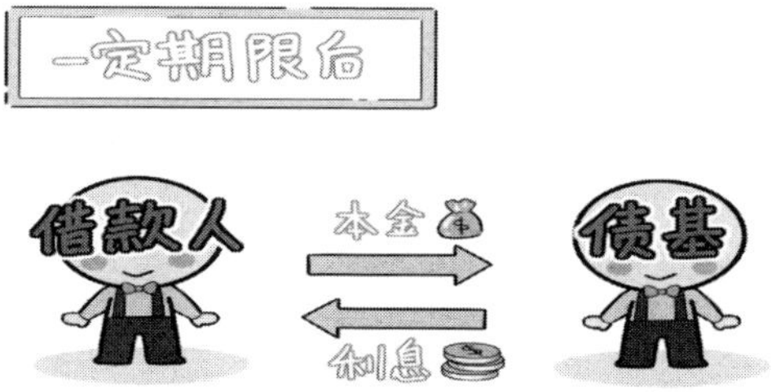

图4.4　利息收入对于债券的影响

（2）资本利得。债券的价格并不是一成不变的，会随着资金的流动性、市场利率、经济状况等因素而波动。经验丰富的基金经理会通过低买高卖的操作，在银行间市场或沪深交易所进行债券的买卖，从而获得超额收益。举个例子，老王买了 100 万元某 5 年期公司债。一年后，这只债券在交易市场上的价格上涨了 2%，老王将债券卖出。那么这 1 年内老王获得了 100 万元×2%=2 万元的投资收益。

（3）杠杆收入。为了增加收益，债券型指数基金经理偶尔也会进行杠杆操作，将持有的债券质押融资，将融得的资金又继续投入到债券市场，这样就可以获得杠杆收入。

1. 债券型指数基金的情况

近期来，债券型指数基金发展较快，尤其在 2019 年，多只债券型指数基金募集规模达到上百亿元，这主要是因为以银行为代表的机构客户对于债券型指数基金需求旺盛。截至 2019 年 12 月 31 日，我国开放式债券型指数数量达到 166 只，基金规模达到 3640 亿元，规模最大的民生加银中债 1～3 年农发债达到近 244 亿元，如表 4.6 所示。

表 4.6　债券型指数基金规模情况

基金代码	基金简称	成立日期	基金规模（亿元）
007259	民生加银中债 1～3 年农发债	2019-05-27	243.70
006491	南方 1～3 年国开债 A	2018-11-08	233.50
007035	中银 1～3 年国开债	2019-03-21	184.67
007010	国寿安保 1～3 年国开债 A	2019-03-06	156.00
511060	海富通上证 5 年期地方政府债 ETF	2019-11-07	109.79
007252	广发中债农发债总指数 A	2019-11-20	107.50
008216	农银彭博利率债指数	2019-12-27	106.01
007000	鹏华 1～3 年国开债 A	2019-03-13	105.27
008677	银华中债 1～3 年国开债	2019-12-26	103.00
007124	工银瑞信中债 1～3 年农发债 A	2019-05-21	101.19

数据来源：Wind，截至 2019 年 12 月 31 日。

2. 债券的品种

在一般债券中，根据发行主体、担保情况、付息方式、募集方式、债券形态等的不同，债券的种类可以有多种划分方式。由于发行主体的不同对于债券的性质影响较大，且为便于归类分析债券情况，这里主要采用发行主体分类方式。

利率债主要是指国债、地方政府债券、政策性金融债和央行票据。利率债的发行人一般都是国家，或者是有中央政府、信用等级与国家相同的机构的信用作为背书。因为利率债的发行人是国家，所以基本上是没有信用风险的，具体利率债包括国债、地方债、金融债等。

信用债是指政府之外的主体（商业银行、城投公司等企业）发行的、约定了确定的本息偿付现金流的债券，发行人信用情况是影响债券收益率的重要因素，具体包括城投债和产业债等品种。

利率债与信用债的区别如图 4.5 所示。

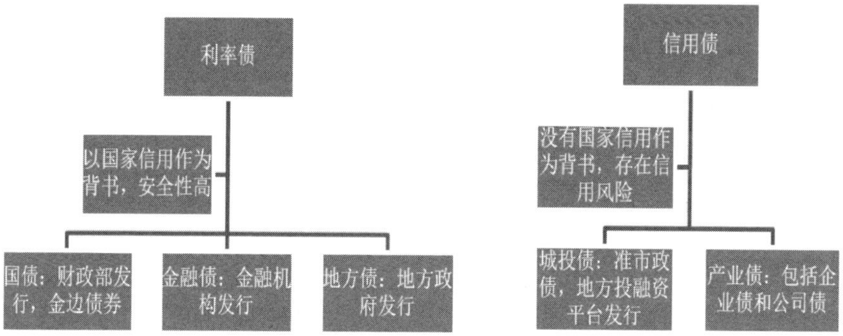

图 4.5　利率债和信用债的区别

这里老罗挑选几个比较常见的介绍一下。

国债是由中央政府发行的债券，它以一个国家政府的信用作担保，因此其信用最好。国债也因其信誉好、利率优、风险低而又被称为“金边债券”。

地方债，是地方政府发行的债券，发行债券的资金一般用于地方性公共基础设施的建设。地方债的安全性较高，被认为是安全性仅次于“金边债券”的一种债券。

金融债是由银行或非银行金融机构发行的，其背后的担保是银行信用，等级高于商业信用，但低于国家信用。其中国开行、农发行、进出口行三家政策性银行发行的债券，称为政策性金融债/政策性银行债，这三家虽名为银行，却执行国家产业政策，支持国家重点项目建设的重要职能。在政策性银行债的发行说明书中，也会提到“当出现头寸短缺时，人民银行将通过再贷款等方式提供资金支持”，说明政策性银行债具有央行信用支撑，同样是风险极低的债券。

市场上除利率债外，其他所有的债券都是信用债，即没有国家信用作为背书，所以信用债的风险就是违约概率大，也就需要以比利率债更高的利率，即“信用利差”来作为风险补偿。根据发行主体是否属于城投平台类公司，信用债可以细分为城投债和产业债，产业债又可以分为企业债和公司债。利率债和产业债的主要区别是发行主体不同、监管机构不同、流通渠道不同，产业债的风险和收益率通常高于利率债。

目前债券型指数基金主要投资类别包括：国债、信用债、政策性金融债、地方政府债、可质押城投债等，期限上囊括了短期、中期及长期，信用评级包含了高等级、中高等级。

投资者在选择债券型指数基金时应充分考虑自己的风险承受能力，在风险和收益率间做好权衡取舍，尽量选择适合自己的产品。对于企业债和公司债等相对高风险的债券品种，投资者在投资前最好对所投资的公司或企业做充分的了解，以免不幸“踩雷”。

这里还要提到久期的概念，久期代表了债券价格对利率变动的敏感性，简单来说就是在同样程度的利率变化下，久期越短，债券价格的波动越小，风险越小；久期越长，债券价格的波动越大，风险越大。债券指数的久期构成了我们在挑选债券指数时的一项衡量标准。债券指数的久期通常在指数名字中可以看出，比如看到“中短债、短债、超短债、1～3 年、5 年期、7～10 年”字眼，从中大致分辨出其久期长短。

因此，在预期收益率下行时，选择久期长的品种，在市场未来发生变化时，就可能获得更高的收益率。当然，在选择债券型指数基金时，还应考虑个人的风险承受能力。厌恶损失、不喜欢冒风险的投资者更适合久期短的债券型指数基金，反之，想要博得长期稳定收益率，又可以忍受短期债市波动的投资者可以考虑久期较长的基金。总之，不论是债市还是股市，风险和收益率都是成正比的，久期长的债券型指数基金收益率相对较高，久期短的债券型指数基金收益率相对较低。

3．债券市场的牛熊规律

判断债券市场牛熊有一个很好的指标，就是看十年期国债收益率。

十年期国债收益率是国家信用担保的长期债券收益率，通常就被作为市场无风险收益率，其他债券会以此为锚，叠加各自的“信用风险”形成各种类别债券的到期收益率。债券的收益率与价格是“跷跷板”关系。因为如果债券价格跌了，就会导致它的到期收益率变高，反之，债券价格涨了，就会导致它的到期收益率变低。所以，十年期国债收益率上涨，就意味着债券价格跌了，市场进入熊市的状态。如果大家想查看十年期国债收益率，则可以到英为财情网站进行查询。

从图 4.6 可以发现，债券市场的熊市持续时间一般不长，通常为半年到 1 年左右，而一个牛熊周期大约在 3～4 年，债券牛、熊周期呈现牛市长、熊市短的特点。通常而言，十年期国债收益率达到新低时，意味着这轮债券牛市即将结束。如果央行的利率进入加息周期，则意味着债券市场进入熊市，反之，若央行的利率进入降息周期，则意味着债券市场进入牛市。

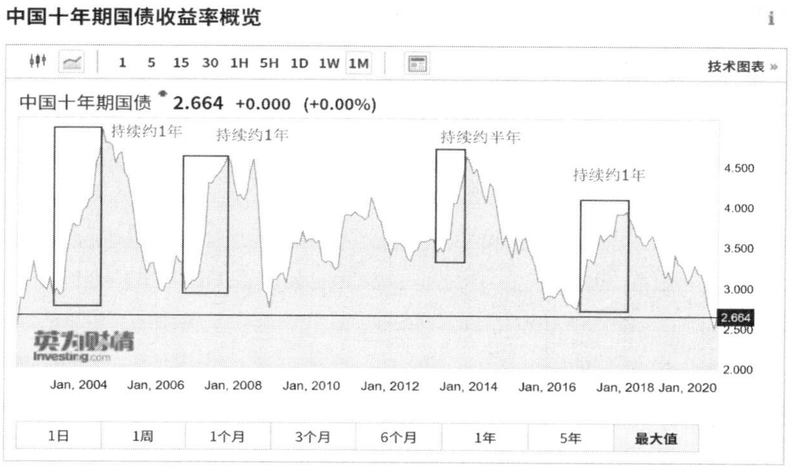

图 4.6　十年期国债收益率牛、熊市的变化规律

4. 不同期限国开债指数熊市回撤

自纯债债基指数 2014 年 12 月 31 日发布以来，指数走势向上，截至 2019 年 12 月 31 日，累计收益率达到 25.15%，年化收益率为 4.59%，期间最大回撤率（简称最大回撤）为 3.05%，持续时间约为 2 个月，从长期投资的角度来看，债券型基金可以长期持有，如图 4.7 所示。

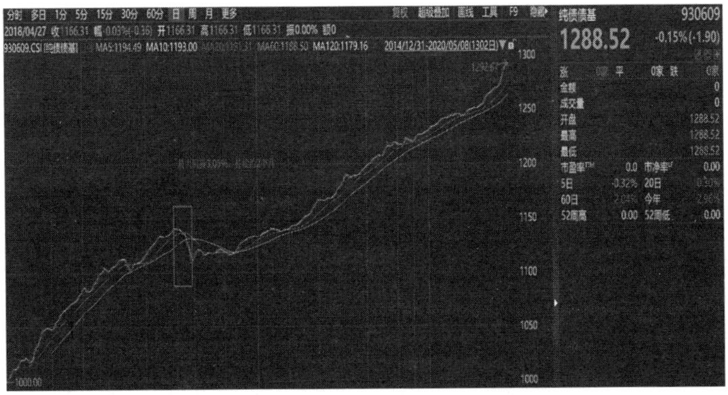

图 4.7　纯债债基长牛走势

另外，不同期限的债券型基金在熊市的跌幅和持续时间也不一样。为了更便于比较，我们比较了 1～3 年国开债指数和 5～10 年国开债指数，发现持有长期限的国开债指数回撤最大，达到 7%以上，另外持续的时间也较长，如表 4.7 所示。总体而言，纯债基金指数表现最好，年化收益率达到 4.59%，最大回撤仅为 3.05%，因为主动债券型基金可以在牛市来临的时候主动放杠杆。

表 4.7　不同债券型指数基金的比较

	1～3 年国开债指数	5～10 年国开债指数	纯债债基
累计收益率	22.13%	24.22%	25.15%
年化收益率	4.08%	4.43%	4.59%
最大回撤	1.68%	7.21%	3.05%
最大回撤起始时间	2016/11/7	2016/10/20	2016/10/21
最大回撤结束时间	2016/12/20	2018/1/19	2016/12/20
持续时间	1 个月左右	1 年 2 个月	2 个月

数据来源：Wind，统计期为 2014 年 12 月 31 日至 2019 年 12 月 31 日。

5. 债券型指数基金的优势

（1）管理费率低。债券型指数基金一般采用指数化的被动投资方式，管理费率相对较低。从全球范围来看，主动管理型债券基金的管理费率介于 0.5%～0.9%之间，而债券型指数基金的管理费率一般为 0.15%～0.3%。由于债券型基金本身的预期收益率较低，因此管理费的差异成为影响持有人收益率的一个重要因素。从长期投资的角度来看，足够低的费率可以带来可观的复利收益率，因此随着投资者的费率意识逐步提升，指数基金费率持续下降，我国债券型指数基金的费率已经从 0.25%进一步下调到 0.15%左右。

（2）收益率相对稳定。指数化投资的另一个优点是降低了由基金经理管理不善带来的收益率低于预期的风险。换言之，主动管理型债券基金可以通过积极主动的券种配置和个券选择，获得超越债券指数的回报，但投资者同时也需承担基金业绩低于指数回报的风险。相比两者，债券型指数基金的收益相对稳定且便于预测。

（3）风险分散。“不要把鸡蛋放在一个篮子里”是对指数基金分散化投资最好的诠释。尤其近年来信用风险频发，信用债的指数化投资将有助于降低个券“踩雷”风险。同时，在 2019 年大额风险暴露的监管要求下，指数基金尤其是 ETF 基金通过透明的编制方案、PCF 清单等，可以满足银行机构对于底层资产穿透管理的要求。

（4）投资策略明晰。指数基金是以跟踪标的指数为目标的，而标的指数均是按照特定的筛选标准或特定策略编制而成的。指数编制方案公开、透明，代表指数基金的投资策略具有稳定性和持续性，且通过指数历史过往表现追踪和回溯，也能较好地观察某种策略的长期表现情况，方便投资者做出更客观的分析和判断。

6. 哪些投资者适合购买债券型指数基金

（1）风险偏好低、追求稳健的投资者

对比股票型基金和债券型指数基金的收益可以发现，股票型基金跌宕起伏，波动性大；而债券型指数基金平稳缓慢增长，波动性小，如图 4.8 所示。如果不想承受大起大落的高风险，又追求比货币型基金更高的收益，那么债券型指数基金是一个很好的选择。

（2）要降低投资组合波动性

债市和股市是一个跷跷板，一般来说，股市行情不好的时候，债市会迎来行情。如果在投资组合里面配置一部分收益稳定的债券型指数基金，可以适当降低组合的波动性，起到稳定器的作用。

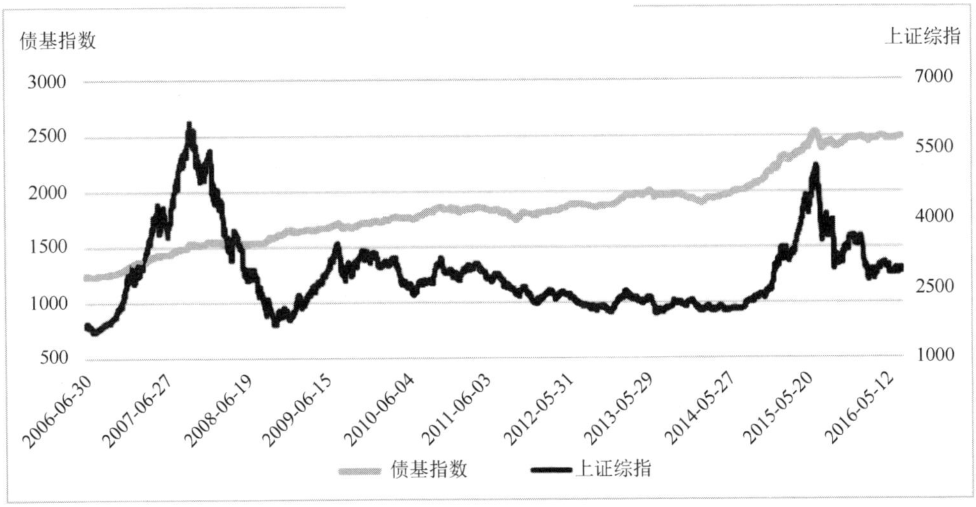

图 4.8　债基指数与上证综指走势对比

（3）短期投资的好去处

债券型指数基金风险较低、收益相对稳定的特性尤其适合想要做短期理财的投资者。

- 刚毕业不久的白领。对于刚毕业的白领而言，打算过段时间结婚的时候拿出来用，现在想要拿来做一点风险低、收益还可以的投资，可选择债券型指数基金。
- 有中长期理财资金的家庭。比如孩子已经上高中的小家庭，为孩子准备了一笔教育基金，以备孩子在假期出国游学或者读大学的时候用，放在银行利息太低，投入股市又怕血本无归，可选择债券型指数基金。
- 风险承受能力低的老人。比如已经退休的老人，为儿子准备好了房子首付的钱，但是儿子还在看房子，给首付的时间还没确定。如果希望能在这个空档期拿去理财，但是想要用的时候能随时赎回，则可选择债券型指数基金。

7. 债券型指数基金什么情况下会亏钱

一定要知道，风险和收益成正比。只要是投资，都会有亏损的可能，现在没有一种理财产品敢对外保证百分之百不亏钱的。下面介绍影响债券指数发挥的两个主要风险。

（1）利率风险

债券价格与市场利率呈反向关系：当资金供给收紧、市场利率上升时，债券的价格会下降。

举个例子：老王买了一份面值为 10 000 元的债券，期限为 2 年，每年 5%的利率。在第二年的时候，央行实施紧缩的货币政策，市场利率上升。由于市场上流动的资金少了，要借到同样多的钱，需要多给利息。因此，同样的一份债券，年利率上升到了 10%。老王由于急需用钱，想要把手中的债券卖出去。市面上的债券利率是 10%，老王手中的债券利率比市场上的利率要低，所以老王只有降价处理，保证新买家的收益率也有 10%，才会有人接手。

这时，债券的卖出价格为（10 000+500）/1.10=9545.45 元，与 10 000 元的买进价格相比，减少了 454.55 元。这就是利率上升带来的风险：利率上升，已经买到的债券就会“贬值”，债券型基金的收益也会减少，如图 4.9 所示。

图 4.9　利率变化对于债券的影响

（2）信用风险

简单来说，也就是违约风险，即借款人借钱之后还不起了。前面提到，债券的借款人包括政府、金融机构、上市公司和企业等。一般来说，政府或者央行违约的可能性基本为零，所以政府发行的债券风险极低（相对地，利率也不高）。而公司和企业，因为是盈亏自负的，所以如果出现经营不好、重大亏损的状况，就很有可能会无法兑付债券，如图 4.10 所示。

大家不要看到债券型指数基金也有风险就“色变”，相对来说，债券指数的风险是偏低的，它主要可以通过多样化投资分散风险。

图 4.10　信用风险对于债券的影响

4.3　商品类指数基金

1. 美国商品类指数基金的发展

2008 年到 2013 年年初，美国商品类 ETF 规模呈现快速增长态势，在 2013 年年初达到峰值的 1200 亿美元，随后经历 4 年的回落，从 2017 年至今规模又开始逐步回升。截至 2019 年 9 月，美国商品类 ETF 数量达到 149 只，总规模约为 850 亿美元，如图 4.11 所示。

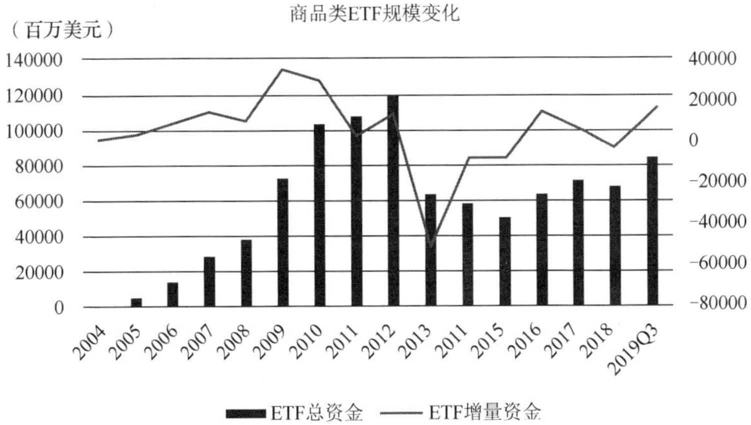

图 4.11　2008 年至 2019 年美国商品类 ETF 规模变化

按照产品类型来看，美国商品类ETF主要分为六大类别，分别为：（1）贵金属。主要有黄金、白银、铂金、钯金等。（2）能源。主要有原油、煤炭、燃料油、天然气等。（3）广义商品指数。主要是综合类型的商品指数。（4）工业金属。主要有铜、铝、锌、铅、镍等。（5）农业。主要有大豆、玉米、小麦等。（6）畜牧。

数据显示，贵金属ETF占所有ETF的比较最高，达到85%左右，其次为广义商品指数及能源类ETF，占比分别达到7.66%和5.98%，如图4.12所示。

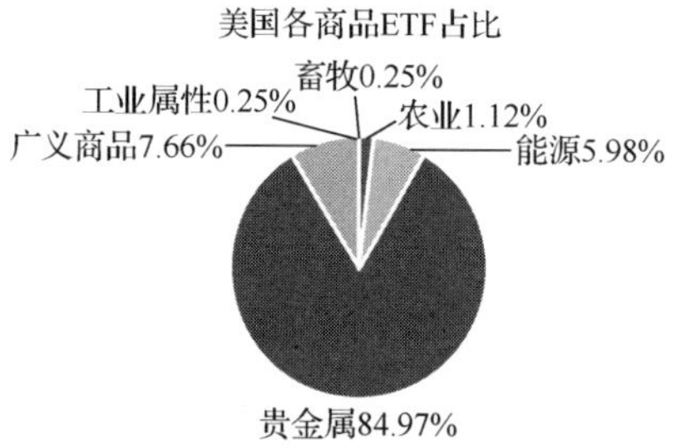

图4.12　美国商品类ETF占比

> 小贴士：
>
> 接下来将分享美国市场最大的能源金属ETF、综合商品指数ETF及能源ETF。

（1）贵金属ETF：SPDR黄金信托（GLD）是全球最大的黄金ETF，于2004年11月在美国纽交所上市，目前管理规模为428亿美元，占总商品ETF市场的半壁江山。该ETF以信托形式设立，追求在扣除信托管理费后准确反映黄金价格收益率，跟踪标的为LBMA Gold Price指数，管理费率为0.4%。该ETF为实物支持型ETF，需用一篮子黄金进行ETF的申购和赎回。

（2）综合商品类指数ETF：景顺优化收益多元化商品（PDBC）是由Invesco景顺资产管理公司发行的一只在美国注册成立的交易所开放式基金。该基金追踪DBIQ优化收益多元化商品指数，该指数包含黄金、原油、糖、大豆、玉米等14种不同的商品，总规模为15.31亿美元，占总体商品ETF市场的1.69%。该ETF属于非实物支持ETF，通过交易不同商品的期货来跟踪商品走势，费率为

0.58%，略高于非实物支持的黄金 ETF。PDBC 能够很好地反映全球综合商品价格走势，是目前规模最大的综合商品指数 ETF。

（3）能源 ETF：美国石油基金有限合伙基金（USO）是特拉华周有限合伙企业发行的追踪 WTI 原油价格变动的基金，是美国首只也是目前规模最大的跟踪实物原油的 ETF。该基金投资于在 NYMEX、ICE 期货交易所或其他美国和外国交易所上市的轻质原油、其他类型原油、柴油加热油、汽油、天然气和其他石油基燃料的期货合约，旨在跟踪轻质原油商品集合的表现。该 ETF 规模为 126 亿美元，占总体商品 ETF 市场的 1.48%，由于要管理多品种原油期货，该基金管理费率为 0.73%，略高于之前的 ETF。

截至 2019 年 9 月，美国规模前十大 ETF 占总商品类 ETF 市场接近 90%，具有明显的马太效应。其中追踪标的为贵金属的有 6 只，占总市场的 83%，3 只追踪综合商品指数，1 只代表能源（原油）。其中前十大 ETF 主要集中在贝莱德，有景顺、Sprott 和道富三家公司，如表 4.8 所示。

表 4.8　美国前十大规模的商品类 ETF

产品名称	投资标的	发行商	上市日期	规模（亿美元）
SPDR 黄金信托	贵金属	道富	2004-11-18	431
iShare 黄金信托	贵金属	安硕	2005-1-28	160
iShare 白银信托	贵金属	安硕	2006-4-28	71
Sprott 黄金信托	贵金属	Sprott	2010-2-26	24
景顺优化收益多元化商品	综合商品指数	景顺	2014-11-7	14
景顺德银商品指数	综合商品指数	景顺	2006-2-3	14
美国石油基金	能源	United States	2006-4-10	13
ETS 实物瑞士黄金	贵金属	ETF Securities	2009-9-9	11
Sprott 实物银信托	贵金属	Sprott	2010-11-1	10
iShare 标普 GSCI 商品指数	综合商品指数	安硕	2006-7-21	8

数据来源：Bloomberg。

2. 国内商品类指数基金的发展

自 2013 年第一只黄金 ETF 在国内诞生以来，商品类 LOF 以及商品类 ETF

在 2019 年迎来快速发展，产品数量从 2013 年的 3 只提升到 8 只，规模从 4 亿元增长到 166 亿元，如图 4.13 所示。目前，各家基金公司都在积极准备国内的原油 ETF 及其他类型的商品类 ETF，在不久的将来，商品类 ETF 会越来越丰富。

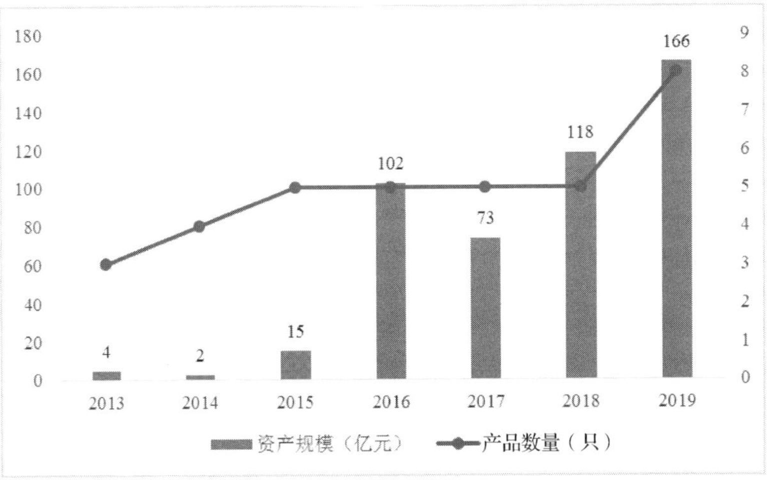

图 4.13　国内场内商品类基金规模变化

截至 2019 年年底，在 8 只场内商品类基金中，规模最大的为华安黄金 ETF，达到 69.95 亿元，如表 4.9 所示。在产品分布上，主要集中在贵金属 ETF，其中贵金属 ETF 累计规模达到 154.63 亿元，占比达到 93%。

表 4.9　国内主要场内商品类基金

基金代码	基金简称	基金成立日	管理费率（%）	资产规模（亿元）
518880	华安黄金 ETF	2013-07-18	0.50	69.95
159937	博时黄金 ETF	2014-08-13	0.50	45.69
159934	易方达黄金 ETF	2013-11-29	0.50	20.51
518800	国泰黄金 ETF	2013-07-18	0.50	10.60
161226	国投瑞银白银期货	2015-08-06	1.00	7.89
159981	建信易能源化工期货 ETF	2019-12-13	0.50	4.85
159980	大成有色金属期货 ETF	2019-10-24	0.60	3.70
159985	华夏饲料豆粕期货 ETF	2019-09-24	0.50	2.49

数据来源：Wind，截至 2019 年 12 月 31 日。

大宗商品价格波动主要受全球宏观市场环境及商品供需等因素影响，与股票的相关性低，其中像黄金、白银、豆粕等商品类别和股债具有负相关性，在大类资产配置中可以起到降低组合波动增加组合风险收益比的重要作用。数据显示，以 2019 年全年数据为统计样本，可发现中证 100 和创业板指数与黄金、白银和豆粕等商品是负相关的关系，与原油期货是弱相关的关系，如表 4.10 所示。

表 4.10　2019 年股票指数与商品指数相关性分析

	中证 100	创业板指数	黄金	白银	原油	豆粕
中证 100	1.00					
创业板指数	0.75	1.00				
黄金	−0.24	−0.20	1.00			
白银	−0.08	−0.05	0.79	1.00		
原油	0.14	0.12	−0.24	−0.13	1.00	
豆粕	−0.04	−0.03	0.22	0.19	−0.02	1.00

数据来源：Wind，截至 2019 年 12 月 31 日。

3．商品类指数基金的运作及作用

商品类指数基金：是以市场中某一商品指数为基准，通过复制的方法建立一篮子商品组合，跟踪指数变化的投资基金。商品类指数基金不采用卖空策略，也不使用资金杠杆，即按照期货合约的名义价值构建期货合约投资组合。商品类指数基金对商品市场的投资主要通过投资与商品相联系的衍生金融工具，如商品期货、期权和商品互换等，不直接投资现货商品。采取的投资策略是根据所跟踪的商品指数包含的一篮子商品期货中不同品种的权重买入并持有商品期货。由于不参与实物交割，商品类指数基金通常不会买入邻近到期月份的合约，因此，商品类指数基金的投资收益主要来源于商品价格的上涨。

商品类指数 ETF：它通过跟踪商品指数，获得和基准指数相近的收益率，并通过 ETF 一级市场和二级市场的套利机制消除净值与交易价格的偏差。ETF 由于门槛较低、买卖容易，因此更受散户欢迎。

商品类 ETF 的运作模式主要分为实物支持与非实物支持两类。

（1）实物支持 ETF 直接持有实物资产。目前实物支持商品类 ETF 基本都属于贵金属类，因为实物商品中贵金属的流动性较好，单位价值较高，易于储存。规模最大的SPDR Gold Trust及国内上市的4只黄金ETF均为实物支持商品类ETF。

（2）非实物支持 ETF 并不直接持有商品资产。持有与实物资产相关的期货衍生品，实现对大宗商品价格或者指数的跟踪或投资，目前主要覆盖工业金属、能源、农产品等大宗商品及其指数。

商品类指数基金作为指数基金种类中的重要一类，主要有以下四大重要作用。

（1）是资产配置的重要工具。商品类指数基金与股票型指数基金、债券型指数基金相关度不高，可以作为投资者资产配置的重要工具。

（2）可提供抗通胀的工具。在 CPI 上行的过程中，可以投资农产品等商品类指数基金对冲物价上涨的风险。

（3）极大地丰富投资的策略。对于宏观对冲、量化策略等投资机构而言，商品类 ETF 产品极大地丰富了它们的投资策略。

（4）便于价格风险管理。现货企业可以很便捷地参与商品类指数 ETF 交易，进行价格风险管理。

4.4 跨境指数基金

跨境指数基金是指以境外资本市场证券构成的境外市场指数为跟踪标的指数基金产品，也常被称为 QDII 指数基金。简单而言，跨境 ETF 也属于 QDII 指数基金。跨境指数基金是境内投资者投资境外市场的有效途径，深受投资者欢迎。

国内跨境 ETF 发展较晚，在 2012 年 7 月 9 日，才首次发行了跨境 ETF 产品，即华夏恒生 ETF 和易方达恒生中国企业 ETF，两只产品于 2012 年 10 月 22 日分别在深交所、上交所上市交易，且两者也是目前国内跨境 ETF 规模较大的产品，规模最大的是易方达恒生 H 股 ETF，其次是华夏恒生 ETF。

截至 2019 年年底，沪深两市总计有 16 只跨境 ETF，其中深市有 4 只，沪市有 12 只。截至 2019 年年底，上交所跨境 ETF 总规模约为 160.19 亿元，深交所跨境 ETF 总规模约为 54.43 亿元，16 只跨境 ETF 的基金资产净值总计约为 214.62 亿元。

从跟踪标的来看，在上海证券交易所上市交易的产品主要跟踪中国香港市场、美国市场、德国市场、日本市场的主要指数，其中有 11 只产品跟踪境外主流宽基指数，1 只跟踪行业指数。4 只在深圳证券交易所上市的产品分别跟踪的是中国香港市场指数和美国市场主要指数，均为主流宽基指数，如表 4.11 所示。

表 4.11　2019 年底国内跨境 ETF 基本情况

证券代码	证券简称	基金成立日	基金管理人	2019 年年底规模（亿元）
510900	H 股 ETF	2012-08-09	易方达基金	103.39
159920	恒生 ETF	2012-08-09	华夏基金	46.87
513500	标普 500	2013-12-05	博时基金	14.78
513050	中概互联	2017-01-04	易方达基金	14.18
513660	恒生通	2014-12-23	华夏基金	10.46
513100	纳指 ETF	2013-04-25	国泰基金	8.35
159960	恒生国企	2018-9-21	平安基金	5.78
513030	德国 30	2014-08-08	华安基金	4.70
159954	H 股 ETF	2018-2-8	南方基金	1.47
513000	225ETF	2019-06-12	易方达基金	1.12
513600	恒指 ETF	2014-12-23	南方基金	1.08
513520	日经 ETF	2019-06-12	华夏基金	0.61
513800	东证 ETF	2019-06-12	南方基金	0.57
513880	日经 225	2019-06-12	华安基金	0.52
513900	港股 100	2018-4-27	华安基金	0.42
159941	纳指 ETF	2015-06-10	广发基金	0.31

数据来源：Wind，截至 2019 年 12 月 31 日。

4.4.1　跨境指数基金的优势

1．分享境外投资收益

跨境 ETF 的出现，使得投资美股、港股、德股，与投资 A 股一样简单。A 股市场只是全球市场的一部分，还有很多国家和地区的资本市场投资回报胜于 A 股市场。将目光延展至全球，投资境外，享受世界各区域的经济增长红利。

我们可以不用再看着美股的超长牛市而眼红，也不再用“可远观而不可亵玩焉”，而是能从中分一杯羹，操作起来也十分简单快捷，只需在证券交易所上买卖跨境 ETF，就可以对境外资产进行投资，跨境 ETF 在场内以较低门槛为境内普通投资者提供便捷的投资境外市场的渠道。

跨境 ETF 的跟踪标的是境外市场指数，解决了普通投资者难以深入研究境外股票市场的难题，通过跟踪境外权威的市场指数，开展被动投资，指数成份股及行业的构成清晰透明，投资者可以轻松地获取与境外指数基本一致的收益率，有效抵御境外投资存在的潜在风险。

2. 分享境外外汇收益

我国实行外汇管制政策，每年每人有 5 万美元的购汇限制，这 5 万美元的限制是指通过银行购汇或者结汇，例如你在出国之前到银行换了 1 万美元，在回国后还剩下 1 千美元，再去银行换回人民币，那么你就用掉了 1.1 万美元的额度。由于外汇管制的存在，个人很难通过自由地兑换外币来获得外汇收益。

跨境指数基金可以用人民币进行申购、赎回和交易，申购资金由基金管理人换汇后投资于境外资本市场，占用的是基金公司的额度。当前中国资本账户尚未实现完全可兑换，资本项下个人对外投资只能通过特定的渠道实现，如 QDII（合格境内机构投资者）等，基金公司正是通过 QDII 投资境外资产的，因此跨境指数基金隐含的一层风险是基金公司 QDII 额度用完，一般会暂停跨境指数基金的申购。

跨境指数基金以人民币计价，外币升值有益于基金净值，相反，人民币升值不利于基金净值。在申购/赎回跨境 ETF 时，需要视情况进行本币与外币的兑换，在申购时投资者的资金会被兑换成跨境 ETF 跟踪标的所在地区的货币，在赎回时，跨境指数基金跟踪标的所在地区的货币又被兑换为本国货币。由于涉及货币兑换，如果本国货币在申赎期间升值，则投资者的实际投资收益将会缩水，反之则受益。

举个例子，你用人民币申购跨境指数基金，在赎回时，基金公司帮你在境外市场卖出股票，得到的是欧元或美元等，还需要兑换成人民币给你，汇率是

24 小时交易变化的，当美元或欧元等汇率走强，即人民币贬值时，所能兑换的人民币增加，投资者就可以从汇率中受益，享受境外外汇收益。

3. 分散组合投资风险

风险分散是唯一的“免费午餐”，“不要把所有的鸡蛋放在一个篮子里”是现代资产组合理论最通俗易懂的比喻。现代资产组合理论最初由美国经济学家哈里·马科维茨提出，该理论在传统投资回报的基础上第一次提出了风险的概念，认为风险而非回报是整个投资过程中的重心，证明了当组合中的资产类别相关性不大时，在保持原有预期收益的情况下，风险将会大幅降低。马科维茨因此获得了 1990 年诺贝尔经济学奖。

除了通过对国内的各种权益类资产、固定收益率资产的配置外，在资产组合中加入境外资产亦是分散风险的有效途径。不同的国家及地区都是独立的经济体，虽然随着全球化进程的发展，每个经济体间的关联性正在加强，投资界开始有人认为世界范围内不同股票市场的关联度也在逐渐加强，从而降低了在全球范围内进行分散投资的有效性，但是经济发展的紧密关联性并不一定就意味着股票市场之间的走向完全同步，影响股票市场的因素不仅只有经济发展，还包括诸多的因素。因此只要相关性不是 100%，通过跨境 ETF 将资产的一部分投资于境外市场就仍然能够提供有效的风险分散。

4. 投资成本更低

跨境指数基金或者跨境 ETF 还具有低费率、高效率的特点，与普通 QDII 主动基金相比，跨境指数基金不仅交易更加便利，而且交易成本更低。管理费和托管费的费率低廉，普通 QDII 主动基金管理费率每年在 1.0%到 1.85%之间，托管费率每年在 0.25%到 0.35%之间，而跨境指数基金的管理费率每年在 0.5%到 0.8%之间，托管费率每年在 0.10%到 0.25%之间，跨境 QDII 指数基金最高的管理费率和托管费率都不超过普通 QDII 主动基金，如表 4.12 所示。

表 4.12　跨境指数基金和普通 QDII 主动基金投资成本比较

	跨境指数基金	普通 QDII 主动基金
管理费率（年）	0.5%～0.8%	1%～1.85%
托管费率（年）	0.1%～0.25%	0.25%～0.35%

5．全球资产配置的利器

随着国内金融市场的开放，全球化资产配置受到国内投资者的广泛关注。进行全球化资产配置的关键是扩大投资者的投资范围，降低投资组合受国内资产收益情况变化的影响，降低集中投资于某国或某地区资产所导致的系统性风险，同时还可能因为境外资产而获取超额收益。

目前，全球资产配置的主要渠道包括直接开立境外账户、QDII 主动基金与跨境指数基金等，综合考虑成本及投资便利性等因素，跨境指数基金是现阶段投资境外股市的最便利的工具。结合之前提到的跨境指数基金的优势，相信读者能够很快明白个中原因。首先，与直接境外开户投资个股相比，跨境指数基金无外汇管制，资金进出相对自由。其次，与投资一般 QDII 主动基金相比，跨境 ETF 投资效率更高，投资更加便利，交易成本更低。全球化资产配置的需求日益强烈，跨境指数基金也将在其中发挥越来越重要的作用。

4.4.2　投资跨境指数基金的风险

跨境指数基金的风险主要有以下几点：

（1）市场风险。虽然海外市场体系发展较为成熟，涉及的金融衍生工具较多，但是国外的市场也有波动风险，并且市场更容易出现牵一发而动全身的情况。由于指数基金产品存在高仓位操作、可控性低的特性，所以在金融市场大幅波动期间，指数基金产品的风险有时会超过主动型投资的基金。

（2）汇率风险。由于境外指数基金产品以投资海外市场为主，而在海外市场的金融凭证均以外币计价，投资海外资产会受到汇率波动的风险，若外币贬值，则指数基金净值会变低。跨境指数基金的持有人面临境外证券价格波动和汇率波动的风险，境内投资者需要对潜在的波动风险有充分认识。

（3）跟踪误差。由于交易制度、结算模式、汇率等方面的因素，我国与国外市场存在一定的差异，基金投资海外资产不可能完全复制指数的涨跌，因此存在一定的跟踪误差。我国 A 股主板实行 10%价格涨跌停制度，这与海外市场，如美国、欧洲市场存在差异，跨境指数基金在运行中可能存在境外标的指数涨跌幅超过境内涨跌幅限制。

（4）国内外市场交易时间不同的风险。由于全球市场存在时间差异，对于海外市场在国内市场收盘后发生的变动，国内市场不能够及时反映出来；同样，国内市场交易时，海外市场也不能及时反映出来。跨境指数基金由于涉及境外市场，不同市场的交易时间不同，这是需要注意的地方。表 4.13 是中国 A 股、中国港股、美股及欧洲市场的交易时间，境外市场的交易时间均转换为对应的北京时间，交易日一般为周一至周五，法定假日及周末不交易。

表 4.13　不同股票市场的交易时间

股票市场	交易时间（北京时间）
中国 A 股	9:30-11:30，13:00-15:00
中国港股	9:30-12:00，13:00-16:00
美股	夏令时间：21:30-4:00，冬令时间：22:30-5:00
欧洲市场	夏令时间：15:00-23:30，冬令时间：16:00-0:30

交易的时差使投资者不能同时根据两边市场的运行特点做出决策，加大了投资收益的不确定性。例如，在中国的长假期间，海外市场正常交易，这时如果海外指数连续下跌，则持有的海外指数品种在国内开市后基金净值有大幅下跌的风险。

第 5 章　ETF 的基础知识

5.1　ETF 的概况介绍

ETF 按照对应资产标的不同，ETF 产品主要包括股票型 ETF、债券型 ETF、商品 ETF、货币 ETF 和跨境 ETF。本书由于章节有限，本章 ETF 主要讲的是股票型 ETF，对于 ETF 有兴趣的投资者，若想了解更多、更全面的 ETF 知识，可以购买老罗的《ETF 投资指南》一书。

5.1.1　ETF 基金的概念

ETF（Exchange-Traded Funds），中文名称为交易型开放式指数基金。名字这么长，难怪大家都只愿意简写成"ETF 基金"或"ETF"。要想弄清 ETF 究竟是何方神圣，还是要从全称上入手。首先，让我们用剥洋葱的办法一层一层剥掉复杂难懂名词的外衣。

交易型，表明这款基金可以在证券交易所像股票一样买卖。过程非常简单，只要在股票交易软件上输入相应的 ETF 基金的代码，就可以委托下单。在交易的过程中，基金份额并没有改变，只是在不同的投资者之间发生了转让。

指数基金，采用指数化投资管理策略，按指数权重配置指数成份股以模拟指数走势实现指数化投资策略。

开放式，投资者可以向基金管理公司申购或者赎回份额。只不过申购是拿一篮子股票换取基金份额，赎回是以基金份额换回一篮子股票。

这和我们以往用现金申购/赎回基金的体验不太相同。ETF 申购必须用一篮子股票换购成 ETF 基金份额，赎回则将手中足够的基金份额，换成一篮子股票，然后将一篮子股票卖出获得现金，每个篮子里面的股票数量基本是按照指数权重进行分配的。

通俗点说，有一个水果批发市场，这里有苹果、橘子、梨子等各式各样的水果可以买卖。同时还有一个水果店，水果店里面只买卖水果篮，水果篮只能使用水果券进行交易。水果店有一种叫中证 100ETF 的水果篮，中证 100ETF 的水果篮由 9 个苹果、7 个橘子和 2 个梨子组成，一个中证 100ETF 的水果篮需要 10 张水果券才能换取，每张水果券需要花 10 元现金。在现实的金融市场，可将水果批发市场理解成股票市场，将水果理解成股票，将水果券理解成 ETF 基金份额。

获得水果券的方法有两种，第一种是直接用现金在水果店购买水果券，每张水果券价格 10 元，花费 100 元可以买入 10 张水果券。第二种就是使用现金在水果批发市场按照水果篮的标准要求，从水果批发市场买入 9 个苹果、7 个橘子和 2 个梨子，构成一个水果篮，总共花费 100 元，最后用购买的这个水果篮到水果店换成 10 张水果券。第一种方法叫作 ETF 买入获得基金份额，第二种方法叫作 ETF 申购获得基金份额。

将水果券变现的方法也有两种，第一种是直接将 10 张水果券以每张 10 元的价格在水果店卖掉，得到 100 元现金。第二种是用已有的 10 张水果券在水果店换成一篮子水果，得到 9 个苹果、7 个橘子和 2 个梨子，最后在水果批发市场卖掉，得到 100 元现金。第一种方法叫作 ETF 直接卖出，第二种方法叫作 ETF 赎回股票卖出，如图 5.1 所示。

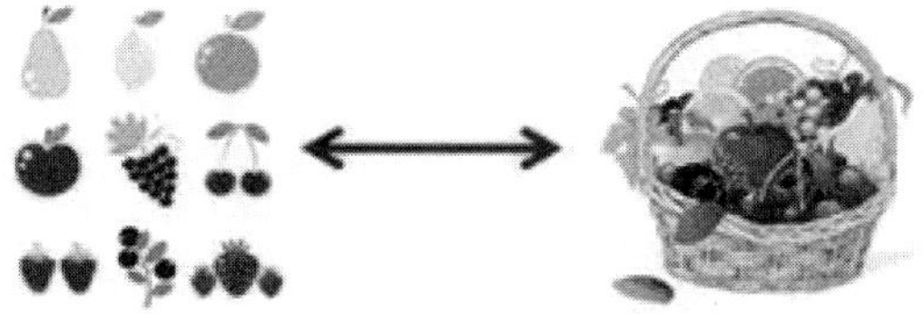

图 5.1　ETF 一篮子申购和赎回类比图

读到这里，大家是不是想到，如果水果店一个水果篮的价格和水果批发市场对应水果的价格有偏差，那么不就有套利发财的机会吗？假设一个水果篮在水果店要卖 100 元，而你发现自己到水果批发市场上按照一篮子水果去购买水果的成本只需要 85 元，这个时候你可以自己配制一篮子水果，然后卖给水果店，赚取 15 元。反之，若你发现水果批发市场一篮子水果拆开卖可以卖到 115 元，就可以从水果店买入一篮子水果，然后把篮子里面的水果拆开到水果批发市场卖，赚取 15 元。是不是很聪明？但是老罗在这里提醒各位，那些专业的套利机构不是吃白饭的，一旦发现套利机会，它们的套利程序就开始启动，所以能维持一篮子水果的价格和水果市场的价格基本一致。也就是说，ETF 二级市场套利机会一旦出现，就会被市场上的众多机构所利用，直到一篮子需要的 ETF 基金份额的价格和一篮子股票的价格非常接近，无利可图为止。

小贴士：

普通投资者也不需要进行申购或赎回，一篮子买入中证 100 里面一百只股票多复杂呀，只需要场内买入/卖出对应中证 100ETF 份额就可以了。因为如果场内 ETF 偏离实际的价格，市场上众多专业套利机构就会通过申购或赎回的方式，让 ETF 的价格与实际的净值基本一致，所以 ETF 场内价格的涨跌幅会与对应指数涨跌幅实时保持基本一致。

指数基金的基金经理是以指数成份股为投资对象的，他们通过购买一部分或全部的某指数所包含的股票，来构建指数基金的投资组合，目的就是使这个投资组合的变动趋势与该指数相一致，以取得与指数大致相同的收益率。例如，创业板 ETF 跟踪的是创业板市场按一定比例组合的市值最大的 100 只股票，创业板 ETF 把这个组合复制过来，紧贴着它运行。

层层解析之后，ETF 的概念就非常清晰了，它是开放式基金的一种特殊类型。投资者既可以用一篮子股票向基金管理公司申购或者赎回基金份额，又可以在二级市场上按市场价格买卖 ETF 份额，如图 5.2 所示。

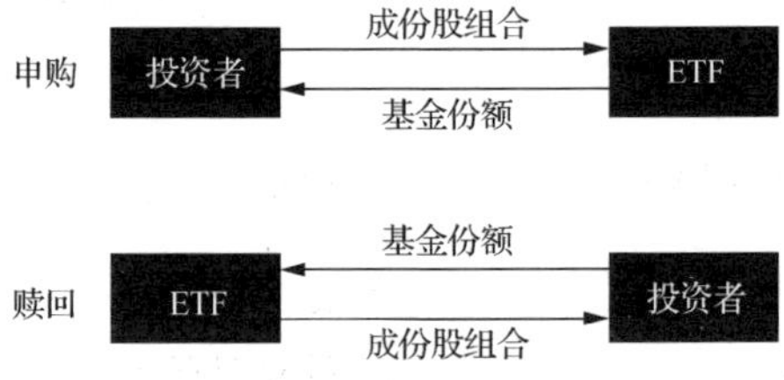

图 5.2　申购/赎回的流程

5.1.2　ETF 基金的优点

1．有效跟踪指数，非常透明

了解 ETF 的套利机制之后，我们不难发现：与普通的指数基金（开放式）相比，ETF 基金跟踪指数的效果更好，几乎和指数走势一致。ETF 的运行机制保证了 ETF 具有高透明度。可以说，包括场内和场外的基金产品在内，没有其他产品能有 ETF 这么透明。

ETF 的运作透明度比其他基金要求更高，在信息披露方面，除了像普通基金一样公布季报、半年报、年报，还会在每个交易日公布申购/赎回清单（也叫 PCF 清单）和实时公布基金份额的参考净值（IOPV）。投资者可以在交易所网站或基金管理公司的网站找到 ETF 的申购/赎回清单（详细内容见 5.2 节）。

ETF 是“最公平”的产品。ETF 以股票实物而非现金申赎，使其不会因为大额或巨额申赎而让原有持有人利益受损。ETF 由于以股票实物申赎，投资者以股票实物换份额或以份额换股票实物，不仅可以盘间实时确认申赎，对 ETF 的基金仓位没有影响，最大程度地保护了原持有人的利益，同时也避免了申购者承担从提交申赎操作到实现权益之间的时间间隔所带来的额外市场风险暴露。

2．交易便捷，费率低廉

（1）交易时段：和股票交易时间一致，交易时间为每天上午 9:30 至 11:30，下午为 1:00 至 3:00，如图 5.3 所示。

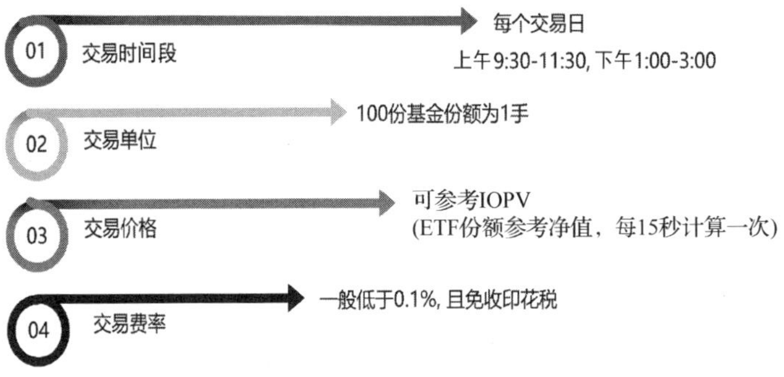

图 5.3　ETF 交易便捷

（2）交易单位：尽管 ETF 申购/赎回门槛比较高，需要几十万元甚至上百万元的资金门槛，但是 ETF 场内买卖的交易门槛较低，只需要 1 手（100 份基金份额）即可，方便很多资金较少的投资者参与。

（3）交易价格：可以参考 IOPV（ETF 份额参考净值），每 15 秒计算一次，在行情软件中 IOPV 一般用紫色线或者蓝色线显示，让投资者可以及时掌握份额净值的变化情况。

（4）交易费率：ETF 佣金比率和买卖股票一样，都是万分之几，而且免收印花税，故买卖 ETF 承担的总成本比买卖股票还低。

（5）交易便捷：普通投资者参与 ETF 交易最为便捷的方式是在二级市场上买卖 ETF 份额，就如同买卖股票一样简单。投资者只要通过证券公司开立股票账户或基金账户，就可以经由证券公司的电话委托或网络买卖系统提交订单，按市场价格买卖 ETF 份额。

3. 仓位更高

ETF 几乎可以达到 100%的仓位，资金利用效果可以达到 100%，而普通开放式基金或者开放式指数基金仓位最高可以达到 95%，还有 5%的资金基金合同要求做流动性管理，用来应对客户的赎回。可见，跟踪相同的中证 500 指数基金，在市场上涨过程中，中证 500ETF 涨幅应该高于场外的中证 500 指数基金，主要原因就是 ETF 仓位资金效率几乎达到 100%。

4. 分散投资，降低投资风险

由于 ETF 是被动跟踪指数，投资组合中包含较多标的，个股权重均衡，分散投资风险，可以有效规避个股“踩雷”的风险。例如某上市公司 D 因为财务造假，其股价从 21 元下跌到 5 元，股价下跌幅度超 70%，而 D 公司又是中证 100 指数的成份股，对于中证 100ETF 而言，D 公司只占指数权重的 0.8%，“黑天鹅”的出现对中证 100ETF 影响有限。

同时，由于指数成份股定期调整，不符合要求的成份股会被及时剔除，保证了指数运行的平稳性。

5. 选择判断更简单

判断行业比判断企业更简单。一方面，企业发展的不确定性更大，自从创建的那一天起，竞争就无处不在、如影随形，即便是龙头企业，也不仅要和同行企业贴身肉搏，还要防范跨国公司国际业务本土化渗透，更要时刻警惕 BAT 等互联网巨头对传统产业的颠覆，每天都过得战战兢兢。

另一方面，行业发展具有明确的走向，投资者把握其走势更容易。按照消费升级、进口替代、生活提升、中国崛起的思路，我们就不难选出在未来一段时间内的发展高景气度行业。在此基础上，我们可以通过二级市场买入信息技术 ETF（159939）、医药卫生 ETF（159938）等相应行业的 ETF 基金，既能充分享受行业发展红利，又能规避持有单个企业基金可能遭遇的风险，实在是一桩两全其美的好事。

6. 跟踪误差更小

通常来说，ETF 的跟踪误差会小于传统普通指数基金。（1）ETF 采用实物股票申购，对于 ETF 而言，接收的是一篮子股票，而不需要基金再用现金买入股票，与普通指数基金相比，减少了因为申购导致的仓位不足的问题。反之，赎回的时候 ETF 给予投资者一篮子股票，没有普通指数基金因为赎回仓位过高造成的跟踪误差。（2）ETF 基金经理无须为应对申购/赎回预留一定的现金，而普通指数需要预留不低于 5%的现金应对投资者的赎回。（3）交易费用的节省。由于 ETF 是实物股票申购/赎回，相比普通指数基金会节省股票买卖过程中的费用的损耗，从而更容易跟踪好标的指数。

小贴士：

说了这么多优点，那么 ETF 的缺点是什么呢？老罗总结了 ETF 的三个缺点。

（1）不能自动扣款，不适合定投。ETF 由于不能像场外指数基金那样设置自动扣款，只能手动买入 ETF 份额，所以不适合作为定投。老罗发现，尽管很多投资者说可以每周自己手动买入定投，但是长期下来，手动买入定投 ETF 的投资者很难坚持下来，因为大家很容易受市场波动把定投改成手动波段操作 ETF。

（2）交易频繁，交易方便导致难以坚持长期持有。由于 ETF 交易过于方便，容易导致投资者交易频繁，尤其在市场下跌时容易造成 ETF 持有者恐慌，过早卖出持有 ETF 份额。而场外指数基金投资者不会时刻盯盘，因此不会被场内的盘中市场波动影响，所以场外指数持有的时间反而更长。

（3）流动性不足造成交易成本更高。目前除了少数有做市商的 ETF 品种，很多 ETF 的场内流动性不足，这样会导致为了场内购买足够的 ETF 基金份额，投资者在买入和卖出 ETF 份额的时候会付出更高的交易冲击成本，从而使整体的 ETF 交易费用反而超过场外的指数基金。

5.1.3 ETF 和 ETF 联接基金的区别

除 ETF 外，很多投资者还会看到 ETF 联接基金，那么 ETF 联接基金是什么，与 ETF 又有什么关系和区别呢？

ETF 联接基金是以绝大部分基金资产投资于目标 ETF 基金（基础基金）的基金产品，投资于 ETF 的比例不低于基金资产净值的 90%，而且 ETF 联接基金投资于 ETF 不会出现重复收费，如图 5.4 所示，所以不要问为什么 ETF 联接基金股票仓位很低。另外，ETF 联接基金投入 ETF 部分不会收取管理费和托管费，避免了 ETF 和 ETF 联接基金重复收费的问题，如表 5.1 所示。

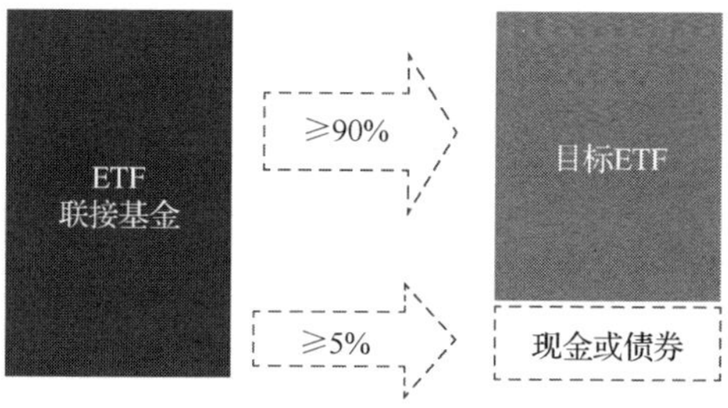

图 5.4 ETF 联接基金与 ETF 的区别

表 5.1 ETF 和 ETF 联接基金对比

基金类型	交易场所	投资方向	客　户	交易价格
ETF	场内	对应标的指数成份股	证券公司客户	交易时间任何价格
ETF 联接基金	场外	对应标的指数的 ETF	非证券公司客户	收盘的基金净值

在运作方式方面，ETF 联接基金与普通开放式基金一致，采用契约型开放式，在交易方式上采用现金申购和份额赎回方式。在风险收益特征上，ETF 联接基金与基础基金基本一致，持有 ETF 联接基金相当于间接持有 ETF，获得与直接投资于 ETF 基本一致的投资收益。

虽然 ETF 联接基金的收益与 ETF 密切相关，但 ETF 联接基金不具备 ETF 的特点，其更多地和开放式基金一致，只是投资标的被限制为目标 ETF。总的来说，ETF 联接基金和 ETF 有以下几个方面的区别：

（1）ETF 投资标的是指数的成份股，ETF 联接基金则直接投资 ETF。

（2）ETF 在一、二级市场都可以买卖，也可以进行申购/赎回，而 ETF 联接基金只能进行申购/赎回。

（3）ETF 不支持基金定投，而 ETF 联接基金支持定投。

（4）购买渠道不一样，ETF 购买渠道是证券公司，即我们通常说的场内渠道，而 ETF 联接基金购买渠道是第三方销售渠道、银行及基金公司等，即我们通常说的场外渠道。

（5）仓位效率不一样，ETF 仓位几乎可以达到 100%，而 ETF 联接基金属于场外基金，合同要求有 5%的资金需要应对基金的申购/赎回，所以仓位最高只能达到 95%。

（6）ETF 联接基金的手续费用大多数情况要略高于 ETF，但是如果选择 ETF 联接基金的 C 份额进行投资，则在某些情况下的交易费用反而低于 ETF 的费用。

5.2　ETF 交易机制

ETF 是一种在交易所上市交易的开放式指数基金，兼具股票、开放式指数基金及封闭式指数基金的优势与特色，是高效的指数化投资工具。像买卖股票一样，大家可以直接通过券商交易软件买卖 ETF 份额，而 ETF 价格会围绕着该 ETF 实时净值上下波动。另外，指数基金申购/赎回机制比较独特，投资者只能用与指数对应的一篮子股票进行申购/赎回，也正是由于申购/赎回套利机制的存在，使得实际的净值和交易所买卖价格基本一致。

1. ETF 认购

ETF 认购是指投资者在基金初始发行期投资购买基金的行为。在 ETF 基金募集期内，投资者可通过证券公司营业部柜台、电话委托及网上交易系统以现金方式认购 ETF 份额，即网上现金认购。同时还可进行网下现金认购和网下实物认购。

需要注意的是，上交所 ETF 的网上现金认购时间是发行期的最后三天，而深交所 ETF 的网上现金认购时间是发行期认购全程，如表 5.2 所示。

表 5.2　上交所和深交所 ETF 认购的安排

发行认购	上交所	深交所
网上现金认购	最后三天	全程
网下现金认购	全程可现金认购	
网下股票认购	全程可股票认购	

网上认购：投资者可在交易日交易时间内，使用证券账户，在证券公司营业部柜台、电话委托及网上交易系统网上认购基金份额。网上认购采取现金形式，以份额申报，不可撤单。单一账户每笔认购份额应为 1000 份或其整数倍，最高不得超过 99 999 000 份。投资者可以多次认购，累计认购份额不设上限。

网下认购：投资者还可持证券账户通过证券公司各营业网点使用现金或股票认购基金份额。其中，投资者在进行网下股票认购时，原则上可以用单只或多只成份股票申请认购，基金管理人按规定的股票定价方式计算投资者所提交的股票市值金额，按市值金额确认基金份额。

网下现金认购示例：股票→ETF 网下→现金认购（512683），如图 5.5 所示。

2. ETF 申购/赎回

ETF 的申购是用一篮子股票换 ETF 份额，获得的 ETF 份额可以在二级市场进行交易。ETF 的赎回是通过二级市场买入基金份额进行赎回操作，获得一篮子股票。一篮子是 ETF 的最小申购/赎回单位，投资者在申购的时候除了一篮子股票外，还要多准备一点钱，即“现金差额”，如图 5.6 所示。

图 5.5　证券软件现金认购 ETF

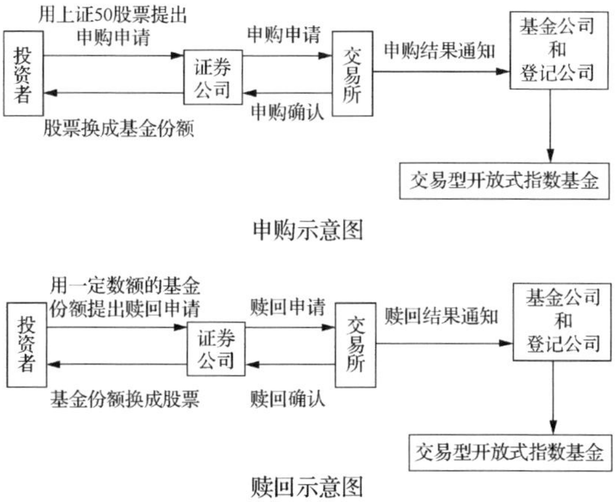

图 5.6　ETF 申购/赎回流程

市场存在一些专业套利机构，它们按照低买高卖的原则进行套利交易。当投资人在二级市场上情绪高涨、预期乐观，ETF 价格高于实际净值时（所谓的溢价），套利者就买入一篮子股票，换到对应的 ETF，然后在二级市场卖掉 ETF

份额；当投资人对市场预期悲观，ETF 价格低于实际净值时（所谓的折价），它们就买入 ETF，提交赎回指令换取一篮子股票，然后卖掉股票，获得现金，如图 5.7 所示。正是由于它们的存在，使得二级市场价格和实际净值趋同。

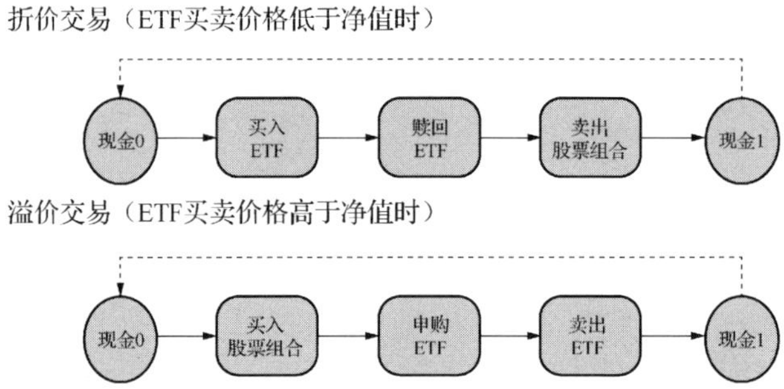

图 5.7　ETF 折价、溢价的套利过程

小贴士：

（1）资金量要求较高：一般来说，ETF 最小的申购/赎回单位在几十万份基金份额以上，对应的是数十万元或上百万元，因此 ETF 套利操作对资金量要求比较高；

（2）折溢价套利成本：套利涉及一篮子股票的买卖、ETF 份额的申购/赎回及 ETF 份额买卖等操作，所以需要考虑上述固定成本。

（3）套利还需要考虑停牌票、涨停票及跌停票的影响。有的时候尽管 ETF 场内溢价率很高，但是套利者却套不了利，主要原因是如果该 ETF 里面有股票因为重大资产重组无量涨停，而且该股票权重不小且未来股价会接着无量涨停，则这时候场内的溢价可能是投资者考虑了该股票未来会继续涨停带来的，套利者套不到利。

总而言之，套利是门技术活儿，这个市场存在几十家专门从事套利的机构，它们都是用程序化软件和算法进行套利的，也正是由于它们的存在，才能让我们的 ETF 二级市场的价格与其实际净值更为接近。

对于套利的投资而言，必须了解每天 ETF 的申购/赎回清单。申购/赎回清单（英文全称为 Portfolio Composition File，简称 PCF 清单）主要由四部分构成：

（1）基本信息；（2）上一交易日的信息内容；（3）下一交易日的信息内容；（4）成份股信息内容。这些内容具体又包含了最小申购/赎回单位所对应的各成份证券名称、证券代码及数量、现金替代溢价比例、固定替代金额和现金替代标志等信息。它们相当于进行申购一篮子 ETF 的一个详细清单，让你知道需要什么样的证券组合才能换到一篮子 ETF 的基金份额，如图 5.8 所示。

现金替代标志：现金替代标志分为三种类型——禁止现金替代（标志为“禁止”）、可以现金替代（标志为“允许”）和必须现金替代（标志为“必须”）。禁止现金替代是指在申购/赎回基金份额时，该成份证券不允许使用现金替代。可以现金替代是指在申购基金份额时，允许使用现金替代全部或者该成份股，但在赎回基金份额时，该成份证券不允许使用现金替代，必须给予该成份股。必须现金替代是指在申购/赎回基金份额时，该成份股必须使用现金替代。

基本信息　　下载

最新公告日期	2015-04-16
基金名称	上证50交易型开放式指数证券投资基金
基金管理公司名称	华夏基金管理有限公司
一级市场基金代码	510051

2015-04-15 信息内容

现金差额(单位：元)	37,502.36
最小申购、赎回单位资产净值(单位：元)	3,001,896.36
基金份额净值(单位：元)	3.002

2015-04-16 信息内容

预估现金部分（单位：元）	46,449.36
现金替代比例上限	50.0%
是否需要公布IOPV	是
最小申购、赎回单位(单位：份)	1,000,000
申购、赎回的允许情况	允许申购和赎回

成份股信息内容

股票代码	股票简称	股票数量	现金替代标志	现金替代溢价比例	固定替代金额
600000	浦发银行	7200	允许	10.0%	
600010	包钢股份	5200	允许	10.0%	
600015	华夏银行	2700	允许	10.0%	

图 5.8　ETF 的申购/赎回清单

现金替代溢价比例：清单中预先确定现金替代溢价比例，并据此收取替代金额。如果预先收取的金额高于基金购入该部分证券的实际成本，则基金管理人将退还多收取的差额；如果预先收取的金额低于基金购入该部分证券的实际成本，则基金管理人将向投资者收取欠缺的差额。例如图 5.8 中的现金替代溢价比例是 10%，意味着投资者如果给基金管理人现金以购买该股票，则需要给高于该股票成本的 10%的现金给基金管理人，基金管理人按照实际购买的成本多退少补。

固定替代金额：对于必须现金替代的证券，清单中公告替代的一定数量的现金，即“固定替代金额”。固定替代金额的计算方法为申购/赎回清单中该证券的数量乘以其 T 日预计开盘价。

基金份额参考净值（IOPV）：指在交易时间内根据基金管理人提供的申购/赎回清单和组合证券内各只证券的实时成交数据计算并发布的基金份额参考净值，简称 IOPV。

最小申购/赎回单位：基金申购/赎回份额的最低数量，投资者申购/赎回的基金份额应为最小申购/赎回单位的整数倍。

现金替代比例上限：基金管理人可规定投资者使用可以现金替代的比例合计不得超过申购基金份额资产净值的一定比例。

另外，不是所有券商都可以进行 ETF 申购/赎回操作的，只有基金管理公司指定的申赎代办券商才可以办理 ETF 申购/赎回业务。

举个例子：

（1）如何申购一篮子 ETF？输入 ETF 申购代码，ETF 单位选择 1，买入一篮子股票，一键就能完成。以如图 5.9 所示这个软件为例，点击左上角的“篮子买入”按钮就能瞬间完成了。

（2）用一篮子股票申购 ETF：买入一篮子股票后，系统自动进入申购流程，点击“ETF 申购”按钮，就可以完成申购，如图 5.10 所示。在 ETF 申购界面的成份股申购列表中，显示每个股票的缺口数量，用户可单击“补单”按钮对缺少的股票进行补买。

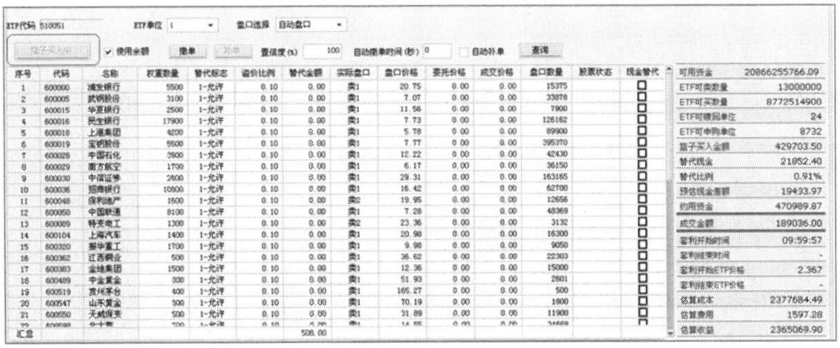

图 5.9　ETF 一篮子买入界面

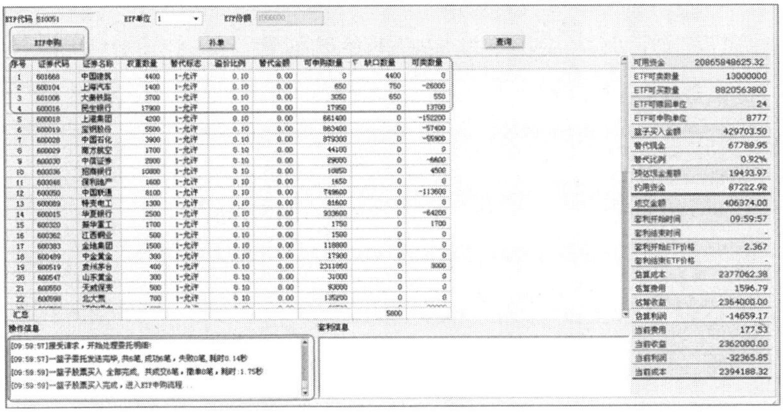

图 5.10　ETF 申购界面

在交易系统中进入赎回流程，依然是一个按键就能够完成 ETF 基金份额转换成股票的赎回操作，如图 5.11 所示。

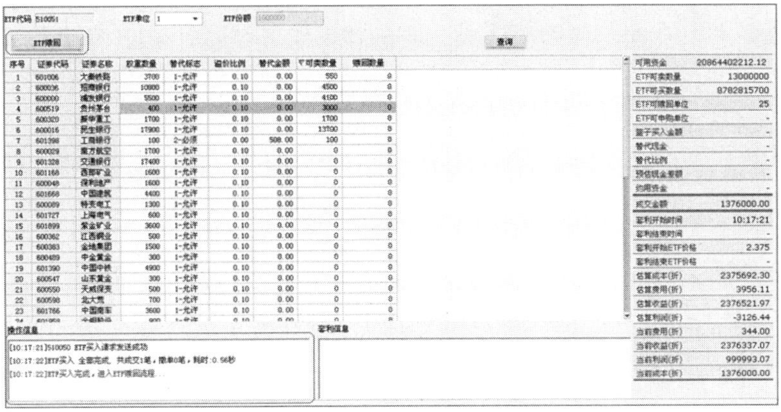

图 5.11　ETF 赎回界面

3. ETF二级市场买卖交易

ETF基金的二级市场交易时间，与股票完全一致，在证券市场开市时间，即周一至周五9点30至11点30和下午1点到3点，投资者可以通过任何证券公司交易软件像买卖股票一样交易，ETF买入的最小单位为1手（1手为100份）。ETF和股票一样，每日涨跌幅按照10%进行限制。ETF报价的最小变动单位为0.001元，只收取股票交易佣金，不需要缴纳印花税。

具体交易流程如下：投资者像买卖股票一样，输入对应ETF代码、委托挂单价格及买入的份额数，证券公司将客户委托信息发送给交易所，交易所通过交易系统进行撮合，场内买卖不增加ETF的份额数量，如图5.12所示。

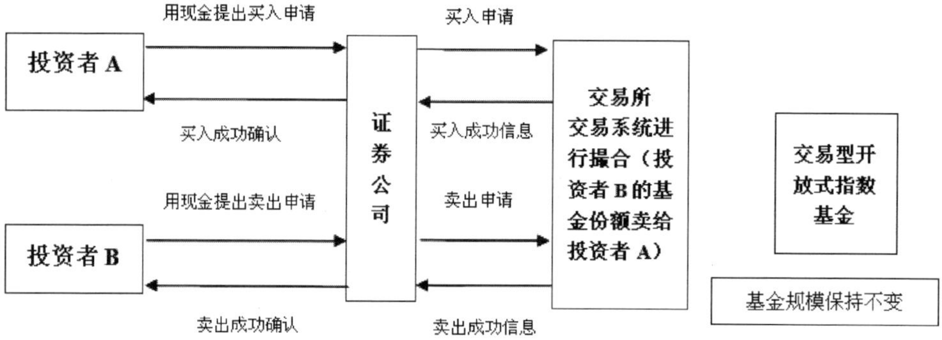

图5.12　ETF交易流程

IOPV（参考单位基金净值）是由交易所计算的ETF实时单位净值的近似值，以便于投资者估计ETF交易价格是否偏离了内在价值。IOPV值每15秒计算并公告一次，并且在交易时间段连成一条IOPV线，作为对ETF基金份额净值的估计。说白了，IOPV就是实际ETF当前的净值水平，而购买ETF份额的价格要参考这个IOPV进行买卖。图5.13中的A线代表ETF成交价，B线代表IOPV，如果A线在B线上面，则代表溢价，即购买的价格比当前实际净值高；反之，代表折价，即购买价格比当前实际净值低。

IOPV指标使得参与指数基金交易的透明度和便利性进一步得到提高。IOPV是由交易所根据基金管理人每日提供的申购/赎回清单，按照清单内一篮子股票的盘中最新成交价格计算出的ETF动态净值，它所反映的是ETF的实时净值，相对于普通指数基金净值需要每日晚上才公布，IOPV的出现无疑提升了指数基金的估值的效率，方便投资者实时把握 ETF 的净值变动，有利于提升投资决策的及时性。

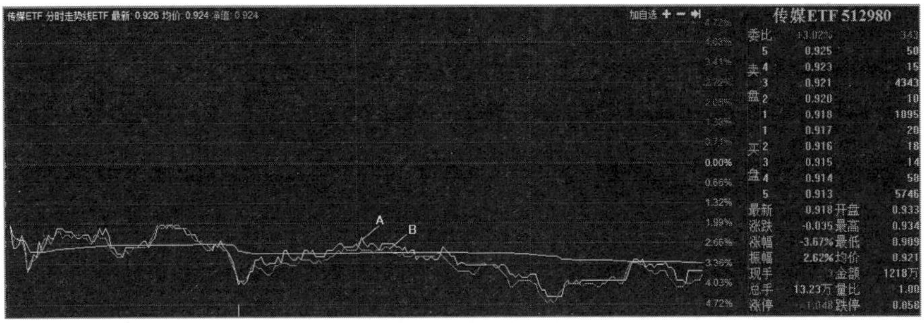

图 5.13　ETF 的 IOPV

去哪里找 IOPV？在通达信、大智慧、同花顺等主流交易软件中，IOPV 会在 ETF 分时走势图中展示。一般在 ETF 的分时走势图中，白色线为 ETF 的实时成交价格，紫色线（或者其他颜色）为每 15 秒揭示一次的 IOPV 所连成的线。

溢价率=ETF 成交价格 / 当前 IOPV 净值-1，用来说明在场内购买 ETF 是贵了还是便宜了，如果溢价率为正的 0.20%，则说明买 ETF 的投资者在实际净值基础上多花费了 0.20%，卖 ETF 的投资者比当前净值多赚了 0.20%。如果溢价率为负的 0.20%，则购买 ETF 者划算，卖出 ETF 者吃亏，如图 5.14 所示。

图 5.14　ETF 的溢价率

流动性服务商：即我们通常说的做市商，是指证券公司以自有资金或证券，不断地向其他交易者报出证券的买入价和卖出价，并在报价价位上接受买卖要求，保证及时成交，不断给场内交易对手提供流动性。所以大家在购买 ETF 的过程中应尽量购买有做市商的 ETF 品种。另外，如果 ETF 有联接基金，那么基金公司可以用联接基金来做市，提高 ETF 的流动性。

小贴士：

教大家两招辨别 ETF 是否有做市商：（1）长期在买一买二买三挂单和卖一卖二卖三挂单都有 10 万元以上的挂单，而且被投资者吃掉相应买单和卖单后，有持续不断新的买单或卖单挂出。（2）看该 ETF 的折溢价水平，一般 ETF 长期折溢价能维持在 4‰以内的通常有做市商。

投资者在购买 ETF 时，最主要关注溢价率这个指标。如果溢价率为正，就是溢价，说明当前买的价格比实际价格高；如果溢价率为负，就是折价，说明当前买的价格比实际价格便宜。买ETF选择便宜的，即交易软件显示折价的ETF。同样是跟踪中证 500ETF，在流动性没问题的情况下，投资者需要选折价的 ETF。

慎买高溢价率的 ETF，捡漏大幅折价的 ETF。理论上大幅折溢价是短期市场情绪恐慌或者狂热造成的，最终都会回归与实际净值对应的水平。在大幅溢价时，你花费了比实际成本更高的价格购买它，要考虑后期涨幅是否能超过你付出的额外成本。在大幅折价时，你要考虑后期指数如果下跌，那么这个折价的“安全垫”是否足够厚。

小贴士：

了解了 ETF 的交易机制，你就知道当场内发生大幅度折溢价的时候可以运用申购/赎回的机制进行套利。另外，如果你习惯于场内购买 ETF 产品，就会知道在流动性有保证的情况下，尽量选择在折价高的时候买入，在溢价高的时候可以考虑卖出，因为若你不卖出，则套利资金的参与也会使得 ETF 的折溢价率保持在 0 左右。

5.3　沪深交易所 ETF 的交易模式

人们在说到 ETF 的时候，经常会提到单市场 ETF 及跨市场 ETF 的概念。很多投资者很困惑，什么是单市场 ETF，什么是跨市场 ETF？关于投资者如何理解单市场 ETF，以及它们的申购/赎回交易机制，老罗将在本节给大家好好说明一下。

1. 单市场 ETF 概念及申购/赎回机制

如果 ETF 跟踪指数的成份股都是在上交所上市的股票，即上交所的股票代码“60****”，就是上交所单市场 ETF，例如大家常听到的上证 50，就是在上交所上市的市值最大的 50 只股票。上海单市场 ETF 就是跟踪成份股来自上交所的指数，常见的上交所单市场 ETF 可见表 5.3。

表 5.3　上交所主要单市场 ETF 产品

代码	名称	成立日期	标的指数简称	资产规模（亿元）
510050	华夏上证 50ETF	2004-12-30	上证 50	461.91
510180	华安上证 180ETF	2006-04-13	上证 180	199.56
510810	汇添富中证上海国企 ETF	2016-07-28	上海国企	120.66
510820	汇添富上海改革发展 ETF	2017-12-01	上海改革	0.00
510230	国泰上证 180 金融 ETF	2011-03-31	180 金融	48.74
510880	华泰柏瑞红利 ETF	2006-11-17	上证红利	30.69

数据来源：Wind，截至 2019/12/31。

如果指数成份股代码都是“000***”（深市主板）、“002**”（深市中小板）和“300***”（深市创业板），则其指数成份股都来自深交所，发行该指数的 ETF 产品，都属于深交所单市场 ETF，例如我们常说的深 100ETF、中小板 300ETF 和创业板指 ETF 都是深交所单市场 ETF。深交所主要单市场 ETF 产品如表 5.4 所示。

表 5.4　深交所主要单市场 ETF 产品

代码	名称	成立日期	标的指数简称	资产规模（亿元）
159915	易方达创业板 ETF	2011/9/20	创业板指	167.31
159901	易方达深证 100ETF	2006/3/24	深证 100	80.55
159902	华夏中小板 ETF	2006/6/8	中小板指	23.65
159952	广发创业板 ETF	2017/4/25	创业板指	13.45

续表

代码	名称	成立日期	标的指数简称	资产规模（亿元）
159905	工银瑞信深证红利 ETF	2010/11/5	深证红利	18.33
159903	南方深成 ETF	2009/12/4	深证成指	4.02
159943	大成深证成份 ETF	2015/6/5	深证成指	2.52
159907	广发中小板 300ETF	2011/6/3	中小 300	2.18

数据来源：Wind，截至 2019/12/31。

对于单市场 ETF，申购/赎回及买卖的规则如下：

（1）当日申购的基金份额，同日可以卖出，但不得赎回；

（2）当日买入的基金份额，同日可以赎回，但不得卖出；

（3）当日赎回的证券，同日可以卖出，但不得用于申购基金份额；

（4）当日买入的证券，同日可以用于申购基金份额，但不得卖出。

通俗点讲，单市场 ETF 可以变相实现 T+0 交易，即当日申购份额可以当田卖出，当天买入可以赎回得到股票并卖出股票。也正是因为这个机制的存在，单市场 ETF 的场内折溢价相对较低，因为折溢价太高容易引来套利资金进行套利。

小贴士：

目前，国际上通行的股票结算交收时间一般为 T+3 日，最快也要 T+1 日，无法做到及时结算交收。与国外证券市场实行严格的二级托管不同，我国实行集中托管，可以实现对证券的 T+0 交付，独创了可以在一级市场和二级市场交易，变相实现了 T+0 的效率，也使得二级市场的价格与实际净值接近，否则套利机构场内就会实时套利，来减少二级市场价格的折价或者溢价。

2. 跨市场 ETF 概念及申购/赎回机制

跨市场 ETF 就是跟踪指数的成份股涵盖了上交所和深交所上市的股票，例如沪深 300ETF、中证 500ETF 都属于跨市场 ETF。同样是沪深 300ETF，基金管理公司可以选择在上交所上市，也可以选择在深交所上市。例如华泰柏瑞沪深 300ETF 就选择于上交所上市，而嘉实沪深 300ETF 就选择于深交所上市。要区分是在上交所上市还是深交所上市，最简单的方法是看基金代码，上交所 ETF

交易代码为：51****，深交所 ETF 代码为：159***。

由于对于跨市场 ETF，最大的难点是投资者在用股票组合申购的时候，交易所如何判断另外一个交易所的股票是否真实存在，因此导致两个交易所对跨市场 ETF 采用了不同的交收模式。

上交所跨市场 ETF 模式强调效率和 T+0。上交所跨市场 ETF 对 ETF 里面的深交所股票通过现金替代的方式，实现了 T+0，以沪深 300 为例，投资者申购上交所的沪深 300ETF，需要买入成份股里面占比约 75%的上交所上市的股票，然后加上 25%的现金交给该 ETF 管理的基金管理公司，由基金管理公司通过实时买入 25%深交所的股票，即可实时确认，投资效率非常高。这个模式的优点是效率非常高，投资者可以多次进行 T+0 套利，资金利用效率高。缺点是由于是基金管理人拿你的现金实时购买深交所的股票，投资成本不确定，ETF 跟踪误差很容易更大。

早期深交所跨市场 ETF 模式强调实物申赎。投资者买入上交所和深交所一篮子股票进行申购 ETF，由于上交所那部分股票深交所没办法实时确认是否存在，需要第二天经过中登结算公司清算确认，故确认效率比上交所跨市场 ETF 模式低。投资者 T 日申购一篮子深交所跨市场 ETF，需要 T+2 日才能在场内获得 ETF 份额卖出，而上交所几乎可以实时获得 ETF 份额。故深交所跨市场 ETF 的“实物申赎”模式的优点是运作透明、投资成本确定及申赎过程风险可控，缺点是资金运用效率低，不能做到 T+0。

然而深交所从 2019 年 10 月 21 日起进行了申赎模式的升级，优化了深交所 ETF 交易结算模式，提升 ETF 的申赎效率，可以说新的深交所跨市场 ETF 效率是上交所跨市场 ETF 的“升级版”。在深交所新的跨市 ETF 模式下，赎回得到的资金，T 日即可用，T+1 可取。其消除了上交所跨市场 ETF 中的两点限制：T 日申购 T 日不卖出的份额，只能在 T+2 日才能卖出；投资者赎回得到的资金（跨市场现金替代部分），T 日和 T+1 日均不可用。上交所、深交所跨市场交易所申赎模式对比如表 5.5 所示。

表 5.5　上交所、深交所跨市场交易所申赎模式的对比

交易规则	深交所跨市场新申赎模式	上交所跨市场申赎模式	深交所跨市场旧申赎模式
T 日申购所得 ETF，T 日卖出	√	√	×
T 日申购所得 ETF，T+1 日可卖出	√	×	×

续表

交易规则	深交所跨市场新申赎模式	上交所跨市场申赎模式	深交所跨市场旧申赎模式
T 日卖出 ETF 所得资金，T 日可买入股票和 ETF	√	√	√
T 日卖出 ETF 所得资金，T 日可申购 ETF	√	√	√
T 日买入 ETF，T 日可赎回	√	√	×
T 日赎回 ETF 所得股票，T 日可卖出	√	√	×
T 日赎回 ETF 所得资金，T 日可买入股票和 ETF	√	×	×

小贴士：

2019 年以前，上交所跨市场 ETF 由于交易效率高，导致场内流动性会比深交所跨市场 ETF 更好，基金管理公司在跨市场 ETF 产品布局上也会优先考虑于上交所上市。所以，深交所已经意识到这个问题，于 2019 年 10 月开始进行系统改造和升级，实现和上交所一样交易效率的模式，实现 T 日申购、T 日可卖出，甚至在资金利用效率方面深交所模式更高，这导致上交所也将在 2020 年推动跨市场 ETF 申购/赎回模式升级，未来两个交易所跨市场的申购/赎回模式会趋于一致。

5.4 ETF 的套利策略

ETF 套利是很多投资者关心的 ETF 投资技能，顾名思义，套利是一种风险很低的投资方式，所有投资者都喜欢且想掌握。但是好的套利机会可能一年也就几次，要么是因为某个事件引起某个产品价格严重偏离实际净值，要么市场非常疯狂或者悲观，导致产品价格偏离净值。老罗给大家介绍 ETF 的三种套利方法，也是目前常用的三种套利的方法，大家掌握以后，当套利机会来临时，可要好好把握。

1. ETF 折溢价套利

折溢价套利机制有效地保证了 ETF 二级市场价格与一级市场净值（IOPV）的较小误差，单市场 ETF 和上交所、深交所跨市场 ETF 主要是瞬时套利，如图 5.15 所示。ETF 的折溢价套利存在正向和反向两种方式。

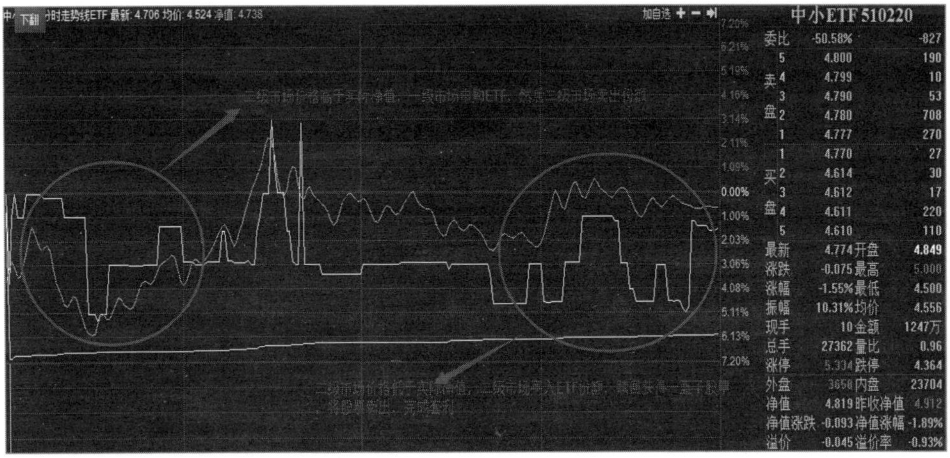

图 5.15　中小 300ETF 折溢价套利

折价套利（反向套利）：当 ETF 市价低于净值时，买入 ETF，赎回 ETF 得到一篮子股票，然后卖出一篮子股票；

溢价套利（正向套利）：当 ETF 市价高于净值时，买入一篮子股票，申购 ETF 份额，然后卖出 ETF。

瞬时日内套利门槛较高，资金需要百万元以上，还要考虑相关手续费、停牌股票和冲击成本等因素，故一般为专业能力较强的投资者用来进行套利操作。

通常来说，单市场 ETF、上交所跨市场 ETF 套利效率较高，专门套利机构可以实时完成瞬时套利。对于“小白”而言参加没什么优势，反观深交所的跨市场 ETF 由于套利效率较低，机构存在持有基金波动风险，所以套利机会和空间更大。

下面举两个深交所跨市场 ETF 折溢价套利的例子。

（1）溢价套利案例

在 2015 年疯狂的牛市期间，信息技术 ETF（基金代码：159939）受很多“小白”投资者疯狂炒作，场内溢价最高居然达到 74%且场内成交活跃，日均成交金额高达 5000 万元左右，投资者可以在 2015 年 5 月 26 日场内申购 ETF，由于该 ETF 品种是深交所跨市场 ETF，其申购到场内交易需要 T+2 个交易日，故在 5 月 26 日以 2.0535 元净值申购 ETF，到 5 月 28 日 3.3990 元的价格场内卖出，仅仅 2 天时间，申购溢价套利收益率为（3.3990÷2.0535）−1=65.52%，令人震惊吧？2015 年一年的收益率都未必有这么高，如表 5.6 所示。

表 5.6　信息技术 ETF 价格净值变化及折溢价率

日　　期	信息技术 ETF 收盘价格（元）	信息技术 ETF 净值（元）	折溢价率（T 日基金收盘价/T 日基金净值-1）
2015-05-26	2.8090	2.0535	37%
2015-05-27	3.0900	2.0657	50%
2015-05-28	3.3990	1.9551	74%

数据来源：Wind。

（2）折价套利案例

以广发医药 ETF 为例，在 2015 年 7 月 8 日市场恐慌情绪下，广发医药溢价率为负 10.02%，就是说你可以以 1.107 元买到实际价值 1.2303 元的广发医药 ETF，由于 ETF 赎回需要一个篮子（金额大约相当于 100 万元），而深交所跨市场 ETF 是 T+1 日赎回，故在第二日按照 1.2874 元的净值赎回，扣除 0.5%的赎回费，套利收益率=1.2874×0.995÷1.107−1=15.71%，两天时间套利收益率高达 15.71%，如表 5.7 所示。

表 5.7　广发医药 ETF 价格净值变化及折溢价率

日期	广发医药收盘价格（元）	广发医药净值（元）	折溢价率（T 日基金收盘价/T 日基金净值-1）
2015-07-08	1.107	1.2303	-10.02%
2015-07-22	1.218	1.2874	-5.39%
2015-07-25	1.34	1.3554	-1.14%

数据来源：“老罗话指数投资”公众号测算。

小贴士：

另外，由于深交所在 2019 年 10 月 21 日进行了 ETF 申赎模式的升级，升级后深交所跨市场 ETF 几乎不可能再出现像上面信息技术 ETF 和广发医药 ETF 的例子这种超过 8%以上的折溢价率，理论上出现 0.3%以上的折溢价率，就会被专业的套利机构在场内进行套利。

2. 日内波段套利

由于 ETF 存在独特的一、二级市场联动机制，投资者可以当日“先申购然后卖出”或者“先买入然后赎回”的模式实现变相“T+0”的交易。日内波段套利为延时交易，又可以称日内趋势交易。日内波段套利策略的成功取决于投资者对日内行情的正确判断，相比上面折溢价套利这种瞬时套利来说风险更大。

投资者可以通过两种方式进行日内波段的趋势交易，如图 5.16 所示。

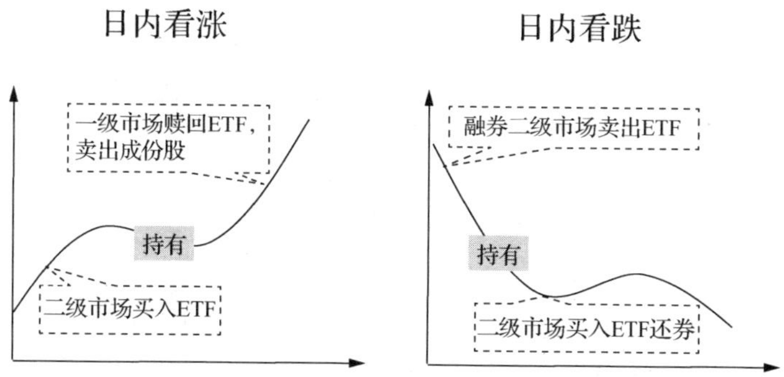

图 5.16　融券与 ETF 的日内波段趋势交易

（1）日内看涨的行情。投资者有两种方法可以实现日内波段的趋势交易。

第一种方法，投资者在相对低位买入足够的 ETF 份额（最小赎回单位的整数倍），赎回获得一篮子股票组合，待市场反弹后将赎回得到的股票卖出。

第二种方法，投资者在相对低位买入一篮子股票，申购成 ETF 的基金份额，等到市场反弹后场内卖出 ETF 的基金份额。

（2）日内看跌的行情。投资者可以在相对高位融券在二级市场卖出 ETF 份额，等到市场下跌后，在二级市场买入 ETF 份额进行还券。

投资者最终选择上述哪种方法进行“T+0”日内波段趋势交易，需要关注两个关键因素：一是成份股及 ETF 二级市场的流动性；二是买入时点的折价或者溢价及相应的幅度。另外，只要指数在日内频繁地上下波动，这种投资策略可以反复交易多次。

案例：

2013 年 6 月 25 日，沪深 300ETF 在午后大幅下跌，一度达到 2.123 元的低位。套利者买入一篮子股票申购 ETF，在市场快速反弹后以 2.142 元的价格卖出 ETF，单次交易套利收益率为(2.142−2.123)/2.123−0.1%=0.79%（考虑双边交易成本 0.1%），如图 5.17 所示。

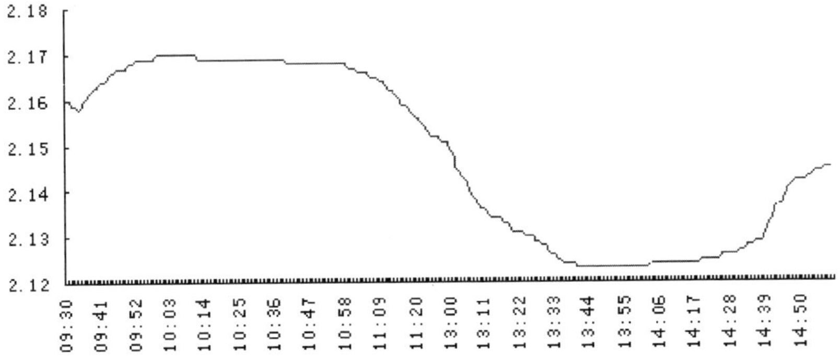

图 5.17　申购/赎回的 ETF 日内波段趋势交易

3. 期现套利

期现套利的基本原理是当股指期货合约被高估时，投资者可以卖出该期货合约，买入现货 ETF，进行风险对冲。由于股指期货是以到期日指数最后两小时指数点位算数平均的价格进行现金结算的，所以股指期货最终会收敛于现货。当现货和期货价格差距趋于正常时，将期货合约平仓，同时卖出 ETF，可以获得套利利润，这种策略称为正向基差套利，如图 5.18 所示。

反之，当某个交割月份的期货合约被低估时，如果允许融券 ETF，则投资者可以买入该期货合约，融券卖空对应的 ETF，建立套利头寸。当现货和期货价格趋于正常时，同时平仓，获利了结，这是反向基差套利。

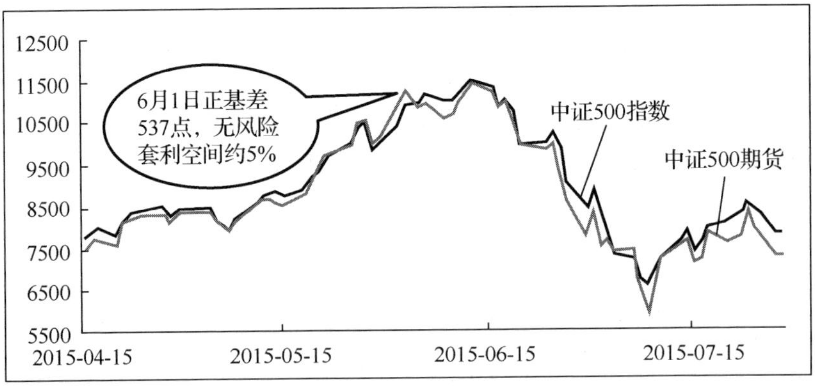

图 5.18　中证 500ETF 期现套利

目前正向基差套利是市场常用的套利方法。例如，2015 年 6 月 1 日中证 500 期货指数为 11025 点，中证 500 指数为 10488 点，中证 500 期货比中证 500 指数高 537 点，相当于指数 5%的空间，这时对于套利投资者而言是个送钱的好机会。

投资者需要买入一份看跌的股指期货合约，合约价值约为 220 万元，同时买入等额 220 万元中证 500ETF（代码 510510），6 月 1 日广发中证 500ETF 价格为 2.976 元，假定在基差接近收敛的 6 月 16 日进行平仓操作（平仓股指空头股指期货合约，卖出广发中证 500ETF），中证 500 期货指数为 10839 点，广发中证 500ETF 价格为 3.055 元。不考虑费率等因素影响，此次套利实际操作带来的收益率为两部分，股指期货平仓收益率为（11025−10839）/11025=1.69%；500ETF 收益率为（3.055−2.976）/2.976=2.65%，累计带来 4.34%的套利收益率，如图 5.19 所示。

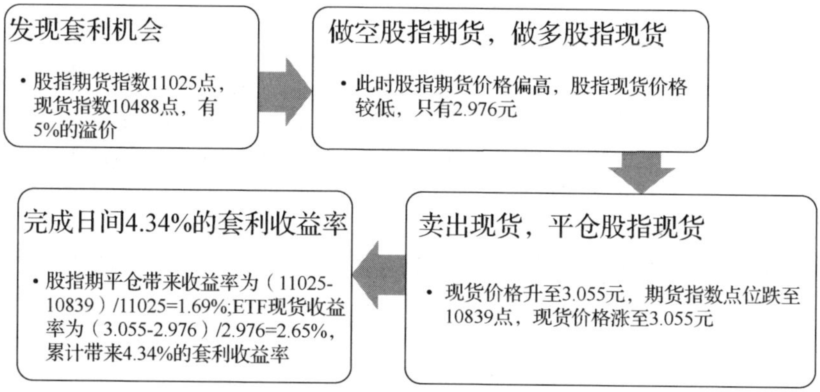

图 5.19　实例分析中证 500ETF 套利过程

4．ETF 事件套利

ETF 事件套利是指在 ETF 跟踪的指数成份股出现涨/跌停、停牌等事件时，通过 ETF 的申购/赎回机制变相实现“买入”或“卖出”本不能通过二级市场交易得到的股票。根据事件对股价影响的好坏进行套利。当然前提是也要结合 ETF 的 PCF 标志位的设置，来进行多头或者空头事件套利。

我们复习一下 PCF 清单的设置。ETF 每日 PCF 清单对成份股设置现金替代标志：（1）禁止现金替代：股票申购，股票赎回。（2）必须现金替代：现金申购，现金赎回。（3）允许现金替代：现金或股票申购，股票赎回。

ETF 事件多头套利：A 股票因事件 B 停牌，预计复牌后股价会大涨且 ETF 里面的 A 股票现金替代标志位设置为“允许”，即停牌股看多，那么可以通过买入 ETF 份额，同时申请赎回 ETF，取回相应的一篮子股票，卖出除 A 股票以外的其他股票，保留 A 股票，待停牌股复牌后享受上涨收益，如图 5.20 所示。

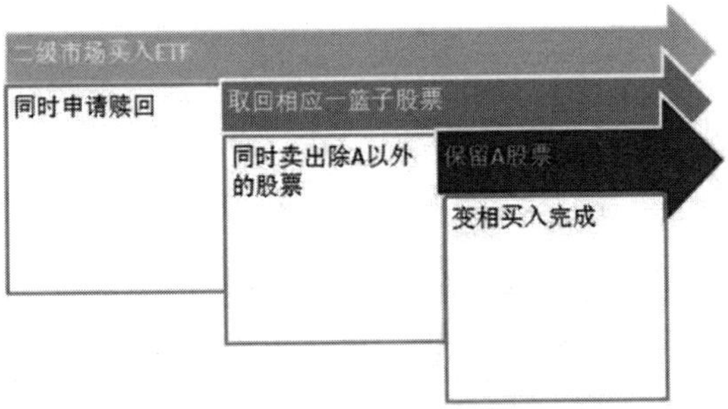

图 5.20　ETF 事件套利的过程

案例：2008 年 10 月停牌至 2009 年 2 月 16 日复牌期间，深证 100 涨了 30%，汽车板块整体大幅上涨。投资者买入深 100ETF 并赎回，可按停牌前价格 3.67 元获得长安汽车股票（每个篮子对应 2200 股），复牌后 7 个连续涨停打开卖出，单个篮子盈利 7656 元。

ETF 事件空头套利：如果认为某只股票未来要下跌且 ETF 的该股票是允许现金替代的，那么我们有两种方法进行 ETF 事件空头套利。

（1）A 股票因事件 B 停牌（预计复牌后股票大跌）或“一字跌停”无法卖出，如果 A 股票是 ETF 的成份股，那么我们可以通过买入除 A 股票以外的其他 ETF 成份股，加上跌停或者停牌无法卖出的 A 股票构成 ETF 一篮子股票组合，用一篮子股票申购 ETF 并获得 ETF 份额，场内卖出 ETF 份额，这样就变现卖出了 A 股票。

案例：2008 年的 5 月 7 日，×股票因为重大资产重组而停牌，时间长达一年之久，而在×股票停牌期间，指数也是一路“跌跌不休”，从 3579 点一路跌至×股票复牌时的 2653 点，跌幅约为 25.86%，其间最低点为 1664 点，即最高跌幅高达 53.48%。因此，投资者普遍预计，×股票复牌后将持续补跌，在这种情况下，利用 50ETF 的套利功能套取现金就成为那些被困×股票的机构资金的唯一选择。那些被困×股票的机构的做法是，买入上证 50ETF 指数中的其他 49 只成份股的股票，然后利用这些股票与手中的×股票进行配套，形成与 50ETF 指数基金完全一致的一篮子股票并用其来申购上证 50ETF 份额，申购完成之后随即在二级市场上将申购来的 50ETF 份额卖出，从而顺利地实现对×股票的间接变现。有报道说，大多数持有×股票的机构投资者在其停牌的一年时间当中，陆续通过这种“曲线救国”的方式实现了变现的目的。

（2）A 股票因停牌（预计复牌后股票大跌）或“一字跌停”无法卖空，T 日投资者在二级市场买入除 A 以外的成份股，即刻融券卖空 ETF，待 A 股票复牌或价格合理时买入 A 股票，然后与 T 日购入的其他成份股申购 ETF 还券（需考虑融券利息）。

5. ETF 产品之间的组合套利策略

随着 ETF 产品的不断丰富，投资者不仅可以在 ETF 与成份股之间进行套利，还可以在不同 ETF 之间套利。例如，A 股票是多个 ETF 成份股，目前其已停牌并发布重大利好消息，若此时不同 ETF 二级市场价格对该成份股事件反映不一致且 PCF 清单未设置必须现金替代标志，则投资者可通过买入市价相对低估的 ETF 后赎回，卖出除停牌股外的其他成份股，利用现金和该成份股配置成市价相对高估 ETF 的篮子，再申购该高估 ETF 后迅速在二级市场卖出，套取市价相对高估与低估的两个 ETF 品种的价差收益。

老罗有话说：

瞬时套利的机会一般不适合散户，因为市场上有专门的投资机构关注 ETF 折溢价，如果折价或者溢价太多，则它们比散户更有机会用程序化套利。由于当时深交所跨市场申赎模式是 T 日申购，T+2 日可以场内卖出，所以只能做延时套利，而延时套利一般会存在持有 ETF 标的一天净值波动的风险，故在本节举的信息技术 ETF 和广发医药 ETF 的例子中，少有专业机构参与套利，反而给普通散户更大的套利获利空间。另外，大家在做套利的时候要多思考，如果 ETF 折溢价比较多而且持续，是不是由于某个股票停牌导致的。总之，套利是门技术活儿，需要大家多多总结和运用。

第 6 章　指数基金投资入门知识

6.1　场外和场内指数基金

世界上的第一只指数基金于 1971 年诞生在美国，其以费用低廉、延迟纳税和分散风险等突出优势迅速发展，市场上指数基金数量越来越多，种类也日益丰富。国内指数基金产品也不断创新和发展，目前已形成场外指数基金和场内指数基金两大类型。今天就主要看看这对“孪生兄弟”有什么区别。

1. 场外指数基金

场外指数基金，是以指数成份股为投资对象的基金，以完全复制指数权重为方法，以此获取与指数大致相同收益率为投资目标的被动型基金。早期，场外指数基金是 A 股市场的主流，产品种类也从宽基指数基金，逐渐发展到行业指数基金、主题指数基金和策略指数基金等多个子门类。

场外指数基金是通过银行、证券公司、第三方销售平台的代销，以及基金公司直销方式进行申购和赎回，然而不能在沪深交易所进行买卖的基金。指数基金的购买有三个主要渠道，一是银行渠道，二是第三方代销平台，三是基金公司直销平台。通常情况下，尽管基金公司直销平台和第三方代销平台（如图 6.1 所示）会通过申购费打折方式降低费率（通常为一折），但是赎回费不能打折（通常赎回费率为 0.5%），场外基金的申购/赎回费率（通常超过 0.5%）整体高于场内基金买卖的交易费率（通常单边交易费率为 0.03%，买卖总交易费率为 0.06%）。

图 6.1　通过第三方基金销售平台 App 购买场外基金

小贴士：

ETF 联接基金也是场外指数基金，因为它的申购渠道是银行柜台、第三方销售平台及基金公司等，通过现金申购的方式，给基金管理人现金，基金管理人拿到资金按照指数的权重购买一篮子股票，换成 ETF 份额。所以，ETF 联接基金和普通场外指数基金一样。

既然有场外指数基金，那么一定就有场内指数基金了，它们之间有什么差别呢？看完图 6.2 到图 6.6 就清楚了。

（1）交易渠道不同。场内指数基金是在证券公司开户后，通过证券公司交易软件进行交易，而场外指数基金通过银行柜台、网银、证券公司柜台、基金公司网站等渠道交易，如图 6.2 所示。

（2）交易对象不同。场内能购买的基金为 LOF、ETF、分级 A 和分级 B；而场外可以购买的基金全部为开放式基金，如图 6.3 所示。

图 6.2　场外指数基金与场内指数基金交易渠道的区别

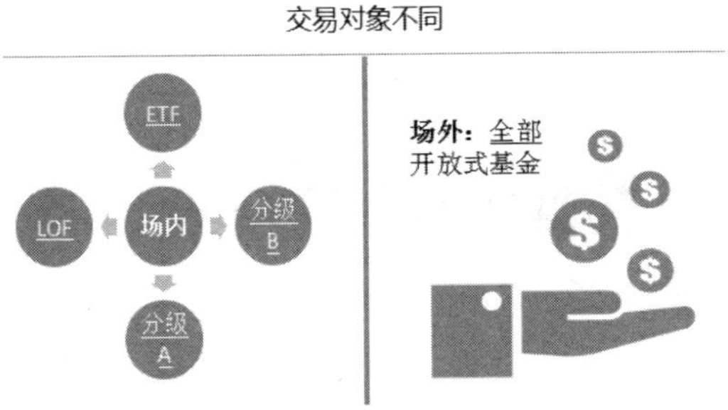

图 6.3　场外指数基金与场内指数基金交易对象的区别

（3）交易费率不同。场内指数基金买入或卖出单向交易费率一般最高不超过 0.3%，互联网竞争下目前证券公司的交易佣金通常是 0.02%左右；而场外指数基金 A 份额的申购费率一般为 0.6%～1.5%，赎回费率通常约为 0.5%，如图 6.4 所示。

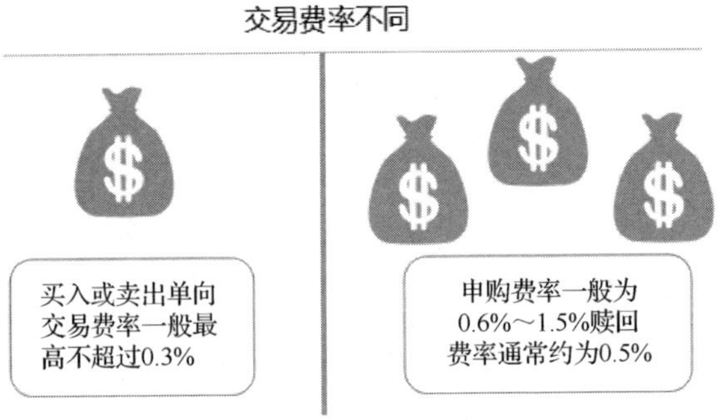

图 6.4　场外指数基金与场内指数基金交易费率的区别

（4）到账时间不同。场内指数基金一般情况下购买后 T+1 个工作日可卖出，资金 T+1 个工作日到账；场外指数基金一般情况下申购后 T+2 个工作日可赎回，资金通常在 T+1 个工作日后到账，如图 6.5 所示。

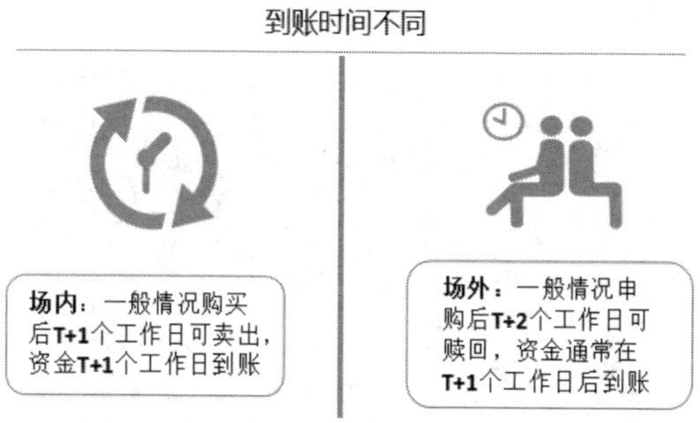

图 6.5　场外指数基金与场内指数基金到账时间的区别

（5）交易价格不同。场内购买是按股票交易方式进行的，根据供求关系，以实时撮合价交易，价格在交易日的不同交易时间会有所区别；场外申购则是未知价格，以当天收盘净值为价格进行交易，每天仅有一个价格，如图 6.6 所示。

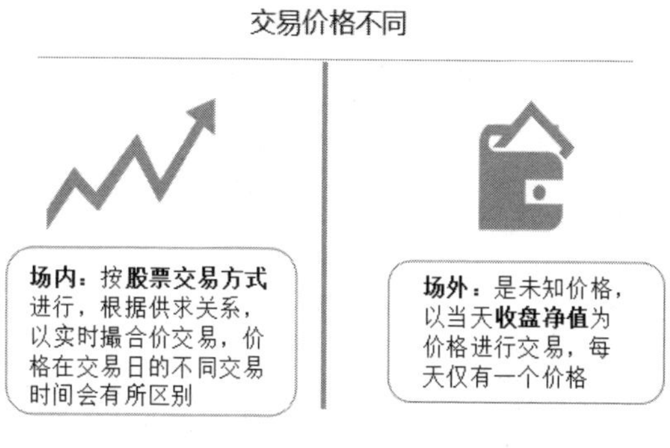

图 6.6　场外基金与场内基金交易价格的区别

2. 场内指数基金

接下来再看看指数基金另外的“孪生兄弟”——场内指数基金。

场内指数基金：在交易所上市交易的指数基金，它可以通过证券公司交易软件进行买入和卖出交易，就和买卖股票一样，当然它也可以像场外指数基金一样进行申购/赎回。由于它能够进行买入和卖出交易，因此可以把握当天市场涨跌变化波段带来的收益，而申购/赎回的场外指数基金只能按照当天收盘时的净值进行申购/赎回操作，场内指数基金类型主要有 ETF、LOF 基金两种。

ETF 兼具股票、开放式指数基金及封闭式指数基金的优势和特色，是一种高效的指数化投资工具，如图 6.7 所示。

	代码	名称	涨幅%	现价	涨跌	涨速%	净值
1	518880	黄金ETF	+0.33	2.707	+0.009	+0.00	2.701
2	518800	黄金基金	+0.26	2.686	+0.007	+0.00	2.681
3	513660	恒生通	-0.72	2.630	-0.019	+0.00	2.642
4	513600	恒指ETF	-0.87	2.630	-0.023	+0.00	2.662
5	513500	标普500	-0.80	1.617	-0.013	-0.06	1.637
6	513100	纳指ETF	-1.39	2.335	-0.033	+0.00	2.380
7	513050	中概互联	-1.94	1.568	-0.031	-0.06	1.609
8	513030	德国30	-1.45	1.086	-0.016	+0.09	1.100
9	512990	MSCIA股	-0.92	1.179	-0.011	+0.00	1.185
10	512980	传媒ETF	-0.77	1.034	-0.008	+0.10	1.043
11	512900	证券基金	-0.56	0.882	-0.005	+0.00	0.885
12	512880	证券ETF	-0.43	0.921	-0.004	+0.00	0.925
13	512810	军工行业	-1.79	0.770	-0.014	+0.00	0.785
14	512800	银行ETF	-1.04	1.042	-0.011	+0.10	1.053
15	512700	银行基金	-1.21	1.065	-0.013	+0.00	1.077
16	512680	军工基金	-1.38	0.786	-0.011	+0.00	0.799

图 6.7　国内部分场内指数基金产品

简单来说，除完美地继承了开放式基金的所有优点和属性外，ETF 还兼具股票的交易和流通特性，可以在交易所挂牌买卖。同时，ETF 代表一篮子股票组合，是指像股票一样，在证券交易所交易的指数基金，其交易价格、基金份额净值走势与所跟踪的指数基本一致。只是交易标的由单一的股票变成了一篮子股票组合，ETF 是以一篮子股票进行申购和赎回的，如图 6.8 所示。

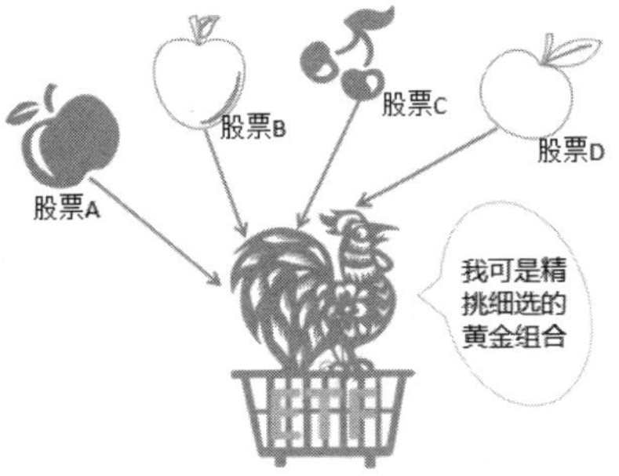

图 6.8　ETF 是由一篮子股票组成的

申赎套利机制的存在，会使得 ETF 实际净值和交易所买卖价格更接近，避免了封闭式基金普遍存在的折价问题。ETF 的费率较低并且没有印花税，场内买卖只有券商的交易佣金。另外，管理费和托管费在三类指数基金产品里基本处于最低的水平。

LOF（Listed Open-Ended Funds）即上市型开放式基金，是一种既可以在场外进行基金份额申购或赎回，又可以买入或者卖出，通过转托管机制将场外市场与场内市场有机联系在一起的一种开放式基金。可以说，LOF 是经中国本土化改良的创新品种。

LOF 与场外普通指数基金的最大区别在于其增加场内交易功能，采用场内交易与场外交易同时进行的交易机制，为投资者提供了基金净值和围绕基金净值波动的场内交易价格，当场内交易价格与基金净值价格不同时，就存在套利的机会。

虽然 ETF 和 LOF 都有英文名，看起来差不多，但是它们之间的区别可大着呢！

区别一：申购/赎回机制不同

在申购/赎回时，ETF 投资者一般是使用股票完成的，投资者用一篮子股票来申购 ETF 的份额，赎回的时候，拿到手的一般也是一堆股票。而 LOF 申购/赎回都是以现金来完成的，如图 6.9 所示。

图 6.9　ETF 和 LOF 申购/赎回机制

区别二：交易效率不同

LOF 交易效率低于 ETF，比如深交所的 LOF 当天买入，通常 T+1 日才可赎回；当天申购，T+2 日才可卖出，由于时间差异，导致通常情况下，很多 LOF 场内折溢价率会比 ETF 更高些。

LOF 的报价效率也很低，一天才报几次，甚至有的是一天报一次价。而 ETF 是每 15 秒就提供一次基金净值的报价，如图 6.10 所示。

图 6.10　ETF 和 LOF 报价差异

区别三：参与门槛不同

ETF 在申赎上有份额的最低要求，一般至少要 30 万份，有的以 100 万份起步，起点较高。LOF 的申赎门槛较低，一般以 1000 个基金单位为起点，如图 6.11 所示。参与 LOF 的投资者以散户居多，而 ETF 申购/赎回的投资者以机构居多。

图 6.11　ETF 和 LOF 参与门槛

ETF 和 LOF 作为创新型的开放式基金，各有所长，凭借其高流动性和低成本的优势广受市场欢迎。那么问题来了，为什么要在场内买卖指数基金，在场内买卖股票不是更好？炒股好比你自己炒菜，你自己买鸡鸭鱼肉、油盐酱醋，如果火候把握不好，炒到“垃圾股”，那就惨了。

买场内指数基金就好比你去酒店吃自助餐，各种场内指数基金按标准化的生产流程“出锅”，你喜欢吃水煮鱼、回锅肉、宫保鸡丁，直接点就行，简单方便。

老罗有话说：

参与 ETF 申购/赎回的投资者一般以 ETF 联接基金和做市商为主，而参与 LOF 的一般以散户为主，机构参与场内申购 LOF 的非常少。从国内外发展趋势来看，未来 ETF 会成为场内交易工具的主流，LOF 最大的缺陷是与 ETF 相比，其场内流动性不足。

6.2　指数基金的费用

指数基金之父约翰·博格的投资之道提到重要的两点：“选择低成本基金和认真考虑成本。”作为基金投资的新手们，在挑选指数基金时候，一定需要非常了解指数基金的各种费用，这样才能帮助你挑选好适合自己的指数基金。下面老罗好好和大家说一说指数基金的相关费用。

基金在运作过程中产生的费用支出，可以分为两大类，可见图 6.12。

第一类是基金销售过程中发生的由基金投资者自己承担的费用（交易费用），主要包括认购费、申购费、赎回费及基金转换费，这部分费用直接从投资者认购、申购、赎回或转换的金额中收取。

第二类是基金管理过程中发生的由基金资产承担的费用（运作费用），主要包括基金管理费、托管费等。

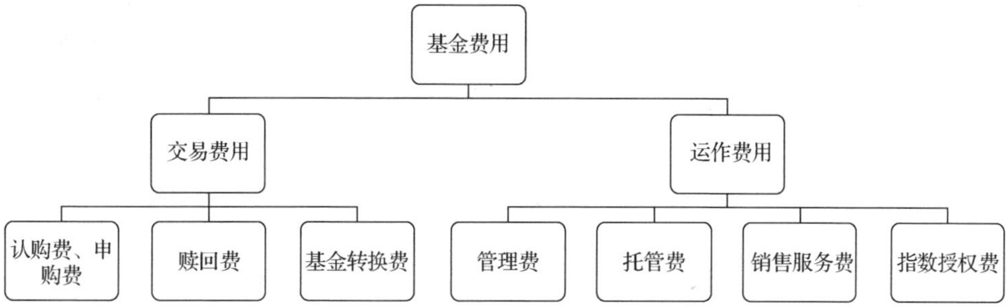

图 6.12　指数基金的费用

根据证监会发布的“流动性新规”，自 2018 年 4 月 1 日起，基金管理人应当强化对投资者短期投资行为的管理，对除货币市场基金与交易型开放式指数基金以外的开放式基金，对持续持有期少于 7 天的投资者收取占比不低于 1.5% 的赎回费（惩罚性费用），并将上述赎回费全额计入基金财产。

举个例子，假设购买了一只 T+1 确认的基金，周一 15:00 前发起申购申请，那么周二才是基金申购确认日，从本周二到下周一正好 7 天，如果你在下周一赎回，就不用按照 1.5%的费率交赎回费了。但是如果提前一个工作日赎回，则都是要按 1.5%费率交赎回费的（此外：根据“流动性新规”，申购基金确认日当天算第 1 天，赎回确认日开始不再计算）。

持有超过 7 天免赎回费详见表 6.1。

表 6.1　超过 7 天免赎回费

星期一	星期二	星期三	星期四	星期五
申购申请 （15 点前）	申购确认	持有	持有	持有
星期六	**星期日**	**下星期一**	**下星期二**	
持有	持有	申购/赎回 （免 1.5%赎回费）	赎回确认	

1．基金销售过程产生的费用——交易费用

1）基金交易手续费

场内指数基金和场外指数基金的手续费是有区别的，需分开来说。

（1）交易佣金——场内指数基金交易

场内指数基金，包括 ETF 和 LOF，在买卖过程中需要支付交易佣金给所使用的券商，具体以券商的佣金标准为准，一般等同于股票佣金。这个交易佣金，一般情况下是 0.03%左右，即买卖 1 万元的基金，佣金约为 3 元，这个佣金收取是双向的，买和卖都需缴纳，而且每笔佣金基本都有 5 元的最低收费。故货比三家选择费率最低的券商或者跟券商进行佣金的协商是非常必要的。

（2）认购费/申购费——场外指数基金交易

① 认购费

你在基金发行募集期内购买新基金时所支付的手续费，按照购买金额的百

分比收取。通常认购费率在 1%左右并随认购金额大小有相应减让。通常互联网平台的认购费也可以打一折，见图 6.13。

认购费率（前端）

适用金额	适用期限	原费率 | 天天基金优惠费率
小于100万元	---	~~1.00%~~ | 0.10%
大于等于100万元，小于500万元	---	~~0.60%~~ | 0.06%
大于等于500万元	---	每笔1000元

图 6.13　指数基金 A 份额的前端认购费

② 申购费

你在基金申赎开放阶段，向基金管理人购买基金份额需要支付的手续费，按照购买金额的百分比收取，最高不超过 1.5%，随认购金额大小有相应减让。通过银行购买通常没有优惠，通过基金公司的官网或第三方基金平台购买可以享有 1 折的优惠。基金申购费可以分为前端收费、后端收费。

前端收费是你在购买基金时直接就支付申购费，是最为常见的一种收费方式。图 6.14 是以某指数基金的前端申购费为例，我们可以看到，申购费率的大小与投资的金额有关，费率最高达到了 0.12%（约为一折），投资的金额越大，费率越低。

申购费率（前端）

适用金额	适用期限	原费率 | 天天基金优惠费率 银行卡购买 | 活期宝购买
小于100万元	---	~~1.20%~~ | 0.12% | 0.12%
大于等于100万元，小于500万元	---	~~0.80%~~ | 0.08% | 0.08%
大于等于500万元，小于1000万元	---	~~0.20%~~ | 0.02% | 0.02%
大于等于1000万元	---	每笔1000元

图 6.14　指数基金 A 份额的前端申购费

后端收费是你在购买基金时暂时不支付申购费，等到卖出时才支付的付费方式，这根据你持有基金的时间期限来决定费用比率。后端收费的基金在持有一定年限后，赎回时免收申购费，此设计的目的是为了鼓励投资者能够长期持有基金。

2）赎回费

指卖出基金时所要缴纳的费用，一般是一次性收取的，目前除货币型基金是免赎回费的之外，其他类型的基金都有赎回费。

赎回费率最高不超过 1.5%。这里有个隐形的卖基金小窍门，你持有的时间越长，基金的赎回费越低。如图 6.15 所示，以某指数基金的 A 份额为例，通常一年以内为 0.5%，大于等于两年时费率为 0，因此 A 份额基金更适合长期投资。

赎回费率

适用金额	适用期限	赎回费率
—	小于1年	0.50%
—	大于等于1年，小于2年	0.30%
—	大于等于2年	0.00%

图 6.15　指数基金 A 份额赎回费率

3）基金转换费

同一基金管理公司管理的不同开放式基金之间（甚至在一些第三方平台上，不同基金公司的开放式基金之间），是可以互相转换的。

基金转换费用由申购费补差和转出基金赎回费两部分构成，具体收取情况视在每次转换时的两只基金的申购费率和赎回费率的差异情况而定。一般基金转换支持同一家基金公司旗下的产品。

那如果想要把持有的 A 基金换成 B 基金，应该怎么做呢？老罗猜想，应该有不少人是这样操作的，如图 6.16 所示。

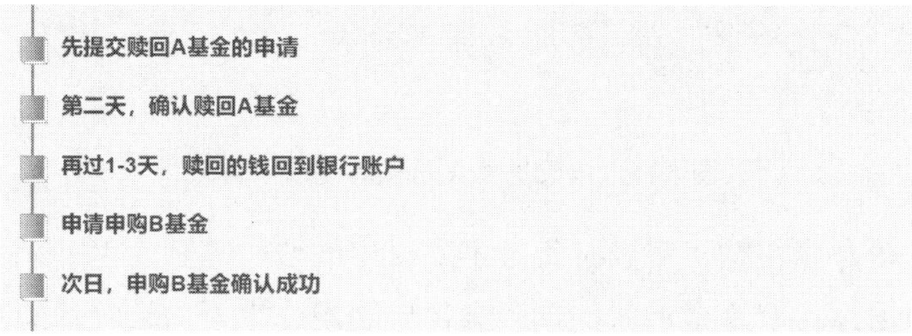

图 6.16　A/B 基金赎回/申购的操作

无论是申购还是赎回的申请，还得注意在下午 3 点前提交，如果在 3 点之后提交，那就算是第二天提交的了。

整个流程走完，5 个工作日少不了，如果中间还隔了个周末等节假日，耗费的时间还得继续增加，想想真的是“累觉不爱”。在这段时间里，如果想要买的 B 基金飞速往上涨，心里就更加难受了。想要换个基金，“基民”的体验也太差了，就没有更便捷一点的方式吗？

有的，那就是基金转换！基金转换，说白了就是让你直接将持有的 A 基金份额转换成 B 基金份额，省得中间多经历一道赎回再申购的流程，如图 6.17 所示。

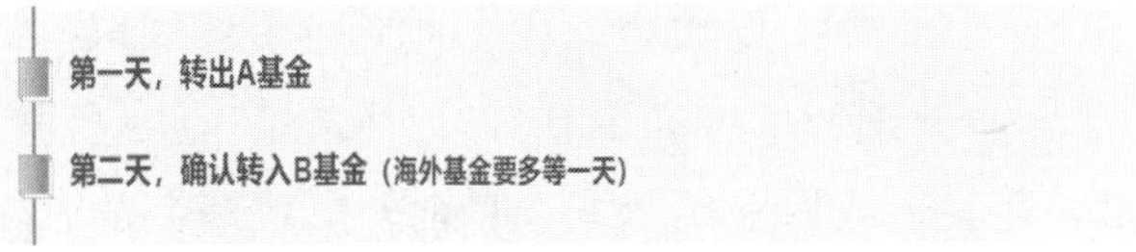

图 6.17　A/B 基金转换的操作

通过流程对比，我们能够很明显地看到，基金转换的好处之一就是省时间，减少资金的“空窗期”。基金转换还有第二个好处，那就是省钱。

举个例子，假如老罗手上持有 1 万元 A 基金，买入 A 基金时的申购费率是 1.0%，现在想要把 A 基金替换成 B 基金，B 基金的申购费率是 1.5%。如果按照先赎回再申购的流程，那么得交 2 笔费用：A 基金的赎回费+B 基金的申购费。通过基金转换，我们只需要补齐 2 笔费用：A 基金的赎回费+A 基金和 B 基金之间的申购费之差就可以了。例如，A 基金的申购费率为 1.0%，B 基金的申购费率为 1.5%，转换确认金额为 1 万元，补差费=0.5%*1 万元=50 元，可看出整个过程省了 100 元钱，如表 6.2 所示。如果 A 基金的申购费率高于 B 基金，那就连差价都不用补了。

表 6.2　基金转换的费率情况

计划卖出的 A 基金申购费率	计划买入的 B 基金申购费率	申购补差费率	基金转换收取的总费用
1.0%	0%	/	A 基金赎回费
	0.5%		
	1.0%		
	1.5%	0.5%	A 基金赎回费+申购补差价

注：以上测算仅是对某种情况的简单说明，方便理解，具体费用看具体产品情况。

2. 基金管理过程产生的费用——运作费用

（1）管理费

基金管理人管理基金资产而向基金收取的费用，作为基金管理人的管理报酬。收多少一般按照基金净资产值的一定比例，从基金资产中提取，收取方式是逐日计算、定期支付的，我们每天看到的基金净值是已经扣除这一部分费用的。

一般来说，基金管理费率通常与风险成正比。目前股票型基金大部分按照1.5%的比例计提基金管理费；指数型、债券型基金的管理费率一般在 0.5%～0.8%；货币市场基金的管理费率不高于 0.33%；私募基金的管理费率较高，基本是 2%的收费标准，而且还收取业绩报酬。目前，指数基金及 ETF 通常的年管理费率为 0.5%，如图 6.18 所示。

运作费用

管理费率	0.50%（每年）	托管费率	0.10%（每年）	销售服务费率	---

注：管理费和托管费从基金资产中每日计提。每个工作日公告的基金净值已扣除管理费和托管费，无须投资者在每笔交易中另行支付。

图 6.18　某指数基金的管理费率和托管费率

（2）托管费

基金的管理原则是“投资与托管分离”，基金管理人并不直接接触资金，只有交易的操作权，因此，基金托管人（银行、券商等机构）为保管和处置基金资产而向基金收取的费用，按照基金资产净值的一定比例提取，逐日计算并累计，到月末支付给托管人。基金托管费从基金资产中提取，费率会因基金种类不同而不同且收取的比例与基金规模、基金类型有一定关系，通常基金规模越大，基金托管费率越低。目前指数基金的年托管费率通常为 0.1%。

（3）销售服务费

基金管理人从基金资产中扣除的用于支付销售机构佣金及基金管理人的基金营销广告费、促销活动费、持有人服务费等方面的费用，按前一日基金资产净值的一定比例逐日计提，按月支付。常见的 C 类的指数基金，往往没有申购费且赎回费率也偏低，申赎费用分成无法给销售渠道带来多少收入，只好用销售服务费作为一种补偿，如图 6.19 所示。

运作费用

管理费率	0.50%（每年）	托管费率	0.10%（每年）	销售服务费率	0.10%（每年）

注：管理费和托管费从基金资产中每日计提。每个工作日公告的基金净值已扣除管理费和托管费，无须投资者在每笔交易中另行支付。

图 6.19　某指数基金 C 份额的销售服务费

通俗地讲，管理费是付给基金公司的，是基金公司管理产品应得的报酬；托管费是付给托管银行的，是银行保管资金安全等工作的报酬；销售服务费则是付给销售渠道的，是销售渠道为投资者提供服务的报酬。

这三种费用一般按年计费，按日扣除，每天基金公司公布的基金净值其实已经扣除了这些费用，所以投资者感受不到这些费用的发生，但这并不能改变这些费用真实存在的事实。

比方说，如果某只基金当天实际上涨了 1.5%，基金公司扣除相关运作费用后，会公布该基金当天上涨了 1.49%，这减少的 0.01%就是根据每天费用情况扣除的。当然，这种扣除都是有严格规定的，并且是在证监会的监督之下进行的，不是基金公司想扣多少就能扣多少的。

（4）指数授权费

基金公司在使用某一指数开发指数基金时，需要事先与指数编制公司签署指数使用许可协议，并为此支付指数使用费，ETF 为万分之三，其他指数为万分之二，这笔费用目前绝大部分产品都是由基金资产支出的。

（5）需要缴纳的税费

目前在国内，对场内指数基金不需要缴纳印花税，对基金分红不需要缴纳税金，对基金交易不需要缴纳所得税。

3. 被动型基金与主动型基金的费率比较

下面，我们将各种不同类型基金的费用（一般情况）进行了对比，如表 6.3 所示。

表 6.3　不同类型基金的费率情况

类型	申购费率（主流）	管理费率（年）	托管费率（年）	销售服务费率（年）
股票型基金	1.5%	1.5%	0.25%	—
混合型基金	1.5%，1.2%	1.5%	0.25%	—
债券型基金	0.8%，0.6%，1%	0.3%～0.8%	0.1%～0.2%	C 类（0.4%）
指数型基金	1.2%	0.5%～1.0%	0.1%～0.2%	C 类（0.2%～0.4%）
货币型基金	0%	0.33%	0.1%	0.25%

注：广发基金的所有指数基金 C 份额的销售服务费率从 0.4%降至 0.2%。

通过综合比较可以看出，按照费率从高到低排列，基金费用分别是股票型＞混合型＞债券型＞指数型＞货币型。这也是有道理的，因为股票型基金对于基金公司来说是最难打理、最考验基金经理人实力的基金类型，费率自然会高些。而指数型基金是被动型基金，对基金经理人的基本要求是减小产品与指数的跟踪误差，获取市场平均收益，故费率相对较低。

4．指数基金 A 类份额与 C 类份额的费率比较

假设管理费率和托管费率一致，我们来比较一下 A 份额和 C 份额指数基金费率之间的差异，如表 6.4 所示。

表 6.4　不同类型基金的费率情况

	指数基金 A 类份额	指数基金 C 类份额
申购费	有（随金额增加而减少）	无
赎回费	有（一般持有时间超过 1 年会减少，超过 2 年免赎回费）	有（一般持有时间超过 7 天免赎回费，也有部分是超过 30 天免赎回费）
销售服务费	无	0.2%/年，0.4%/年

以沪深 300ETF 联接 A (270010)和沪深 300ETF 联接 C (002987)为例进行比较，因为它们的管理费率和托管费率一样，在此忽略不计。

A 类份额的费率为：

0.12%（申购费率）+0.5%（赎回费率）=0.62%（1 年内）

0.12%（申购费率）+0.3%（赎回费率）=0.42%（1 年到 2 年之间）

0.12%（申购费率）+0%（赎回费率）=0.12%（超过 2 年）

C 类份额的费率为：0.2%×持有时间（超过 7 天）÷365

经过计算可以得到，持有时间为 2 年是分割线，即当持有时间超过 2 年时，A 份额更划算；当持有时间不足 2 年时，C 份额更划算。

5. 基金投资的省钱小窍门

（1）寻找更低的申购费折扣

随着基金销售机构的竞争加剧，价格战愈演愈烈，银行不为所动，仍坚持着 8 折甚至不打折，但蚂蚁基金和天天基金等第三方销售平台已坚持 1 折申购很久了。有些基金公司还会在直销时推出更低的折扣，比如 0.1 折甚至 0 费率申购，力度颇大。因此，在购买基金产品时应尽可能优先考虑申购费率低的购买方式。

（2）比较管理费率和托管费率

将二者相加，将加总的费率进行比较，选择低者。通常来说指数型基金的管理费率和托管费率会比主动型基金低，这主要是因为主动型基金更依赖于基金经理人的水平和策略，风险相对来说也会比指数型基金高。但具体如何选择还是要看投资者的偏好。

（3）根据投资者的交易频率进行选择

一般基金持有的原则是坚持中长期投资，持有的时间越长，基金费用就越低，这个政策是非常有利于做长期基金定投的。就“持有基金不到 7 日赎回，收取 1.5%的赎回费”来说，短期频繁赎回会加大投资成本，大概率赚不到太多钱。持有时间越长，反而越容易在赎回费上有“捞便宜”的机会。

其中，对于指数型基金，如果是做长期投资，则可选择 A 类份额；如果倾向于短线操作、行业轮动，则 C 类份额更适合。

（4）选择大型的基金公司的产品

通常来说，选择基金要选择大型的、知名度高的基金公司的产品，因为大型基金公司的团队实力较强，运作好，产品线更为齐全，方便做基金转换。

（5）学会擅用基金转换

对于主动型基金，为了节省费用，你可用基金转换的策略，也就是缴纳转出基金的赎回费和申购补差费。相比你先赎回 A 基金，等资金到账后再申购 B

基金，不仅费用省了不少，而且节省了你的时间成本，具体可咨询基金公司的客服。

费用是收益的一大杀手，在购买基金时，别忘了看看这些基金费用明细，小钱也是钱呢！所以老罗一直推荐运作费用低的指数型基金。

6.3 基金分红与基金净值

1. 基金分红

说起分红，大家的第一印象是股票分红，那是上市公司把自己盈利的一部分派分给股东，股东额外拿到了一笔钱。所以当一只基金发出公告说自己要开始分红的时候，“基民”忍不住“暗搓搓”地激动起来：“太好了，有人要给我送钱了！”然后等到分红的那一天，净值更新之后一看：怎么回事？净值怎么跌了这么多？是不是有人通过暗箱操作把我的钱给私吞了？不用慌，我们认真对一下数据就会发现，扣掉当天涨跌幅之后净值减少的那部分，刚好等于你拿到的基金分红，如图 6.20 所示。

图 6.20　净值大幅波动的其中一个原因是基金分红

说白了，基金分红的钱本来就属于你的，只不过原来是账面上的收益，而基金分红把这部分账面收益切切实实转换为现金，落袋为安而已。

基金分红会降低基金净值，那么问题来了，为什么会这样呢？

老罗用一个例子给大家说明一下。假设现在有一只“牛基”，单位净值是 1.5 元，基金份额是 1000 份，那么，基金的资产就是 1.5*1000=1500 元。因为基金都是以单位净值为 1 元成立的，所以“牛基”的基金净值（1.5 元）其实可以这么理解：如果在成立时认购，那么 1 元是本金，0.5 元是收益，如图 6.21 所示。

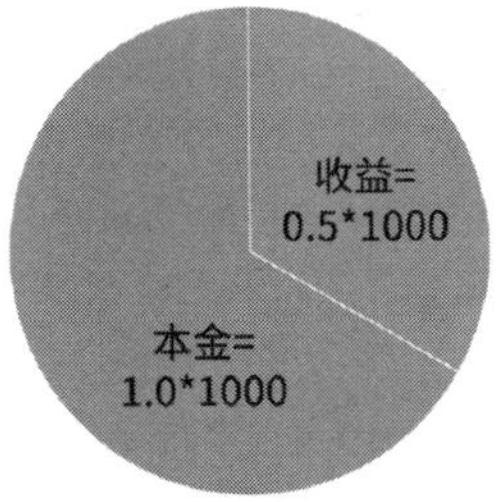

图 6.21　基金本金和收益的构成

现在“牛基”要进行分红，前面我们说到，基金分红的钱不是大风刮过来的，而是基金收益的一部分。

如果我们把基金资产理解成一块蛋糕，每一份基金分红 0.2 元，相当于分红的那一块蛋糕（0.2*1000）被分走了。那蛋糕只剩下 1.0*1000+0.3*1000=1300 元了，如图 6.22 所示。但是基金份额数量是不变的，还是 1000 份，那么基金的单位净值就从原来的 1.5 元变成了 1300/1000=1.3 元，也就是我们看到基金分红之后单位净值会降低的原因。

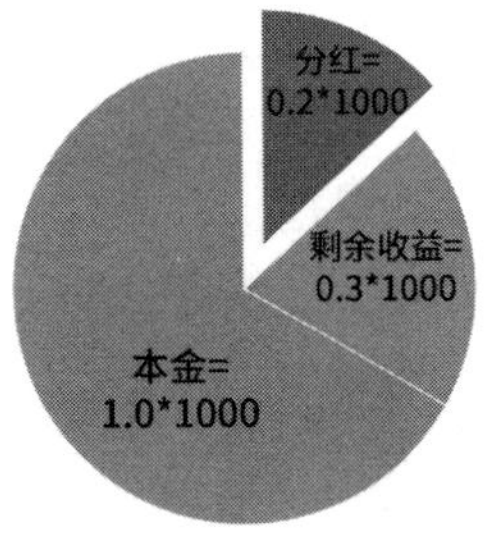

图 6.22　基金本金、剩余收益和分红的构成

虽然基金净值降低了，但我们的总资产一点都没少。你可以看到分红前和分红后总资产都是 1500 元，如果你还看好这只基金，就可以采用红利再投的方式，你的钱还是被投入原有基金，这样分红和不分红对于你而言其实没有影响，如表 6.5 所示。

表 6.5　基金的分红

	基金净值	持有份额	基金分红拿到的现金	总资产
分红前	1.5 元	1000	—	1500 元
每一份基金分红 0.2 元				
分红后	1.3 元	1000	0.2 元×1000	（1.3×1000+0.2×1000）=1500 元

看到这里，有“基民”就会想问：既然分红的钱本来就是属于我自己的，那为什么还要分红呢？这得根据基金分红的两种处理方式：现金分红和红利再投资，进行区分讨论。

（1）现金分红：节省赎回费

前面我们提到，其实如果基金公司不分红，“基民”也可以自己手动选择将这部分盈利落袋为安。两者的差异就在于有没有赎回费。如果是以分红的形式，将转换成的现金部分直接打到“基民”账户，那么是不用收取赎回费的。如果是“基民”自己赎回的，就要根据自己持有基金的时长缴纳对应的赎回费。

（2）红利再投资：节省申购费

对于选择“红利再投资”方式的“基民”，其实相当于把分红得到的钱直接转换成同一只基金的基金份额。我们都知道，买基金的时候一般都要缴纳一笔申购费，不过，如果选择“红利再投资”，就不用再缴纳申购费了。这两种方式该如何选择呢？一般来说，如果对接下来市场的表现不太看好，会更愿意选择现金分红的方式，毕竟账面上的收益只是一个数字，真正拿到手才是王道；如果比较看好后市的投资机会，那么推荐选择“红利再投资”方式，相当于追加投资，而且还是不用缴纳申购费的那种。

小贴士：

总的来说，基金分红相当于把左手的钱倒腾到右手，你的资产没有增加也没有减少。由于基金分红的钱本来就是基金收益的一部分，而基金收益又体现在基金净值当中，所以分红之后基金净值会相应地减少。基金分红也不是全然没有好处，可以帮助大家将收益落袋为安，还能节省费用，减少市场调整带来的冲击（当然，也有可能错过上涨行情）。

2. 单位净值 VS 累计净值 VS 复权净值

打开基金平台，各种基金的宣传铺天盖地，让人眼花缭乱，还有各种专业名词，更是让人无从下手。针对常见的基金的净值方面的问题，举个例子，看到图 6.23 有人说：“我看到这只基金说成立以来涨了 1000%，但是你看它的单位净值才 1.4957，即使看累计净值也才 4.4543，怎么算也算不出来它涨了 10 倍啊！”

图 6.23 基金的累计净值

（1）单位净值 VS 累计净值

莫急，且听老罗一一解开其中的奥秘。首先我们要搞清楚单位净值跟累计净值的区别。基金的单位净值可以理解为基金的价格。

买入基金的时候，我们是把手里的钱换成了基金份额，依据的标准就是单位净值（基金份额=申购金额÷单位净值）。

把基金赎回的时候，就是把手里的基金份额换成了钱，也是参考赎回时的基金净值（赎回金额=基金份额×单位净值）。

所以我们会看到，一般基金在每个工作日都会公布上一个工作日的净值（封闭式基金则是每周公布一次），为大家买卖基金提供参考。

那么累计净值又是怎么回事？

累计净值和单位净值的区别，在于基金在过往的分红。

简单来说，累计净值=单位净值+累计单位分红。

如果我们看到一只基金的单位净值跟累计净值有较大差距，那么两者之差就是基金的历史分红，如图 6.24 所示。

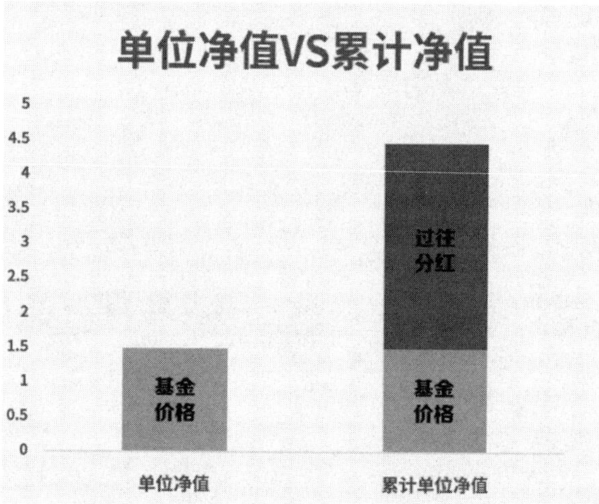

图 6.24　单位净值 VS 累计净值

（2）累计净值 VS 复权净值

既然累计净值=单位净值+累计单位分红，反映了基金长期的业绩情况，那么为什么又蹦出一个“复权净值”（成立以来涨幅）呢？

两者的区别，还是在于基金分红，在于对待基金分红的方式。基金分红不同于股票分红。一只股票不分红，相当于上市公司把钱揣在自己手里，股东是拿不到的；但一只基金如果不分红，那么这只基金赚的钱还是属于“基民”的，“基民”只要赎回来，就可以把收益拿到手。

所以，我们可以把基金分红理解为将收益兑现。兑现的这部分收益，有两个去处，一是落袋为安，另作他用；二是再投资，将这部分现金继续换成更多的基金份额。

其中，累计净值是第一种情况，而复权净值是第二种情况，如图 6.25 所示。

累计净值=单位净值+累计单位分红，但是每次分红拿到手的钱不再继续投资了。

复权净值=单位净值+累计单位分红+历史分红再投资收益。

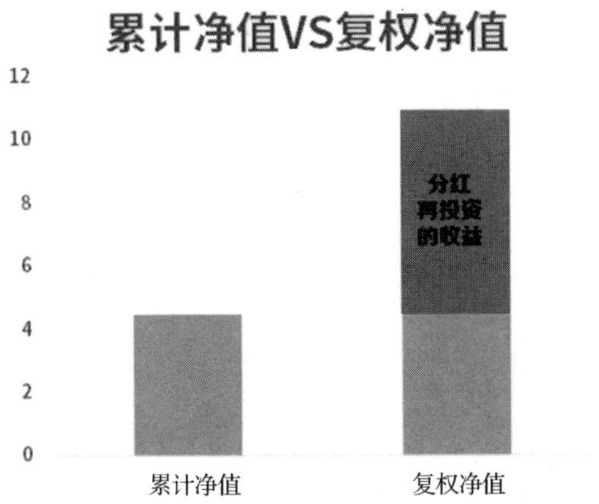

图 6.25　累计净值 VS 复权净值

总的来说，单位净值、累计净值和复权净值三者的关系可以用图 6.26 来表示。

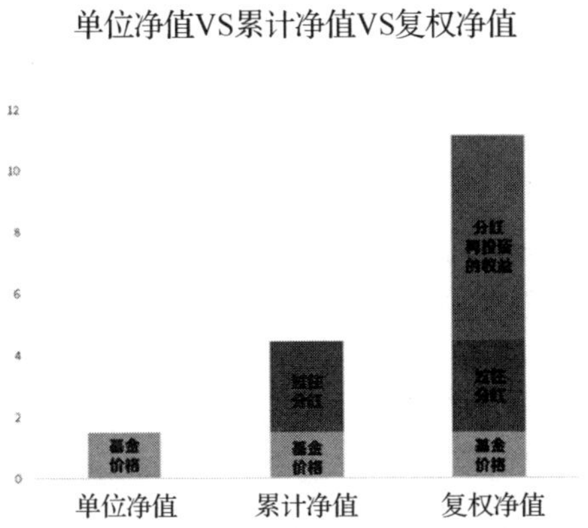

图 6.26　单位净值 VS 累计净值 VS 复权净值

老罗用一个具体的案例给大家演示。对于单位净值为 1 元的基金，基金上涨 50%以后，基金分红每一份基金分红 0.3 元，单位净值为 1.2 元，分红后基金再次上涨 20%，结果单位净值为 1.44 元，累计净值为 1.74 元，复权净值为 1.80 元，见表 6.6。

表 6.6 单位净值、累计净值和复权净值的案例比较

	单位净值（元）	累计净值（元）	复权净值（元）
基金成立时	1.00	1.00	1.00
基金上涨 50%后	1.50	1.50	1.50
基金分红，每一份基金分红 0.3 元			
分红后	1.20	1.50	1.50
基金上涨 20%后	1.44	1.74	1.80
	1.2×（1+20%）=1.44	1.44+0.3=1.74	1.44+0.3×(1+20%)=1.80

如果想要了解基金过往业绩表现，就要看累计净值和复权净值这两个指标，尤其复权净值，其是第三方评价机构衡量基金优劣的参考指标。

6.4 指数基金的清盘

新手小伙伴们在投资的时候听到“基金清盘”几个字就会有点慌，经常会有投资者问：“我买的基金才几千万元，会不会被清盘呀？”谁都不希望自己买的基金有清盘风险，那么如何判断基金是否会被清盘？需要具体情况具体分析，本节老罗将针对基金清盘的情况进行详尽的分析。

什么是基金清盘？基金清盘是指基金资产全部变现，将所得资金分给持有人，该基金以后停止运作并且被注销。

数据显示，2019 年所有公募基金共清盘 129 只基金，主要以混合型基金和债券型基金为主，而指数型基金共计清盘 9 只，占比为 7%，如表 6.7 所示。

从 2019 年清盘的指数基金来看，有 8 只由于规模太小，基金管理公司通过主动召开持有人大会的方式，将规模在 5 千万元以下的基金主动清盘。而有 1 只基金是由于为发起式基金，触发基金合同条款要求 3 年到期规模必须要达到 2 亿元，否则自动清盘。

表 6.7　2019 年清盘的指数基金产品

代码	名称	清算类型	基金到期日	2018 年资产规模（亿元）
519931	长信上证港股通	触发合同终止条款	2019-12-14	0.23
270027	广发标普全球农业人民币	持有人大会表决通过	2019-11-08	0.40
510520	诺安中证 500ETF	持有人大会表决通过	2019-07-05	0.86
001713	华润元大中创 100	持有人大会表决通过	2019-07-02	0.04
159950	易方达深证成指 ETF	持有人大会表决通过	2019-06-30	0.24
005183	博时富时中国 A 股	持有人大会表决通过	2019-06-29	0.03
510260	诺安上证新兴产业 ETF	持有人大会表决通过	2019-06-28	0.15
003524	易方达深证成指 ETF 联接 A	持有人大会表决通过	2019-06-26	0.20
160138	南方恒生国企精明 A	持有人大会表决通过	2019-04-22	0.22

数据来源：Wind。

1. 基金清盘的四种情况

（1）运作期满清盘。是指在基金成立时合同约定的到期日进行清盘。封闭式基金一般都有存续期，如果存续期满，不进行延长，就会进行清盘。

（2）触发式清盘。基金不满足规定，触发清盘的“红线”，被迫终止。根据中国基金有关法规，在开放式基金合同生效后的存续期内，若连续 60 日基金资产净值低于 5000 万元，或者连续 60 日基金份额持有人数量达不到 200 人，基金公司就要报会并提出解决方案，要么清盘、要么转换或者合并，并提交持有人大会表决结果。还有一种是发起式基金，在合同期满 3 年时，若基金规模低于 2 亿元，基金合同应当终止，但在成立后 3 年内规模低于 5000 万元是没有清盘风险的。

（3）表决清盘。是指基金份额持有人通过召开大会主动决定终止基金合同进而清盘，这种清盘方式给基金公司带来的操作成本较高。一般基金选择主动清盘原因通常是基金投资领域较为冷门，业绩一直无起色，无法持续营销。通常，持有人数量少于 200 或者基金规模低于 5000 万元的基金且产品本身很难持续经营的基金，基金管理人会考虑以召开持有人大会的形式进行清盘。

（4）合规清盘。因不符合监管要求而必须进行清盘。比如在资管新规要求下，一些保本基金逐步要退出历史舞台。此时，有两种选择，要么转换成其他类型的基金，要么直接到期清盘；另外，分级基金受监管新规要求，产品必须在 2020 年前进行转型或者清盘。

小贴士：

在买基金时，《基金合同》中基金的清盘方式是投资者需要关注的重要信息。从以上四种方式可以看出，基金清盘的原因有很多，可能是因为合同到期，有些基金在设立时就说明了到期的时间；还有很多是因为规模低于法定标准，大多数人第一反应是因为基金运作不佳，所以少有人买以致规模不足，但过去 5 年的基金清盘数据显示，近 80%因规模不足被清盘的基金是盈利的，只是因为持有人赚了钱就赎回了，而这些基金的收益率又不比市场上其他基金突出很多，导致无法吸引新的资金而被迫清盘；还有一些原因是基金管理人由于持续经营难度较大而主动选择清盘，或因不符合监管或政策要求而被迫清盘，如一些分级基金、保本基金等。

2. 基金清盘会给投资者带来什么影响

基金清盘并不会使投资者血本无归，钱也不会不翼而飞，因为基金公司会根据最后 1 天的基金净值将资金退回给投资者。基金清盘分两种情况，一是基金净值比买入时高，比如你在净值 1 元钱时买，清盘时的净值是 1 元 2 角，这样你的账面是盈利的，不过这种情况较少。通常情况是第二种，基金净值比买入时低，这个时候被强制赎回，投资者就只能接受亏损的现状。

投资者在面对基金清盘时，有三个方案可供选择。

（1）转投其他产品。基金清盘需要一定的清算时间，你的钱并不能立马到手，一旦开始清盘，你的资金流动性就被锁死，而转投其他产品可以回避等待资金到手的时间；另外，如果是转换为该公司旗下的其他基金产品，则一般没有额外的申购费。

（2）提前赎回。从基金公司发布清盘公告，到基金公司正式开始清盘并停止赎回，一般间隔 30 天以上。只要基金开放赎回业务，在这期间的任意交易日都是可以赎回基金的。如果基金是因为运作不佳被迫清盘的，则提前赎回不失为一种痛快的止损方式。

（3）乖乖等待，等清盘结束后拿回自己的那部分钱。基金清盘需要时间，从历史情况看，最短的也要一个月。基金清盘期间你的钱只能享受 0.35%的银行活期存款利率且还要承担清算期间的清算费用。相比较而言，前两种方式更佳。

小贴士：

《公开募集证券投资基金运作管理办法》规定，开放式基金连续 20 个工作日基金份额持有人数不满 200 或资产净值低于 5000 万元，基金管理人应当在定期报告中予以披露。因此在买了基金之后要关注基金的定期报告，可以在基金公司的最新季报（半年报、年报）的“管理人报告”中的“报告期内管理人对本基金持有人数或基金资产净值预警情形的说明”中查看基金是否有面临清盘的风险，从而提前采取行动。

那么如何避免选到清盘风险很高的基金？

（1）避免买入规模较小的基金。从触发清盘的“红线”可以看到，规模在 5000 万元以下的基金就千万不要碰了。

（2）关注持有人结构。小额散户过多会有清盘风险，因为散户不像机构投资者，他们的投资额小，资金稳定性差，风险承受力低，很容易影响基金的规模。但是，机构投资者的比例太大也不好，比如一个机构投资者持有基金规模的 95%，如果机构将资金一次抽走，基金清盘风险就大了。

（3）关注所属的基金公司。若基金公司资产规模较大，市场认可度较高，客户黏性较好，则基金的清盘风险相对较小。因为一旦基金出现清盘的可能，它们拥有及时补救的能力，以防止出现清盘，给公司商誉带来负面影响。

（4）在股市大涨大跌时要警惕。当股市大跌时，可能会有很多投资者信心受挫，大受打击后割肉赎回，导致基金规模迅速缩减。当股市大涨时，债券型基金就有危险了，因为股票与债券负相关，一旦股市表现较好，那么债券型基金往往表现不佳。

（5）谨慎投资一些特殊类型的基金。如分级基金、保本基金、定增基金，这些特殊类型的基金面临的政策风险和未来不确定性较大；另外，打新基金也要谨慎投资，底仓股票表现不佳拖累打新基金成绩，未来若不能及时转型，则清盘的风险也会很大。

可以预见的是，未来基金清盘会越来越普遍。对市场而言，这是一个优胜劣汰的过程，那些表现优秀的基金会生存下去，并且规模持续增大；而表现糟糕的基金则陆续被淘汰出局，因此要理性看待基金清盘。

6.5 揭秘 Smart Beta 投资策略

市场无法让所有人满意而归：有的赚得盆满钵满，有的原地踏步，还有的走到了穷途末路。一个经典的诺贝尔奖级的问题出现了——为什么有的股票买了赚钱，有的买了却赔钱呢？决定股票收益的究竟是什么？

说这个问题“经典”一点儿也不夸张，差不多 60 年前，经济学家和金融学的教授们就构建了一个“资本资产定价模型”（CAPM），试图解决这个问题。这个模型为它的作者赢得了 1990 年的诺贝尔经济学奖（鉴于有的朋友看到公式就头晕，我就不发公式吓唬人了，大家边看图边阅读后文，理解思路即可）。

如图 6.27 所示，在这个模型中，资产的收益由无风险收益与风险溢价两部分组成。第一部分与风险无关，就算风险为 0 也可以取得，被称为“无风险收益”。这一部分对所有股票来说都是相同的，第二部分风险溢价才是差异的来源。如何衡量呢？经济学家们选择以市场整体的收益和风险作为基准。具体来说，先以股票市值作为权重加权计算出平均收益率，减去与风险无关的部分得到作为基准的风险溢价；衡量风险则引入参数 β，设定市场整体的 $\beta = 1$。计算一只个股的风险溢价，只需用基准溢价与反映个股风险程度的 β 相乘即可。对于一只股票来说，若它的波动比市场要大，则 $\beta>1$，与基准溢价相乘得到的风险溢价会高于市场的平均水平；反之，若它的波动比市场要小，则 $\beta<1$，它的风险溢价低于市场平均水平。这与我们的认知——收益越高则风险越大是一致的。

图 6.27　不同贝塔下的股票投资收益率

好的模型符合一般性的认知还不够，关键是要经得起市场的检验。投资者和经济学家们在世界各地的市场中反复检验这个模型，然后发现……对不上，如图 6.28 所示。

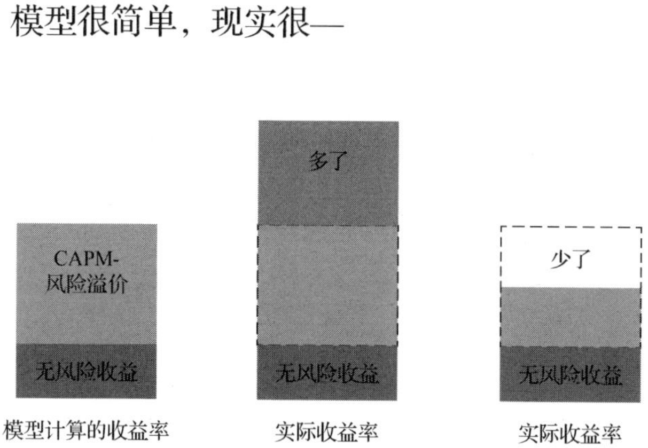

图 6.28　CAPM 风险溢价

不是多了就是少了，这个模型不太靠谱吧？CAPM 觉得很“冤枉”：“这不怪我呀！都怪那些股票的定价不正确。要是市场能给这些股票正确地定价，你们就会发现我这么优雅又简洁的模型简直完美！”

可惜市场永远不会迁就模型，于是只好“拜托”模型迁就市场了。经济学家们引入 α 来代表图 6.29 中“多了”“少了”的部分。他们给这个部分起了个好听的名字——超额收益，意为“股票除承担风险获得的收益之外额外的收益”，可正可负。那么这个 α 又是从哪蹦出来的？

一开始，有人认为 α 代表着主动管理投资组合带来的超额收益。以主动管理型基金为例，这种观点认为 α 是由基金经理们的选股和择时能力带来的。有道是"β 常有而正 α 不常有"——风险溢价的多少可以选出来，因为和风险大小挂钩嘛；正 α 就显得难得多了，常见的情况是主动型基金管着管着就亏了，α 变成了负值。能持续交出正 α 成绩单的基金经理哪一个不是风生水起？以此为卖点的主动型基金迎来了滋润又幸福的时光？

与此同时，对 α 的质疑一直存在。比如坚信 CAPM 成立的人认为 α 就是错误定价带来的，这些错误定价最终都会回到正确的定价上去，因此，α 是会消失的。另一拨人觉得 α 就是 CAPM 不靠谱弄出来的。和市场整体波动进行比较得出一个 β，风险、回报全部都是它带来的，太简单粗暴了吧？万一有其他因素呢？

这又是一个诺贝尔奖级的好问题。经济学家 Fama 和 French 认为除上文中的 β 之外（又称 Excess Market β），股票的回报率还和其他的风险因子相关，并且在此基础上提出了著名的法玛三因子模型（Fama French Three Factor Model），如果给 CAPM 的靠谱程度打 70 分（百分制），三因子模型就能打 95 分。这一模型迅速成为业界的新标准，并为 Fama 教授赢得了 2013 年诺贝尔经济学奖。

法玛三因子模型在 CAPM 的基础上，又引入了两个 β。

Small cap β：也就是法玛三因子当中的市值因子，从风险补偿的角度来看，小市值的股票具有流动性较差、在经济下行期间风险较大等特点，因此应该获得超过平均值的回报。

Value β：法玛三因子当中的账面和市值比重因子，也就是价值因子的一种。同样从风险补偿角度看，市净率较低的股票，也就是我们平常说的价值型股票，具有更强的周期性，财务杠杆较大，未来不明朗，所以具有收益风险更大的特点，因此投资在价值型股票上也应该能获得更高的回报。

随着法玛三因子模型的提出，收益率的构成更清楚了一些，如图 6.29 所示。

"学霸"们恍然大悟：引入两个因子，提分效果就这么显著，要是再引入一个因子，100 分还会远吗？于是浩浩荡荡的找因子运动开始了。动量因子、成长因子、质量因子，因子找了一个又一个，论文发了一篇又一篇……Fama 和 French 也不甘心被"后浪"们"拍死在沙滩上"，他们在原有三因子的基础上，加入了盈利能力因子和投资模式因子，从而更好地解释股票横截面收益率的差异。收益的构成图又一次被更新了——如图 6.30 所示。

图 6.29　三因子模型

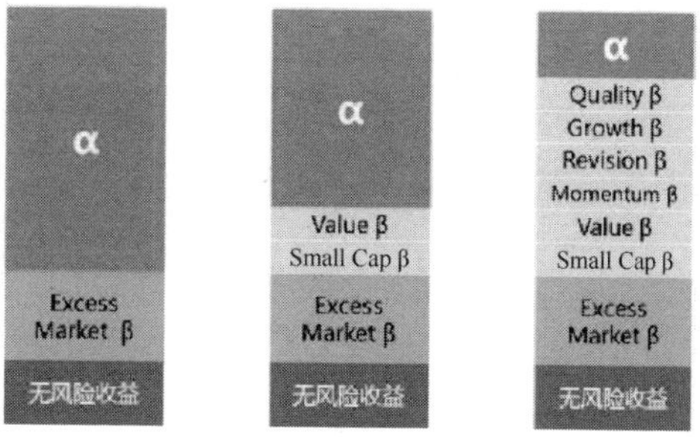

图 6.30　多因子模型

永远不要低估投资者们想要赚钱的愿望，也永远不要低估“学霸”们夜以继日发论文的决心，猜猜看目前为止已经发现多少个因子了？怎么也得几十个了吧？316 个！这么多的因子，这么多的×××× β，是时候给它们起一个拉风的名字了——Smart Beta！如图 6.31 所示。

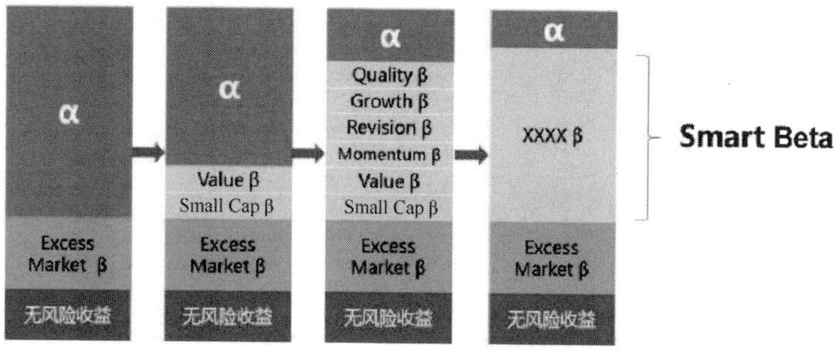

图 6.31　Smart Beta 的由来

这些因子和我们常常听到的“Smart Beta 投资策略”有什么关系呢？

长久以来，投资者们都面临一个“鱼与熊掌”的问题：主动管理型基金以跑赢指数为目标，但是太依赖基金经理的发挥，基金费率高、风险大，今年收益排进前五，明年就可能排末尾了；被动型的指数基金费率低，但是跟踪指数也就意味着永远跑不赢指数。这里说的指数是传统的市值加权指数，代表着市场的平均水平。连平均值都跑不赢，怎一个“废”字了得！世界上就没有第三种选择，既能省钱（费率低），又能跑赢指数吗？我们的主人公 Smart Beta 家族的因子们就是带着这样的使命来的，如表 6.8 所示。

表 6.8　Smart Beta 主要因子表

因子类型	因　子	因子描述	因子显著性
规模因子	总市值	总股本*股票收盘价	☆☆☆☆☆
	流通市值	流通股本*股票收盘价	☆☆☆☆
	自由流通市值	自由流通股本*股票收盘价	☆☆☆☆
估值因子	市盈率（TTM）	股票收盘价/最近 12 个月每股收益	☆☆☆☆
	市净率（上年年报）	股票收盘价/来自上年年报的每股净资产	☆☆☆
	市销率（TTM）	股票收盘价/最近 12 个月每股销售额	☆☆☆
	市现率（TTM）	股票收盘价/最近 12 个月每股经营性现金流	☆☆☆
	企业价值倍数（EV/EBITDA）	企业价值（剔除货币资金）/企业收益（扣除利息、税金、折旧和摊销前的收益，来源于最新年报）	☆☆
成长因子	营业收入同比增长率	营业收入/去年同期营业收入-1	☆☆
	营业利润同比增长率	营业利润/去年同期营业利润-1	☆☆
	归属母公司的净利润同比增长率（扣除非经营性损益）	归属母公司的净利润/去年同期归属母公司的净利润-1	☆☆
	经营活动产生的现金流净额同比增长率	经营活动产生的现金流净额/去年同期经营活动产生现金流净额-1	☆☆
盈利因子	净资产收益率 ROE（扣除非经常性损益、摊薄）	扣除非经常性损益后的净利润/期末净资产	☆☆
	总资产报酬率 ROA	息税前利润*2/（期初总资产+期末总资产）	☆
	销售毛利率	毛利/营业收入	☆
	销售净利率	净利润/营业收入	——
动量反转因子	前 1 个月涨跌幅		☆☆☆☆
	前 2 个月涨跌幅		☆☆☆
	前 3 个月涨跌幅		☆☆☆
	前 6 个月涨跌幅		☆☆☆
交换因子	前 1 个月日均换手率		☆☆☆
波动因子	前 1 个月波动率	日收益率的标准差的年化值	☆☆☆☆
	前 1 个月振幅	（月最高价-月最低价）/前一个月收盘价	☆☆
股东因子	户均持股比例	（流通股合计/股东户数）/流通股合计	☆☆
	户均持股比例变化	户均持股比例-前 1 季度户均持股比例	☆☆☆
	机构持股比例变化	机构持股比例（基金、券商、券商理财、信托）-前 1 季度机构持股比例	☆☆☆

续表

因子类型	因　子	因子描述	因子显著性
分析师预测因子	预测当年净利润增长率（平均值）	（预测当年净利润-前 1 年净利润）/abs（前 1 年净利润）	☆
	预测当年主营业务收入增长率	（预测当年主营收入-前 1 年主营收入）/abs（前 1 年主营收入）	☆☆
	最近 1 个月预测净利润上调幅度	最新当年净利润预测平均值/1 个月前当年净利润预测平均值-1	☆☆☆☆
	最近 1 个月预测主营业务收入上调幅度	最新当年主营业务收入预测平均值/1 个月前当年主营业务收入预测平均值-1	——
	最近 1 个月盈利预测调高占比	最近 1 个月净利润调高家数/最近 1 个月发布盈利预测报告家数	☆☆
	最近 1 个月上调评级占比	最近 1 个月上调评级家数/最近 1 个月发表评级报告家数	☆☆

让我们简单复习一下找因子运动的起点：法玛三因子模型中的三个因子。

- 风险因子：它代表了个股对市场风险的敏感程度。
- 市值因子：它表明小市值的股票应该会获得超过平均值的回报。因为它们的流通性差，经济下行期间风险较大。
- 账面与市值比重因子：它表明市净率低的股票也应该能获得更高的回报。因为它们具有更强的周期性，财务杠杆较大，未来不明朗，指定额收益风险也更大。

有了这三个因子，投资者手里就多了三种投资武器。花样特别多，我们介绍最简单、最常见的两种方法供大家了解。

1．评分法

在浩如烟海的股市中，如何才能找到有潜力、收益率高的股票呢？你可以根据上面的三个因子从这三个角度给各只股票打分，然后加权得出总分，进行排名。

这种方法的优点在于标准明确，较为稳健；缺点在于计算总分时的权重是主观设定的。虽然可以用历史数据来检验当前的权重是否有效，再加以调整，但这个摸索的过程确实比较困难。

2. 回归法

电影《夏洛特烦恼》讲了一个中年人卢瑟穿越回 1997 年，在歌坛混得风生水起的故事。片中有一个著名桥段：主人公劝好兄弟买房。穿越者对日后房价的走势太过了解，因而掌握了这个稳赚不赔的投资信息。

对一名投资者来说，能更准确地预测未来就能快人一步。试想有这样一种计算器：只要输入当前的数据就能算出未来股价。回归法就是想构造出这样的计算器。通过过去的股票收益率对多因子进行回归，我们可以得到一个回归方程。这个方程扮演的角色就是上文中“可以预测未来”的计算器。将新的因子值代入方程，就能得到一个对未来收益的预判，以此为依据进行选股。市场不断产生新的历史数据，这个计算器也在不断进行自我修正。

金融市场三十年河东三十年河西，谁也不知道正在使用的因子是否依旧能跑赢指数。如果效用已经不大，那就换下来，剩下的三百多个因子看着你呢。

以上就是 Smart Beta 策略中因子投资策略里两种简单的方法。说起 Smart Beta，就不得不提 2013 年诺贝尔经济学奖。那一年除本书中不断出镜的 Fama 教授终于抱得诺奖归，另一位享有盛名的经济学家 Robert J.Shiller 也一起分享了这个奖项。以 Shiller 为代表的行为金融学家提出了错误定价（Mispricing）理论框架。这一理论认为，市场上有两种投资者：理性的和非理性的。后者要么过度乐观，要么太悲观，就是不能以“公允”（与价值一致）的价格完成交易，结果价格不是偏高就是偏低。而理性投资者利用这些空挡进行套利，让价格回归价值。市场的价格就是这样不断被添乱地拽着跑，又被理性地拉回。超额收益就是在这样的过程中取得的。

这个理论对 Smart Beta 影响深远。主要表现为：

（1）诞生了 Smart Beta 概念。此前，市场通常会表述为策略 β、风格 β、另类 β、可替代 β 等，但正是基于错误定价理论，诞生了如今金光闪闪的 Smart Beta。

（2）促进了非市值加权策略的蓬勃发展。错误定价理论是非市值加权策略的理论核心，也是 Smart Beta 的起点。传统的指数用市值加权，跟踪这种指数的基金往篮子里扔股票，全看股票的市值大小，大的就多来点，小的就少来点，按市值分配。当成份股股价上涨、市值变大时，就要再多买点；当股价下跌、市值缩水时，就要卖出相应的成份股。这不就是追涨杀跌？单边上涨或下跌的行情还好说，股市这么起起伏伏，怎么赚超额收益呢？

研究发现，切断股票价格或市值与它在投资组合中的权重联系，任何非市值加权组合长期都能获取高于市值加权组合的收益（Jason C. Hsu，2006）。以 RAFI 基本面策略为代表的非市值加权策略不仅验证了这一结论，更是构成了 Smart Beta 的重要组成部分，如图 6.32 所示。

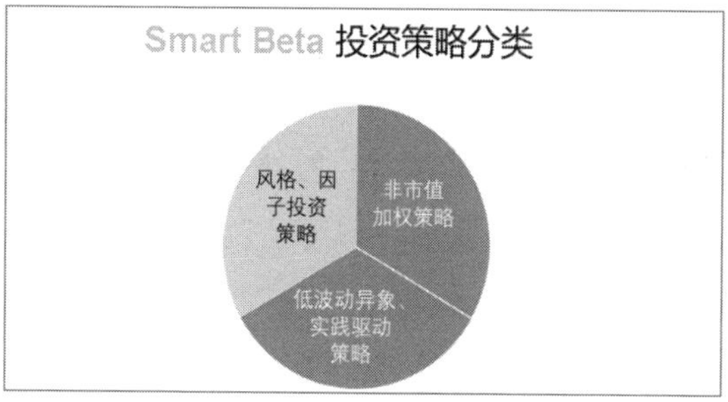

图 6.32　Smart Beta 投资策略分类

（3）解释了传统金融理论的最大异象——低波动效应：高波动股票在某些时候更受市场偏爱，投资者的购买会推升高波动股票价格，从而导致预期收益率下降；而低波动股票，投资者不愿意购买，从而导致低波动股票被低估，预期收益率反而上升。

正是有了这些策略，Smart Beta 一方面能够基于规则，具有透明、低费率和低成本等指数产品的核心特征；另一方面能够获得高于传统市值加权指数的超额收益。高收益只是 Smart Beta 的目标之一，分散化、降低波动率（风险控制）都是 Smart Beta 的目标范畴。所以，叫它“智能贝塔”真是一点儿也不怕它骄傲。

老罗有话说：

市场上肯定不存在一只“Smart Beta 指数是万能的”的聪明指数，无论什么样的市场环境都能战胜市场。Smar Beta 指数如果聪明地战胜市场，不是指数本身聪明，而是选择指数的人聪明，这个人知道在当前环境下该 Smart Beta 指数会更有效。

第 7 章　指数基金投资技巧

7.1　选指数如同逛淘宝一样容易

“省事、省心、省钱、省时、省力”，“五省”好产品指数基金越来越受到投资者的青睐。打开购买界面，琳琅满目的各色产品一下子涌入视野，如果你对指数不够熟悉的话，只会感到眼晕。其实挑选基金就跟买衣服一样，量体裁衣，总能找到适合自己的那一款。

7.1.1　要温度还是要风度，要稳定还是要收益

每个人的体质不同，有的人对温度特别敏感，吹一点儿凉风就感冒，需要厚实一点防风的衣物。有的人则特别抗冻，在春寒料峭时也能一件衬衣潇洒走天下。

投资也是如此，投资者应该根据自己的风险偏好选择对应的指数基金，如图 7.1 所示。有的人对风险特别敏感，债券型指数基金这样的产品是他们的最爱，收益稳定，可以无惧市场上的风风雨雨，但低风险与高收益二者不可兼得，这一类产品的收益有限；有的人喜欢高风险、高收益，分级基金 B 级是为杠杆投资者准备的，建议一般投资者三思而后行。有人羡慕他们笑揽风云动，一赚就赚大的；也有人为他们的大起大落不值。介于二者之间，资产配置均衡的宽基指数基金适合中高等级风险收益偏好的投资者。资产配置集中的行业与风格指数基金风险较高，适合高等级风险收益偏好的投资者。

图 7.1　指数基金的风险等级

7.1.2　选优衣库还是 ZARA，选长线投资还是短期交易

说起优衣库（UNIQLO），人们的第一反应就是简约、耐穿、百搭。相比起来，ZARA 时尚气息更浓，更好看，但也面临很快过时的问题。对采取长线投资（包括定投）策略的投资者来说，规模指数就是他们的“优衣库”，如图 7.2 所示。代表性强、覆盖面广的规模指数可以帮助投资者获取市场长期的平均收益。另一群投资者是市场上的弄潮儿，他们有一定的择时能力，或者对市场的行业、板块有一定的研究。对他们而言，主题指数基金和跟踪行业指数的基金就像 ZARA 里的时尚单品一样，可以自由搭配，跟随市场脉搏进行切换。

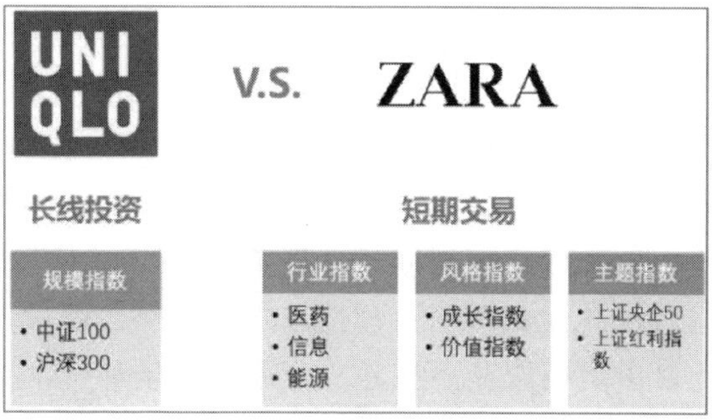

图 7.2　长线投资与短期交易

7.1.3　指数五花八门，该如何挑选

一个简单的乘法公式，给了我们清晰的分析思路，如图 7.3 所示。

1．市盈率

盈利越稳定的品种，价格波动与市盈率的关联就越大。大部分宽基指数，盈利要比其成份股稳定得多，适合用市盈率来衡量价值。以沪深 300（000300）为例，从 2005 年 4 月 8 日发布以来，该指数市盈率一直在 5 至 50 间波动，如图 7.4 所示。

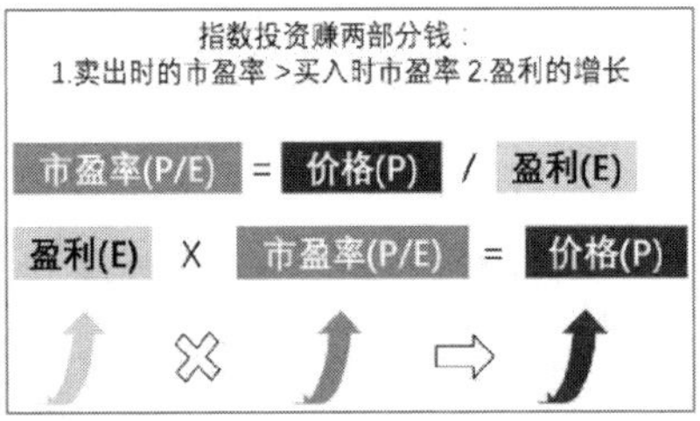

图 7.3　市盈率解析图

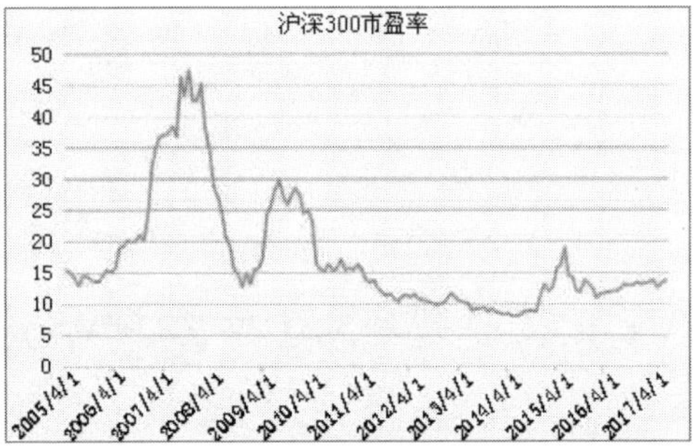

图 7.4　沪深 300 市盈率变化

对沪深 300、上证 50、恒生、H 股指数这些宽基指数拥有一个简单明了的判别方法，就可以以历史估值作为参照物，看看目前估值在历史上处于什么阶段，以帮助自己买入或者卖出。当然，不同规模的宽基指数市盈率分布有所不同，需结合不同的历史数据加以判别。

2．盈利

（1）选行业指数看前景

长期看，在一个经济增长快速的国家，上市公司盈利增速整体在 8%～10%，但具体到某些地区、某些行业，在盈利上会有天壤之别。比如水电站盈利一般比较稳定，而券商受市场行情影响极大。盈利增长在一定程度上会反映在指数增长中，这对于我们选择行业指数具有指导意义。必需消费、医药等行业盈利稳定、成长较快、自由现金流多。另外，在不同市场环境，不同行业表现不一样，可以参考美林时钟或者对于行业盈利增长的预期进行行业指数基金的投资。

（2）选宽基指数看细节

不同的宽基指数选取的成份股不同，指数表现也呈现出差异化。这时我们需要深入细节，从行业构成进行进一步了解。

以创业板指数（399006）为例，如图 7.5 所示。

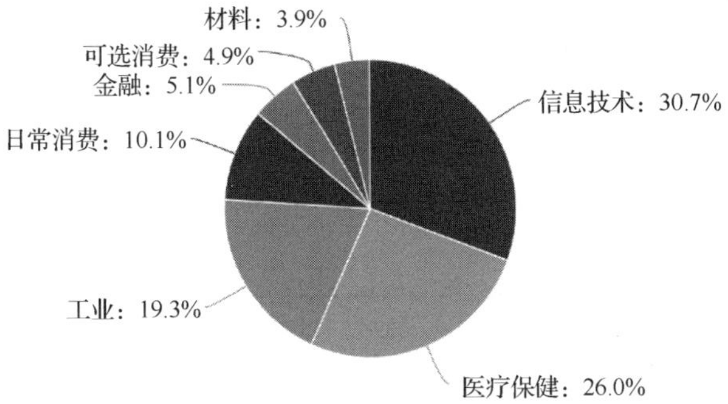

图 7.5　创业板指数行业权重分布

从图 7.5 可以看出，指数成份股行业主要分布在成长型行业。前两大行业分别为信息技术和医疗保健，发展前景较好，权重合计约占行业的 57%。这两个行业都是代表未来方向的行业，企业的净利润增长率较高。同时，创业板指数也整体体现了较好的成长性，创业板指数在 2019 年至 2021 年三个年度的复合净利润增长率预计达到约 46%，具体每年的净利润增长率见表 7.1。

表 7.1　创业板指数的盈利预测

创业板指数	2019 年	2020 年（预测）	2021 年（预测）
净利润增长率	73.55%	78.77%	16.31%

数据来源：根据 Wind 的盈利预测。

权重股的盈利状况将对指数的整体盈利产生影响。以创业板指数为例，2019 年 12 月 31 日创业板指数的前十大成份股为例，如表 7.2 所示，由于 2019 年净利润增长率较高，净利润增长率约为 74%，由于利润率增长较快，故推动创业板指数在 2019 年收益率达到 44%左右。

表 7.2　创业板指数前 10 大成份股

代　　码	简　　称	权重↓	2019 年净利润增长率
300498	温氏股份	8.88%	239.38%
300750	宁德时代	5.61%	34.18%
300059	东方财富	5.15%	91.11%
300760	迈瑞医疗	4.69%	25.74%
300015	爱尔眼科	3.30%	34.27%
300142	沃森生物	2.63%	-81.73%

续表

代　　码	简　　称	权重↓	2019 年净利润增长率
300003	乐普医疗	2.43%	37.37%
300136	信维通信	2.39%	3.76%
300124	汇川技术	2.16%	-16.43%
300347	泰格医药	2.07%	92.45%

数据来源：Wind，截至 2019 年 12 月 31 日。

7.1.4　货比三家，哪家基金最靠谱

1．看商家

淘宝剁手行家会娴熟地点开店铺信息，根据用户过往评价判断该店铺的靠谱程度，就像图 7.6 那样。

要想成为基金达人，也要练就这种火眼金睛。尽管指数基金属于被动型管理的基金，基金的业绩表现与基金公司的研究管理能力的关系不如主动型基金密切，但基金公司的管理能力仍然与基金净值与标的指数之间的跟踪误差、基金的运作成本、规模、流动性等紧密相关。投资者在选择指数的时候，需要综合考虑不同公司指数的管理团队的整体实力、对指数投资的重视程度、历史上指数类产品的运作绩效和风险控制水平等。

以“天天基金”App 为例，搜索“创业板 ETF 联接 C”，如图 7.7 所示。

图 7.6　淘宝店铺信息

图 7.7　天天基金搜索页面

任选一家，如图 7.8 所示。

查看公司详细信息，如图 7.9 所示。

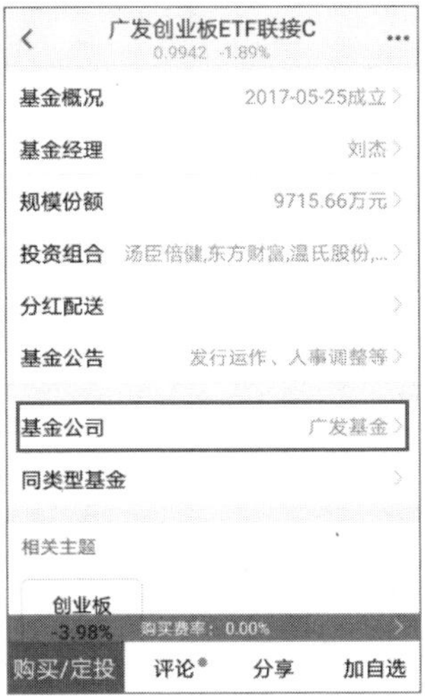

图 7.8　广发创业板 ETF 联接基金基本信息

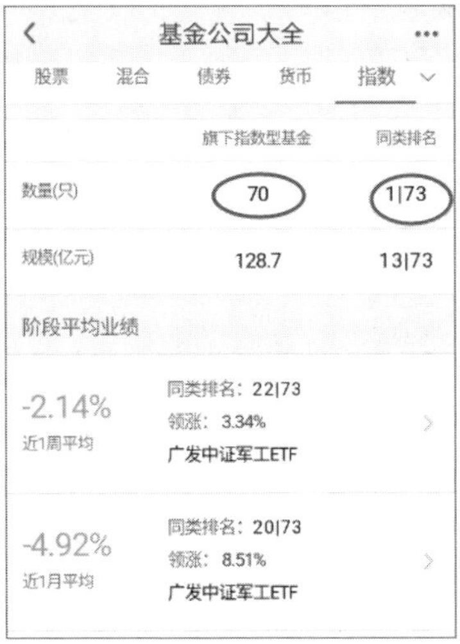

图 7.9　基金收益率及排名

一般老牌的基金公司，经历过各种市场风格的洗礼，其公信度会更高。

关于优秀的团队，对应看组织结构和基金经理情况。基金公司的团队成员是基金公司的软实力，除要看明星经理以外，还要关注基金公司研究人员的数量、经验、稳定性及专业知识结构。

经过一番比较之后，我们便可以了解各大公司对指数基金是否重视以及规模如何等详细情况了。

2．比价格

（1）托管费率

基金庞大的资产，不是直接放在基金公司的，一般在第三方托管，例如××大型银行（基金公司经常吐槽自己其实是给银行打工的），这个钱需要交给托管方，普通指数基金的托管费率一般为每年 0.1%，分级指数基金的托管费率一般为每年 0.2%。

（2）管理费率

主动基金的管理费率为每年 1.5%，指数基金作为被动基金，管理费率低一些。一般指数基金的管理费率每年是 0.5%。具体情况可以在基金公告中查看。

（3）申购费率和赎回费率

赎回费率与持有时长有关，一般来说若持有不到 1 年，赎回费率为 0.5%，持有 1～2 年，为 0.3%，持有 2 年以上免赎回费。

申购费率在不同的购买渠道有很大差异。

① 传统渠道如银行网点一般没有折扣，费率在 1.5%左右。网上银行一般享有 4 折优惠，即 0.6%。

② 第三方基金销售平台，如天天基金、蚂蚁财富、京东金融等都支持 1 折的申购费率。

③ 基金公司直销费率一般最为优惠。广发基金推出的 C 类份额，持有超过一定期限（通常为 7 天，7 天以内通常需要收取费率为 1.5%的高额惩罚性赎回费），申购费、赎回费全免。这种模式按持有时长收取销售服务费，持有一年收取 0.2%，按日计提费用。上下车不收钱，打表计费，特别适合频繁换手的短线、波段投资者。

举个例子，罗子君花 10 万元购买中证 500ETF 联接 C 份额（基金代码 002903），1 个月后为了给平儿交学校赞助费赎回。

通常指数基金 A 份额的交易费用（0.5%赎回费）：

$$100\,000\times(0.5\%)=500\text{ 元}$$

以中证 500ETF 联接基金 C 份额为例：

$$100\,000\times(0.2\%\times1/12)\approx17\text{ 元}$$

选择指数基金并不难，关键是要找出适合自己的那一款。别人穿着好看的衣服不一定适合自己，否则卖家秀与买家秀的对比就不会如此有趣。选基金也是一样的，希望上面的步骤能帮你厘清投资思路，为你的投资大厦添砖加瓦。

老罗有话说：

从市场角度来看，指数里面的成份股上涨，主要由三个因素推动。（1）业绩因素推动。对于成长性行业，你不能仅看静态估值，还要考虑未来的盈利成长。比如某个高成长性科技行业，今年静态估值 150 倍，如果未来三年都能保持 50%的成长性，那么 3 年后它的静态估值是 44 倍，所以有投资者认为这么看，这个行业就不贵。（2）流动性因素推动。从历史数据来看，在流动性宽松的情况下，利好成长股。尤其每轮大牛市的推动，都离不开宽松的流动性，例如在 2006 年、2009 年、2015 年及 2019 年的牛市行情中，市场的流动性都比较宽松，说白了，牛市离不开资金推动。（3）估值变化的因素。行业以前估值偏低，但是由于经济发生变化或者企业转型等原因，大家对于该行业或者该企业高度看好，行业或者企业的估值提升。总结起来，投资者投资指数基金赚的钱主要来源于业绩、流动性和估值这三个因素。

7.2　了解指数基金跟踪误差那些事

经常有投资者问："指数基金明明是跟踪指数，指数涨多少，指数基金就涨多少，为何有的时候会发生指数基金和跟踪指数本身有很大偏差的现象呢？"本节老罗和大家好好说一下指数基金跟踪误差的一些原因，给大家揭秘影响指数基金跟踪误差的那些事情，给些干货，希望能帮助大家更好地投资。

7.2.1　大额申购对指数跟踪误差的影响

大额申购对于指数基金的影响主要是稀释第二天的涨跌。例如，2015 年 10 月 23 日中证医疗指数涨了 4.86%，而跟踪该指数的医疗指数基金（基金代码：502056）净值当天仅涨 1.61%，究其原因，在 2015 年 10 月 22 日中证医疗指数基金发生了大额申购，当日申购的资金享受第二天的涨跌幅，但是该笔资金还属于在途资金，第二天并未到账，基金经理也无法操作，所以当天的涨幅被稀释了。举个形象的例子，你准备好了一桌菜，本来要来一桌人，突然到饭点的时候被告知还要来两桌人，这个时候就算你再神通广大，也来不及再去买两桌菜，就导致一桌菜、三桌人吃，最后大家都没吃饱的结果。

当然如果第二天暴跌，当天的跌幅也会被稀释，原有投资者也会因为前一天的大额申购使得第二天的基金净值跌幅较小。同样形象的例子就是，一桌难吃的菜，三桌人来吃，这样大家的难受程度会低一点。

7.2.2 大额赎回对指数跟踪误差的影响

大额赎回对指数跟踪误差的影响主要有两方面，一方面，赎回发生的赎回费对基金净值有影响。另一方面，赎回卖出的价格对指数基金也有影响。

（1）赎回发生的赎回费对基金净值的影响。基金合同规定赎回发生的赎回费不低于 25%归入基金净资产，这是对继续持有者的保护。一般股票型基金的赎回费率为 0.5%，假设发生 98%基金份额赎回，并且赎回费的 25%归入基金净资产，不考虑其他因素影响，那么大额赎回对于当天净值能够增厚 6.125%。

（2）赎回卖出的价格对指数基金的影响。由于赎回的投资者是按照 T 日的收盘净值确认的，但是为应对基金的赎回，基金经理需要 T+1 日卖出股票，故卖出价格的高低对于继续持有的投资者存在影响。假定发生 20%的大额赎回，若 T+1 日对应指数最高涨幅为 4%，最低跌幅为 4%，收盘时涨幅为 0%，不考虑其他因素，若基金经理选择了于最高涨幅 4%全部卖出，那么这部分赎回对于当天基金净值影响为正 1%，反之若基金经理于最低跌幅全部卖出，那么对于该基金，当天净值影响为负 1%。

理解了这个道理，我给大家举一个现实中的例子。富国基金管理的移动互联网分级基金在 2015 年 7 月 9 日，对应标的移动互联网指数涨幅为 3.2%，基金净值增幅却为负 0.1%，究其原因，据老罗分析，真相只有一个，该基金管理人在 7 月 9 日开盘低开时低位卖出指数成份股票，为了应付接下来的分级基金下折所带来的巨额赎回。

7.2.3 停牌股票的估值调整对指数跟踪误差的影响

停牌股票的估值调整对指数跟踪误差也有影响。假定指数基金触发估值调整的停牌股票占 30%，而对应的指数里面的停牌成份股每天涨跌幅都为 0，因为价格不变，而对应基金资产里面的停牌成份股要按照指数收益法进行调整，若当天对应 AMAC 指数上涨 3%，会计上需要对这个停牌股票进行估值调整，则停牌股票对于基金的净值是增厚 0.9%，反之，若对应 AMAC 指数下跌 3%，则停牌股票对于基金的净值是减少 0.9%。

另外，由于用指数收益法调整的股票估值和实际交易价格有偏差，因此停牌股票复牌后会导致当天净值和指数涨幅有偏差。例如鹏华基金管理的国防军工指数基金在 2016 年 2 月 18 日，对应的国防军工指数跌了 2.21%，而实际基金净值仅跌了 0.64%，主要原因是由于航天科技复牌，停牌期间 AMAC 指数累计下跌了 37%，导致调整航天科技股票估值价为 33.06 元，结果复牌首日尽管跌停，但是盘中打开跌停且成交活跃，航天科技的估值调整为当天收盘价 47.59 元，相当于股票价格一天涨了约 44%，所以该基金当天的净值和指数较大的误差是由航天科技复牌导致的。

影响指数跟踪误差的因素还有指数分红、指数的仓位变化、指数的调样等因素，也是考验基金管理人综合管理能力的一种表现。当然，遇到如上面例子所述的大额申购、大额赎回及停牌后股票变化导致估值调整等，对指数基金管理人考验较大，也难以避免出现一定的跟踪偏离。反之，投资者如果能预判出上述事件，就可以运用上述事件进行套利。老罗讲了上面这些干货，希望能帮助大家提前预判或者事后判断出某些指数基金某日跟踪误差较大的原因，从而对大家进行指数化投资有所帮助。

老罗有话说：

（1）尽量选择跟踪同一个指数的指数基金里面规模最大的。这样避免大额申购/赎回导致对规模造成冲击，从而影响跟踪误差。

（2）尽量选择跟踪同一个指数非分级指数基金。众所周知，分级基金由于在大额折溢价期间容易引来大量套利资金，从而需应对大额申购或赎回导致的跟踪误差增加。另外，分级基金的费率也高于普通指数基金。

（3）估值套利需谨慎。其实很多投资者容易被基金管理公司的宣传软文误导，举个例子来说，多数持有乐视网的基金已将其估值调整至 3.91 元，2018 年乐视网要复牌后，很多基金公司宣传旗下的基金乐视网的权重较高，如果乐视网在 3.91 元估值价上面打开跌停板，当天乐视网就会按照实际的价格估值调回去，基金产品当天就能获得这部分调回去的额外收益，从而实现套利。

但是老罗认为这个套利听起来很美，结果并不美。以创业板 50 指数基金 2017 年四季报显示乐视网占比 6.09%，在 2018 年 2 月 8 日乐视网打开跌停收盘报于 5.08 元，理论上当天基金会因为估值调整导致多赚取（5.08÷3.91−1）×6.09%=1.8%的额外超额收益，而实际呢，当天创业板 50 指数涨幅为 1.64%，而创业板 50 基金当天涨幅 1.72%，仅仅跑赢 0.08%。

这是什么原因呢？（1）投资者认为这个能套利，不断申购，规模增大稀释了乐视网的占比。数据显示，截至 2018 年 2 月 8 日，创业板 50 基金规模 9 亿元，相比 2017 年 2 亿元规模增幅达到 350%，相当于乐视网的占比已经被稀释到只有 1.35%，所以超额收益理论上只有 0.4%左右。（2）由于 2 月 8 日乐视网打开跌停板，基金经理并不是神仙，不一定能全部卖在最高点，所以很可能卖掉乐视网的价格低于 5.08 元。

另外，实际上投资者并不知道这个跌停的股票什么时候打开跌停，如果提前申购，市场下跌，自己的资产还会承受市场下跌的风险；如果打开跌停的当天申购，当天晚上估值就会调整回去，投资者已经不能享受到估值调整带来的收益。所以，运用估值调整套利这个东西听起来很美，实际没那么简单，投资者在进行套利的时候一般考虑几个问题：（1）市场是不是在底部了？（2）这个基金值得持有吗？（3）基金规模会不会因大额申购稀释停牌股票的占比？等这三个问题想清楚，再进行估值套利，不要被市场上的一些宣传软文蒙蔽了自己的双眼。

7.3 影响 QDII 指数跟踪误差的主要原因

对于喜欢做被动投资，又看好海外市场的投资者而言，指数型 QDII 基金是他们的不二之选。指数型 QDII 基金直接投资于海外证券市场，投资范围广阔，既包括纳斯达克 100 指数、标普 500 指数、道琼斯工业指数等知名海外宽基指数，也包括纳斯达克生物科技、全球医疗保健、美国房地产等具有各色风格的行业指数。

投资指数型 QDII 基金不仅可以分散风险，还可以分享海外市场的收益，让投资者可以完善自己的资产配置组合。可是，细心的投资者会发现，有时候自己持有的 QDII 基金的收益率跑不赢基金的标的指数收益率。

QDII 基金净值增长有一部分是由汇率因素贡献的。以投资于美股市场的 QDII 基金为例，2018 年以来，受人民币贬值、美元兑人民币汇率不断走高的影响，QDII 基金净值增长成绩颇为亮眼。

为此，我们测算了市场上较为热门的两只追踪纳斯达克 100 指数的产品净值增长率，以及两只追踪标普 500 指数的产品的净值增长率，在剔除汇率影响之后，可以看到 QDII 基金净值增长高于标的指数增长的天数较少，指数的表现要优于 QDII 基金的表现，如表 7.3 及表 7.4 所示。

表 7.3　纳指 QDII 产品与纳指指数比较

	纳指 100 QDII 产品 A		纳指 100 QDII 产品 B	
	近一年	近两年	近一年	近两年
QDII 优于纳指 100（天）	111	233	125	248
纳指 100 优于 QDII（天）	141	271	127	256

数据来源：Wind，统计区间：2016.9.6—2018.9.6。

表 7.4　标普 500 QDII 产品与标普 500 指数比较

	标普 500 QDII 产品 A		标普 500 QDII 产品 B	
	近一年	近两年	近一年	近两年
QDII 优于标普 500（天）	124	247	124	244
标普 500 优于 QDII（天）	128	257	128	260

数据来源：Wind，统计区间：2016.9.6—2018.9.6。

那么，为什么海外 QDII 基金产品容易跑输对应的海外指数呢？这部分被“偷吃”的收益去了哪里呢？

1. 指数收益处理方式问题

海外指数跟踪的基准大部分是全收益指数，把成份股公司派发的红利在除息日收盘后再投资回组合，考虑了上市公司分红的因素，跟踪难度更大。而 A 股的跟踪基准都是价格指数，仅计算股票价格的波动，股票分红会导致指数价格下跌，相对更容易跟踪。

由于比较基准不一样，QDII 的比较基准是全收益率指数（价格指数与全收益率指数的区别，可见本书第 2.3 节），考虑了分红后的再投资，相当于指数做了复权处理，所以跟踪难度较大。

在全球范围内，上市公司的分红形式多种多样，包括股票分红、以股代息、现金分红等，全收益指数主要考虑了现金分红这种形式，以原组合成份股所得到的现金分红再投资到原有组合，分红再投收益+原收益一起，构成了全收益指数的收益。

2. 仓位问题

由于股票组合最高仓位限制的存在和申购/赎回冲击的存在，QDII 指数基金与基准指数存在一定的跟踪误差。

以广发纳斯达克 100 指数 QDII（270042）为例，为了为申购/赎回准备必要的头寸，该基金规定对纳斯达克 100 指数成份股的投资比例不低于基金资产净值的 85%，现金或者到期日在一年以内的政府债券不低于基金资产净值的 5%。所以通常指数仓位最大只能达到95%，还有5%的仓位作为现金应对投资者赎回，仓位没达到 100%，所以，导致跑不赢跟踪的指数，尤其是近年来美股市场一路飘红，投资者也不断申购，导致股票仓位下降。这样，QDII 净值增长不及指数增长的原因就不难理解了。

3. 费率问题

一般而言，QDII 基金的管理费率和托管费率比普通指数基金更高。在基础费率方面，QDII 基金的年托管费率比普通指数基金高出 0.15%，年管理费率更是比普通指数基金高出 0.30%。在交易成本和费率的压力下，QDII 基金的实际收益率难免受到影响，出现比指数收益率差的情况，具体费率比较见表 7.5。

表 7.5　QDII 指数基金与普通指数基金

	QDII 指数基金	普通指数基金
管理费率（年）	0.8%	0.5%
托管费率（年）	0.25%	0.1%
总费率（年）	1.05%	0.6%

数据来源：Wind。

4. 汇率成本问题

在购买 QDII 基金时，投资者用人民币购买基金份额进行申购，基金公司利用其外汇额度把人民币换算成外币进行投资；当投资者赎回基金时，基金公司再以当天的汇率换算成人民币返还。那么在持有 QDII 基金的这一段时间内，汇率的走向对 QDII 的实际收益就有很大的影响。

外汇是把“双刃剑”。如果在持有期内外币升值，那么上升部分的汇率差价会反映在基金净值中。但如果在持有期内外币贬值，则投资者要承受汇率压力，实际收益率将有所降低。当遇到不利的外汇情况时，QDII 基金的实际收益率低于指数收益率也就不足为奇了。

QDII 指数基金承受了指数收益处理方式、仓位、费率和汇率成本等多种综合因素的外在压力，遇到 QDII 指数基金收益率跑输其追踪指数收益率的情况，并不能说明 QDII 产品有缺陷。

我们应该更加关注海外具有成长价值的指数，以及能为我们创造符合预期的收益率的优秀 QDII 产品，以实现最终的投资目标。

7.4　LOF 套利策略

LOF，英文全称为"Listed Open-Ended Fund"，中文译为"上市型开放式基金"，与传统的开放式场外指数基金相比，LOF 的主要特点为增加了一种交易方式，即除能申购或者赎回外，还可以买入或者卖出，即 LOF 同时拥有二级市场交易价格和一级市场基金净值两种价格！对投资者来说，交易更加便利，且交易成本更加低廉。

LOF 二级市场交易价格如股票二级市场交易价格一样，是投资者之间互相买卖所产生的价格，交易用"买""卖"完成，价格会波动。

LOF 一级市场基金净值是基金管理公司利用募集资金购买股票、债券和其他金融工具后所形成的实际价值，交易用"申购""赎回"完成，净值一天只有一个。

同一样东西，两个价格，聪明的投资者立刻就发现了其中存在的套利机会。套利的原理解释起来很简单，低价买进，高价卖出，这里以 LOF 的基金净值作为参照物。

小贴士：

当二级市场交易价格>一级市场基金净值时，我们称之为溢价。

当二级市场交易价格<一级市场基金净值时，我们称之为折价。

当折价或者溢价较大时就可能存在套利机会。

但是需要说明一点，深交所和上交所 LOF 的申购赎回效率并不是完全一致的，如表 7.6 所示。深交所的 LOF 通常当天买入基金份额，T+1 日才可以赎回，当天申购基金份额，T+2 日才可以卖出。上交所当日申购所得的上证 LOF 份额，当日不可卖出、赎回或转托管，T+2 日才可场内卖出；当日买入的份额，当日可以赎回、转托管，但不得卖出。

表 7.6　上交所和深交所 LOF 申赎效率对比

	深 交 所	上 交 所
当日申购的基金份额	T+2 日可以场内卖出	T+2 日可以场内卖出
当日买入的基金份额	T+1 日可以赎回	T+0 日可以赎回

凭老罗的经验，LOF 套利一般发生在两种情况下：（1）产品转型或者新品种上市后不久，套利者较少时出现的套利机会。（2）当市场疯狂时，场内的价格出现较大的折价或溢价会给投资者套利机会。

7.4.1　第一种情况：当产品转型或者新品种上市后不久，套利者较少时出现的套利机会

当新品种上市以及产品转型时，由于很多投资者对规则熟悉度不够，套利者较少，导致上市早期产品价格与实际净值出现较大偏差。在这里，老罗举出三个案例与大家分享。

（1）国投瑞银瑞福深证 100 转型 LOF 第四天套利机会

国投瑞银瑞福基金瑞福分级基金上市满三年，持有瑞福进取的投资者自动转换成深证 100 指数基金 LOF（基金代码：161227），由于此基金转型后希望通过场内卖掉的客户较多，而且关注此基金套利的客户也不够多，所以导致在 2015 年 9 月 2 日（即上市后的第四天），如表 4.4 所示，出现了场内的买入价格比净值折价 4.03%的情况，当天成交金额达到 2.34 亿元。由于深交所的 LOF T 日买入，T+1 日才能赎回，所以假定 9 月 2 日场内按照收盘价 0.715 元买入瑞福深证 100 指数基金 LOF，T+1 日赎回，实际按照 9 月 3 日 0.737 元的净值赎回，扣除 0.5%的赎回费，整个套利过程的收益率达到 2.56%。由于该套利存在一天指数基金净值波动的风险，故在套利时要考虑套利空间是否足够覆盖第二天净值波动的风险。

表 7.7　国投瑞银深证 100 瑞福基金净值变化及套利折溢价

日　　期	深证 100 瑞福基金当天收盘价（元）	深证 100 指数涨跌	实际净值（元）	折溢价率（收盘价/实际净值-1）
2015/8/28	0.792	4.76%	0.795	−0.38%
2015/8/31	0.776	−1.01%	0.774	0.26%
2015/9/1	0.745	−1.21%	0.752	−0.93%
2015/9/2	0.715	−0.69%	0.745	−4.03%
2015/9/7	0.722	−2.02%	0.737	−2.04%

数据来源："老罗话指数投资"公众号测算。

另外，大家可能要问，我如何知道今天的净值是多少呢？其实指数基金是完全跟踪指数的，所以你也可以按照当天指数的涨跌，结合昨天基金本身的净值进行预估，考虑指数基金会预留 5%的现金应对赎回，故预估当天基金净值的公式为：上一交易日基金的净值×（1+0.95×指数涨跌幅）。

（2）上证 50 分级上市第一天套利机会

易方达上证 50 分级（基金代码：502048）在 2015 年 4 月 27 日上市交易，作为上交所的第一只 LOF 分级基金，很多投资者并不了解上交所 LOF 的赎回可以 T+0，即当天场内买入 LOF 份额，当天就可以赎回。如表 4.5 所示，投资者可以在 4 月 27 日当天收盘价前以接近收盘价 1.0211 买入，当天成交金额达到 1.71 亿元，然后收盘前即可赎回，就可以当天 1.051 的基金净值赎回，扣除 0.5%的赎回费，实际无风险套利收益率为（1.051×0.995）÷1.0211−1=2.41%。另外，大家发现，第二天开始，折溢价率都在 0.5%以内，已经没什么套利机会了，所以说好的机会一般出现在大家对规则不熟悉的刚开始时。

表 7.8　上证 50 分级基金净值变化及套利折溢价

	上证 50 分级收盘价格（元）	上证 50 分级基金净值（元）	折溢价率（收盘价/实际净值-1）
2015/4/27	1.0211	1.051	−2.84%
2015/4/28	1.0137	1.014	−0.03%
2015/4/29	1.014	1.018	−0.39%

数据来源："老罗话指数投资"公众号测算。

（3）华宝原油 T+0 机制推出的套利机会

华宝油气作为在深交所上市的跨境 LOF，自 2015 年 1 月 19 日开始可 T+0

交易，即买入当日即可卖出，流动性得到显著提升。而在此之前，由于流动性的原因，华宝油气的场内价格比实际基金净值高达 10%以上，但是日均成交量只有 1 千万元左右，流动性成问题，可是日内回转出现后，日均成交量达到几亿元，流动性的解决帮助大家进行 LOF 溢价套利，即 T 日交易时间申购华宝油气基金，由于是 QDII 基金，以 T 日净值确认，T+2 申购确认，T+3 日场内卖出，如图 7.10 所示。

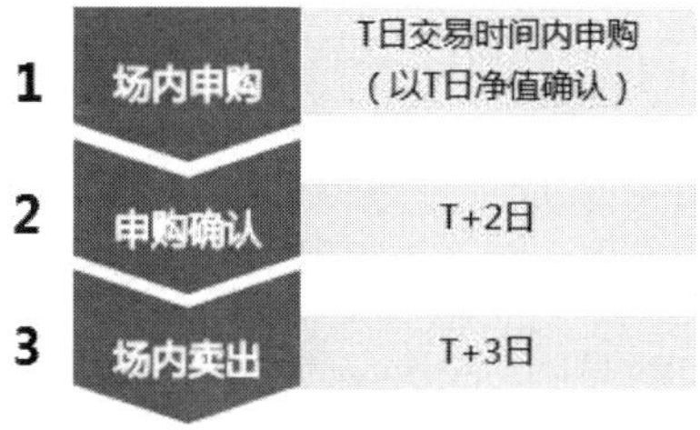

图 7.10　QDII 基金套利效率

由于 2015 年 1 月 19 日前，华宝油气场内长期保持高溢价，1 月 19 日的日内回转制度帮助增加场内流动性，那么投资者可以通过申购华宝油气基金，T+3 日在场内卖出，获得溢价收益，当然这几天场内价格会受到油气股票价格波动影响。从表 7.9 可以看出，在 1 月 19 日至 1 月 26 日期间内进行申购，都可以通过套利方式获得溢价正收益，假定以当天的净值申购，T+3 日以收盘价卖出，最高的套利收益率为 12.22%。

表 7.9　华宝油气净值变化及套利折溢价

日　期	华宝油气净值（元）	华宝油气收盘价（元）	折溢价率	套利收益率（T+3 收盘价/T 日净值-1）
2015/1/19	0.704	0.77	9.38%	12.22%
2015/1/20	0.695	0.748	7.63%	5.18%
2015/1/21	0.707	0.727	2.83%	4.24%
2015/1/22	0.707	0.79	11.74%	3.68%
2015/1/23	0.703	0.731	3.98%	5.69%
2015/1/26	0.72	0.737	2.36%	1.25%
2015/1/27	0.732	0.733	0.14%	-1.50%

数据来源：“老罗话指数投资”公众号测算。

7.4.2　第二种情况：当市场疯狂时，场内的价格出现较大的折价或溢价会给投资者套利机会

折价套利：当 LOF 市价小于基金份额实际净值时，场内买入 LOF，赎回 LOF 基金。溢价套利：当 LOF 市价大于基金份额实际净值时，申购 LOF，然后场内卖出 LOF。这里需要注意，上交所的 LOF 赎回可以做到 T+0，而深交所当天买入，第二天才能赎回，所以这种套利也存在一天净值变化的风险。

（1）LOF 的溢价套利机会

景顺资源基金在 2006 年 11 月 30 日市场牛市阶段，二级市场价格已经远远高于当日基金净值，这天就可以通过场内按当天基金净值 1.096 元进行申购，T+2 日即 12 月 4 日可以通过二级市场按市场价 1.417 元卖出，两天套利收益率达到 29.28%（未考虑赎回费），套利收益率非常可观，如表 7.10 所示。

表 7.10　景顺资源基金净值变化及套利折溢价

日　期	景顺资源收盘价格（元）	景顺资源净值（元）	折溢价率（T 日基金收盘价/T 日基金净值）
2006/11/30	2.091	1.096	90.78%
2006/12/1	1.574	1.116	41.04%
2006/12/4	1.417	1.13	25.40%

数据来源："老罗话指数投资"公众号测算。

（2）LOF 的折价套利机会

广发小盘基金在 2015 年 7 月 8 日股市暴跌发生期间，当天场内广发小盘价格在市场恐慌情绪下下跌 9.98%，而当天中小板指仅下跌 1.38%，这时就给投资者一个很好的送钱机会，7 月 8 日当天按 2.245 元的价格买入，7 月 9 日按当天 2.4076 元的基金净值赎回，扣除 0.5%的赎回费，如表 7.11 所示。

$$套利收益率=（2.4076\times0.995）\div2.245-1=6.71\%$$

表 7.11　广发小盘基金净值变化及套利折溢价

	广发小盘收盘价格（元）	广发小盘净值（元）	折溢价率（T 日基金收盘价/T 日基金净值）
2015/7/7	2.494	2.4734	0.83%
2015/7/8	2.245	2.3539	-4.63%
2015/7/9	2.47	2.4076	2.59%

数据来源："老罗话指数投资"公众号测算。

老罗有话说：

要想套利，首先需要了解基金的交易机制。其次，要关注 LOF 的转型、上市首日、基金重要公告影响，即使找出套利机会，你还要评估 LOF 基金的流动性，或者申购/赎回的赎回费用成本等。套利是个技术活儿，老罗在这里的讲解只是“师父领进门”，大家多试几次就能总结出经验。

7.5 挑选指数基金的三个技巧

除了前面告诉大家如何挑选指数基金的基本方法以外，老罗再告诉大家选择指数基金需要考虑的一些细节，这些细节往往容易被大家忽视，但是对大家的投资收益可能帮助很大。

7.5.1 指数基金打新收益不可以忽略

2017 年打新股公募基金的数据统计显示，如果沪深两市都能打新，规模在 1 亿元～3 亿元的基金打新效果会比较好，前提是 IPO 数量比较多。指数基金参与打新的好处是它的成份股的沪深两市的股数比例比较确定，更适合去参与打新。老罗测算过一只 2 亿元左右的公募基金，2016 年打新收益贡献在 680 万元左右，2017 年打新贡献 1300 万元左右。假定基金规模为 2 亿元，2016 年可以额外贡献 3.4%的超额收益率，2017 年可以额外贡献 6.5%的超额收益率。当然基金规模也不能太小，否则不够参与打新规模的最低门槛，当然这个最优规模可能会随着政策不断变化，按照 2017 年的市场环境，参与两市打新的最优规模在 2 亿元左右，如图 7.11 所示。

广发中证养老指数基金就是一个打新的例子，2016 年到 2017 年的基金规模在 2 亿元左右，沪深两市比较均衡，深市股票能打，沪市股票也能打。正因为如此，所以广发中证养老指数一年下来只有两周是负超额收益，即跑输指数，其他每周都有超额收益。假设指数涨了 8%，指数基金超额了 8%，也就是指数基金涨了 16%，这种是靠打新额外给投资者赚来更多的钱，并不是基金经理主动给大家增强，但是这种增强又是确定的增强。如果你知道这个技巧能够获得超额收益，而且发现它每周都有增强，就可以去选择这种具有最优打新规模的指数基金，而且通过分析能知道它是靠打新来增强指数的，并且打新增强的收益比较确定，那么你就可以去投资这类指数基金。

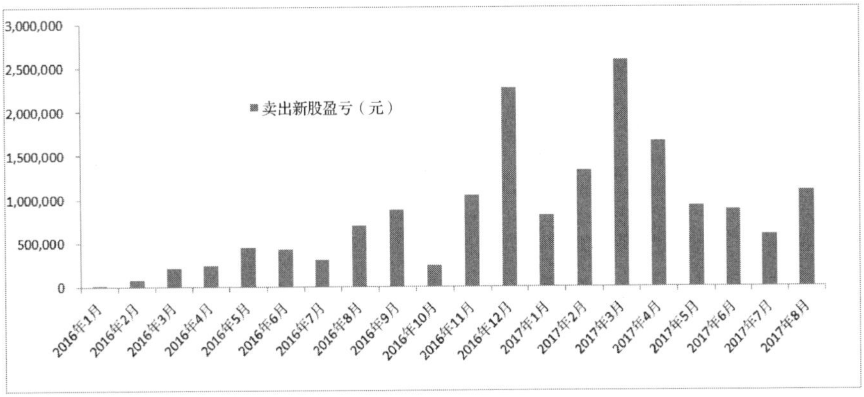

图 7.11　某只 2 亿元左右公募基金每月新股收益贡献情况

以广发中证养老产业指数基金为例，2016 年 7 月 7 日—2017 年 7 月 7 日基金相比跟踪标的超额收益率达 8%左右，具体如表 7.12 所示。

表 7.12　广发中证养老指数基金周超额收益比较

日　　期	广发中证养老产业指数基金 A 周净值涨跌幅	广发中证养老产业指数基金 A 基准周涨幅	超额收益率
2016-07-08	1.88%	1.73%	0.15%
2016-07-15	3.39%	3.33%	0.05%
2016-07-22	−0.69%	−0.83%	0.15%
2016-07-29	−1.44%	−1.44%	0.00%
2016-08-05	−0.76%	−0.84%	0.09%
2016-08-12	1.67%	1.57%	0.10%
2016-08-19	2.23%	2.25%	−0.02%
2016-08-26	−0.74%	−0.87%	0.13%
2016-09-02	−0.38%	−0.48%	0.10%
2016-09-09	0.50%	0.39%	0.11%
2016-09-14	−2.44%	−2.56%	0.12%
2016-09-23	1.29%	1.22%	0.08%
2016-09-30	−0.98%	−1.06%	0.08%
2016-10-14	1.95%	1.93%	0.02%
2016-10-21	−0.05%	−0.12%	0.07%
2016-10-28	0.33%	0.31%	0.03%

续表

日　　期	广发中证养老产业指数基金A周净值涨跌幅	广发中证养老产业指数基金A基准周涨幅	超额收益率
2016-11-04	0.22%	0.13%	0.09%
2016-11-11	0.84%	0.73%	0.11%
2016-11-18	−0.14%	−0.37%	0.23%
2016-11-25	1.61%	1.40%	0.21%
2016-12-02	−0.60%	−0.91%	0.31%
2016-12-09	−0.86%	−1.22%	0.36%
2016-12-16	−3.36%	−4.06%	0.70%
2016-12-23	−0.92%	−1.19%	0.27%
2016-12-30	0.50%	0.29%	0.21%
2017-01-06	0.58%	0.44%	0.15%
2017-01-13	−1.68%	−1.87%	0.18%
2017-01-20	0.21%	0.09%	0.12%
2017-01-26	1.19%	1.02%	0.18%
2017-02-03	−0.54%	−0.61%	0.07%
2017-02-10	0.85%	0.71%	0.15%
2017-02-17	0.09%	−0.18%	0.27%
2017-02-24	3.11%	2.98%	0.13%
2017-03-03	−0.41%	−0.72%	0.30%
2017-03-10	0.35%	0.06%	0.29%
2017-03-17	0.50%	0.27%	0.23%
2017-03-24	1.47%	1.23%	0.24%
2017-03-31	−1.68%	−1.94%	0.26%
2017-04-07	1.30%	1.19%	0.11%
2017-04-14	−1.66%	−1.86%	0.20%
2017-04-21	0.13%	0.03%	0.10%
2017-04-28	−0.10%	−0.16%	0.06%
2017-05-05	−1.14%	−1.22%	0.07%
2017-05-12	−0.09%	−0.24%	0.15%
2017-05-19	1.78%	1.68%	0.10%
2017-05-26	−0.12%	−0.14%	0.02%
2017-06-02	−0.49%	−0.48%	-0.01%
2017-06-09	3.63%	3.42%	0.21%
2017-06-16	−0.42%	−0.52%	0.10%
2017-06-23	0.84%	0.71%	0.13%
2017-06-30	1.51%	1.42%	0.09%
2017-07-07	−1.07%	−1.10%	0.03%

数据来源：“老罗话指数投资”公众号测算。

2017年有很多指数基金，尤其是2亿元左右的指数基金跑赢指数基准较多，主要原因就是来自打新增强。大家可以自己做一个数据比较，比较每月或者每周指数基金跟它的基准之间是不是有增强，如果大部分周都有增强，那么说明它可能是靠打新获得的，这种指数又具有打新的最优规模，这个指数本身你又看好，你就选择这种锦上添花的指数，这是指数投资的第一个小技巧。

7.5.2　注意投资的日历效应

沪深股市30余年，行情跌宕起伏，时刻挑战投资者的心跳，但在这风起云涌的股市中，暗含着一个具有中国特色的股价波动规律——“日历效应”，这是市场异常的一种形式，意味着投资者可以通过执行某些特定的投资策略获得超额收益，拿到节日红包。

1999年，国家确定“十一”黄金周的休假制度，假期为7天，股市休市却常常成为“拐点”。在过去21年间，“十一”前后，上证综指节后表现较好，节后三个交易日上涨概率高达71%左右，如表7.13所示。

表7.13　过去21年“十一”前后上证综指交易日跌涨幅

年　份	节前一个交易日	节后一个交易日	节后三个交易日	节后五个交易日
1999年	-0.90%	-2.30%	-2.09%	-3.95%
2000年	1.10%	0.27%	1.23%	0.42%
2001年	0.00%	-2.17%	-4.43%	-4.17%
2002年	-0.38%	-1.18%	-3.24%	-3.16%
2003年	0.87%	0.33%	2.70%	1.54%
2004年	-1.64%	1.88%	-0.88%	-4.57%
2005年	0.01%	-1.44%	0.54%	-1.39%
2006年	0.89%	1.88%	2.15%	1.84%
2007年	2.64%	2.53%	3.95%	6.32%
2008年	-0.16%	-5.23%	-8.79%	-12.78%
2009年	0.90%	4.76%	5.64%	7.21%
2010年	1.72%	3.13%	6.99%	8.43%
2011年	-0.26%	-0.61%	2.58%	3.06%
2012年	1.45%	-0.56%	1.62%	0.90%
2013年	0.68%	1.08%	0.75%	2.90%
2014年	0.26%	0.80%	0.45%	-0.19%
2015年	0.48%	2.97%	7.69%	6.87%

续表

年　　份	节前一个交易日	节后一个交易日	节后三个交易日	节后五个交易日
2016 年	0.21%	1.45%	1.79%	1.97%
2017 年	0.28%	0.76%	1.17%	1.24%
2018 年	1.06%	-3.72%	-3.39%	-7.60%
2019 年	-0.92%	0.29%	1.46%	3.53%
平均	0.39%	0.23%	0.85%	0.40%
胜率	71.43%	61.90%	71.43%	61.90%

数据来源：“老罗话指数投资”公众号测算。

同样作为“黄金周”的春节是不是也存在这一规律呢？

以中证 500 指数为例，从 2008 年至 2019 年间，持续 7 年节后三个交易日为正收益率，持续 6 年节后五个交易日为正收益率，过去 12 年间，节后 3 个交易日以及节后 5 个交易日为正收益率为正的胜率达到 91.67%，如表 7.14 所示。

表 7.14　中证 500 指数春节前后收益统计

年　　份	节前一个交易日	节后一个交易日	节后三个交易日	节后五个交易日
2008 年	0.39%	-0.53%	0.97%	6.08%
2009 年	-0.81%	3.07%	8.30%	11.42%
2010 年	1.37%	0.08%	3.17%	4.95%
2011 年	0.43%	-0.45%	3.37%	5.16%
2012 年	1.37%	-0.70%	-1.49%	2.03%
2013 年	1.43%	0.53%	0.74%	-1.67%
2014 年	-0.59%	1.86%	5.02%	4.61%
2015 年	0.71%	-0.08%	1.82%	3.51%
2016 年	-1.00%	0.07%	5.42%	5.57%
2017 年	0.71%	-0.27%	0.52%	1.73%
2018 年	0.31%	2.10%	4.78%	4.67%
2019 年	2.82%	2.53%	5.08%	4.85%
平均	0.60%	0.68%	3.14%	4.41%
胜率	75.00%	58.33%	91.67%	91.67%

数据来源：“老罗话指数投资”公众号测算。

整体来看，节后行情上涨是大概率事件，那么五一假期是不是也会有假日效应呢？

综合来看，五一假期的节日效应不如其他假期，可能的原因与假期长短有关。节日效应产生于投资者的避险心理，投资者担心长假期间出现意想不到的“黑天鹅”事件导致节后资金损失，故选择在假期前退出资金，安心过节，待假期后再重新投入。五一长假一般只有三天或四天，比起国庆长假和春节长假，休市时间更短，投资者避险情绪没有那么强烈，故节日效应表现不明显，如表 7.15 所示。

表 7.15　中证 500 五一节后涨幅收益率统计

年　　份	节后首个交易日	节后五个交易日	节后一个月
2009 年	3.37%	5.55%	9.39%
2010 年	-0.10%	-3.82%	-7.88%
2011 年	1.73%	1.10%	-6.84%
2012 年	1.46%	3.24%	-1.17%
2013 年	0.46%	5.53%	13.27%
2014 年	0.85%	-1.33%	1.75%
2015 年	0.48%	-3.17%	29.47%
2016 年	3.04%	-4.12%	0.71%
2017 年	0.07%	-3.80%	-7.07%
2018 年	-0.10%	3.09%	-3.03%
2019 年	-7.51%	-4.58%	-11.85%
平均	0.34%	-0.21%	1.52%
胜率	72.73%	45.45%	45.45%

数据来源：“老罗话指数投资”公众号测算。

老罗有话说：

当然，以上只是根据历史数据对两大指数进行分析的结果，试图总结过去，以把握未来。但对历史数据的统计得出的规律只能作为参考，帮助投资者做出判断，并不能代表未来的走势，因此也提醒投资者不要过分依赖历史规律，“节日红包”谨慎拿。

这些小技巧告诉我们，如果你感觉节后上涨概率大，那么就在效应发生前提前布局一些，别人都在节前把资金抽走，主要是担心在过节期间有些市场躁动或者受“黑天鹅”的影响，而相反你可以逆向配置一些资产，能够搏得节后市场反弹的收益。因为你从历史数据看概率，大部分时候都能赚钱，为什么不去搏这个概率呢？还有“黑天鹅”事件本来就极少发生，本来假日就只有几天时间，在一年当中也是比较短的时间区间，集中在假日期间发生“黑天鹅”的概率就更低了，这是关于假日效应的投资技巧。

7.5.3 关注指数的费率问题

这个问题在前面也讲述过，大家买指数基金的时候，一定要注意的是，购买跟踪同一个标的的指数基金，你一定要买管理费率低的。分级基金管理费率是每年 1%，普通指数包括 ETF、LOF，LOF 管理费率通常是每年 1%，ETF 管理费率通常是每年 0.5%，所以你一定要买费率低的指数基金。还有要注意交易费率，像你买卖交易的成本，包括申购费、赎回费，有些是销售服务费。

大家一定要根据自己的情况选择指数基金，如果你做指数基金定投，定投的周期一般比较长，可能达到 2～6 年，很可能未来你定投的周期都超过一年。通常 A 份额在申购的时候互联网平台上都会打一折，赎回费超过两年就免除了，所以长期投资买 A 份额是划算的。

但是如果你是短线交易者，一年以内会做几次波段操作，那么我建议你买 C 份额，C 份额是按日计提收取销售服务费的。假设你持有一个月，像沪深 300 指数基金 C 份额（基金代码：002987），申购费是免的，超过 7 天就不收赎回费了，因此，对于短线交易者可以选择 C 份额，例如大小盘指数轮动以及行业指数轮动，很多喜欢追行业热点的投资者，通常持有指数基金时间不长，可以优先考虑买 C 份额，能帮助你降低费率。然而有部分指数基金需持有 30 天才免赎回费，大家可以在买每只指数基金 C 份额的时候，都看一下它的费率结构。

老罗有话说：

大家投资指数基金最关键的是选好标的，选好标的之后再参考费率，选择自己偏好的品种。如果你对行业确定性不是那么强，或者不是那么笃定，你可以选宽基指数基金，如果宽基指数基金你还是不确定，到底是大盘风格还是小盘风格都拿捏不准，那就两者都买。当然，前提是你要对 A 股市场今年比较有信心，然后选择费率最低的，兼顾考虑它有没有打新增强的收益，而且你要看好这个指数投资的品种。从调仓频率上来看，长期投资超过一年以上的选 A 份额，短期低于一年的选 C 份额。选择大公司的平台跟产品，一般都是比较靠谱的。

第 8 章　指数基金定投

8.1　为什么定投选择指数基金

很多“月光族”投资者，在某一个清晨突然醒悟，痛定思痛加入理财大军，并且开启了自己的基金定投之路。老罗在投资基金上有一套独创的“傻傻地买，聪明地卖，稳稳地赚”法则。老罗以多年的投资和定投研究经验，有别于市场上的通用法则，更多的以 A 股实战案例和数据为依据，归纳出“专挑指数股票型基金”“开始有信心，中途要耐心，结果会开心”“弱市要坚持买入，牛市分批卖出”“选择‘三高’的指数基金”“微笑曲线只会迟到，不会缺席”“期期坚持，积少成多，止盈而不止损”等定期定额投资金律，强调进出场的时机掌握在自己手上，老罗认为只要掌握这些定投的金律，通过买基金而致富一点都不难！

8.1.1　什么是定投基金

华尔街流传着一句话：“要在市场中准确地踩点入市，比在空中接住一把飞刀更难。”如果采取分批买入法，就克服了只选择一个时间点进行买进和卖出的缺陷，可以均衡成本，使自己在投资中立于不败之地，即定投法。

基金定投是定期投资基金的简称，是指在固定的时间、以固定的金额、自动扣款投资到指定的开放式基金中，是懒人投资理财的妙法，积少成多，聚沙成塔，分散和平摊风险，不会因股票市场的一时波动影响正常的生活和情绪。除在市场一路上涨的情况下，定投的回报率低于一次性买入之外，其他如在市场一路下跌、先跌后涨、频繁波动等情况下，定投的回报率均好于一次性买入。

老罗的观点是，“债券型基金做定投效率很差。如果投资一只很平稳的基金，过程很舒服，也许其间不会出现多少负收益，但结果也很一般。如果追求结果，就要忍受过程”。老罗认为“股票指数型基金，越高波动、高成长和高景气的指数基金越好”，因为定投最大的好处在于分批进场、摊平投资成本，分散可能买高的风险，再利用相对高点获利了结，达到“低买高卖”的效果。因此想要找高点离场，当然要选择波动幅度较大的股票型基金。

8.1.2　为什么要进行基金定投

定投是一种强制存款理财的方式，熊市定投，牛市获利了结。例如你在 2007 年 10 月上证指数高点 5954 点定投上证指数基金，截止到 2015 年 5 月，上证指数累计下跌了 23%，但是定投基金的收益率却高达 81%，基金定投年化收益率达到 8.25%，如图 8.1 所示。

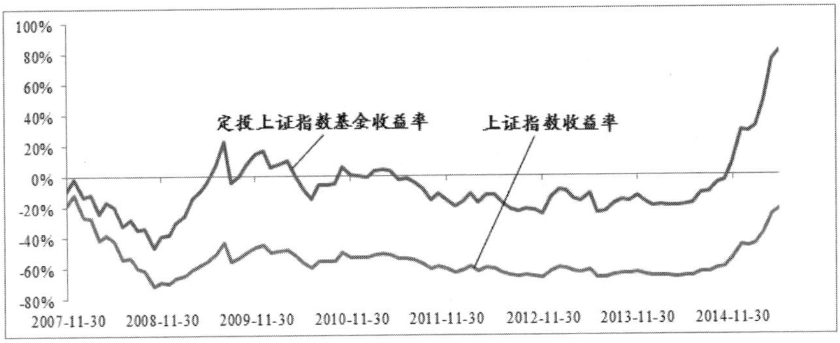

图 8.1　定投上证指数基金与上证指数收益率比较

基金定投具有类似强制储蓄、省时省力、积少成多、不须择时、平摊成本、长期收益可观等优点。基金定投的最大好处在于分批进场，摊薄成本，分散风险。定期定额投资基金，不仅能使长期投资简单化，更可大大降低投资失误所带来的风险。定期定额投资可抹平基金净值的高峰和低谷，消除市场的波动性。

小贴士：

基金定投适合人群：(1)降低投资风险的人——风险偏好较低的投资者；(2)长期理财规划的人——准备子女教育金、养老金；(3)没有时间理财的人——上班族；(4)强迫自己储蓄的人——年轻人，控制消费支出。

用多少钱做定投?

老罗老师给出了一个公式，即（月收入-月支出）÷2。比如一个月收入 8000 元，月支出 6000 元，则可以用 1000 元来定投基金。

如何根据自己的投资目标、经济情况来选择每月适合自己的定投金额。常见的方法有如下三种：（1）长期投资目标确定法；（2）每月闲钱计算法；（3）存款估计法。具体可以参考本章 8.2 节的内容。

8.1.3　为何指数基金更适合定投

定投本身就不是一个获取投资最佳收益的方案，其设计初衷就是“为不熟悉资本市场、没有时间和精力去挖掘超越市场的机会”的投资者而设计的，其主要目标是跟上某一类资产的平均收益率，这与指数投资分享市场平均收益的理念不谋而合。总之，下面 4 点优势是老罗推荐指数基金定投的主要原因。

1. 适合刚入门、花费时间精力较少的投资者

指数基金是以减小与标的指数的跟踪误差为主要目的的被动型投资方式，是为了获取市场的平均收益率。指数基金不是为了超越市场，而是去复制市场。

而定投，更多的是为了在一定程度上减小投资者由于择时错误带来的投资风险，在市场的波动之下获取更高的收益，显然定投不是一种需要寻求收益最大化的投资方式。

指数基金与定投“门当户对”，并且二者对选股及择时的要求都不高，因此，指数基金定投更适合成为刚入门的投资者进入投资领域的敲门砖，也适合不能花费大量时间研究投资的投资者。

2. 稳定，不易被操纵

指数基金属于被动型投资，不需要基金经理进行大量的分析，这也决定了指数基金对基金经理的主动管理能力依赖性较小。虽然很多优秀的基金经理通过主动管理会创造出惊人的超额回报，但是一方面如何选择优秀的基金经理是个难题，另一方面主动管理型基金受基金经理情绪、行为模式的影响较大，具有较强的主观性，难以长期保持稳定的高额收益。

并且，在我国，基金经理离职的现象较为普遍，基金经理变更会对基金业绩产生巨大的影响，若是选择赎回，则不符合“定投是一个长期过程”的基本要求。

除此之外，指数基金是透明化的，它是为了跟踪某一只指数，可以有效避免“老鼠仓”等情况的存在。

因此，透明而稳定的指数基金，更适合投资者定投。

3. 指数基金费率低

指数型基金被动模拟指数，不需要基金经理进行额外的分析，因此成本较低，而费用也随之较低。

因此，我们可以得到这样一个事实：主动管理基金的费用通常要高于被动管理的费用。以管理费率为例，主动基金一般每年收 1.5%左右，指数基金作为被动基金，管理费率低一些，一般每年是 0.5%；主动型基金的托管费率通常每年为 0.25%，而指数基金的托管费率通常每年为 0.10%。

小贴士：

看上去主动型基金和指数基金的费率每年只相差了 1.15%，然而若是定投 5 年，我们来计算一下复利：$(1.15\%+1)^5-1=5.88\%$。没错，二者相差了 5.88%！

4. 主动基金战胜被动指数难度较大

定投的另一个重要的特点在于以时间换空间，需要长期不断的坚持，就像马拉松赛跑一样。而定投加指数基金，无疑是基金投资中的长跑健将。从海外数据来看，大部分主动投资基金经理战胜不了指数基金。

从 1945 年到 1975 年，标普 500 指数的年化收益率为 11.3%，同期主动股票型基金年化收益率仅为 9.7%，前者年化超额收益率为 1.6%，如表 8.1 所示。30 年累计超额收益率可达 863%。

表 8.1　1945—1975 年美国各类型主动基金与对应风格指数胜率比较

主动股票型基金年化收益率	标普 500 指数年化收益率	主动基金年化超额收益率
9.7%	11.3%	-1.6%

对比自 1985 年到 2015 年标普 500 指数与主动管理基金的平均收益率，发现标普 500 指数年化收益率为 11.2%，同期大盘主动基金的平均回报率为 9.6%，同样跑不赢指数，如表 8.2 所示。

表 8.2　1985—2015 年标普 500 指数与主动基金收益率比较

主动股票型基金年化收益率	标普 500 指数年化收益率	主动基金年化超额收益率
9.6%	11.2%	-1.6%

A 股市场近 12 年的数据显示，同期主动股票型基金，仅有不到 35%的主动管理基金能够战胜国证 A 股指数，也就是大部分主动投资基金也是难以战胜同期市场的，如表 8.3 所示。

表 8.3　近 12 年国内主动基金战胜国证指数基金的比例

纳入统计的基金数量	战胜同期国证 A 指的基金数	战胜指数的基金比例
67	23	34.33%

数据来源："老罗话指数投资"公众号测算。

进一步从主动基金的收益分布来看，虽然主动基金收益最佳的年化收益率为 27.02%，但最低的才 7.81%，同期国证 A 指的年化收益率为 15.46%。国证 A 指的年化收益率超越纳入统计的基金样本收益率的平均数和中位数，如表 8.4 所示。

表 8.4　近 12 年 A 股市场主动管理基金年化收益率分布

最大收益率	27.02%
四分之三分位	16.67%
中位数	14.51%
平均数	14.94%
四分之一分位数	12.49%
最小收益率	7.81%

数据来源："老罗话指数投资"公众号测算。

相信大家看到这里，能够理解为何指数基金更加适合定投了。定投以时间换空间的特点加上指数基金，将会极大地提高投资的长跑耐力。如果投资者能够在指数基金定投的路上坚持下去，那么也能像巴菲特一样取得投资路上的胜利。

老罗有话说：

（1）从海内外经验看，长期战胜指数基金很难，故选择指数基金定投。

（2）国内市场熊长牛短，股市波动比较大，笔者认为更加适合做指数定投，在熊市慢慢地积累便宜筹码，A股牛市涨幅也较大（通常有100%收益率），可以到牛市一次性或分批止盈，后面会告诉大家定投止盈的技巧。

（3）定投是一种辅助的方法，简单易学，适合大部分投资者，笔者作为专业基金经理也会拿一部分工资收入参与定投。

8.2 你需要知道的定投基本知识

有不少投资者问老罗，每月应该定投多少，是选择周定投好还是月定投好，本节将老罗的经验分享给大家，一一分析你需要知道的定投基本知识。

8.2.1 每月定投多少合适

在基金定投的过程中，很多投资者感到困惑，到底该用多少钱来进行定投？在回答这个问题前，先与大家分享身边两位朋友的定投案例。

投资者A在国内一线城市工作，月收入10 000元，但每月房贷近5000元，除去吃饭、购物、交际等正常消费以后，每月节余约2000元左右。他自2011年10月开始定投广发沪深300指数基金，每月定投金额1500元，至2015年1月末的收益率大约为43%，累计投入60 000元，总收益为25 800元左右。但后因升级做爸爸，投资者A家庭开销突然增大而停止定投。

投资者B在国内某二线城市工作，月收入4000多元，与父母同住，平常几乎没有需要固定支出的花销。在基金定投方面，他将每月定投扣款金额设置为

500 元，其定投标的是中证 500ETF 联接 A，自 2013 年 2 月开始定投到 2015 年 3 月末，累计收益率为 80%左右，总投入 19 000 元，收益约为 15 500 元。

我们来分析投资者 A 的情况。每月定投 1500 元，几乎占据了 A 可支配收入的大部分，可能带来的影响就是：

（1）如果当月有突然开销，就会导致入不敷出，生活品质下降；

（2）如果基金收益波动较大，出现短期账面浮亏，定投决心容易动摇。

而 B 的情况恰恰相反，每月定投金额只占可支配收入中极小一部分，其大部分个人资产仍然没有进入投资领域，如果想通过定投为购房置业的梦想助一臂之力，可能还比较遥远。

那么，到底每月该投多少钱呢？之前说到基金定投的时候，一般把定投具体的数额问题一笔带过，只说“合适的数额”。那么“合适的数额”到底是多少呢？这其实是因人而异的，所以我们在之前的章节中都未提到具体金额。

今天就来说一说，如何根据自己的投资目标、经济情况来选择每月适合自己的定投金额。常见的方法有如下三种：（1）长期投资目标确定法；（2）每月闲钱计算法；（3）存款估计法。

依次使用这三种方法后，相信每个人都能大致确定自己应该定投多少钱。那么话不多说，让我们来看看这三种方法。

1. 长期投资目标确定法

不论是学习还是工作，没有目标就好比蒙上眼睛走路，完全没有方向，也难以到达目标。长期投资目标确定法指的是先确定自己未来想积攒多少钱。

举个例子：5 年后想攒下 10 万元给届时大学毕业的儿子买辆新车，假如每月定投一次的话，该投多少钱？

假设基金定投收益率为 20%，那么你现在需要每月定投 1400 元，并且严格执行下去，专款专用，定投账户不到极其特殊情况绝不挪动，按这个收益率 5 年后你可以拿回 10.1 万多。

确定了这个数额之后，请再慎重地问自己一个问题：每月另拿出这么多钱来投资，对我的生活会不会有很大影响？想要知道这个问题的答案，就要用到下一个方法。

2. 每月闲钱计算法

投资，指的是在满足基本的吃穿住行需求之后，财富上有余力再进行的活动。因此拿来投资的钱一定是闲钱，要是饭都吃不饱，需要节食来投资，那可就得不偿失了。怎么计算闲钱呢？有一个公式：

每月闲钱=（月收入−月支出）÷2

比如，家里每月月收入共计 10 000 元，每月支出 6000 元，那么每月闲钱算出来就是 2000 元。那么定投的金额一般就不要超过 2000 元，可以低于这个值，比如 1000 元。

那么问题又来了，如果我还想留一点存款怎么办？虽然说基金定投和储蓄的形式有点像，但毕竟不是储蓄账户，如果随意地支取，可能会造成不必要的投资损失。于是这个时候，你还需要考虑考虑你的存款。

3. 存款估计法

一般来说，家里的储蓄要够 6～12 个月的生活支出，这样即使家里有突发事件，比如突然中断收入、家庭成员有事要借钱，也能够应付足够长的时间。因此，如果你的资金储蓄量不足，也请先把自己的银行账户“喂饱”，才能后顾无忧地进行投资理财。

对于刚毕业尚无存款的年轻人来说，也可以把每月闲钱分为两部分，一部分存入银行，以备不时之需；另一部分用来做基金定投，为未来积累财富。假如你有大笔收入进账，比如年终奖金，或者亲戚前几年借的钱终于还了，也不要一次性定投，最好分批进场，这样才能最合理地摊薄成本、降低风险！

值得一提的是，由于前述方法往往会随着时间的推移发生变化，例如工资上涨之后，可支配的现金流就会变多；年终奖发放之后，备用金也有可能增加。如果投资者认为有必要，可以适当调整每月定投金额。但整体而言，建议坚持定投纪律，以踏实笃定的心态去定投，最终才能收获时间的复利价值。

当然，这些方法都只是一个参考，具体投多少钱还是要根据自己的家庭、收入情况决定。最好的状态是：基金定投既不会增加你的生活负担，也能恰到好处地利用你的闲钱来投资。

老罗有话说：

定投金额因人而异，前提是不能因为定投影响你的生活质量。

对于资金量比较大或者有一笔固定金额的投资者而言，也可以选择大额定投的方法。

时间是公正的，一切投资都要面对时间的考验。回报的实现，最终要靠时间。时间是定投最好的朋友。定投者要信任时间，把时间当挚友，懂得拥抱时间。

8.2.2　周定投 PK 月定投孰更优

那么，周定投的投资收益率就一定高于月定投吗？我们不妨用数据来验证一下。

首先，我们定投大家比较熟悉的中证 500 指数，并选取 2007 年 1 月 1 日至 2017 年 12 月 31 日这段区间，这 11 年间该指数从 2000 点上涨至 6000 点左右，中间经历了两次明显的牛熊更替，并且走势震荡不断，具有较好的代表性，如表 8.5 所示。

表 8.5　中证 500 周定投与月定投参数设置

定投方式	周定投	月定投
定投金额	500 元	2000 元
每月扣款	4 次	1 次
扣款时间	每周星期一	每月 25 日

为了排除定投时间长短的影响，我们分别计算中证 500 指数 1、2、3、5、7 和 11 年的定投总收益率，结果如表 8.6 所示。

表 8.6　中证 500 周定投与月定投收益率比较

定投期限	周定投	月定投	收益率差值
1 年	40.36%	31.26%	9.10%
2 年	−35.92%	−36.63%	0.71%
3 年	38.57%	36.34%	2.23%
5 年	−7.06%	−7.89%	0.83%

续表

定投期限	周定投	月定投	收益率差值
7 年	7.23%	6.49%	0.74%
11 年	51.47%	49.03%	2.44%

数据来源：Wind，统计期间：2007 年 1 月至 2017 年 12 月。

结果显示，周定投的投资总收益率都要稍高于月定投，尤其在定投 1 年时，收益差值达到了 9.10%。这是因为周定投频率快，更加分散，有利于投资者用相同的基金买到更多的基金份额。所以，和预期的一样，周定投的效果要好于月定投。

当然，一个例子并不具有代表性，所以我们继续进行验证。

以信息技术 ETF（159939）、中证医疗分级（502056）和可选消费 ETF（159936）为投资标的物，时间选择 2015 年 8 月至 2018 年 3 月，其他条件不变，如表 8.7 所示。

表 8.7　三只行业指数周定投与月定投收益率比较

产品名称	周定投	月定投	收益率差值
信息技术 ETF	-2.31%	-2.33%	0.02%
中证医疗分级	1.88%	1.69	0.19%
可选消费 ETF	-1.73%	-1.95%	0.22%

数据来源：东方财富网定投计算器。

通过数据验证，我们认为基金定投中周定投的投资总收益率总是要稍高于月定投。所以在经济条件允许的情况下，周定投会是一个更好的选择。它能够更分散地将资金注入市场，在瞬息万变的行情中能够更及时地抓住市场下跌的机会摊低成本。不过，定投的方式并不是绝对的，对于上班族来讲，公司按月发工资，所以选择月投可能更加方便并且可以达到强制储蓄的目的；而对于时间较充裕，偏向于随着市场波动及时调整定投的投资者来说，选择周定投则会更加合理。

8.2.3　扣款日选择哪天会更优

在中证 500 的例子中，我们选择了每周的周一和每月的 25 日进行扣款，那么选择其他的扣款日会不会影响定投的收益率呢？

周一至周五，哪天定投好？当市场下跌时扣款比较好，因为可以用更低的价格买入更多的基金份额。

要具体回答这个问题，我们还是要让数据来说话！统计过去 10 年中证 500 指数的下跌情况，看看周一至周五哪天指数的下跌幅度最大，如图 8.2 所示。

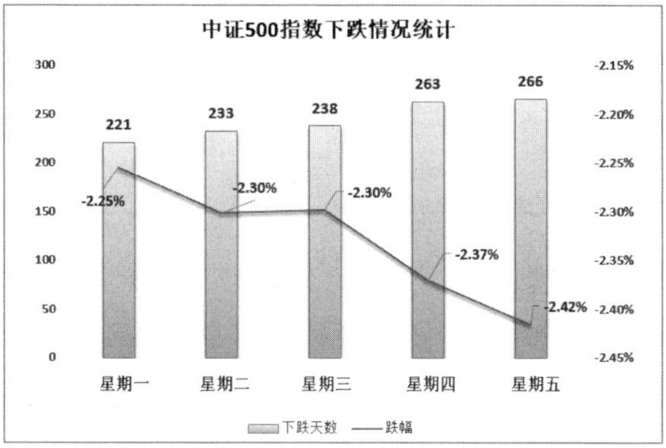

图 8.2　中证 500 指数周一至周五下跌情况统计

我们可以看到在中证 500 指数 10 年间所有交易日的下跌天数中，星期四和星期五下跌天数最多，分别为 263 天和 266 天，而且计算出来的平均跌幅也都大于每周的前三天。

另外，我们选择中证医疗指数做周定投，如表 8.8 所示，将最近 3 年定投的收益率、5 年定投收益率和 10 年定投收益率进行比较，可以发现周一到周五定投收益率差别都不大，故选择周一至周五定投收益率差异不大。

表 8.8　中证医疗指数不同定投周期的收益率比较

	近 3 年定投收益率	近 5 年定投收益率	近 10 年定投收益率
周一	124.28%	138.74%	**80.13%**
周二	123.77%	137.89%	79.17%
周三	123.26%	137.81%	78.61%
周四	123.88%	138.67%	79.25%
周五	**124.47%**	**139.07%**	79.55%

数据来源：“老罗话指数投资”公众号，截至 2016 年 3 月 18 日。

这个结果符合我们对股市的判断，一般来讲，在刚开市的周一和周二，投资者纷纷进入市场，投资情绪也都较为乐观，上涨的可能性较大，而越临近股市休市，投资者都想尽快抛出股票换回现金，所以周四周五都呈现出更大概率下跌的情况，但是将时间周期拉长，周定投选择周一至周五的任何一天，整体收益率差别都不大。

月定投也是同样的道理，月初市场整体情绪偏向乐观，都希望能够来个“开门红”，另外，一般元旦、劳动节、国庆节等都集中在月初，根据老罗之前提到过的“日历效应”，在节假日后市场上涨的可能性非常大，所以月初不是一个定投扣款的好选择；而越临近月末，市场越疲软，还有可能碰到月末、季末资金流动性紧张引发的市场下跌，所以选择每月末（一般为25日以后）的时间段扣款可以及时抓住下跌的行情，尽可能多地低价买入基金份额。

周定投的总收益率稍高于月定投，投资者可以根据自己的实际情况进行选择。其次，周定投可以选择每周的周四、周五，月定投可以选择每月的25到28日进行扣款，但是其实整体差异也不会太大，所以如果选择月定投，则在自己发工资日后一天扣款可能会更方便。

最后要做的就是，牢记定投的基本原则，期期坚持，积少成多，止盈而不止损，希望大家都能有一个满意的收益率！

老罗有话说：

尽管周定投与月定投收益率比较下来，收益率差别并不大，但是周定投能够更分散地将资金注入市场，在瞬息万变的行情中能够更及时地抓住市场下跌的机会，老罗个人更偏爱周定投。

8.3 如何选择定投指数基金品种

现在市场上指数品种也越来越多，定投什么品种也是投资者苦恼的一件事情。老罗喜欢用数据说话，如果你在2007年10月至2015年5月每月定投基金，那么代表大盘蓝筹的沪深300定投累计收益率达77%，而中证500高达168%，是前者的两倍多。可见，选择不同指数基金定投收益率差别也较大。那么问题来了，投资哪种指数基金定投收益率更高？“授之以鱼不如授之以渔”，今天我们只告诉你挑选指数的诀窍。不要着急，先用数据来说话。

8.3.1　高弹性

“秧好一半谷，题好一半文”。在投资领域也是同样的道理，目标和方向的选择是投资能否取得盈利的重大前提。那么，定投应该选择怎样的基金呢？是波动幅度较大的基金，还是波动幅度较小的基金？那就让我们用最有力的数据来说明吧！

如图 8.3 所示，现有指数 1 和指数 2 两种指数，在同一时期内，可以看到指数 2 的波动大于指数 1。假设我们每月定投 1000 元。

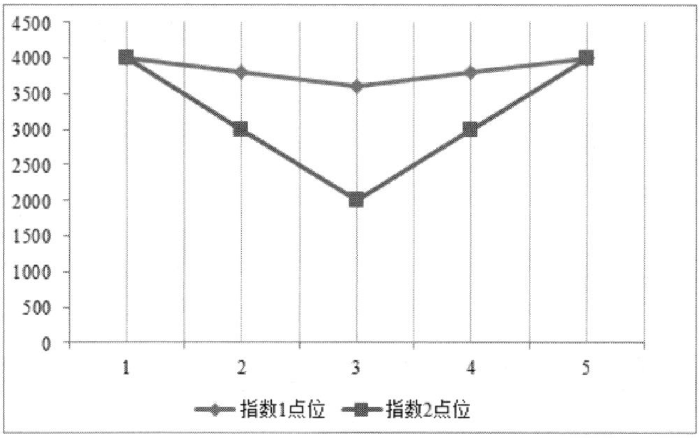

图 8.3　定投波动大的指数 2 和波动小的指数 1 的波动比较

从表 8.9 我们可以得知，在投入相同金额的情况下，指数 2 的定投收益率为 33.33%，远高于指数 1 的收益率 4.33%。定投波动大的指数带来的收益明显好于波动小的指数。“牛市赚净值，熊市享份额”。这又和定投的铁律不谋而合了：定投的秘诀就是趁熊市通过不间断地定投来摊低成本，获取更多份额。在高位买入份额少，在低位买入份额多，从而将成本摊得更低，使得最终收益率更高。

表 8.9　定投波动大的指数 2 和波动小的指数 1 的定投收益率比较

	指数 1 点位	指数 1 的定投收益率	指数 2 点位	指数 2 的定投收益率
1	4000	0.00%	4000	0.00%
2	3800	-2.50%	3000	-12.50%

续表

	指数 1 点位	指数 1 的定投收益率	指数 2 点位	指数 2 的定投收益率
3	3600	-5.09%	2000	-27.78%
4	3800	0.14%	3000	6.25%
5	4000	4.33%	4000	33.33%

数据来源：“老罗话指数投资”公众号测算。

那现实情况如何呢？定投是选择净值波动较大（高弹性）的基金，还是选择波动较小（低弹性）的基金？我们选取在 2010 年 6 月 1 日开始定投不同波动率的指数，发现到 2015 年牛市高点卖出，波动率越高的指数，定投收益率越高，如表 8.10 所示。可见，选择波动较大的基金更适合进行基金定投。

表 8.10 主要宽基指数的定投收益率比较

指数基金	波动率	定投累计收益率	平均收益率（年化）
创业板	31%	185%	23%
中证 500	25%	120%	17%
沪深 300	23%	63%	10%

数据来源：Wind，2010.6.1—2015.6.30，“老罗话指数投资”公众号测算。

我们发现，在 2010—2015 年度每月定投的情况下，创业板的高收益率（年化 23%）伴随着其高波动率（31%），领先于中证 500 和沪深 300。

我们回顾一下创业板指数。在创业板运行的 6 年时间里，我们把它分成两个阶段来看，第一阶段是 2010 年 6 月至 2012 年年底，股票数量有 350 多只，指数可以说是震荡下跌，最低跌到了 585 点，整个时期属于震荡筑底时期；第二阶段从 2012 年年底最低的 585 点后迅速展开了一轮牛市行情，从 585 的低点涨到了 2014 年年初的 1571 点。总而言之，自运行以来，创业板指数经历了一个震荡下跌、又触底反弹，因利好政策而迅速成长的过程。

那么，为什么这样的大幅波动带来了较高的收益率呢？因为在长期的定投过程中，基金在低位可以获得更多的基金份额。这样在接下来的反弹过程中，涨幅也是最多的。一个基金或者指数长期走势很稳定的上涨，定投收益率不如弹性大的指数定投收益率。指数基金就像一只蹦蹦跳跳的弹力球，跌得越狠，积聚的能量越多，弹跳得就越高。所以当我们选择一只高弹性跳动起伏的指数进行投资时，就期待它到最后令人兴奋的能量爆炸吧！

8.3.2　高成长性

但是高弹性的指数一定就能赚钱吗？答案是“不一定”。长期下跌的指数，即使是高弹性的，也无法获得高收益率。所以我们在关注波动率的同时，还要遵循另一个投资原则，那就是选择有高成长性的指数，因为在反弹行情或者牛市里面，一般情况高成长性的指数牛市获益会更多。我们一般认为市值小的公司更具有高成长性的潜力。同样的三只指数，我们来关注一组数据，如表 8.11 所示。

表 8.11　主要宽基指数利润增长及定投收益率比较

指数基金	2010 年 6 月 1 日平均个股市值（亿元）	2015 年 6 月 30 日平均个股市值（亿元）	定投累计收益率	平均收益率（年化）
创业板指	43	209	185%	23%
中证 500	56	192	120%	17%
沪深 300	570	1189	63%	10%

数据来源：Wind，2010.6.1—2015.6.30，“老罗话指数投资”公众号测算。

我们来关注一下平均个股市值和收益率的联系。2010 年 6 月 1 日，创业板的平均个股市值远低于中证 500 和沪深 300 指数，截至 2015 年 6 月 30 日，创业板平均个股市值的增长率已经大幅领先于中证 500 和沪深 300，平均个股市值从 2010 年的平均 43 亿元，发展到 2015 年的平均个股市值 209 亿元，这样的高速发展带来了 185%的累计收益率。

于 2009 年 10 月 30 日正式开板的创业板，在 2010 年相较于分别于 2004 年和 2005 年发布的中证 500 和沪深 300，无疑是一只年轻的指数。2010 年创业板的小市值不仅印证了这一事实，更预示了其在未来几年中无穷的发展潜力。创业板主要是为那些无法在主板市场上市的中小型企业和新型企业提供融资渠道的，小市值公司在融资后投入企业运营后成长空间会更大。在创业板市场上市的公司大多从事高科技业务，具有较高的成长性，往往成立时间较短，规模较小，业绩也不突出，但有很大的成长空间。因此，可以说，创业板是一个门槛低、风险大、监管严格的股票市场，也是一个孵化科技型、成长型企业的摇篮。

所以，高成长性的指数有两大优势，首先，处于成长期的企业一般处于上市初期，市值较小，此时会扩大融资规模，经历沉淀期过后，主动寻求投资机会，在此期间企业规模不断壮大，可获得高增速的收益；其次，选择市值较小的公司在牛市里面更容易被资金推动，所以涨幅会更高。

8.3.3 高弹性、高成长性、高前景的指数更适合定投

回顾数据，很明显的是，波动率越高、市值越小的指数，等到牛市卖出获得的定投收益率更高。波动率越高，指数价格的波动越剧烈，指数的弹性越强；而市值越小，我们可以预见到发展空间越大，越小的市值证明了指数的成长性越被看好。根据海内外情况，长期来看，小市值股票会比大市值股票具有更高的超额收益。最后，高前景的行业更容易受益于经济发展，行业也更容易受益，例如信息技术行业、医药行业以及游戏等行业会受益于社会经济的发展，相关上市公司的盈利也会不断提升，公司市值也会不断变大。所以，当你在选择指数上犹豫不决时，不妨尝试高弹性、高成长性、高前景的“三高”指数，可能会有意外的惊喜。

老罗有话说：

如果在沪深300和中证500中只能选一只定投,老罗可能会选中证500，如果在中证500和创业板指数里面定投，老罗可能会选择创业板指数。但是A股市场经常会出现结构性牛市，经常在某些年份会出现大盘指数涨、小盘指数跌，或者小盘指数涨、大盘指数跌，只有到真正的牛市大小盘指数才会一起涨。尽管老罗喜欢高弹性和高成长性的指数做基金定投，但是为了防止结构性牛市低弹性和低成长性的蓝筹大盘指数的情况，老罗建议大家可以做组合定投，即中证100和创业板指数两个都定投。

8.4 为什么说微笑曲线最美

说到专业健身，也许很多人还不知道练好身材应该“先增重（肌），后减脂”。初期脂肪和肌肉一起生长，熬过这段痛苦而必要的时期，再把脂肪减掉亮出曲线。

这跟常说的基金定投规律很像：开始→亏损→收益→赎回收获。下面我们仔细分析一下这条神奇的曲线背后的原理。看完这一节你就会明白，定投越投越亏和健身越健越胖一样，其实是一件值得微笑的事呢。

1. “神秘”的定投微笑曲线

投资者在市场上开始定投，待股市走出一段先下跌后回升的过程之后，在上涨到获利点时赎回，然后把这一段“开始→亏损→收益→赎回收获”的收益率连成一条线，这段弧线就构成了微笑曲线，如图 8.4 所示。

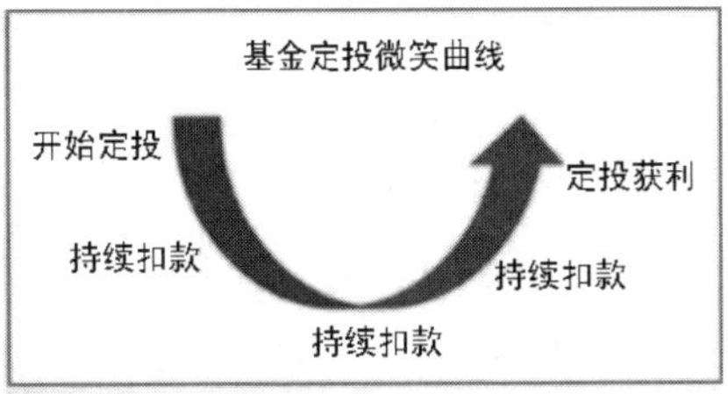

图 8.4 基金定投的微笑曲线

与一次性投资相比，定投微笑曲线的神秘之处就在于它的“定投”二字，定投意味着分散、分摊。投资者持续地投入，使得其在市场低迷时能以较低的成本获取筹码，在这一过程中摊薄了成本，那么当市场回升时，投资者自然将获利。

2. 可以把定投比作拿糖换糖水

- 开始时市场在高位，糖水都是比较浓的，1 勺糖只能调出 1 碗糖水；
- 后来，市场变差，市场上的糖水变稀了，你再拿出 1 勺糖，就可以换来 3 碗糖水了，两次换的糖水加在一起，第一碗浓糖水因为加了比自己淡的糖水，整体变淡（成本被摊低了，你只用了 2 勺糖就换来了 4 碗糖水）；
- 当市场回升后，比如升回最开始 1 勺糖换 1 碗糖水的时候赎回你的糖，普通投资者只能感叹回到原点没赚没赔，你却因为在低点“捡了便宜”，投了 2 勺糖最后赎回 4 勺糖！
- 回头看看，赚钱的关键不恰恰在于市场低点时，你顶住了所谓“亏损”的压力，坚持定投，用低成本买入了更多筹码吗？这就是定投的魔力。

3. 顺带通过微笑曲线回答两个问题

（1）如果直接在最低点买进，收益率不是更高吗？

是的，谁都知道低买高卖的原理，直接在微笑曲线的底部买进，收益率是最高的。但是，是不是太理想化呢？对于“基民”来说，择时是一个永恒的难题，定投就是专门解决这个难题的，基金定投对买入时机没有严格要求，只要能坚持一个周期或以上，收益只会迟到而不会缺席。而“在最低点买进”本身就是一个很缺乏可实现性的计划，这意味投资者需要有极高的预判能力，能判断出市场什么时候迎来低点。如果您知道，我只想说四个字：请联系我！

（2）定投和一次性投资究竟哪个更好呢？

定投和一次性投资并没有绝对的谁好谁坏，它们适合的市场和投资者不一样。定投为波动的市场而生，越是有间歇性下跌（摊平成本）机会的市场，比如创业板指数这种中小成长型指数，越适合定投。坚持定投可以印证一句话——时间是熨平波动的最好工具。在投资人群方面，定投适合面比较广，特别适合缺乏时间和精力去研究投资的上班族、想强制储蓄的“月光族”和打算长期投资孩子教育基金或长辈养老基金的人。反之，一次性投资，就比较适合平稳上扬的市场和更专业的投资者。

4. 定投微笑曲线之美

2007 年 11 月，上证综指达到了“高峰”6124 点的时候开始了滑铁卢式的下跌，在当时进入股市的股民都哀嚎不止。然而如果在此时开始定投，是不是注定是一次必输的赌博？事实不然。根据数据显示，从 2007 年 11 月开始，每月月初定投一次，直到 2009 年 7 月末结束，周期为 20 个月。所得的结果显示，在 2009 年 6 月的时候定投已经基本弥补了损失，在接下来将获得正的收益，如图 8.5、图 8.6 所示。

中国股市具有熊牛交替、熊长牛短的特点，使其更适合基金定投。根据 WIND 的数据，从 2001 年起，完整的定投微笑曲线一共出现了 5 次。而从 2015 年 5 月开始，到 2019 年 12 月第 5 个微笑曲线已经完全形成，尽管定投收益率不高，但是如果你选择定投中证 100、国证芯片等具有投资性的指数，就会在第 5 个微笑曲线迎来不错的收益，所以，我们要相信微笑曲线只会迟到，不会缺席。2001—2017 年上证指数出现的微笑曲线如图 8.7 所示。

图 8.5　上证综指 2007.11—2009.7 收盘价

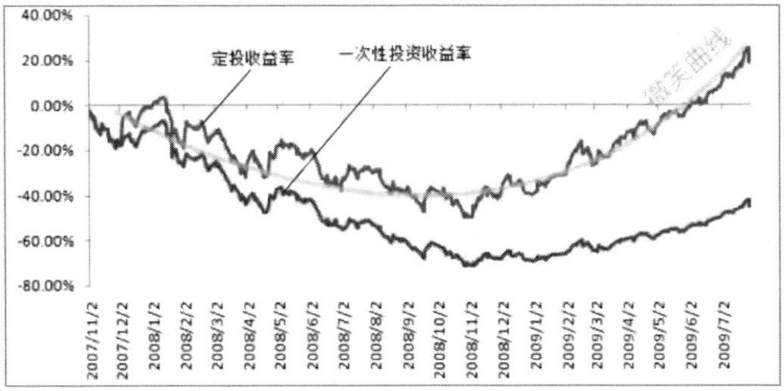

图 8.6　2007.11—2009.7 定投收益率与一次性投资收益率的比较

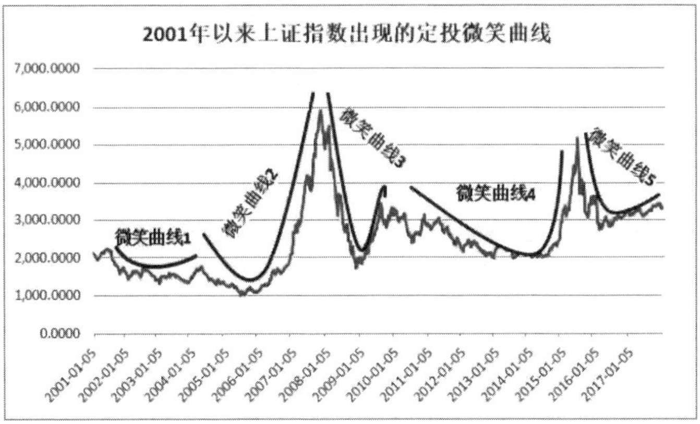

图 8.7　2001 年以来上证指数出现的定投微笑曲线

如果我们在每个微笑曲线出现的时候都进行定投而不是一次性投资，收益率会有什么不一样呢？假设在表8.12所示的5个微笑曲线开始的时点进行定投，每周定投1000元并且在开始时点即进行一次性投资直到结束，所得的结果让人惊讶：定投的累计收益率几乎总是比一次性收益率要高，在波动率较大的时段，定投所获的收益大大高于一次性投资的收益率。

表8.12　5段微笑曲线下定投收益率与一次性投资收益率

微笑曲线	开始时点	结束时点	定投收益率	一次性投资收益率
1	2001.1.5	2004.3.26	6.36%	-18.41%
2	2004.4.2	2008.1.31	162.19%	147.84%
3	2008.2.1	2009.7.31	32.41%	-21.03%
4	2009.8.7	2015.4.30	79.60%	36.22%
5	2015.5.8	2019.4.19	4.75%	-22.23%

注：数据来源：Wind，统计区间：2001.1.1—2019.4.19，每段开始时点每周等额定投，定投收益率=总的资产净值/总投入成本-1

2001年以来的5个微笑曲线，每个微笑曲线经历时间都不同，收益率也不同。

第一个微笑曲线从2001年1月5日开始到2004年3月26日结束，经历了3年，这个微笑曲线定投的收益率为6.36%，而一次性投资收益率为-18.41%，如图8.8所示。

当然定投收益率也不高，投资者可以在这个微笑曲线不去止盈，等待牛市高点去止盈。

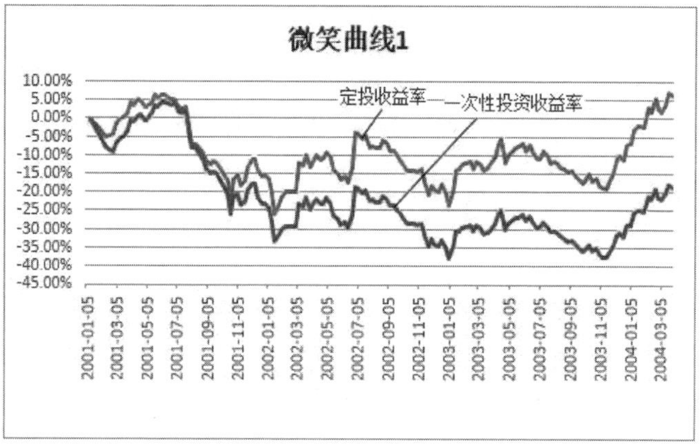

图8.8　第一个定投微笑曲线

第二个微笑曲线从 2004 年 4 月 2 日开始到 2008 年 1 月 31 日结束，经历了约 4 年，这个微笑曲线定投的收益率为 162%，而一次性投资收益率为 148%，如图 8.9 所示。

定投收益率较高，这个是一个比较完美的微笑曲线，熊市定投，牛市高点止盈将收益落袋为安。

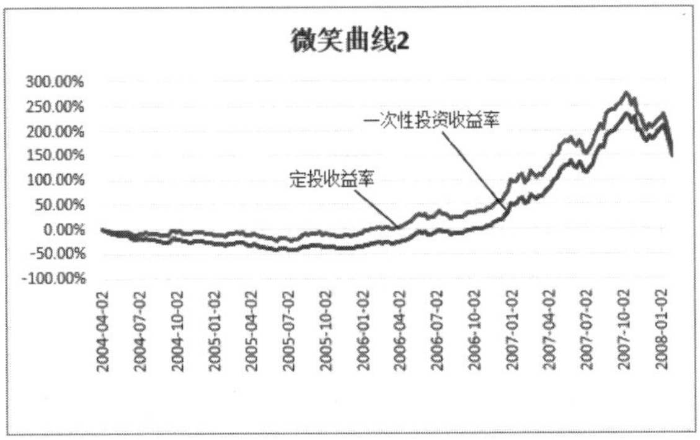

图 8.9　第二个定投微笑曲线

第三个微笑曲线从 2008 年 2 月 1 日开始到 2009 年 7 月 31 日结束，经历了约 1 年半，这个微笑曲线定投的收益率为 32%，而一次性投资收益率为-21%，如图 8.10 所示。

这次微笑曲线时间较短主要是由于 2008 年美国次债危机导致 A 股暴跌，国家为刺激经济采取 4 万亿元的经济刺激政策。这次微笑曲线表现也算不错，只花了一年半时间就达到 32%，年化收益率也达到 21%左右，远好于一次性投入。

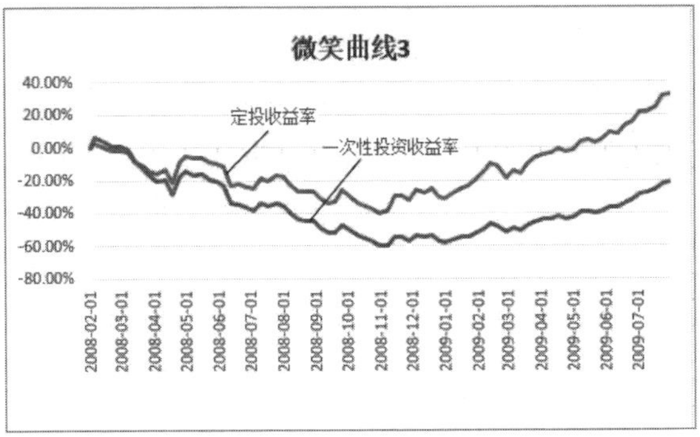

图 8.10　第三个定投微笑曲线

第四个微笑曲线从 2009 年 8 月 7 日开始到 2015 年 4 月 30 日结束，经历时间长达约 6 年，这个微笑曲线定投的收益率为 90%，而一次性投资收益率为 36%，如图 8.11 所示。

这个微笑曲线算比较完美的微笑曲线，收益率不够吸引大家是因为我们选取的是上证综指计算，换个指数定投收益率更加可观，这也是大家比较期待遇到的一个完美的微笑曲线。

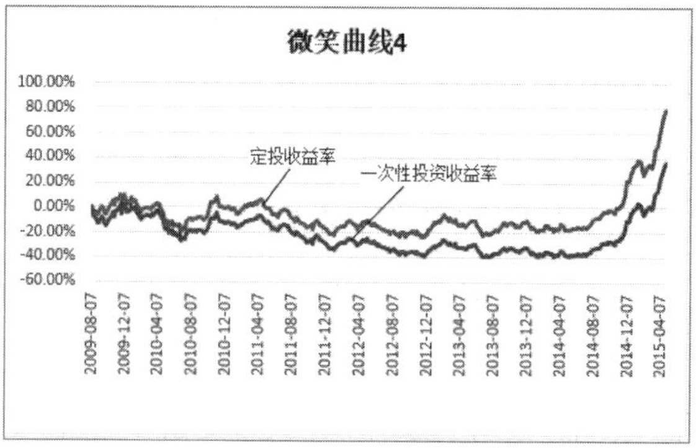

图 8.11　第四个定投微笑曲线

第五个微笑曲线从 2015 年 5 月 8 日开始到 2019 年 4 月 19 日结束，经历时间 4 年，这个微笑曲线定投的收益率为 5%，而一次性投资收益率为-22%，如图 8.12 所示。

图 8.12　第五个定投微笑曲线

若你不选择上证指数，而选择中证 100、芯片等指数，那么微笑曲线的收益会让你更加满意，如表 8.13 所示，中证 100 定投收益率达到 26%左右。

表 8.13 第五段微笑曲线的其他指数的定投收益率

定投区间（2015.5.8—2019.4.19）	定投收益率	一次性投资收益率
上证指数	4.75%	-22.23%
中证 100	26.03%	2.61%
国证芯片	17.89%	-11.96%

数据来源：Wind。

蒙娜丽莎的笑容之美来自于她的端庄稳重，而定投微笑曲线之美在于完成它的背后需要云淡风轻，耐心坚持。

（1）定投需要的是保持良好的心态，不骄不躁

定投基金的最佳选择是高弹性、高成长性的指数基金，而这注定它在股市中的波动率会更高。升升跌跌，起起伏伏犹如坐过山车的体验让投资者心惊。恐惧的心态只会让你做出“止损”的错误举动，然而定投关键在于“止盈”而非“止损”。这时候应该学会拥抱波动，毕竟微笑曲线的最终上升弧度总是要经历一段下跌的过程。正如老罗所言：“开始有信心，中途要耐心，最后会开心。”然而，大多数的人正是失去了这一份冷静看待市场的平常心而经常捶胸顿足。

（2）定投需要的是坚持不懈的耐心和决心

基金定投的基本原理是采用平均成本的概念以及牛市、熊市交替出现的现象来降低风险，这意味着要获得最终上升的曲线相应地就需要长期的投资以克服市场波动的风险。一般而言，股市的景气周期约为 3～5 年，因此基金定投通常需要 3～5 年才能看出成效。再一次说明“止损”只会让你的“微笑”下降在低点，并不会让“微笑”翘起，而拥有坚持到底的决心和耐心才能让我们获得后面上扬的弧度，完成最终的微笑。

老罗有话说：

（1）5 段微笑曲线有两段收益率不高，只是比一次性买入要好。老罗认为微笑曲线的关键是要在下轮牛市高点卖出，比如第一段微笑曲线，由于收益率并不高，如果你能够坚持到 2008 年牛市高点卖出，老罗相信你的收获会更丰厚，因为你在 2001—2008 年能够积累更多基金的份额，也有足够多的廉价筹码，最后在牛市高点一次性卖出，只是由于从 2001 年到 2008

年经历的时间长达 7 年，确实很磨炼一个人的耐心，一般人都没法坚持，所以老罗希望通过微信公众号定期分享定投的常识，和大家一起坚守到下一轮牛市。

（2）本节只是以上证综指为例子，如果选择创业板指数、信息技术、中证医疗等成长型指数计算收益，那么你最终会获得更高收益率。这就回到我之前谈到的，选择指数可以选择高波动率、高成长性的指数进行定投。

8.5 基金定投如何止盈

定投作为一种适合新手及“懒人”操作的投资方式，需要在很长一段时间内分散投入资金，因此对择时的要求不高，这样能够缓解择时错误带来的损失。

股市里常说“会买的是徒弟，会卖的才是师傅”，不少投资者因为不会止盈，会有在股市“坐过山车”的经历。而对于定投而言，卖比买更重要！即选择何时止盈往往比选择何时投资更重要，也更有难度。

小贴士：

隔壁邻居小王从 2010 年年初开始每月 1 日定投中证 500，在亏损中挣扎了 5 年，却始终坚持着定投，终于在 5 年后进入牛市，小王喜笑颜开，看着手头的收益越来越多，到了 2015 年 6 月 1 日，累计收益率达到了 155.50%。小王越来越不舍得就这样止盈，多持有一天仿佛就能够多涨一天，一时的贪念导致小王错过了最好的止盈时机，“股灾”来了，收益越来越少，小王也越来越笑不出来了。从图 8.13 我们可以看到，从 2016 年 2 月开始，小王的定投累计收益率再也没有超过 50%。

经过计算，假设小王从 2011 年 1 月 1 日开始定投，到 2015 年 6 月 1 日时，定投累计收益率为 159.64%；如果从 2012 年 1 月 1 日开始定投，到 2015 年 6 月 1 日时，定投累计收益率为 167.23%（但是由于定投时间晚，投入本金少，收益也较少）。因此我们可以看出，对于定投，“何时买”带来的影响远远没有“何时卖”大。

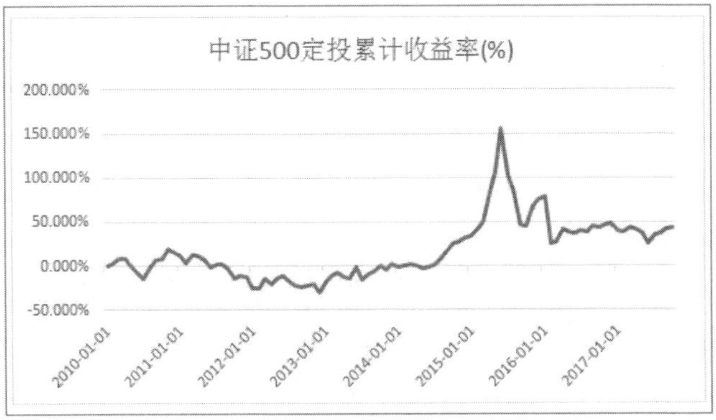

图 8.13 小王定投中证 500 收益率变化

那么投资者会问老罗，坚持定投那么久，牛市来时根本舍不得止盈呀！有没有什么办法能判断何时处于牛市高点呢？老罗给大家总结三个止盈的好办法，希望对大家下一轮牛市到来止盈有帮助。

8.5.1 市场情绪法

如巴菲特所说："在别人恐惧时贪婪，在别人贪婪时恐惧"，市场情绪法的实质正与这句话不谋而合。

小贴士：

有一天，庙里来了一群香客，在菩萨面前烧了许多香，苦苦哀求，希望菩萨保佑他们脱离苦海。老和尚心善，问是怎么回事。香客们说，股市大跌，我们被深度套牢，赔了许多钱，不知怎样才能解脱？老和尚心想股票真是个坏东西，害了这么多人，我佛慈悲，普度众生，快快把他们救出来吧。于是老和尚拿出庙里所有的香火钱，怀着"我不入地狱谁入地狱"的慈悲心，出世解救众生，慷慨地接手了所有的股票。几年过去了，香客们又来庙中烧香，一个个都情绪激动，祈求股票快涨多涨，还有的人抱怨自己老买不到股票。老和尚不明白，怎么股票又成了好东西了？不过既然善男信女都想要股票，那我就普度众生，卖给他们吧。于是老和尚又来到股票市场，把股票抛了个精光。就这样，老和尚成了股市最大的赢家……

老和尚的大智慧总结如下：

（1）在别人恐惧时贪婪。老和尚买在众人疯狂卖出之时，卖在众人疯狂买入之时。尽管老和尚慈悲为怀，为的是“普度众生”，但很巧合的是，老和尚成功避开了追涨杀跌，很巧妙地完成了低买高卖。其实，就是根据市场情绪逆向操作，而不是随大流！

（2）在别人贪婪时恐惧。股市投资往往是少数人赚钱，多数人亏钱，因为人云亦云，当买卖股票变成群体行为时，疯狂就要付出代价。所以，老和尚买在众人疯狂卖出之时，卖在众人疯狂买入之时，拒绝人云亦云！

回想老罗经历的这三波大牛市，第一波2006年至2007年，第二波2009年，第三波2014下半年至2015年上半年。在股市呈最疯狂状态的时候，老罗看到亲戚朋友街坊邻居都想要买股票，大家对股市都热情高涨、雄心勃勃，这很有可能就是牛市高点。虽然大家都情绪高涨，仿佛此时不买股票，就会像没有早早买房那样后悔，但是必须知道的是，市场已经上涨很久了，此时可能正是止盈的时刻，一旦再拖延下去，很有可能连之前的盈利都没有了。这个方法在这三轮牛市高点屡试不爽。

市场情绪法的优点在于：容易观测、不需要掌握太多的财务和金融知识、适合新手；但是，市场情绪法过于主观和感性，作为判断牛熊市的依据不具有说服力。

8.5.2　目标收益率法

目标收益率法也是一个简单易操作的止盈方法。需要做的事就只有一件，即确定一个目标收益率，一旦定投的收益率超过了目标收益率，就可以止盈了。

这时重点就来了！一定会有朋友问，我应该选择一个什么样的标准作为止盈线？由于指数走势具有不确定性，如果选择的标准过高，则可能未能及时止盈，错失了止盈良机；如果选择的止盈线过低，则在止盈之后看到指数增长势头仍不减，心里难免会觉得可惜。

这时我们需要考虑一个“机会成本”的概念。坚持定投了那么多年，设置的定投收益率若连机会成本都比不过，那还有什么意义呢？

如果没有拿这些钱定投，那么我们可以去投资无风险或风险较小的理财产品，获得理财产品的年化收益率；除此之外，还需要考虑通货膨胀率。因此我们得到：

最小目标收益率(机会成本)=（1+通货膨胀率+理财产品的年化收益率）^{定投年限}-1

举一个小例子，假设理财产品年化收益率为 5%，通货膨胀率为 3%，如果定投 5 年，那么最低的目标收益率为：$(1+3\%+5\%)^5-1=46.93\%$。当然这是理想假设的目标收益率。值得注意的是，这只是根据理财产品年化收益率及通货膨胀率计算出来的一个理论上的最低指标，通常还应该根据个人的风险偏好，并考虑市场情绪的影响，在该数据的基础上做出一定的调整。

上面那个方法有点复杂，老罗还有一个简单粗暴的方法帮你判断，就是看看最近几轮牛市你定投的指数从最低点到最高点涨多少，然后再取一个最小涨幅来判断牛市，牛市来了分批止盈，这样就不会错过牛市了。以中证 500 指数为例，三波牛市从最低点到最高点，涨幅均超过 200%以上，如表 8.14 所示。大家判断牛市的一个好方法就是只要中证 500 区间涨幅超过 100%，则说明牛市来临了，大家可以分批慢慢减仓了，这就是目标收益率法，自己根据以往该指数牛市涨幅空间，大概设置一个目标涨幅空间。

表 8.14　中证 500 三波牛市的最大涨幅

牛　　市	牛市最低到最高点区间	区间涨幅
第一波	2005.7.18—2008.1.15	687%
第二波	2008.11.4—2010.4.14	228%
第三波	2014.1.13—2015.6.12	220%

数据来源：Wind，“老罗话指数投资”公众号测算。

虽然目标收益率法简单、易于执行，但是它也有缺点，比如设定目标收益率过低，止盈过早，市场仍处牛市之中，这时就只能干瞪眼了。设定的目标过高，就容易错过止盈时机，最好的方法就是分批止盈。

8.5.3　估值法

指数估值水平是反映指数低估或者高估的一个重要指标，尽管估值过高也包括了市场情绪过高及对未来看好的因素，但是从长期来看，估值过高都存在估值回归的一个过程，故可以根据指数的估值水平进行止盈。

图 8.14 是中证 500 指数从 2007 年 1 月 1 日到 2017 年 9 月的点位和对应的 PE 值。

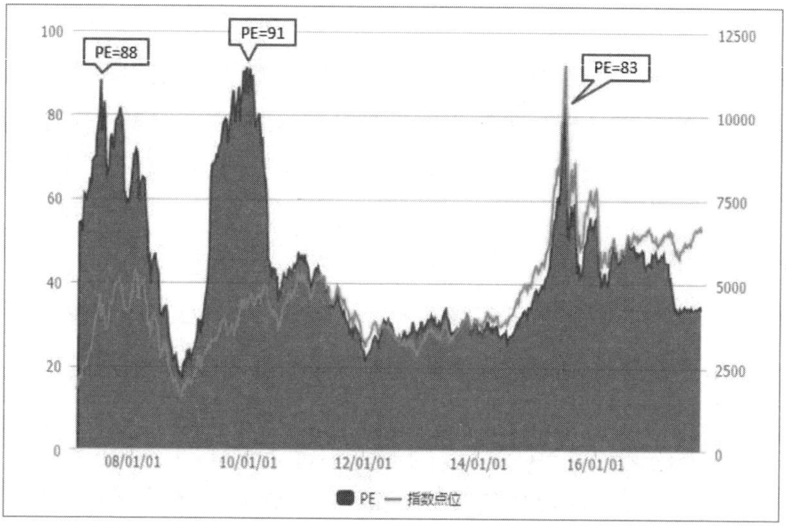

图 8.14　三轮牛市中证 500 估值高点变化

从图 8.14 中我们可以发现一个小规律，牛市的时候 PE 值通常都比较高，而到了熊市 PE 值却较低，尤其是 2007 年、2009 年、2015 年上半年几个重要的牛市，中证 500 的市盈率达到了 80。而到了这条线不久之后，股市就进入了熊市阶段。也就是说，当指数的估值超过一定的标准后，气势汹汹的牛市很有可能已经走向了尽头，股市可能即将发生反转。

但是，虽然历史规律表明牛市时期中证 500 的 PE 都能突破 80，如图 8.15 所示，但是并不能保证下一次依然呈现这样的规律，因此选择恰当的止盈线十分重要。

这里需要利用一种方法，叫分批估值止盈法。

即在 PE=60 时，赎回 60%的基金份额；PE=70 时，赎回 30%的基金份额；如果 PE 能够达到 80，赎回剩下 10%的基金份额，其间任何时候 PE 回落到了 60 时，都将剩余基金份额全部赎回。表 8.15 为在三个时间段内对中证 500 指数每周定投的收益率计算。

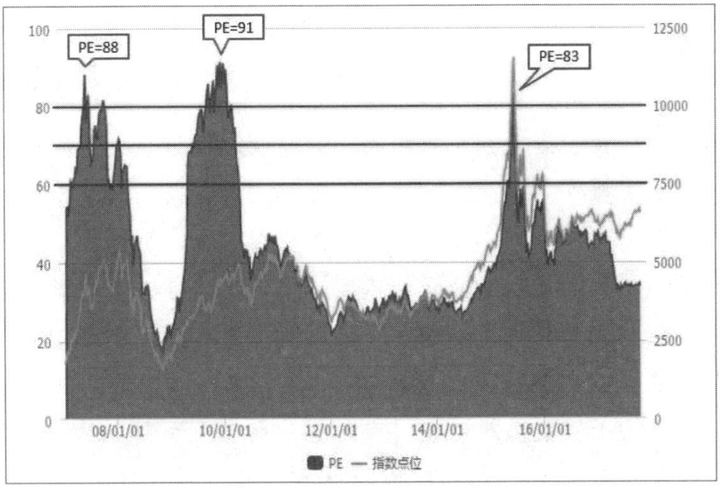

图 8.15　三轮牛市中证 500 分批止盈线

表 8.15　中证 500 分批止盈收益率

牛市时间		分批止盈时间			累计收益率	年化收益率
		PE=60（60%）	PE=70（30%）	PE=80（10%）		
	开始时间					
第一轮	2004/12/31	2007/2/16	2007/4/30	2007/5/18	196%	57%
第二轮	2008/4/3	2009/4/30	2009/6/5	2009/9/4	28%	19%
第三轮	2010/4/30	2015/4/30	2015/5/22	2015/6/5	125%	17%

数据来源：Wind，“老罗话指数投资”公众号测算。

我们可以看到，利用这种方法，年化收益率最低也在 17%以上，表现良好。就算之后市场继续上涨，自己也留有一部分份额，不至于太过可惜。

估值法是止盈方法中最靠谱的一种方法，但并非绝对，估值法也有缺点，即不能保证未来的规律和历史一致。并且需要注意的是，估值法不能一概而论。即不同类型的行业适用的估值指标可能不一致；另外，不同的指数基金适用的止盈线也有所差异。具体的选择也需要看个人的风险偏好，这里给出的方法仅供参考。

以上是止盈常用的三种方法，每种方法都有利有弊。并且，以上三种方法并非规定了只能用一种，可以将三者结合起来用，也可以将分批止盈用于目标收益率法中。具体情况具体分析，根据实际情况灵活选择最适合的止盈方法才是最有效的办法。

老罗有话说：

对于止盈的方法，老罗总结了三个原则。（1）不要奢求卖在最高点，分批止盈为佳。投资者要判断市场高、低点谈何容易，既然定投建仓是细水长流，那么止盈也不必苛求一次性退出。（2）定投早期不止盈，中、后期要谨记止盈。定投早期不止盈：部分投资者可能运气好，定投几个月就有不错的收益，但由于积累的资金不多，即使赎回对投资者影响也有限，也不能起到强制储蓄的作用，这个时候止盈意义不大。后期止盈根据市场情绪、指数涨幅以及估值等三个方面就可以判断牛市已经到来，可以准备分批止盈了。（3）止盈套路很多，找到适合自己的方法。基金定投止盈的方法很多，在网上搜索就可以找到指数参考法（点位、PE、PB、PS 等）、目标收益法、技术指标法等。老罗觉得每一种方法都有它的逻辑和适用性，难以准确评价其优劣，止盈套路很多，关键是要找到适合自己的方法。

8.6 为什么宽基定投优先选择它俩

古人云“二人同心金不利，天与一城为国蔽”，价值型和成长型股票可谓帮助各位投资者规避风险、获得收益的两个好兄弟，针对宽基指数，也可以用价值型和成长型指数相互搭配进行投资。

对于价值型指数，相比沪深 300，老罗更倾向于向大家推荐投资中证 100；针对成长型指数，老罗认为创业板指可以取代中证 500 获得投资者的偏爱。当然老罗这样说是通过自己分析现有数据客观判断出来的。

1. 中证 100VS 沪深 300

众所周知，沪深 300 是我国股市中最重要的指数之一，其反映了 A 股市场蓝筹股的整体表现。但是目前市场上有一只指数脱胎于沪深 300，是蓝筹股票中核心企业的聚集地，这只指数就是中证 100。从指数成份股来看，中证 100 与沪深 300 都覆盖了沪深两市，行业都以金融业占比最高。然而中证 100 指数成份股为沪深 300 指数中市值最大、流动性最好的前 100 只股票，因此成份股个股平均总市值更大、行业龙头更集中，可以说，中证 100 指数是 A 股“核心蓝筹”的代表。

截至 2020 年 2 月 21 日，中证 100 指数的 PE 值为 11.03，所处历史分位为 53%，沪深 300 指数的 PE 值为 12.45，所处历史分位为 55%，从估值来看相差不大，但中证 100 还是略具优势的。

在成份股的盈利能力方面，通过对比中证 100 和沪深 300 的成份股 ROE 平均值发现，中证 100 的成份股 ROE 平均水平在绝大多数年份均高于沪深 300，盈利优势尽显，如图 8.16 所示。

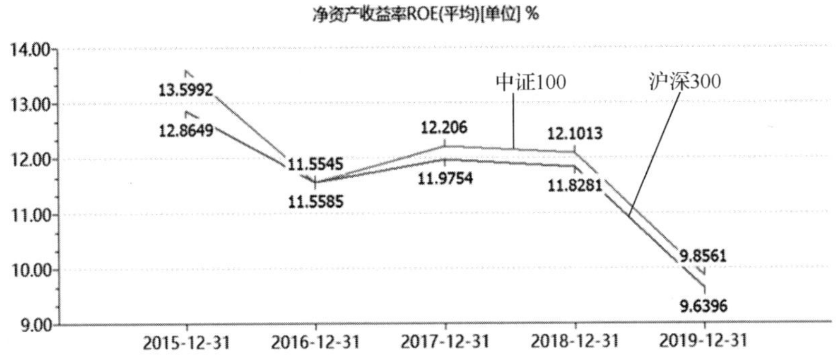

图 8.16　中证 100 与沪深 300 净资产收益率的比较

另外，投资者在选择蓝筹指数时，一般比较看重股息率。指数的股息率指的是指数的成份股总分红与总市值之比，能够综合反映指数所包含成份股的分红情况。老罗经过统计发现，中证 100 在股息率方面的表现要显著优于沪深 300，这意味着长期持有中证 100 所获得的分红要明显多于沪深 300，叠加复利的影响，中证 100 在股票成份股分红方面较沪深 300 更有优势，如图 8.17 所示。

中证 100 与沪深 300 微笑曲线出现的位置相似，选取其中两个价值型指数微笑曲线的时间段进行定投对比，发现均是中证 100 指数收益率高，在 2016 年 1 月到 2018 年 1 月这段时间的收益率达到 37.66%，远高出同期定投的沪深 300，如表 8.16 所示。

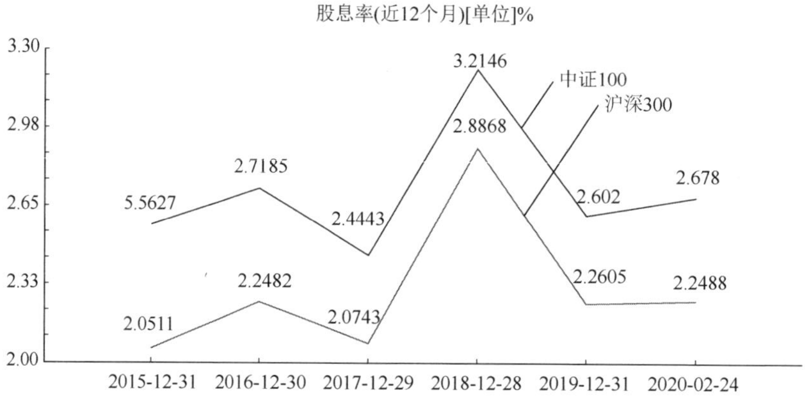

图 8.17　中证 100 与沪深 300 股息率的比较

表 8.16　中证 100 与沪深 300 定投收益率比较

日期	定投方式	中证 100 定投收益率	沪深 300 定投收益率
2016.1.8—2018.1.26	周定投	37.66%	27.10%
2018.3.2—2019.4.19	周定投	19.06%	17.93%

2. 创业板指数 VS 中证 500

中证 500 指数是由全部 A 股中剔除沪深 300 指数成份股及总市值排名前 300 名的股票后，总市值排名靠前的 500 只股票组成的，综合反映中国 A 股市场中一批中小市值公司的股票价格表现。与其相似的反映中小市值公司股票价格表现的还有由 100 家创业板上市的企业组成成份股的创业板指数。根据老罗的统计，两只指数有 40 只成份股重叠，走势也比较相似，看似是别无二致，但是作为成长型指数，老罗还是更推荐创业板指数。

首先，从成份股行业分布来看，创业板指高新技术行业占比更高，其中计算机占比 11.4%，涉及电子的总占比为 14.1%，医药生物总占比为 25.6%，如图 8.18 所示。创业板指数的行业结构与中国新经济转型方向高度一致，广泛覆盖新一代信息技术、数字创意产业、高端装备制造、节能环保、生物医药等新兴行业，都属于高前景高成长性的行业。而中证 500 指数成份股，各行业占比不集中，涉及领域较多，尤其化工、有色金属、房地产的占比累计达到近 16%，传统产业的行业权重占比比创业板高，如图 8.19 所示。对比来看，创业板指数更具有高成长性、高前景的特点。

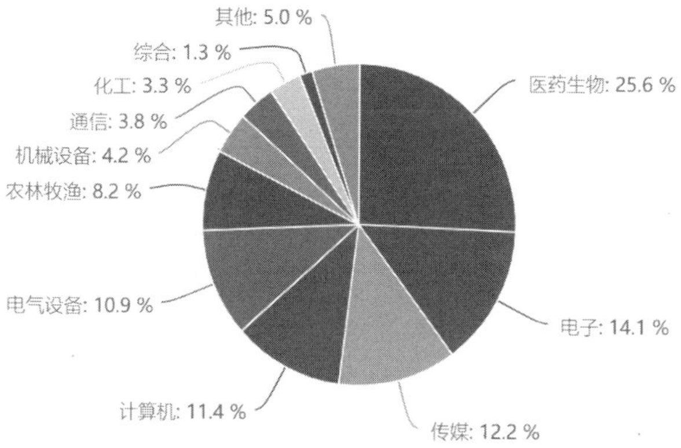

图 8.18　创业板指数的行业分布

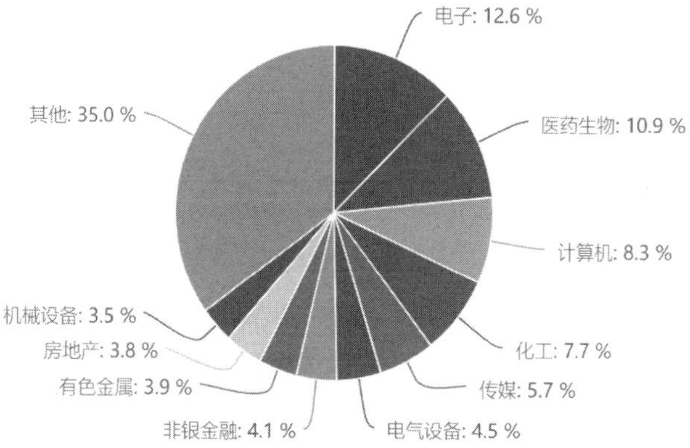

图 8.19　中证 500 指数的行业分布

当成长行情来临时，创业板指数大概率会表现更好。老罗通过历史数据模拟了中证 500 和创业板指数的定投过程，用两段最近的微笑曲线来对比定投收益率。可以发现创业板指数定投收益率高于中证 500 指数，特别是 2019 年到 2020 年，在 2020 年 2 月 21 日止盈创业板指数收益率达到 34.32%，如表 8.17 所示。

表 8.17　创业板指数与中证 500 定投收益率比较

日期	定投方式	创业板指数定投收益率	中证 500 定投收益率
2016.1.8—2018.1.26	周定投	26.09%	25.29%
2018.3.2—2020.2.21	周定投	34.32%	14.02%

中国 A 股市场经常发生结构性牛市，即要么大盘蓝筹股大涨，中小成长股下跌；要么中小成长股大涨，而大盘蓝筹指数下跌。当发生结构性行情，而我们只定投了下跌行情风格的指数时，是不是会很郁闷？如果通过大盘蓝筹指数和中小成长指数均衡配置进行定投，则在结构性牛市时你能分享到投资收益，从而拥有更好的定投心态，也有利于你对定投的坚持。

相信大家也知道为什么老罗推荐中证 100 和创业板指数进行组合定投。通过价值指数与成长指数的组合定投，能避免结构性行情中踏空的风险。当然每只指数都有自己的特点，总而言之，只要标的选择得当，坚持定投，终能见到定投玫瑰的绽放。

第 9 章　指数基金投资策略

9.1　大小盘指数轮动策略

近期大小盘轮动策略很火，不少互联网平台相继推出了大小盘轮动策略组合。那么大小盘轮动策略的本质是什么？如何操作？隐含的原理又是什么？策略最终实证效果如何？今天老罗就为大家一一揭秘大小盘轮动背后的秘密。

9.1.1　何谓大小盘轮动策略

“二八轮动”一词你可能有所耳闻，但你了解过具体什么是“二八轮动策略”吗？

常规二八轮动策略是根据沪深 300 和中证 500 指数的价格判断趋势来进行大小盘轮动的择时策略。其中“二”代表数量占比在 20%左右的大盘权重股（对应沪深 300 指数），“八”代表数量占比在 80%左右的中小盘股票（对应中证 500 指数）。本策略会在每周五（或每周最后一个交易日）判断最近四周沪深 300 和中证 500 指数的涨幅，满仓配置上涨较多的指数。若均下跌，则切换到货币型基金躲避风险。总结来说，二八轮动策略就是“大小轮动，骑牛躲熊”。基于动量效应的量化模型，在大盘股与小盘股中间不断切换，轮流持有，当市场表现低迷时，转入货币型基金。

二八轮动与以价值投资为核心指导的投资策略不同，它的本质是趋势交易。趋势交易简而言之就是在投资标的涨的时候买入，在投资标的跌的时候卖出，赚取利润。趋势交易在 A 股散户占绝大多数、机构投资者占少数的交易市场上是可行的，因为这种市场结构会导致“羊群效应”经常出现。

另外，纵观A股多年牛、熊交替走势，可见A股市场的一大特征是大小盘风格轮动。所谓“大小盘风格轮动”，就是A股市场中的大盘股和小盘股往往表现出涨跌趋势不一致的规律，通常当大盘股涨时小盘股不涨，或者当小盘股涨时大盘股不涨。

9.1.2 二八轮动策略具体操作方法

以雪球蛋卷二八轮动指数为例，该指数按照趋势跟随策略编制，成份标的包含沪深300指数、中证500指数和国债指数。具体为：

（1）在每日收盘后对比当日收盘数据与20个交易日前的收盘数据，选择沪深300指数和中证500指数中涨幅较大的一个，于下一个交易日收盘时切换为持有该指数；

（2）若两个指数均为下跌，则于下一个交易日收盘时切换为持有国债指数。

说明白点就是：当判断市场好的时候，在大、小盘股票上进行轮动，持有涨势较好的指数。当判断市场不好的时候，就卖掉股票指数，转入风险较小的国债产品。

再以且慢平台为例，二八轮动策略通过判断沪深300和中证500指数的趋势寻找上涨行情中的市场热点，满仓配置近20个交易日上涨较多的指数。若均下跌，则落袋为安。

当然，目前上线二八轮动策略的平台有很多，方法大同小异，只是个别参数会有差别，分析二八策略的特点和适用环境。

9.1.3 二八轮动策略的原理

二八轮动策略实质是一种“动量效应”。动量效应（Momentum Effect）又称“惯性效应”，是由Jegadeesh和Titman（1993）提出的，是指股票的收益率有延续原来运动方向的趋势，即过去一段时间收益率较高的股票在未来收益率仍会高于过去收益率较低的股票。总的来说，二八轮动是根据动量效应设计的一种“追涨杀跌”的趋势投资方法，解决了投资者面临的“买什么，什么时候买”等一系列投资痛点。

9.1.4　二八轮动策略在 A 股是否有效

1．A 股市场大小盘轮动效应显著

从图 9.1 可知，A 股市场历年大、小盘的收益率差异还是很大的，也就是大小盘轮动风格比较显著。因此，理论上基于 A 股市场的二八轮动策略应该是相对有效的。

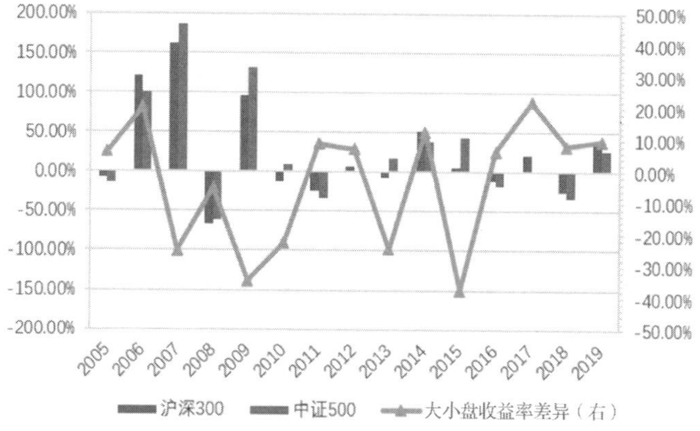

图 9.1　A 股历年沪深 300（大盘）、中证 500（小盘）指数收益率及差异（2019.12.31）

2．二八轮动策略实证效果

（1）策略要素说明（如表 9.1 所示）

表 9.1　二八轮动策略说明

策略理念	动量效应，追涨杀跌。大盘指数和小盘指数谁强买谁，在市场呈弱势的时候（两个指数都为负收益率），转入国债指数避险
具体操作	每日收盘后比较中证 500 和沪深 300 指数的 20 日涨跌幅：如果都下跌，则转入债券；如果中证 500 大于沪深 300，则转入中证 500；如果中证 500 小于沪深 300，则转入沪深 300。为了降低频繁调仓，可以将持有资产的持仓时间限制为 5 个交易日以上
回测及业绩基准	回测区间为 2009.12.31—2019.12.31，业绩基准为中证 800 指数

（2）策略实证效果评价

从二八轮动策略的历史回测数据看，自 2009 年年底以来二八轮动策略整体有效，累计收益率为 186%，而同期中证 800 指数收益率仅为 15%，二八轮动策

略超越同期中证 800 指数累计收益率达到 171%，如图 9.2 所示。

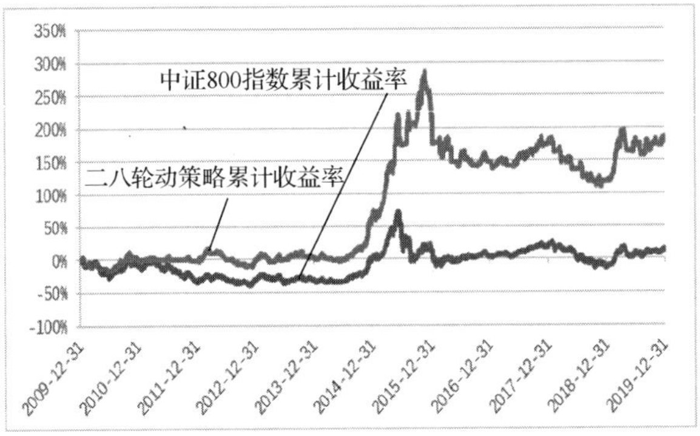

图 9.2　二八轮动策略与中证 800 指数走势（2019.12.31）

在收益率提升的同时，二八轮动策略年化波动率为 19%左右，相比中证 800 指数更低，实现了比中证 800 指数更好的风险调整收益率。二八轮动策略在测试区间的年化夏普比率为 0.5，优于中证 800 指数，如表 9.2 所示。

表 9.2　二八轮动策略与中证 800 指数风险收益率比较

统计指标	二八轮动策略	中证 800 指数	二八轮动策略超额收益率
累计收益率	186.23%	15.16%	171.07%
年化收益率	11.08%	1.42%	9.66%
年化波动率	19.10%	23.30%	−4.19%
年化夏普比率	0.5	0	0.5

数据来源：“老罗话指数投资”公众号，统计区间为 2009 年 12 月 31 日至 2019 年 12 月 31 日。

从逐年的数据来看，在回测的 10 年中，二八轮动策略有 6 年时间跑赢中证 800 指数，4 年跑输中证 800 指数，年胜率为 60%，如表 9.3 所示。在大多数年份中，二八轮动策略的年化波动率都小于中证 800 指数。

表 9.3　二八轮动策略与中证 800 风险收益率比较

统计项目	中证 800 指数	二八轮动策略	二八轮动策略超额收益率
回测期间收益率	15.16%	186.23%	171.07%
2019 年收益率	33.71%	30.90%	-2.81%
2018 年收益率	-27.38%	-19.92%	7.46%
2017 年收益率	15.16%	9.76%	-5.4%

续表

统计项目	中证 800 指数	二八轮动策略	二八轮动策略超额收益率
2016 年收益率	-13.27%	-27.41%	-14.14%
2015 年收益率	14.91%	103.73%	88.82%
2014 年收益率	48.28%	63.33%	15.05%
2013 年收益率	-2.14%	3.31%	5.44%
2012 年收益率	5.81%	1.29%	-4.51%
2011 年收益率	-27.38%	-0.50%	26.88%
2010 年收益率	-7.32%	-1.08%	6.23%

数据来源："老罗话指数投资"公众号，统计区间为 2009 年 12 月 31 日至 2019 年 12 月 31 日。

从调仓频率来看，在回测的 10 年中共有 2432 个交易日，二八轮动策略总共调仓 168 次，换手率在 7%左右，平均 14 天调仓一次，总体而言调仓频率并不算高，在可接受范围内，如表 9.4 所示。

表 9.4 二八轮动策略调仓频率

组合名称	换手次数	期间交易日	换手率	平均换手天数
二八轮动策略	168	2432	7%	14

数据来源："老罗话指数投资"公众号，统计区间为 2009 年 12 月 31 日至 2019 年 12 月 31 日。

9.1.5 二八轮动策略是否有优化空间

事实上，市场上早有大量的应用二八轮动策略的产品推出，选用的都是沪深 300 和中证 500 作为大小盘标的。但这是否就是最佳方案呢？

沪深 300 指数成份股平均市值为 1200 亿元，属于大市值范畴，中证 500 指数成份股平均市值为 165 亿元，符合小市值范畴。中证 100 指数由沪深 300 指数成份股中规模最大的 100 只股票组成，综合反映中国 A 股市场中最具市场影响力的一批超大市值公司的股票价格表现，被称为"中国核心蓝筹"，成份股平均市值是 2555 亿元，为沪深 300 指数的两倍有余，更具大盘行情代表性。而创业板指数在 2019 年本轮中小盘行情复苏以来，表现亮眼，2019 年创业板指数涨幅达到 44%，超过中证 500 指数 17%的涨幅，是"中小盘风向标"，更具中小盘行情代表性。

看在常规二八轮动策略的基础上（每日收盘后比较中证 500 和沪深 300 指数的 20 日涨跌幅，如果都下跌，则转入货币型基金；如果中证 500 大于沪深 300，则转入中证 500；如果中证 500 小于沪深 300，则转入沪深 300），为了降低调仓频率，可以将持有资产的持仓时间限制为 5 个交易日以上。我们考虑改进版二八轮动策略，用中证 100 代表大盘蓝筹风格，用创业板指代表小盘成长风格，如图 9.3 所示。

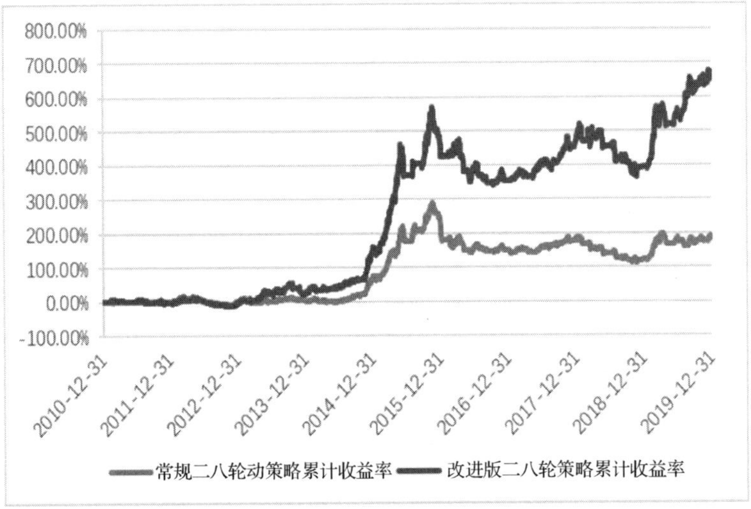

图 9.3　两种二八轮动策略业绩回测（2010.12.31—2019.12.31）

从改进版二八轮动策略的历史回测数据看，自 2010 年年底以来改进版二八轮动策略较常规二八轮动策略整体表现更好，累计收益率约为 674%，而同期常规二八轮动策略收益率约为 189%，改进版二八轮动策略超越同期常规二八轮动策略累计收益率达到近 485%。改进版二八轮动策略年化收益率为 26%左右，约为常规二八轮动策略的两倍。就波动性而言，改进版二八轮动策略的年化波动率为 22%左右，略高于同期常规二八轮动策略。综合收益率和波动性，改进版二八轮动策略夏普比为 1.08，高于常规二八轮动策略，见表 9.5。

表 9.5　二八轮动组合调仓频率

统计指标	常规版二八轮动收益率	改进版二八轮动策略收益率	超额收益率
累计收益率	189.28%	673.94%	484.66%
年化收益率	12.52%	25.51%	12.99%
年化波动率	18.78%	22.28%	3.5%
夏普比率	0.59	1.08	0.49

数据来源：“老罗话指数投资”公众号，统计区间为 2010 年 12 月 31 日至 2019 年 12 月 31 日。

通过对比 2011 年以来的两种二八轮动策略收益率我们可以发现，在 2011—2019 年改进版二八轮动策略的累计收益率比常规版二八轮动策略更高，改进版二八轮动策略年化收益率达 26%左右，常规版二八轮动策略则只有 13%左右，年化超额收益率达 13%。

表 9.6　两种二八轮动策略收益率比较

	常规版二八轮动策略收益率	改进版二八轮动策略收益率	年化超额收益率
2011 年	-0.53%	-3.19%	-2.66%
2012 年	1.29%	-1.44%	-2.74%
2013 年	3.31%	27.88%	24.57%
2014 年	63.33%	105.40%	42.07%
2015 年	103.73%	132.38%	28.65%
2016 年	-27.41%	-21.98%	5.43%
2017 年	9.76%	22.34%	12.58%
2018 年	-19.92%	-11.45%	8.48%
2019 年	30.90%	57.22%	26.32%
总收益率	189.28%	673.94%	484.66%
年化收益率	12.52%	25.51%	12.99%
年化波动率	18.78%	22.28%	3.5%

数据来源：Wind，统计区间为 2010 年 12 月 31 日至 2019 年 12 月 31 日。

在统计的 9 年中，改进版二八轮动策略有 7 年跑赢常规版策略，胜率高达 78%，2014 年和 2015 年连续两年大幅跑赢常规版二八轮动策略，收益率分别为 42%、29%左右，优势明显。从年化波动率看改进略高于常规版，更具有高弹性、高波动率、高成长性的特点，这也印证了我们前面所说的创业板指数更具小盘行情代表性，而中证 100 也比沪深 300 更具备大盘行情代表性的说法。

从调仓频率来看，在回测的 9 年中，共有 2190 个交易日，改进版二八轮动策略总共调仓 140 次，换手率在 6%左右，平均 16 天调仓一次，调仓频率低于常规二八轮动策略，如表 9.7 所示。

表 9.7　两种二八轮动策略调仓频率比较

组合名称	换手次数	期间交易日	换手率	平均换手天数
改进版二八轮动策略组合	140	2190	6%	16
常规二八轮动策略组合	152	2190	7%	14

数据来源：Wind，统计区间为 2010 年 12 月 31 日至 2019 年 12 月 31 日。

你还在用沪深 300 和中证 500 做二八轮动策略吗？数据显示随着指数日新月异的更迭，一成不变的二八轮动策略已经过时了，中证 100 与创业板指的搭配，会是更佳的选择！

9.1.6 对二八轮动策略的整体评价

1. 轮动策略整体有效，但不能对其抱有过高期望

实证数据表明二八轮动策略在 A 股近几年整体是有效的，能够取得比业绩基准更高的风险调整收益率，但超额收益率并没有非常显著。目前网络上一些二八轮动策略以指数为标的，没有考虑交易费率以及指数产品本身的跟踪误差，测算出来的收益高达数十倍，实际上有一定的误导性。

2. 轮动策略在波动大、趋势强的市场更有效

二八轮动策略在震荡市中的表现不如业绩基准，这也是二八轮动策略的特点：优势体现在大涨或者大跌的市场里，但在震荡市里优势并不明显。投资者需要蛰伏，等待市场单边大涨的时刻到来，才会有比较丰厚的收益。

3. 底层产品交易费率很重要，指数基金 C 类份额是最佳选择

二八轮动策略的平均调仓周期在 11 天左右，如果底层资产的申购/赎回费率较高，则会对策略的效果产生非常不利的影响，甚至导致策略失效。因此，选择合适的底层资产对于二八轮动策略是重中之重。

4. 二八轮动策略存在优化空间

目前市场的二八轮动策略主要用沪深 300 和中证 500，这两个指数并不能完全反映大盘和小盘，在实际操作中，我们可以进一步优化，用中证 100ETF 替代沪深 300ETF，用创业板 ETF 替代中证 500ETF，会发现实际操作效果更佳。

目前基金公司开发的指数基金 C 类份额是最适合轮动的低成本工具，免申购费，持有大于等于 7 天免赎回费，11 天的平均周期刚好跨过最低持有期限，C 类份额是投资者二八轮动策略不可或缺的工具。

老罗有话说：

二八轮动策略适合单边市场，单边上涨或者下跌比较有效，尤其牛市到来，能够帮助大家抓住大牛市，缺点就是在窄幅震荡市场中不占优势，容易反复打脸导致收益率不断被损耗。

9.2　揭秘行业指数轮动策略

上一节中老罗为大家揭秘了二八轮动策略，下面老罗继续为大家介绍另一个常见的策略——行业轮动策略。老罗就以行业轮动策略为样例，为大家揭秘策略背后隐含的秘密。

1．何谓行业轮动策略

所谓行业轮动策略，是利用市场趋势获利的一种主动交易策略，其本质是利用不同投资品种强势时间的错位对行业品种进行切换以达到投资收益最大化的目的。通俗点讲就是根据不同行业的区间表现差异性进行轮动配置，力求能够抓住区间内表现较好的行业、剔除表现不佳的行业，如在判断市场不佳的时候，降低权益类仓位，提升债券或货币的比例。

2．行业轮动策略在 A 股真的有效吗

行业轮动策略在 A 股能不能有效主要看两点：（1）A 股行业轮动的空间大不大，也就是有没有行业轮动策略施展的理论基础；（2）策略提供方的策略是否有效，是否能有效抓住 A 股行业轮动的变化。

我们先来看第一点，A 股“老司机”都知道，A 股是行业、主题、热点驱动的市场，同一区间段行业之间收益率的差异可能非常大。我们从中证全指一级行业两周的涨跌幅情况来看，可以发现行业之间收益率的差异还是非常大的，也就是 A 股是一个非常适合运用行业轮动策略的基础市场。

进一步来看，老罗统计 2009 年以来每月收益最好跟最差的两个中证全指一级行业指数的收益率差异，发现普遍差异集中于 10%～15%这个区间，最高的月

度差异甚至超过 40%，如图 9.4 所示。

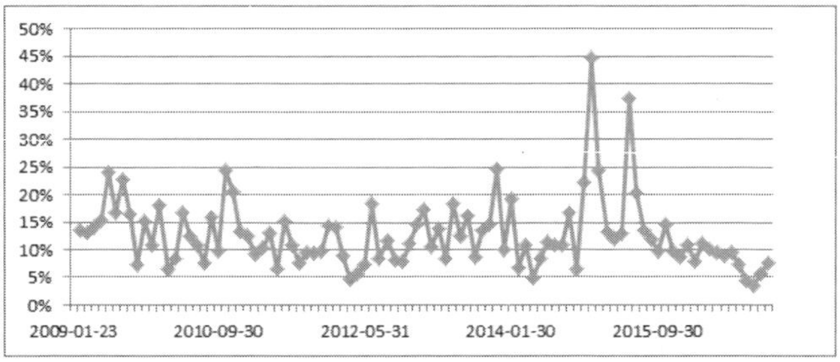

图 9.4　每月收益最高行业与最低行业收益率差异

至于策略是否有效，这个就见仁见智了，而且任何策略都有一定适用范围与局限性。我们来假定一个非常理想的情况，假设有一个“理想的行业轮动策略”，每个月都能配置到全指 10 个一级行业中收益最佳的行业，那么这个策略从 2009 年跑到 2016 年 11 月份，就可以实现近 1400 倍的收益，如图 9.5 所示。但请记住，这是一个最理想的状态，实际上“理想很丰满，现实很骨感”，如果有人告诉你他能够实现这个轮动效果，那么他不是上帝就是骗子。

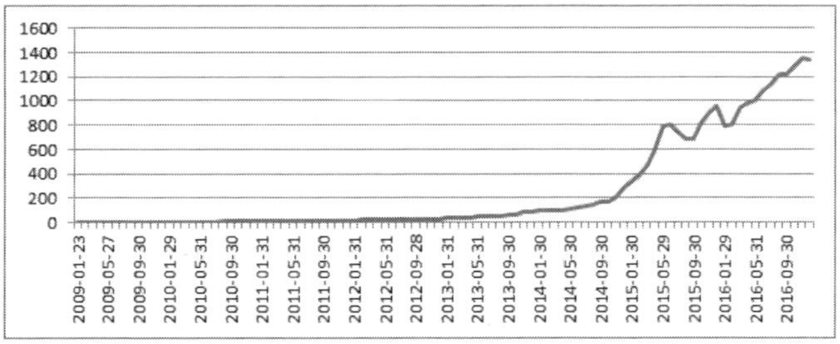

图 9.5　某理想策略——假设每月都能选到表现最好的中证全指一级行业指数

目前，对于行业轮动大家通常采用的方法主要有以下两大类，第一类是通过经济周期研究，以及行业基本面分析，找到当前看好的行业进行投资。第二类就是运用量化模型的方法，运用反转投资、二八轮动策略和动量策略等指标构建行业轮动模型。

1．经济周期的方法

大部分机构投资者进行行业轮动的方法是围绕行业基本面和经济周期去配置行业。在一个完整的经济周期中，有些是先导行业，有些是跟随行业。例如，对某个地方基础设施的投资，钢铁、水泥、机械属于先导行业，投资完后会带来房地产、消费、文化行业的发展，这些行业就属于跟随行业。研究在一个经济周期中的行业轮动顺序，从而在轮动开始前进行配置，在轮动结束后进行调整，则可以获取超额收益。

另外，行业轮动策略的中心思想是根据宏观经济周期的变化，把握不同经济周期下行业轮动规律，配置表现超越市场平均水平，从而获取超额收益。虽然各基金公司应用的模型不尽相同，但都主要以美林证券在 2004 年 11 月提出的投资时钟模型为理论依据，详细内容可见第 10 章 10.2 节。

通常，在衰退、复苏、过热、滞胀这个经济周期中，各阶段特征非常明显，配置的行业也不同。

当然在不同经济周期下，适合配置的行业也不同。在复苏阶段，适合配置周期型成长型股票，行业上可以选择信息技术、成长型行业等；在过热阶段，适合配置周期型价值型股票，行业上可以选择有色金属、钢铁、煤炭等；在滞涨阶段，适合配置防御型价值型股票，行业上可以选择石油天然气、公用事业等；在衰退阶段，适合配置防御型成长型股票，行业上可以选择医药、消费等。

当然，美林时钟模型在 A 股市场也不能完全套用，需要根据当时市场环境和经济周期进行综合判断。

2. 反转投资的方法

很多投资者喜欢投资跌幅大的行业，认为跌幅大的行业下一年可能会反转。如果按照这种策略进行行业轮动，效果会怎么样呢？为了简化和便于大家理解，老罗在此用全指金融地产和全指信息技术两个行业进行测算，金融地产代表价值股行业的投资机会，而全指信息技术代表成长行业的投资机会。

具体方法：每年比较全指金融地产与全指信息技术两个行业的收益率差，若两个行业的收益率差绝对值超过 20%，我们就认为上一年某个行业较为弱势，在下一年存在行业反转的机会，在下一年的年初切换到上年表现较弱的行业；若收益率差绝对值小于 20%，则下一年维持原有行业不变。按照此策略进行投资，如表 9.8 所示。

表 9.8　反转行业轮动策略比较

年份	全指信息技术 累计收益率	全指金融地产 累计收益率	中证全指 累计收益率	反转策略 累计收益率
2005	0	0	0	0
2006	69.0%	197.3%	112.2%	69.0%
2007	289.5%	599.3%	474.7%	289.5%
2008	53.0%	132.3%	106.5%	41.2%
2009	247.4%	371.0%	326.4%	203.5%
2010	364.2%	244.8%	310.3%	122.1%
2011	183.4%	187.2%	195.4%	85.1%
2012	174.9%	250.5%	208.9%	79.5%
2013	335.4%	218.7%	225.1%	184.3%
2014	460.5%	486.3%	374.0%	422.9%
2015	914.8%	471.6%	528.3%	846.7%
2016	653.2%	406.1%	437.8%	738.2%
2017	638.3%	478.9%	450.4%	790.3%
2018	378.3%	353.8%	285.6%	537.2%
2019	648.6%	494.7%	405.6%	816.3%

数据来源：Wind，2008 年 12 月 31 日至 2016 年 12 月 31 日。

尽管我们发现反转策略的累计收益率在这 15 年中达到 816.3%，效果不错，但是我们同时也发现，该策略在 2013 年之前均跑输全指金融地产、全指信息技术以及中证全指指数，从 2016 年开始才跑赢其他三个指数，说明该反转策略的胜率和稳定性不足，市场也不会因为上一年某个行业走差，而在第二年就会走强，反而很可能第二年弱势行业继续走弱。所以，依靠反转去投资的方法稳定性不强，大家在用此方法时需要慎重。

3．简化的二八行业轮动策略

参考前面介绍的二八轮动策略，是否可以将该策略应用于行业指数基金轮动呢？即只看行业的涨跌幅，如果所选的行业指数基金最近 20 天指数收益率均为负数，则说明市场很差，我们就空仓；否则，我们配置其中最强势的那个行业。

具体策略如下。

策略标的池由全指消费、全指医药、全指金融、全指信息指数组成。

买入信号：以近 20 交易日涨跌幅为基准，在标的池中买入最强势的一个行业。

卖出信号：若标的池中所有行业均下跌，则将卖出权益资产改为持有上证国债指数。

为尽量与真实情况拟合，策略中设置了单一资产最短持有期限为 5 个交易日。

在回测区间内（2009.1.1—2019.12.31），策略累计收益率为 250%左右，年化收益率约为 13%，年化波动率约为 25%，夏普比为 0.44，最大回撤约为 50%，如表 9.9 所示。收益率表现超过同期中证全指，不过策略超过底层行业和主题指数中全指消费和全指信息的表现。综合而言，策略效果一般。

表 9.9　二八行业轮动组合策略收益率情况

	策略组合	全指消费	全指医药	全指金融	全指信息	中证全指
累计收益率	**250.34%**	361.43%	284.59%	156.03%	389.23%	144.80%
年化收益率	**12.53%**	15.49%	13.52%	9.26%	16.13%	8.80%
年化波动率	25.32%	25.22%	26.52%	26.31%	32.09%	24.88%
夏普比	0.44	0.55	0.45	0.29	0.46	0.29
最大回撤	50.35%	45.55%	54.23%	47.14%	69.70%	57.85%

数据来源：Wind，2009 年 1 月 1 日至 2019 年 12 月 31 日。

策略是否存在改进的空间呢？因为行业太多，就会影响二八轮动策略择时的效果，所以收益率也就打了折扣，为了增强这个二八行业轮动策略，我们将策略进行优化。

改进策略：把策略标的池范围进一步缩小，改为仅由全指信息和全指金融组成。

策略表现：在回测区间内（2009.1.1—2019.12.31），策略组合累计收益率约为 604%，年化收益率约为 20%，年化波动率约为 25%，夏普比为 0.76，最大回撤约为 36%。收益率表现超过同期中证全指，同时也超过了全指金融和全指信息的表现。综合而言，较之前的策略有较大改善。

表 9.10　改进版二八行业轮动组合收益率情况

	改进版策略组合	全指金融	全指信息	中证全指
累计收益率	**604.13%**	156.03%	389.23%	144.80%
年化收益率	**20.18%**	9.26%	16.13%	8.80%
年化波动率	24.62%	26.31%	32.09%	24.88%
夏普比	0.76	0.29	0.46	0.29
最大回撤	35.78%	47.14%	69.70%	57.85%

数据来源：Wind，2009 年 1 月 1 日至 2019 年 12 月 31 日。

4．动量模型的方法

大部分用的是动量模型的方法，也就是追趋势。这里老罗举两个行业轮动的例子，帮助大家了解这种类型的投资策略。

（1）雪球蛋卷斗牛八仙过海策略

蛋卷斗牛八仙过海，策略判断逻辑为上证 50 指数 K 线与修正后的 40 日均线（MA40）走势关系作为判断基础，来发出信号。

买入信号：若某交易日（T 日）上证 50 指数 K 线上穿修正的 MA40 均线，如果 T+1 个交易日依旧站稳，且交易日 K 线不被 T 日 K 线包含，则于 T+2 日收盘后选择买入进场；

卖出信号：若某交易日（T 日）上证 50 指数 K 线下穿修正的 MA40 均线，如果 T+1 个交易日依旧位于 MA40 均线之下，且交易日 K 线不被 T 日 K 线包含，则于 T+2 日收盘后选择卖出离场。

策略在出现买入信号时，卖出企债指数，买入资产池中近 10 个交易日涨幅较大的 3 个主题指数；在出现卖出信号时，卖出当前所有持有标的，改为持有企债指数。

策略资产池由地产等权指数、沪深 300 高贝塔指数、中证银行指数、大宗商品指数、中证白酒指数、中证煤炭指数、生物医药指数、证券公司指数组成。

这个策略主要是追趋势的策略，也是适合单边市场的策略，历史回溯业绩不错。缺点是底层资产都是分级基金，费率会高一些，另外底层资产中缺少成长性的行业。

（2）量化行业轮动策略

基于量化的方法，开发出围绕广发旗下指数基金的行业轮动策略，老罗简单介绍一下。

策略原理：广发基金指数周报行业轮动策略以“动量效应”为基本原理，策略开发者认为虽然影响行业轮动的因素众多，但行业的上涨最终是通过行业内上市公司的价格以及成交量来表现。因此，基于“量与价”这两个客观变量的策略是相对稳定的。采用轮动的方式，根据近期走势和交易量等因子优选强势行业指数。如果市场整体走势疲软，则增持买入固定收益类资产进行避险。

策略操作：该策略以广发基金旗下的 10 个行业（主题）指数基金对应的标的指数、债券指数为回测基础，实际组合构建可基于广发的 10 个行业（主题）指数基金场外 C 份额，如表 9.11 所示。调仓周期为 2 周，每周五用模型对该 10 个行业（主题）指数量、价走势进行判断，从中选出满足条件的 2 个最优行业指数基金，并按照模型计算的比例进行配置；若模型判断市场处于弱势格局，则相应调减权益类基金的仓位，增加低风险的债券型与货币型基金的仓位。也就是说，该策略不但带有行业优选的机制，还带有择时的功能。

表 9.11 广发基金行业轮动策略拟对应的底层资产

备选基金产品	
002973 广发中证全指能源 ETF 联接 C	002979 广发中证全指金融地产 ETF 联接 C
002974 广发中证全指信息技术 ETF 联接 C	002982 广发中证养老产业 C
002975 广发中证全指原材料 ETF 联接 C	002984 广发中证环保产业 C
002976 广发中证全指主要消费 ETF 联接 C	003017 广发中证军工 ETF 联接
002977 广发中证全指可选消费 ETF 联接 C	000509 广发钱袋子货币型基金
002978 广发中证全指医药卫生 ETF 联接 C	270048 广发纯债基金

在回测区间内（2009.1.1—2019.12.31），策略累计收益率约为 288%，年化收益率约为 14%，年化波动率约为 20%，夏普比为 0.61，最大回撤约为 41%。收益表现超过同期沪深 300 和中证全指，波动率更小，夏普比更好，如表 9.12 所示。

表 9.12　行业轮动策略、沪深 300 指数与中证全指历史收益率指标比较

	行业轮动策略	沪深 300 指数	中证全指
累计收益率	288.15%	125.37%	144.80%
年化收益率	13.62%	7.95%	8.80%
年化波动率	19.98%	24.18%	24.88%
夏普比	0.61	0.27	0.29

数据来源：广发基金，2009 年 1 月 1 日至 2019 年 12 月 31 日。

行业轮动策略的超额收益主要来源于 2013 年之后，特别是 2014 年、2015 年的牛市是行业轮动策略超额收益最显著的时候，也就是在趋势比较明显的市场，行业轮动策略更加有效，如果是在震荡市，则效果有可能减弱。

这个策略优点是在提高组合收益率的同时，降低了波动率，而且底层资产费率低且大部分指数基金是 C 份额，适合做行业轮动。缺点是调仓频率为一周，调仓频率有点短，如果将调仓频率延长到两周，累计收益率会下降到 306%。

对行业轮动策略的整体评价如下。

（1）轮动策略整体有效，但不能有过高期望。回测数据表明行业轮动策略在 A 股近几年整体是有效的，能够取得比业绩基准更好的风险调整收益率，但超额收益并没有非常显著，而且考虑成本后收益将进一步降低。对任何宣传历史收益高达几十倍的行业轮动策略，投资者都应该保持警惕。

（2）产品费率很重要，指数基金 C 类份额是行业轮动最佳选择。行业轮动策略整体调仓频率较为频繁，而对于底层的基金，如果交易费率过高，则会损耗非常大比例的收益。目前广发基金发行的指数基金 C 类份额是最适合轮动的低成本工具，其免申购费、持有大于或等于 7 天免赎回费也能节省不少成本。因此，指数基金 C 类份额是投资者进行行业轮动不可或缺的工具。

（3）行业轮动组合目前主要以量化行业轮动为主。市场的行业轮动模型主要是参照动量指标，在行业上涨能够维持较长时间的情况下会更加有效。

老罗有话说：

要选择行业轮动模型，最好看看底层资产的构成以及模型历史的回溯数据，了解模型在什么环境下有效，目前大部分行业轮动模型基本以动量策略为主。因此，如果市场热点轮动频率过快，该策略容易失效，而在行

业持续性较长的市场环境中，行业轮动模型策略的效果会比较好。选择量化模型策略时需要投资者先了解策略适合的环境，基于对市场环境的判断，选择适合的量化策略。

9.3 巧用基金的三种投资策略

基金投资策略很多，但是不同的投资策略导致收益差异较大，因为每种策略都有其适用的环境，只有活学活用各种策略才能在市场中赚大钱。通常大家买入基金的方法主要是以下三种：满仓买卖基金，分批买卖基金，正金字塔买卖基金。老罗希望用历史数据的测算，告诉大家在不同市场环境下哪种策略更加适用。

满仓策略：假定按照每年不同市场第一天直接全仓买入。这种策略需要择时能力比较强，买入的点是比较低的位置。

分批买入策略：按照分批的第一次买入 30%，后面下跌 15%，补仓 30%，再下跌 15%，补仓 40%（下跌设置 15%只是其中的一种，不一定是最优的，可根据市场环境设置不同的值）。

金字塔法买入策略：第一次买入 10%，下跌 15%，第二次加仓 20%，再下跌 15%，加仓 30%，再下跌 15%，加仓 40%。

需要说明的是，这里设置的是每下跌 15%，也可以设置为其他值，比如每下跌 10%，具体值要基于你对市场最大下行空间的判断。因为后续你还可以加仓三次，这里设置为 15%，说明你认为后续市场最大下跌空间有 45%左右。

1. 第一种市场环境：震荡市场

2010 年中证 500 指数以震荡为主，2010 年中证 500 指数累计涨幅为 10%，假定总的投入资金为 10 万元，按照三种方式，满仓策略：年初第一天全仓买入中证 500 指数基金（基金代码：162711），即 10 万元；分批买入策略：年初第一天先买入 30%中证 500 指数基金，即 3 万元；金字塔法买入策略：在年初第一天先买入 10%中证 500 指数基金，即 1 万元。后续各种策略按照前面策略的设定，进行加仓。

2010 年中证 500 指数是震荡上涨，最优的策略是分批买入策略，如表 9.13 所示。

表 9.13　三种不同策略在震荡市的投资收益率

三种策略	初始资金（元）	2010 年期末资金（元）	2010 年收益率
满仓买入	100 000	109 500	9.5%
分批买入	100 000	111 478	11.5%
金字塔买入	100 000	106 800	6.8%

数据来源：“老罗话指数投资”公众号测算。

2. 第二种市场环境：单边下跌市场

2011 年中证 500 指数以下跌为主，2011 年中证 500 指数累计跌幅为 34%，假定总的投入资金为 10 万元，按照三种方式操作，满仓策略：年初第一天全仓买入中证 500 指数基金（基金代码：162711），即 10 万元；分批买入策略：年初第一天先买入 30%中证 500 指数基金，即 3 万元；金字塔法买入策略：在年初第一天先买入 10%中证 500 指数基金，即 1 万元。后续各种策略按照前面策略的设定，进行加仓。

2011 年中证 500 指数是大幅下跌市场，最优的策略是金字塔买入策略，跌幅最少，并且持有到牛市，累计收益率高达 176%左右，如表 9.14 所示。但是金字塔买入策略适合于你认为后市会有较大下行空间的情况，如果是单边上涨，那么你只有 10%的基金享受市场的上涨。

表 9.14　三种不同策略在下跌市的投资收益率

三种策略	初始资金（元）	2011 年期末资金（元）	2011 年收益率	截至 2015 年 5 月 29 日累计收益率
满仓买入	100 000	74 338	-25.7%	93.6%
分批买入	100 000	87 003	-13.0%	134.4%
金字塔买入	100 000	94 148	-5.2%	176.2%

数据来源：“老罗话指数投资”公众号测算。

3. 第三种市场环境：单边上涨市场

2014 年中证 500 指数以上涨为主，2014 年中证 500 指数累计涨幅达到 39%，假定总的投入资金为 10 万元，按照三种方式操作，满仓策略：年初第一天全仓买入中证 500 指数基金（基金代码：162711），即 10 万元；分批买入策略：年初第一天先买入 30%中证 500 指数基金，即 3 万元；金字塔法买入策略：在年初第一天先买入 10%中证 500 指数基金，即 1 万元。后续各种策略按照前面策略的设定，进行加仓。

2014 年中证 500 指数是单边上涨市场，最优的策略是满仓买入策略，如表 9.15 所示。分批买入策略和正金字塔买入策略的问题在于市场没给回调买入机会，导致仓位太低。

表 9.15　三种不同策略在上涨市的投资收益率

三种策略	初始资金（元）	2014 年期末资金（元）	2014 年收益率
满仓买入	100 000	134 500	34.5%
分批买入	100 000	110 342	10.3%
金字塔买入	100 000	103 334	3.3%

数据来源：“老罗话指数投资”公众号测算。

老罗有话说：

简单来讲，满仓买入策略适合牛市，分批买入策略适合震荡市，金字塔法买入策略适合熊市。三种方法各适用于不同市场，大家要活学活用，切记不可生搬硬套。

9.4　金字塔法买入/卖出策略

金字塔投资法最早是由被称为“史上最成功的投机客”的利文摩尔最早提出的。作为投机高手，利文摩尔从来不会奢望在最低点买入，在最高点卖出。“如果你每次都能吃到中间这段最肥的利润，那么几年下来你就是市场大鳄了。”

金字塔操作法基于一个投机常识：没人能够 100%地预测市场的趋势。好在即使无法预测，我们也可以通过某些投机纪律来绕开这个问题，这个纪律就是金字塔投资法。

9.3.1 金字塔投资法简介

金字塔投资法是一种实用简单的加减仓方法，简单总结它的操作方法就是：正金字塔买进，倒金字塔卖出。

对于资金实力比较雄厚的投资者来说，如果判断本次调整是牛市中的结构性调整，则可采取此方法。

金字塔买入法：正金字塔形，在投资时应在低价位买进较大数量，下跌幅度越大，投入金额越多；在价位上升时，买进数量逐渐减少，从而降低投资风险，也为后面市场反弹时提供更多的获利空间。

倒金字塔卖出法：与正金字塔形相反，随着价位的上升，卖出数量逐渐增多，以赚取更多的差价收益，如图 9.6 所示。

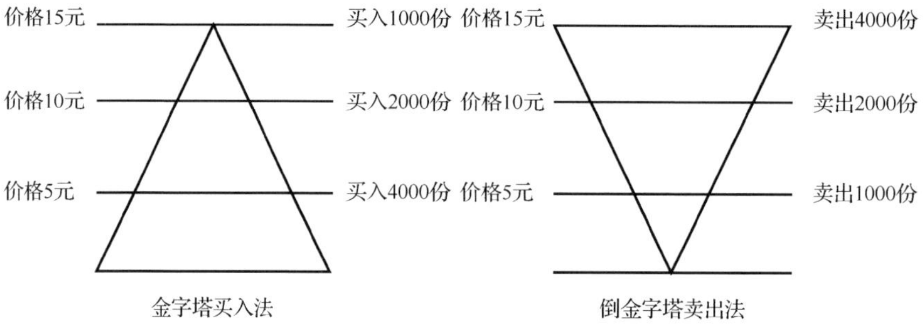

图 9.6　金字塔投资法示意图

这里老罗给大家介绍如何运用金字塔投资法分批买卖，按照这个方法，在下跌过程中也有赚钱机会。这个策略的特点是适合熊市，让你在弱市中也能赚钱。

以沪深 300 指数为例，选取 2011 年 1 月 4 日到 2014 年 12 月 26 日的交易情况进行模拟，我们把资金分成 4 份，分别占 10%、20%、30%和 40%，逐层递进，形成一个金字塔。采取正金塔分 4 次买进、倒金字塔分 4 次卖出的策略。

1. 投资策略 1：跌幅 10%加仓、涨幅 10%减仓

将“指数涨跌发生 10%的变化”作为买卖的信号，即在加仓时，与上一次加仓相比，若指数下跌了 10%及以上，就进行下一次的加仓；在减仓时，与上一次加仓相比，若指数上涨了 10%，就进行下一次的减仓，如图 9.7 所示。

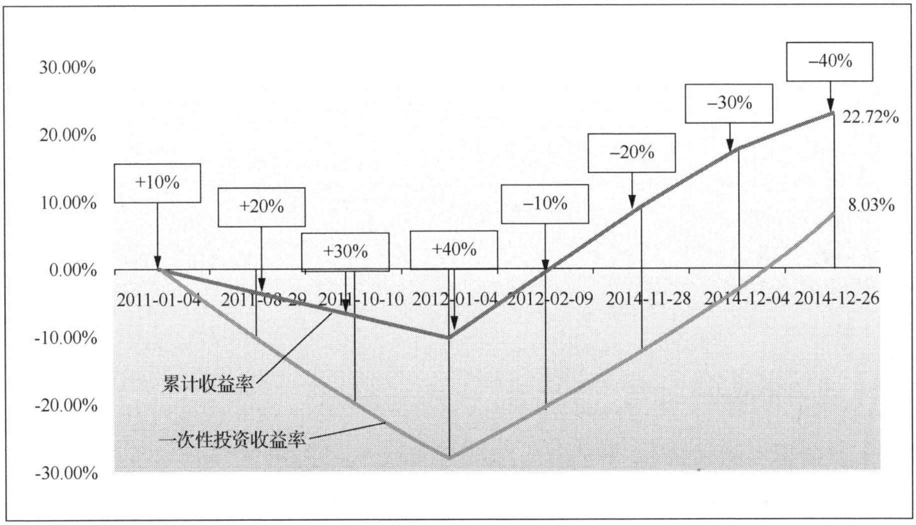

图 9.7　金字塔法投资策略 1 业绩比较（2011.1.4—2014.12.26）

采取 10%作为加建仓信号的金字塔投资方法在 2011—2014 年的弱市中，累计收益率为 22.72%，远远高于一次性投资的 8.03%的收益率，可以看出用最简单的金字塔操作法就可以获得超过市场表现的收益率。

采用 10%的加减仓幅度，从 2011 年 1 月 4 日开始建仓，当时的 PE 值为 15.80，历史分位为 30.7%，当市场处于震荡状态时，把要加仓的跌幅设为-10%左右是适中的。

如果加仓跌幅设置得过大，则会导致迟迟无法加仓，若设置得过小，则又会使总体成本升高，降低获利空间。经历四轮加仓下来，市场基本摸底，触底反弹的上升空间巨大，这时候如果将要减仓的涨幅也设为+10%，会显得相对保守，将导致早早清仓离场，错过“大牛”。

小贴士：

投资者需根据当前指数的点位水平调整加仓操作。在一般情况下，投资者可在 5%～20%范围内，调整触发下一批加仓的下跌幅度，具体可分为以下三种。

（1）指数点位较高，通常是牛市高点的情况：每下跌 15%～20%，买入下一批指数基金；

（2）指数点位居中，通常是震荡市场，但是估值偏高的情况：每下跌 8%～15%，买入下一批；

（3）指数点位较低：通常是弱市，估值已经比较低的情况：每下跌 5%～8%，买入下一批。

2．投资策略 2：跌幅 10%加仓、涨幅 15%减仓

我们不难发现一个问题，上面的这种做法虽然简单易行，只需把加减仓的信号都统一设为±10%即可，但往往会导致“止于小牛，错过大牛”的结果。2014 年 12 月 26 日，沪深 300 指数 PE 值为 12.45，历史分位值为 34.4%，估值处于中低位置，这时候选择全部减仓，为时过早。

这里我们继续以沪深 300 指数为例，加仓跌幅设为-10%，减仓涨幅设为 15%。具体的加减仓操作同上。

调整减仓涨幅至 15%后，可以看到整个投资周期延长了 4 个月，但带来了 44.63%的收益率，是策略 1（减仓涨幅 10%）收益率的整整两倍，如图 9.8 所示。

也就是说，如果对市场上升后劲有足够的信心，可以再增大减仓涨幅，延后减仓时间点。

3．投资策略 3：跌幅 10%加仓、涨幅 20%减仓

我们都知道 2014 年 6 月到 2015 年 6 月是一个大牛市，理论上越接近 2015 年 6 月减仓，收益就会越丰厚。

我们还以沪深 300 指数为例，加仓跌幅保持为-10%不变，减仓涨幅设为

20%。具体的加减仓操作同上。

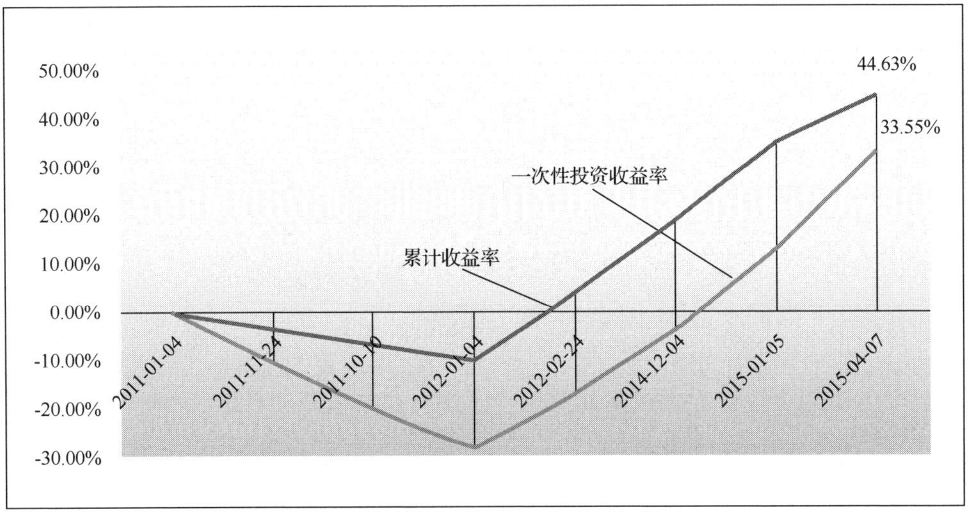

图 9.8　金字塔投资策略 2 业绩比较（2011.1.4—2015.4.7）

本轮金字塔操作法所获得的累计收益率为 63.25%，投资周期比减仓涨幅设置为 15%的金字塔投资法延长了 45 天，收益率增加了 18.62%；比减仓涨幅设置为 10%的金字塔投资法延长了 5 个月时间，收益率增加了 40.53%，是它的 3 倍，如图 9.9 所示。另外也跑赢同期一次性投资收益率 8.03%，如表 9.16 所示。

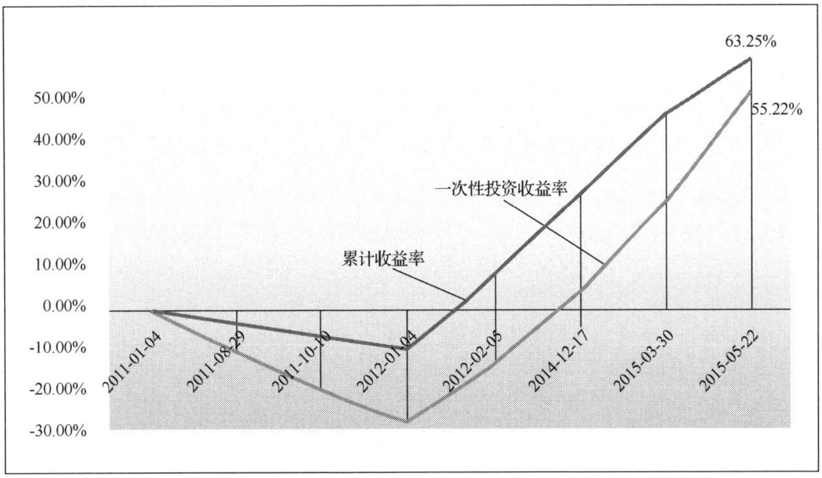

图 9.9　金字塔投资策略 3 业绩比较（2011.1.4—2015.5.22）

表 9.16 不同加减仓设置操作对比

日期	加仓跌幅	减仓涨幅	累计收益率	一次性投资收益率
2011/1/4—2014/12/26	10%	10%	22.72%	8.03%
2011/1/4—2015/04/07	10%	15%	44.63%	33.55%
2011/1/4—2015/5/22	10%	20%	63.25%	55.22%

注：例子中设计的数字不一定是最优选择，需要投资者根据自身的实际情况进行调整。

9.3.2 如何灵活运用金字塔法策略

（1）运用金字塔投资法本身就包含了你对市场未来的看法

你如果看好未来市场，就会直接满仓操作，正是因为你对未来的市场整体不看好，而又怕市场上涨踏空，所以用 10%的底仓，如果市场上涨，你不至于完全踏空，万一市场下跌，跌得越多，你补得越多，所以你是更希望跌的。

（2）金字塔投资法交易频率更多的和设置的跌幅空间有关系

假定你设置达到 15%的跌幅时再去补仓，指数要跌 15%的话需要较长的时间。若设置较低的跌幅再去补仓，则交易频率会增加，但是风险也增大了。所以幅度设置越大会越安全，但是也容易错过短线的反弹机会，因为跌幅没达到自己之前设置的位置。

（3）卖点很关键

卖点的设置，也包含了你对市场未来的看法。如果你认为即将到来的牛市是一个“小牛市”，则可以采取保守策略，调低减仓涨幅，如果你认为即将到来的会是一个“大牛市”，那么不妨调高建仓涨幅，提升收益空间。

（4）金字塔投资法更多的是一种纪律化的操作

金字塔投资法不是万能的，它只是一种策略，在弱市比较有效，更多的是要求你按照“越跌越补”的思路去投资，你的逻辑是跌多了肯定有反弹，跌到后面补的资金成本更低，只要有反弹就可以出货，赚取收益。

（5）动态调整加减仓阈值

参透了金字塔投资法的各位，还可以采取更加灵活的用法，比如设置“动态加减仓阈值”，不用遵循固定的阈值，基于你对市场下跌幅度和上升空间的判断，灵活调整加建仓阈值。例如，基于对当前市场情绪的判断，你预计市场下跌幅度或上升空间会较大的时候，就可以把阈值设置得高一些。

最后，如果你觉得金字塔投资法不适合你，那就选择适合你的方法，比如分批买入、网格交易策略、指数基金定投等。总之，找到一个适合自己的方法和策略很重要。

9.5 分批买入策略

在当前市场没有较大把握或没有持续现金流来源的情况下，购买基金时最好不要一次买进，可以采取分批买入的方式，本节给大家介绍买卖指数的一种策略——分批买入策略，并且通过数据比较，让大家了解分批买入适合的市场环境。

分批买入策略：假定按照分批的第一次买入时点，在每年的第一天，买入 30%，后面下跌 15%时，补仓 30%，再下跌 15%时，补仓 40%（这里下跌设置的 15%只是其中的一种，并不一定是最优的，可根据市场环境设置不同的值）。

满仓策略：将资金一次性全部买入。

我们用中证 500 指数的数据从三种不同的市场（上涨市场、下跌市场、震荡市场）来分别对分批买入和满仓策略进行测算。

1. 上涨市场

2014 年中证 500 指数以上涨为主，如图 9.10 所示，累计涨幅达到 39%，假定总的投入资金为 10 000 元，按照两种方式进行测算。满仓策略：在年初的第一天全仓买入中证 500 指数，即 10 000 元全投入；分批买入策略：在年初的第一天买入 30%，即 3000 元。由于 2014 年市场可以说是单边上涨，并没有触及下跌 15%的点，故 2014 年只投入了 3000 元。

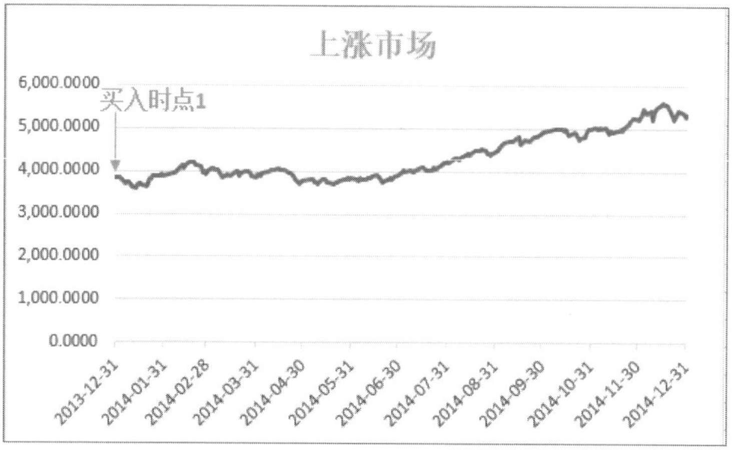

图 9.10　2014 年中证 500 走势

2014 年上涨市场，分批买入策略由于只买入最初的 30%的资金，故收益率只有 11.70%，而满仓买入策略收益率达到 39.01%，如表 9.17 所示。

表 9.17　两个策略在市场 2014 年收益率对比

策　　略	初始资金（元）	2014 年期末资金（元）	2014 年收益率
满仓买入	10 000	13 901	39.01%
分批买入	10 000	11 170	11.70%

数据来源："老罗话指数投资"公众号测算。

由表 9.17 可见，2014 年单边上涨市场中满仓买入策略比分批买入策略收益率要高。分批买入策略之所以表现不如满仓买入出色，究其原因在于市场没有给回调买入的机会，让分批买入策略展现其低成本吸纳的特点。

2. 下跌市场

2016 年中证 500 指数以下跌为主，累计跌幅为 17.78%，假定总的投入资金为 10 000 元，按照两种方式进行测算。满仓策略：在年初的第一天全仓买入中证 500 指数，即 10 000 元全投入；分批买入策略：在年初的第一天买入 30%，即 3000 元。由于 2016 年市场是下跌市场，在 2016 年 1 月 7 日累计跌幅达到 15.17%，触及下跌 15%的点，故进行第二次买入，投入 3000 元。在 1 月 28 日的时候，累计跌幅达到 18.43%，再一次触及下跌点，进行第三次买入，投入 4000 元，总投入金额为 10 000 元，如图 9.11 所示。

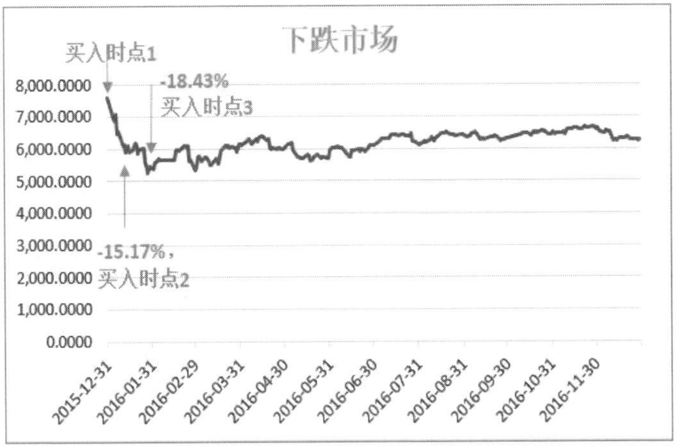

图 9.11　2016 年中证 500 走势

尽管 2016 年中证 500 走势以下跌为主，2016 年满仓买入策略亏损 17.78%，而分批买入由于在下跌过程中加了两次仓位，最后市场发生弱反弹，分批买入策略持有到年底，收益率达到 1.28%。

由表 9.18 可见，2016 年下跌市场中分批买入策略比满仓买入策略收益率要高。分批买入策略在市场下跌的时候能够进行低成本吸纳，分摊成本，在整体市场下跌的情况下仍然能够获得收益。

表 9.18　两个策略在市场 2016 年的收益率

策　　略	初始资金（元）	2016 年期末资金（元）	2016 年收益率
满仓买入	10 000	8222	−17.78%
分批买入	10 000	10 128	1.28%

数据来源：“老罗话指数投资”公众号测算。

3．震荡市场

2012 年中证 500 指数以震荡为主，累计涨幅为 0.28%，假定总的投入资金为 10 000 元，按照两种方式进行测算。满仓策略：在年初的第一天全仓买入中证 500 指数，即 10 000 元全投入；分批买入策略：年初的第一天买入 30%，即 3000 元。2012 年市场是震荡市场，在 11 月 29 日累计跌幅达到 15.08%，触及下跌 15%的点，故进行第二次买入，投入 3000 元，后续再无触及下跌点，故总投入金额为 6000 元，如图 9.12 所示。

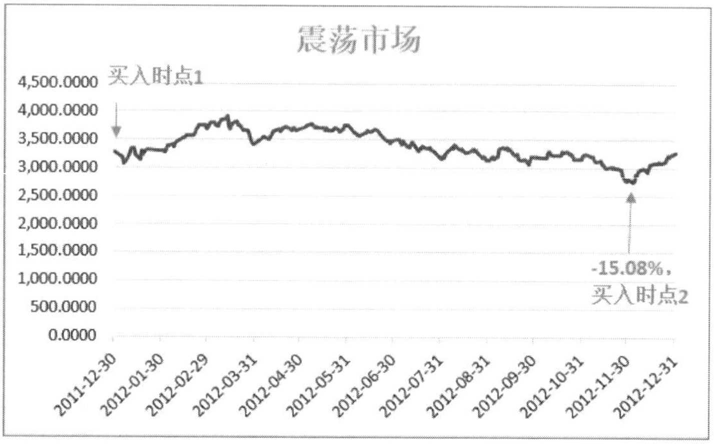

图 9.12　2012 年中证 500 指数走势

2012 年中证 500 指数以震荡为主，满仓买入策略收益率仅为 0.28%，而分批买入策略收益率为 5.51%。

由表 9.19 可见，2012 年震荡市场中分批买入策略比满仓买入策略收益率要高。震荡市场升跌不定，分批买入策略在市场下跌的时候能够进行低成本吸纳，分摊成本，在较低点的时候能领先满仓买入，获得更高的收益。

表 9.19　两个策略在市场 2012 年的收益率

策　　略	初始资金（元）	2012 年期末资金（元）	2012 年收益率
满仓买入	10 000	10 028	0.28%
分批买入	10 000	10 551	5.51%

数据来源："老罗话指数投资"公众号测算。

简单来讲，满仓买入策略更适合牛市，而分批买入策略适合震荡市和熊市。两种策略适合不同市场。表 9.20 是总结出的 2010 年—2017 年中证 500 指数的两种策略的收益率对比。

表 9.20　2010 年—2017 年分批买入策略与满仓买入策略收益率

年　　度	分批买入中证 500 指数收益率	满仓买入中证 500 指数收益率	市场环境
2010	12.65%	10.07%	震荡市场
2011	-19.18%	-33.83%	下跌市场
2012	5.51%	0.28%	震荡市场
2013	5.07%	16.89%	上涨市场

续表

年　度	分批买入中证 500 指数收益率	满仓买入中证 500 指数收益率	市场环境
2014	11.70%	39.01%	上涨市场
2015	12.93%	43.12%	上涨市场
2016	1.28%	-17.78%	下跌市场
2017	-0.06%	-0.20%	震荡市场

数据来源："老罗话指数投资"公众号测算。

在不同类型的市场需要运用不同的策略来赚取更高的收益。

满仓买入能够在持续上涨中获得最大的收益，但是需要精准地判断出市场的走势，并且要拥有较强的风险承受能力和心理承受能力。然而，这样类似于一场豪赌的满仓买入对于普通群众来说风险太大。

大多数人群并不具备精准的择时能力，这时候选择分批买入能够谨慎地降低买在最高点的风险，分散风险的同时降低平均成本，虽然在上涨市场中不能实现收益的最大化，但是能够有效地分解震荡与下跌的恐惧，在震荡市场和下跌市场获得更好的收益。

老罗有话说：

其实分批买入适合的市场环境就是市场不一定上涨的时候，这时投资者采取这样一种折中方式。若你每个月固定工资收入较高，而且后续资金也可以用来投资的话，那么你第一笔买入的底仓的比例可以高些，因为未来的工资收入也可以作为抄底的资金。还有一点需要强调，实际分批买入的收益率会比老罗测算的收益率要高，因为你闲置的资金可以买入货币型基金，这部分投资也可以贡献收益。

9.6 网格交易法策略

最近上证指数一直在 3000 至 3300 点之间波动，整体都是窄幅震荡，波动空间有限，在这种震荡的市场，无论左侧交易、右侧交易都没啥施展空间，老罗前面推荐过定投方式是一种不错的应对震荡市场的长期投资方式，但是很多投资者拿不住，等不到牛市去定投止盈，那么是否有一种适合震荡市短线投资波段投资的方法呢？本节老罗给大家介绍网格交易法投资策略。

1. 网格交易法

设定价值中枢，利用“档位”的模式对投资标的进行机械式操作，下跌时，进行分档买入，上涨时，进行分档卖出。网格法不依赖人为的思考，完全是一种程序行为。该方法像渔网一样，利用行情的波动在网格区间内低买高卖，可以使投资者合理控制仓位，避免追涨杀跌，拥有较强的抗风险能力。

例如国外一个经典的仓位管理系统，某只蓝筹股现价 10 元，本金是 20 万元。则第一次买入 10 万元，另外每下跌 1 元买入 1 万元，每上涨 1 元卖出 1 万元。这就是经典的网格交易，只要股票不退市，就一直有获利的机会，如图 9.13 所示。

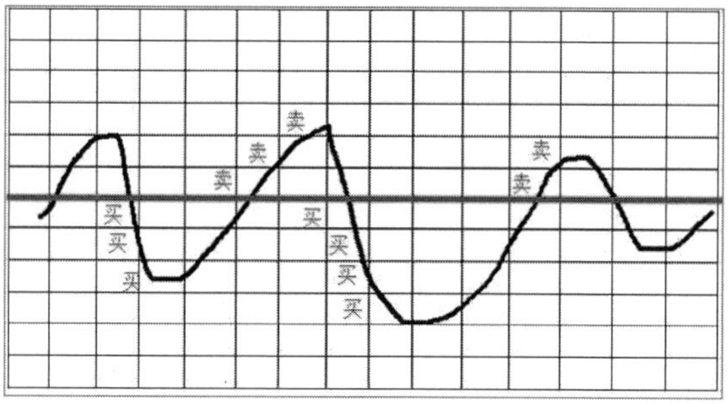

图 9.13　网格交易图

网格交易法的具体操作步骤可以分成三步。

第一步：制定网格计划。假设：总资金为 10 万元，每格仓位 1 万元，那么可以建立 10 个格子的网格系统；10 元开始建仓，每个格子 10%的密度，那么可以覆盖从 10 元到 3.87 元的价格空间。

第二步：买入股票。按照网格交易法操作，从起始价位开始，价格每下跌一格，就买入相应的资金量。但因为 A 股有整数买的限制，所以该价格只能买到整数的数量，使用大部分的资金。以表格为例，10 元开始，买入 1000 股，10 元跌到 9 元，买入 1100 股，9 元跌到 8.1 元，买入 1200 股，依次类推。

第三步：卖出股票。从买入价位开始，价格上升一格，就卖掉买入的仓位。以表格为例，8.1 元买入的 1200 股，当价格回升到 9 元时，就卖掉 1200 股。9

元买入 1100 股，当价格回升到 10 元时，就卖掉 1100 股，依次类推，如表 9.21 所示。

表 9.21　网格交易法具体操作情况

网格序号	股票价格（元）	每档涨跌幅	网格资金（元）	该价格买入股数	买入资金（元）	该价卖出股数	总资金（元）
0	11					1000	11 000
1	10	10%	10 000	1000	10 000	1100	11 000
2	9	10%	10 000	1100	9900	1200	10 800
3	8.1	10%	10 000	1200	9720	1300	10 530
4	7.29	10%	10 000	1300	9477	1500	10 935
5	6.65	10%	10 000	1500	9975	1600	10 640
6	5.9	10%	10 000	1600	9440	1800	10 620
7	5.31	10%	10 000	1800	9558	2000	10 620
8	4.78	10%	10 000	2000	9560	2300	10 994
9	4.2	10%	10 000	2300	9660	2500	10 500
10	3.87	10%	10 000	2500	9675		
合计					96 965		107 639
总体收益率	11.01%						

以上就是基本的网格交易法，定好起始价位，定好网格密度，定好每格资金量，然后开始执行就可以了。我们根据上面的模拟数据，来计算一下收益率。表格中模拟准备 10 万元资金，价格从 10 元下跌到 3.87 元，然后从 3.87 元回升到 10 元的操作过程。总计买入 96 965 元，卖出后总计收回 107 639 元，总体收益率为 11%左右，远高于你在 11 元满仓持有最后只有 0 的收益率。实际情况不会这么完美，而是直接跌下来，直接涨回去。

2．网格交易法存在的问题

（1）跌破最低价，会出现亏损。所以这个方法在底部震荡区域的效果最好，安全度更高。市场都是不可预测的，往往会出现你意想不到的情况，跌得惨的时候会更惨，如果不幸真的跌破最低价，那就只能死扛了。这里老罗建议大家，如果还有闲钱的话，可以抽调过来继续定投，等反弹后将定投那部分收益卖出，继续进行网格操作。

（2）突破最高价后仓位空仓，开始牛市行情的话收益不高。为了应对这种情况，我们只能在低位多买点，长期持有着。留有底仓不卖出，即表 9.21 中 10 万元里面的 3 万元留作底仓，其余钱做网格交易。除非市场牛市来临后，涨幅疯狂到你觉得收益高到离谱的时候，你可以卖出，用小额资金定投的方法重新积累原始资金作为底仓。

（3）资金使用效率不高。若市场不进入你设置的档位，可能一年下来资金的利用率只有 20%～30%。对于这个问题，你可以通过用闲置资金购买国债逆回购、场内货币 ETF 等来提高闲置资金收益率；网格交易法本来就是逐步买入，分散风险的操作方式。如果你想提高资金利用率，就单笔大额买入，但是那样做的话，当价格下跌时你将没有资金进行操作。所以如果采用网格交易操作简单的方式，你就要接受它的这个缺点。

（4）不适合上班族。上班族没那么多时间做如此频繁的交易，否则老板看你都不好好工作，饭碗都丢了，得不偿失，上班族就安心选择定投或者分批买入的策略吧。

3. 如何选择网格交易品种及策略

（1）判断近期市场是震荡市场。由于网格交易法主要适合的市场环境就是震荡市场，单边上涨容易网格卖光，单边下跌容易网格击穿，所以，使用网格交易法的一个前提判断是“目前是个箱体震荡的市场”策略才会非常有效。

（2）选择 ETF 品种好于股票。因为个股容易出现“黑天鹅”的风险，大部分个股都是不适合做网格的。个股的随机性十分强，行业周期爆发、政策利好、公司业绩增长等都是难以预测的数据，尤其近年来存在上市公司业绩造假现象频出，建议大家选择 ETF，因为 ETF 是指数基金，分散了个股“黑天鹅”的风险。

（3）选择有低估值为底部的品种。选择低估值有安全边际的产品，是为了防止投资标的的品种不断下跌，将网格跌穿，无资金补仓的风险。如何判断是个相对底部，投资者可以通过 ETF 跟踪标的指数的绝对估值水平以及历史估值分位数（可见本书第 2 章中“指数的估值指标应用”一节）等来判断目前的估值在历史上是不是处于相对低位。

（4）波动率过小的品种不适合网格。网格的收益率取决于品种的波动率。说公式什么的就太啰嗦了，直接看一张图大家就明白了，如图 9.14 所示。波动越强，触及买入卖出线的可能就越大，卖出次数越多，兑现出的利润就越多。

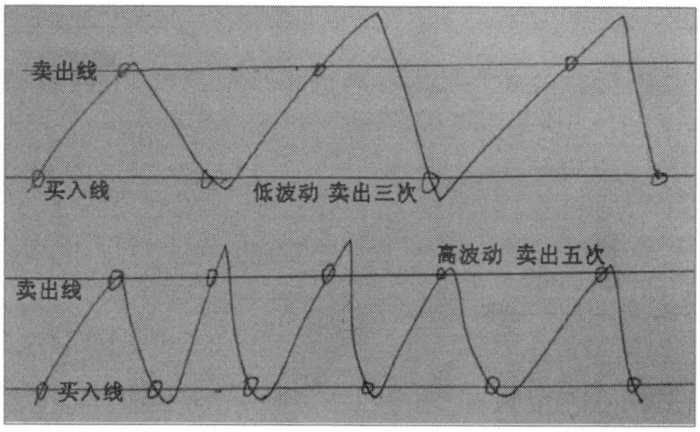

图 9.14　网格交易适合波动次数频繁品种

（5）选择策略底仓+网格。这样的好处是防止踏空的风险，因为有底仓，所以即使对市场环境判断错误，也有底仓能够享受牛市的收益，若市场判断正确，是震荡市场，剩下用来做网格交易的钱能够降低成本，帮助你更加长期地持有。我们假定持有底仓的规模也与你对当前市场判断有关，如果觉得当前点位离市场大底越近，你的底仓规模也越大，反之，当前市场点位离市场大底越远，你的底仓规模越小。

案例：选择传媒 ETF（基金代码 512980）进行网格交易，理由是中证传媒指数当前 PE 估值是 30 倍，在历史估值分位数较低，长期是看好该品种，但是短期存在在底部反复震荡的风险，网格交易是为了更好地长期持有这个投资品种。另外，传媒指数从历史数据来看波动性弹性也较大。

若投资者 A 持有 8 万块钱的资金，想运用网格交易法交易传媒 ETF，且长期看好传媒，可以在 2018 年 1 月 19 日传媒 ETF 上市那天，先按照 1 元价格买入 50%底仓，即买入 4 万元底仓，按照每涨 4%的涨幅，卖出 1 万份额，每跌 4%的跌幅，加仓买入 1 万元。按照这个方法，网格交易策略从 2018 年 1 月 19 日至 2018 年 3 月 1 日，共交易 8 次，传媒 ETF 涨幅为 0%，而运用网格交易策略的收益率为 2.08%（实际情况下，由于 ETF 一手需要以整数 100 份为单位，此处为了更好计算，没将买入份额四舍五入成以 100 份为单位，对整体收益率计算的影响可以忽略），如表 9.22 所示。

表 9.22　传媒 ETF 网格交易策略

	传媒 ETF 价格（元）	买入金额（元）	买入份额	卖出份数	卖出金额（元）	总金额（元）
2018/1/19	1	40 000	40 000	0	0	80 000
2018/1/24	1.04	0	0	10 000	10 400	81 600
2018/1/24	1.0816	0	0	10 000	10 816	82 848
2018/1/31	1.04	10 000	9615	0	0	82 016
2018/2/1	1	10 000	10 000	0	0	80 831
2018/2/6	0.96	10 000	10 417	0	0	79 247
2018/2/9	0.9216	10 000	10 851	0	0	77 326
2018/2/26	0.96	0	0	10 851	10 417	79 663
2018/3/1	1	0	0	10 417	10 417	81 665
总收益率	2.08%					

数据来源：“老罗话指数投资”公众号测算。

按照上述网格交易策略，若传媒 ETF 从建仓开始大涨 40%，就会在 16.98%最后一档击穿传媒 ETF 最后一档网格，导致后市踏空风险，为了防止这种风险的发生，投资者也可以设置 10%～20%的底仓，不到市场疯狂的情况坚决不卖，这样可防止卖光网格踏空的风险，以免影响最终收益率。

老罗有话说：

网格交易策略只是一种交易策略，只有在区间震荡环境中的效果会比较好，在市场持续下跌情况下不如空仓投资者，在市场持续上涨情况下不如满仓投资者，但是这种策略能帮助你在震荡市降低持仓成本，更好地长期持有。该策略的最关键一点是要坚持纪律操作，按照金额买入、份额卖出的原则进行操作。若你担心踏空，可以留 20%左右的底仓做长期持有资金，用其余资金进行网格交易，除非大趋势改变，比如牛市到达了疯狂的顶部。

9.7　5 招教你何时卖出基金

老罗被小白投资者问得最多的是“什么时候卖”。这个问题让我不知道怎么回答好，资本市场大家都知道，“会买的是徒弟，会卖的是师傅”，每个人都很难保证自己卖在最高点。为此，老罗想总结几个卖的方法，更多地从投资策略方面给大家参考，大家可以根据自己的风险偏好程度，选择适合的方法。

1. 根据技术分析指标，决定卖点

根据技术分析结果作为卖点，是目前市场大家普遍采用的方法。通过量能、技术形态、技术指标（KDJ、MACD、RSI）、均线这4个技术分析工具进行分析，在技术指标发出卖出信号时卖出，具体的技术指标方法大家可以看技术指标的相关图书学习。

但并不代表技术分析就是万能的，举个MACD技术指标的例子。股票MACD死叉是指MACD指标的白线下穿黄线，这个时候就要注意风险了。当然，不是所有的股票出现了死叉都会大跌，这要看具体所在的位置。优点是大部分技术指标使用都有适用条件，适用于常态行情，缺点是不适用于不断震荡的市场行情，这样会导致指标发出相反的信号，如图9.15所示。

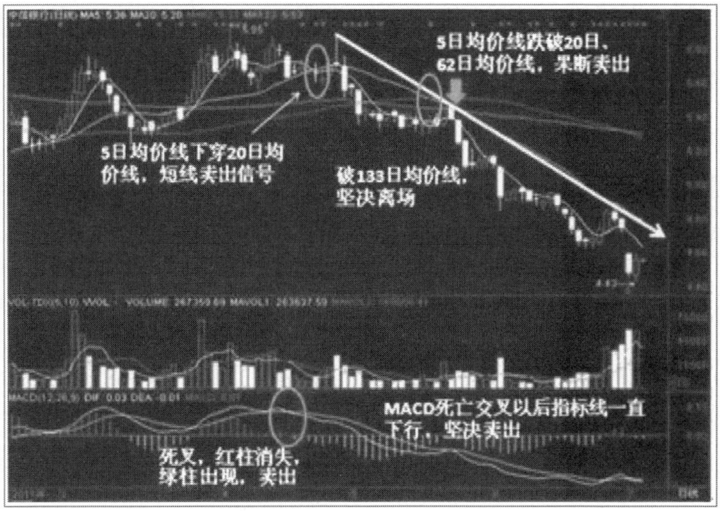

图9.15　运用技术指标卖出

2. 根据市场环境及自己的风险承受能力，设置涨幅预期

不同市场环境，指数反弹的幅度也不一样，老罗更多地用数据说话，通过分析2009年—2015年不同年份的指数反弹幅度，用数据告诉投资者根据预先设

定的不同市场环境，考虑反弹幅度达到多少的时候准备卖出。

根据表 9.23 中 7 年的数据可以看出，若在牛市，中证 500 涨幅达到 100%左右，可以考虑卖出，若在小牛市，中证 500 涨幅达到 50%左右，可以考虑卖出，若在震荡市场，中证 500 涨幅达到 25%左右，可以考虑卖出，若在熊市，中证 500 指数反弹达到 15%左右，可以考虑卖出。当然以上数据是根据历史数据的经验估算的，仅供投资者在判断不同市场环境后参考。

表 9.23　中证 500 不同市场环境反弹幅度

年　度	市场环境	中证 500 反弹最大幅度
2009	牛市	128%
2010	震荡市场	54%
2011	熊市	20%
2012	震荡市场	27%
2013	震荡市场	27%
2014	小牛市	55%
2015	牛市	118%

数据来源：“老罗话指数投资”公众号测算。

3. 设置下跌幅度作为卖出点，这样有利于止损和止盈

如何卖出一直是困扰大家一个问题，这里老罗想到一个方法，严格设置止损的跌幅，就是“指数今年的高点与当前点位跌幅达到 20%，就卖出”。这种方法的优点在于在牛市能够尽可能地锁住盈利，在熊市尽量地减少亏损。缺点是在震荡市场，若先跌后涨，效果就会不好。

策略的具体方法是在每年年初第一天买入中证 500 指数基金，假定指数基金和指数涨跌幅一致，若当年的前期出现高点与当天点位跌幅达到 20%，卖出中证 500 指数基金，本年度就不再投资，等到第二年第一天买入中证 500 指数基金。若当年的前期出现高点与当天点位跌幅一直未达到 20%，则在今年的最后一天卖出指数基金。从表 9.24 可以看出，该策略在 2009 年、2013 年、2014 年、2015 年表现均较好，2009 年至 2015 年该卖出策略累计收益率高达 337%。而从 2009 年一直持有到 2015 年年底收益率为 286%，超额收益率达到 51%。

表 9.24　中证 500 指数基金（简称中证 500）设置下跌幅度卖出

年　度	年初买入中证 500 点位	中证 500 止损卖点	市场特征	累计收益率
2009	2020	4622	牛市	129%
2010	4511	3916	震荡	-13%
2011	5012	4164	熊市	-17%
2012	3192	3130	震荡	-2%
2013	3258	3829	震荡	18%
2014	3848	5275	小牛市	37%
2015	5417	9078	牛市	68%
累计				337%

数据来源：“老罗话指数投资”公众号测算。

4. 根据市盈率，在市盈率相对高点作为卖点

以中证 500 为例，设置一个你认为市盈率较低的点，和你认为市盈率较高的点，在市盈率较低点买入，在你认为市盈率较高的点卖出。以中证 500 指数近三年数据为例，看看交易机会。这个方法的优点是按照估值买卖的方法比较安全，但缺点就是大部分时间都可能不操作，会错失一些波段操作机会，要学会忍受孤独。

假定 2009 年至 2015 年，以中证 500 为投资标的，此时 PE 用 WIND 的历史 PE 数据，假定中证 500 基金收益和指数一致，按照中证 500 指数估值 PE 低于 25 倍买入，估值 PE 高于 60 倍卖出。会发现 7 年时间内有两次机会，第一次机会在 2009 年 1 月 5 日，在中证 500 指数 2020 点，PE 估值 22 倍时候买入中证 500 指数基金，在 2009 年 4 月 30 日 PE 超过 60 倍卖出，此时中证 500 指数点位为 3086 点，此次操作累计收益率为 53%。第二次机会在 2011 年 12 月 14 日中证 500PE 低于 25 倍时候买入中证 500 指数基金，此时中证 500 指数点位为 3423 点，在 2015 年 4 月 30 日中证 500 指数的 PE 超过 60 倍时候卖出，此次获得累计 147%的收益率。两次操作累计收益率达到 278%，年化收益率达到 21%，如表 9.25 所示。

表 9.25　中证 500 通过 PE 法卖出

日期	指数点位	PE	操　　作	收益率
2009/1/5	2020.24	22.12	买入	
2009/4/30	3086.22	65.02	卖出	53%
2011/12/14	3423.47	24.74	买入	
2015/4/30	8469.67	60.84	卖出	147%
累计收益率				278%

数据来源："老罗话指数投资"公众号测算。

5. 根据市场情绪，决定卖点

根据市场情绪判断牛市顶点，但是市场情绪很难量化，更多的是凭经验判断。老罗列举一些过往牛市顶点的一些特征供大家参考。当然牛市的情绪特征有很多，老罗只是举了几个简单例子抛砖引玉，若发现以下市场特征时，需要开始考虑是不是牛市的顶部了：

- 人人觉得自己是股神，身边人都开始推荐股票。
- 基金销售火爆，出现"一日销售百亿"的股票型基金。
- 证券公司开户数量剧增，证券营业部人山人海。
- 政府开始加息，但是股市依然疯涨，这个时候要谨慎。
- 场内基金产品的溢价率水平，如果溢价率过高，说明市场狂热。
- 股指期货溢价水平，牛市疯狂的时候沪深 300 股指期货比沪深 300 现货高了 5%，说明大家对后市极度看好，也是市场不理性的一种表现。

根据市场情绪去判断卖点挺难，可以说是只可意会不可言传，而且有的时候也会犯错，更多地是靠个人经验和盘感。

老罗有话说：

"会买是徒弟，会卖才是师傅"。要把自己的基金卖在高点时谈何容易，老罗更多的从策略方面总结了 5 个常用方法，当然可能还有其他很多方法，大家可以根据自己的投资风格找到适合自己的方法。

第 10 章　指数基金配置策略

10.1　资产配置策略介绍

正如人需要各种各样的维生素来均衡营养，维持健康，不被大病击倒，投资也需要多元化的产品来保持组合的活力，降低非系统性风险，避免黑天鹅风险一击即中，落得血本无归的境地。浅显的道理容易理解，但是真正多元化的投资组合应该如何布局，又能够带来怎样的收益呢？会打资产配置组合拳的投资者是如何进阶的呢？

1．为什么要配置指数基金

指数基金是以特定的指数为标的指数，并以该指数的成份股为投资对象，通过购买该指数的全部或部分成份股构建投资组合，以追踪标的指数表现的基金产品。投资者将资金投入到多只成份股当中，虽然不能够完全避免个别“雷区”，却能够减少波动，降低风险，分享个股的收益。

近年来个股“踩雷”的风险越来越大，通过指数基金投资可以规避单一个股“踩雷”的风险。假设我们选定了沪深 300 指数一只个股康得新进行长期投资，从每年年初开始进行一次性投资，每年年末计算收益率，那么从 2017 年至今，我们投资康得新的年度收益率经历了巨大的波动，尤其 2019 年康得新百亿财务造假案曝光，股价一泻千里，你的心脏承受得住吗？

而如果我们投资含有成份股康得新的沪深 300 指数，收益率的波动会大幅减小。最重要的是，投资沪深 300 指数在 2017 年至 2019 年的累计收益率达到近 24%，而投资康得新却亏损 81%左右，如表 10.1 所示。

表 10.1　康得新与沪深 300 指数的收益率比较

年度	康得新	沪深 300
2017	16.51%	21.78%
2018	-65.44%	-25.31%
2019	-53.93%	36.07%
累计收益率	-81.45%	23.76%

数据来源：Wind，2017 年 1 月 1 日至 2019 年 12 月 31 日。

2. 投资 A 股多只指数基金

宽基指数有很多种，各有各的特点，中证 100 比较“沉稳内敛”，成份股以蓝筹、被低估的行业为主，代表价值资产。创业板指则比较“张扬豪放”，成份股以新兴产业、高成长性行业为主，代表成长资产。按照自己的投资偏好，适时选择不同风格的指数，“不把鸡蛋放在同一个篮子里”，获得的收益率将更平稳且可观。

从表 10.2 可以发现创业板指年收益率的波动较大，且在 2013 年、2015 年和 2019 年年收益率较高；而中证 100 的波动性相对更小，但在 2014 年和 2017 年中证 100 收益率远高于创业板指。从累计收益率来看，创业板指的累计收益率达 152%左右，是中证 100 指数的 2 倍多。

如果我们按照 1:1 的比例投资这两只指数，则相比于对创业板指的单一投资，均衡配置得出的资产可以分散单只指数亏损的风险，起到使收益更“平滑”的作用，尤其在 2017 年的结构性的牛市行情中，尽管创业板指亏损近 11%，但是通过配置中证 100 指数，可以使得组合达到近 10%的正收益率。

表 10.2　中证 100 和创业板指的资产配置组合

年度	中证 100 年收益率	创业板指年收益率	资产配置组合
2013	-13.12%	82.73%	34.81%
2014	59.64%	12.83%	36.23%
2015	-1.52%	84.41%	41.45%
2016	-7.50%	-27.71%	-17.60%
2017	30.21%	-10.67%	9.77%
2018	-21.94%	-28.65%	-25.29%
2019	35.54%	43.79%	39.66%
累计收益率	74.07%	151.89%	112.98%

数据来源：Wind，统计区间：2013.1.1—2019.12.31。

3. 大类资产配置策略

早在 14 世纪，犹太人的《塔木德经》中已经有资产配置的思想："一个人应当总是将其财产保存为三种形式：1/3 为房地产，另外 1/3 为商品，余下的 1/3 为流动性资产。"

约翰·博格在《共同基金常识》里也给出了他的资产配置建议：在原始起点，2/3 为股票，1/3 为债券。在这里，约翰·博格忽略了现金储备，比如货币市场基金，因为它们对回报率的影响很小，应当被视作短期储蓄和应急之用而不应该被视为长期资本积累投资。同时，他的方针遵从以下四个维度：回报、风险、成本、时间。

在选择股票和债券作为投资组合进行资产配置时，要平衡好投资所能带来的回报以及自己能承担的风险，同时也要考虑自己能够承担的投资成本。另外，时间会作用在回报、风险与成本上。当你的投资时间跨度发生变化时，你所要求的回报、风险及能承担的成本也会发生变化。比如，时间跨度较长的投资者往往能承受比时间跨度短的投资者更大的风险。

《塔木德经》与约翰·博格提到的资产配置比较简单，如今，资产形式日益丰富，投资者不仅可以投资股票、债券，还可以投资商品、海外 QDII 等其他形式的资产，更多样化的资产形式也有利于满足不同的资产配置需求。

为什么要进行资产配置？这个原理和"不要把鸡蛋放在一个篮子里"一样，我们也不能死盯住 A 股来看，你寻或者不寻，森林就在那里，多去探索，耳闻眼见，自然是有好处的！这里的市场不仅仅局限于沪市、深市，而是指全球主要市场。图 10.1 给大家直观展示了 2018 年各市场表现的差异情况，从中可以看出不同市场之间的收益差别会非常大，A 股在 2018 年算是跌得比较惨的，比较受关注的标普 500、纳斯达克指数、恒生指数相较而言表现稍微好一点。

投资者可以通过将资金放在不同类型的资产中，将风险进行分散。这里我们要介绍数学统计中相关系数的概念。相关系数可以反映两个资产在变化时是同向还是反向的，如果两类资产同向变化，则相关系数就是正数，即一类资产涨，另一类资产也涨。如果两类资产反向变化，则相关系数就是负数，也就是一类资产涨，另一类资产跌。相关系数的变化数值在-1 到 1 之间变化，简单说，若相关系数是 1，则代表两类资产完全同向相关，若相关系数是-1，则代表两类资产完全反向相关，如果相关系数为 0，则代表两类资产完全不相关。

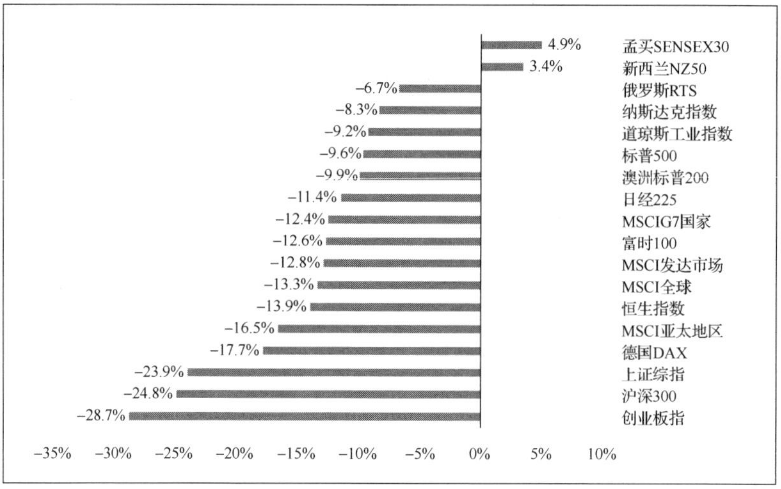

图 10.1　2018 全球市场指数收益率情况

资产配置是指投资者根据自身情况和投资目标，把投资分配在不同种类的资产上，在获取回报的同时，把风险降至最低。计算各类资产的收益率的相关性系数，可以发现各类资产的相关系数不高，甚至几类资产之间是负相关的，这样可以有效分散大类资产组合的风险。例如债券类与股票类的相关系数为负数，说明两类资产存在几乎完全的反向相关性。数据显示，A 股的价值股、A 股的成长股、港股、美股、债券、黄金和原油，这些不同类的资产相关系数也不同，如表 10.3 所示。

表 10.3　市场中主流的几类大类资产的相关性

	价值股	成长股	港股	美股	国债	金融债	企业债	黄金	原油
价值股	1.00								
成长股	0.41	1.00							
港股	0.86	0.02	1.00						
美股	0.37	−0.41	0.72	1.00					
国债	−0.50	−0.30	−0.26	0.35	1.00				
金融债	−0.46	−0.30	−0.20	0.39	0.98	1.00			
企业债	−0.32	−0.37	−0.01	0.59	0.94	0.96	1.00		
黄金	−0.06	−0.42	0.25	0.47	0.47	0.47	0.46	1.00	
原油	0.54	0.46	0.26	−0.37	−0.87	−0.90	−0.89	−0.34	1.00

数据来源：Wind，统计区间：2014.12.15—2017.12.15。

4. 构建自己的资产配置策略

每个人的核心组合需要与个人的投资目标和投资风险相匹配。风险承受能力较强的投资者可以选择激进的投资方式，如股票型指数基金、商品类基金；风险承受能力一般且倾向于获得稳定收益的投资者，则可以多选择稳健的基金类型，如债券型指数基金、货币型基金。通常来说，如果你的风险承受能力低，则可以主要买入货币型基金、债券型指数基金等固定收益类资产

保守型投资者：以低风险资产的债券型基金及货币型基金为主（40%的债券型指数基金和 40%的货币型基金），以高风险资产的股票型指数基金等为辅（15%的股票型指数基金和 5%的商品类基金）。这种组合波动较小，也能够从高风险资产获得超额收益，组合目标是跑赢通胀、保值，适合大部分人。

稳健型投资者：可以配置一定比例的宽基指数基金（40%的指数基金），同时也配置一定比例的低风险资产（30%的债券型基金和 25%的货币型基金），另外可以配置少量的相关性较低的商品资产（5%的商品类基金）。

激进型投资者：可以重仓配置高风险资产（75%的股票型指数基金和 5%的商品类基金），留下一些资金配置债券型、货币型基金作为补充（15%的债券型指数基金和 5%的货币型指数基金），这种激进投资者最好在高风险资产估值处于低位时加大风险资产的配置比例。

应根据类型来配置自己可投资的资产。下面给大家一些类型上的配置参考，如表 10.4 所示。

表 10.4　不同风险偏好投资的参考配置比例

投资偏好	股票型指数基金	商品类基金	债券型指数基金	货币型基金
保守型	15%	5%	40%	40%
稳健型	40%	5%	30%	25%
激进型	75%	5%	15%	5%

对于投资者来说，首先要认清自己的回报、风险、成本、时间分别是怎样的水平，然后根据自己的这四个维度，找出最适合自己的风险收益比。比如，高风险投资者可以提升权益类资产比例，而对于较保守的投资者而言，则可以增加固收类、债权类资产比例。

资产配置可以分散投资，在一定程度上降低投资的总体风险，也能平滑收益，让投资者更从容地面对市场，还能让投资者有足够的资金应对资本市场的变化，进可攻，退可守。

资产配置是长期投资成功的关键因素。从长远来看，大约 90%的投资收益都来源于成功的资产配置。在众多影响投资收益的因素中，证券选择、市场时机等都是不可控的，只有资产配置是投资者唯一可控的因素。因此，投资者要利用好资产配置这个利器，找到最适合自己的投资方式。

老罗有话说：

在进行资产配置时需要注意两点：（1）对于不同风险偏好的投资者，其配置的股票资产、债券资产、商品资产及货币资产比例并不是一成不变的，需要动态调整。在股票资产位于底部区域时加大股票资产的比例，降低债券资产的配置比例。在股票资产位于高位区域时减小股票资产的比例，提升债券资产的配置比例。（2）大类资产配置大部分情况下都能起到分散投资风险的作用，但是在极端情况下，当大类资产间的相关性提高到同涨同跌时，大类资产配置也难以分散风险。（3）如果你不懂商品类资产的话，就别去配置，在投资领域最重要的一条就是“不懂的东西不做”，如果不懂，就将商品类资产的比例配置到其他你熟悉的资产吧。

10.2 经济周期下的资产配置策略

10.2.1 美林时钟

经济周期的本质是人性的反应，但是我们摸不着也看不到，大部分人甚至会觉得很蒙，当前经济处于什么周期，自己永远是“被通知”的那一个，事实是对于当前经济处于周期的哪个阶段没有什么感知和发言权，而大多数时候是在新闻、各类报导或现行各类媒体的口口相传中“被通知”，然后再回过头来仔细观察一下身边的经济活动才警醒。所以到底有什么简单易学可行的方法可以去衡量和划分经济周期呢？或许“美林时钟”会给我们答案。

美林时钟是一种将“资产”“行业轮动”“债券收益率曲线”以及“经济周期四个阶段”联系起来的方法，是一个非常实用的指导投资周期的工具。由于运用简单易懂的经济逻辑，美林时钟广受业界研究和模仿，还被认为是各类资产配置的晴雨表，“经济指针”转到美林时钟的哪里，就按照对应的逻辑配置大类资产。

美林时钟的投资模型如前面图 10.2 所示。美林时钟将经济分为衰退、复苏、过热、滞胀四个时期，并且各阶段都具有非常明显特征，而经济状态的不同也决定了资产配置的差异。对于我们来说，搞懂下面几个问题，就读懂了美林时钟。

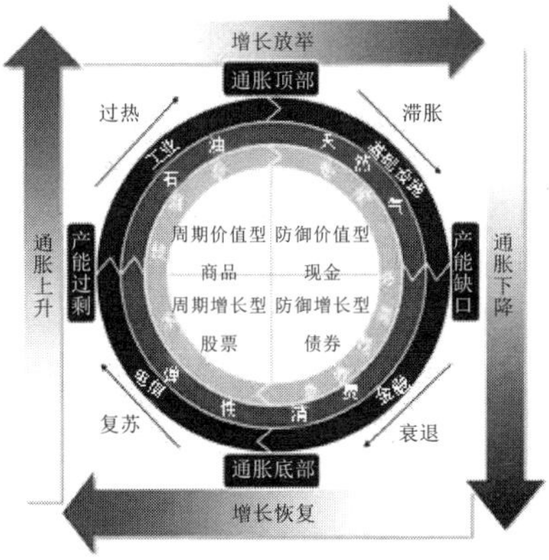

图 10.2　美林投资时钟模型

10.2.2　经济周期是如何分段的

1. 衰退，经济增长停滞

在此阶段，GDP 增长乏力，一边是超额的生产，一边是商品价格下降从而导致了产能过剩、通货膨胀下降以及企业的盈利微薄，收益率下降。此时大概率央行出手，试图把经济拉回“正道”，通过降息等手段“放水”，此时收益率曲线会急剧下行。这时候新发行的利率就会相较于以前降低，所以之前的债券价格就会上涨，嗅到金钱的味道了吗？所以在衰退期债券是最好的选择，相反大宗商品的价格会走低。此外，衰退期经济低迷、固定投资下滑，周期型行业的收益率下降，医药、消费等防御型成长型行业更适合投资。

特征：（1）产能过剩；（2）大宗商品价格下跌；（3）通胀率更低；（4）企业利润下降；（5）降息通道；（6）进而导致收益率曲线急剧下行。

2. 复苏，经济缓慢增长

在复苏阶段，前期的“放水”政策开始奏效了，经济加速增长，但是此时的价格还没来得及反应，仍然处在比较低的水平，因此价格和利率双低，“经过了饥荒”的企业纷纷着手让自己的机器“跑起来”，加速生产，新一轮的周期性扩张开始，企业由于充分利用自身“机器”加大产出，产量的增加摊薄了成本，企业的利润开始上升。企业赚钱了，经济环境也在不断改善，债券的收益率仍然处于低位，人们开始在股市看到了希望，投资股票的热情开始燃起来了，因此股票是最佳的投资选择，持有现金反而会错失机会；行业方面，经济上行时会带动周期性行业上升，由于复苏期正处于经济增长伊始，因此综合来看周期型成长型行业如信息技术、可选消费等行业具备较大潜力。

特征：（1）利率较低；（2）GDP 加速增长，并处于潜能之下；（3）通胀率继续下降，因为空置的生产能力还未耗尽，周期性的产能开始扩张；（4）企业盈利大幅上升；（5）债券的收益率仍处于低位。

3. 过热，经济快速增长

前一阶段企业的扩张到后期，企业生产能力接近饱和，经济增长超过潜在均衡水平之上时，增长开始放缓。此时“慢半拍”价格早反应过来，水涨船高也跟着上涨导致通胀上升。央行这时候看到市场的狂热与躁动，觉得又是时候出手“灭火”了，于是开始加息实施紧缩货币政策，债券在此阶段的价格会下降，表现不佳；企业产能受限的同时而股票由于前一阶段的发酵处于高位，不是最佳的投资配置选择，而与农业、工业等原材料价格息息相关的大宗商品则在此阶段成为了最佳选择。由于经济仍然处于上行阶段，但是对于未来没有足够的信心，因此行业上适配周期型价值型行业如有色金属、钢铁、煤炭等。

特征：（1）企业增速减慢；（2）通胀抬头；（3）加息；（4）此时的 GDP 增长率仍处于潜能之上；（5）收益率曲线上行并变得平缓；（6）债券的表现糟糕；（7）股票的投资回报率取决于强劲的利润增长与估值评级不断下降的权衡比较。大宗商品是最佳选择。

4．滞胀，经济发展停滞

由于过热阶段企业为了扩大产能扩大资本设备的投资，在过热阶段后期经济增长速度开始放缓，但价格依然处于高位，因此通胀持续上升，影响了市场消费和信心，需求下降，企业自然产出也跟着下降，但是由于前期过多的存货积压，厂商为了保护利润水平而提高产品价格，造成工资价格螺旋式上升，又进一步推动通胀，连锁反应引起经济的衰退，如此居高的通胀下央行更是咬紧银根不放松，债券市场重挫，企业经营变差股票市场自然也好不了，此时持有现金或者配置货币类资产最佳，看空股票。经济下行而且对于未来有太多的不确定性，因此行业上配置防御型价值型行业如石油天然气行业、公用事业等较稳。

特征：（1）GDP 的增长率降到潜能之下；（2）但通胀却继续上升，通常石油危机；（3）产量下滑；（4）商品提价；（5）工资-价格螺旋上涨；（6）通胀见顶；（7）央行紧缩银根；（8）债券市场低迷；（9）企业破产，股票糟糕，现金是最佳选择。

综上，经济周期中各阶段的总结如表 10.5 所示。

表 10.5　美林时钟经济周期

经济周期阶段	判断指标	判断方法	阶段特点	大类资产配置	最佳行业配置
衰退期	GDP、PMI、规模以上工业增加值、CPI、PPI	经济下行 通胀下行	产能过剩、通胀低、企业利润下降、收益率曲线下行	多债券 空商品	防守型增长型（医药、消费）
复苏期		经济上行 通胀下行	利率低、GDP 加速增长、通胀下降、企业盈利上升	多股票 空现金	周期型增长型（信息技术、可选消费）
过热期		经济上行 通胀上行	产能增速减慢、通胀抬头、GDP 增长至潜能之上、收益率曲线上行	多商品 空债券	周期型价值型（有色金属、钢铁、煤炭）
滞胀期		经济下行 通胀上行	GDP 增长至潜能之下、通胀继续上升、产量下滑、商品提价、通胀见顶	多现金 空股票	防守型价值型（石油天然气、公用事业）

10.2.3 实践检验中的美林时钟

美林时钟投资模型理论上看似很有逻辑，但“真枪假枪，在战场上扛得住检验的才是硬道理”。美林证券研究报告指出，1973—2004 年是美国几大类资产的收益率情况（见表 10.6）基本符合美林时钟。具体来看，衰退期间理论表现最好的应为债券类，实际上债券收益率为 6.4%，而股票达 9.8%，占据收益率最高位置，但二者相差不大，且债券类表现也相对较好，理论上看空的大宗商品符合预期，表现最糟糕，收益率为-11.9%。在复苏阶段，理论预期上表现最好股票类、最差的现金类虽然与实际不符，但是相对来说接近实际，没有出现过大的偏差。在经济过热的阶段，大宗商品的收益率最高达到 19.7%，与理论看多保持一致，而理论看空的债券类收益率为 6.0%，高于 0.2%的股票类，这里的理论看空与实际是不符的。在滞胀阶段，理论现金为王得到了验证，理论看空股票类的收益率也较差，基本相符。

从以上分析可以看出，美林时钟在美国市场具有有效性，特别是在各经济阶段，看多资产类别的投资理论与实际相符度很高，看空资产类的判断和实际基本相符。

表 10.6 美国各大类资产不同阶段的收益率水平

	股　票	债　券	大宗商品	现　金
衰退期	9.8%	6.4%	-11.9%	3.3%
复苏期	7.0%	19.9%	-7.9%	2.1%
过热期	0.2%	6.0%	19.7%	1.2%
滞胀期	-1.9%	-11.7%	28.6%	-0.3%
总计	3.5%	6.1%	5.8%	1.5%

数据来源：美林证券研究报告，1973—2004 年。

10.2.4 在经济周期中资产配置策略

美林时钟在美股有效，在 A 股也具有一定的有效性，因此在投资的时候可以作为一定的参考，美林时钟投资模型说明了在不同阶段适合配置的大类资产，而 ETF 是大类资产配置的最简便有效的方法，因此下面总结了在经济周期中资产配置主要策略。

（1）单资产配置。由于经济周期的不同状态下特征明显，美林时钟指出了每个阶段下最佳的配置资产大类。单资产配置是严格按照美林时钟投资的逻辑，在每个阶段只配置相应资产大类的基金（见表 10.7），即在衰退期配债券型指数基金、复苏期配股票型指数基金、过热期配商品基金、滞胀期现金为王，主要配置货币型基金，以期在经济周期的各个阶段踏准节奏，抓住机会上车。

表 10.7　单资产配置策略

经济周期	单资产配置
衰退期	债券型指数基金
复苏期	股票型指数基金
过热期	商品类基金
滞胀期	现金

（2）多资产配置。不同于单资产配置，多资产配置的核心逻辑就是全面覆盖，但是有所侧重。具体来说，投资各大类资产的 ETF，但是不是简单地等比例投资，而是赋予理论上最优的资产较大权重，而理论表现较差的资产较小权重，各资产的具体权重系数是多少，需要依据个人的投资偏好以及需求而定，表 10.8 所示是一个案例示范，方便大家理解。多资产配置策略有点类似“全天候式”的长期投资策略，在经济周期中分散化的投资以期在面对市场不确定性的时候能有效降低风险，有重点地投资又增加了获取超额回报的机会，既玩转价值，也享受成长。

表 10.8　多资产配置策略下的资产配置比例

	股票	债券	商品	现金
衰退期	15%	60%	10%	15%
复苏期	60%	15%	15%	10%
过热期	15%	10%	60%	15%
滞胀期	10%	15%	15%	60%

（3）避险配置。通过美林时钟在 A 股中检验发现其在经济周期的不同阶段看空某类别资产的判断很准确，这对于投资有一定的启示性。以逆向思维来看，

在特定的经济周期阶段避免配置看空的大类资产，一方面能减小投资风险，另一方面能使资金的利用效率最大化，降低机会成本。具体操作上（这里不考虑做空操作），衰退期空仓商品类，复苏期空仓现金类，过热期空仓债券类，滞胀期空仓股票类，每个阶段其他未空仓的三类按照个人的风险偏好或者需求，可以依据多资产配置逻辑赋予不同的权重（见表 10.9）或者等权重进行配置。

表 10.9　避险配置策略的资产配置比例

	股票	债券	商品	现金
衰退期	15%	70%	0%	15%
复苏期	70%	15%	15%	0%
过热期	15%	0%	70%	15%
滞胀期	0%	15%	15%	70%

【案例示范】

下面以 A 股市场为例，以 GDP、CPI 两个宏观经济指标综合研判并区分经济周期所处的阶段，得到如图 10.3 所示的经济周期图，可以看到在 2007—2011 年，经济指标数据变化比较剧烈，这时候经济状态的确定比较清晰明确。因此选取 2007—2011 年这几个比较容易区分的阶段对于各类资产的表现做一个回测，结果如图 10.4 所示。

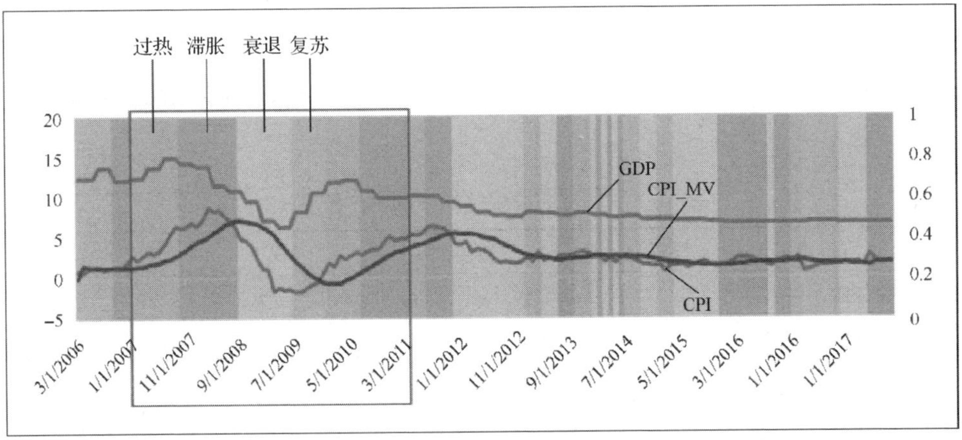

图 10.3　美林时钟的中国经济状态

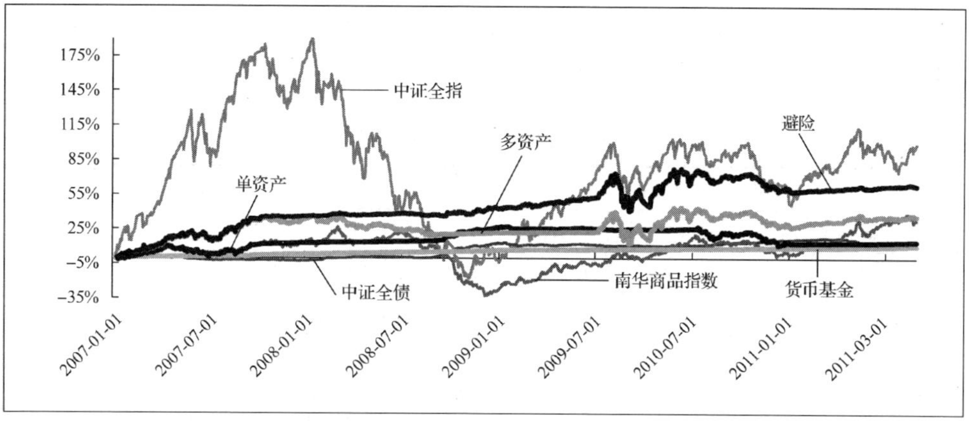

图 10.4　经济周期中各投资策略收益率情况（2007-01-04—2011-03-01）

需要说明的是，以下数据测算来自东北证券肖承志、孙凯哥、徐忠亚的金融工程研究报告《大类资产配置专题研究之二，朴素美林时钟》，其中股票资产选取中证全指，债券资产选取中证全债，商品选取南华商品指数，现金选取货币型基金指数。

从图 10.4 可以看出，代表股票的中证全指曲线经历大起大落，收益率最高能达到 175%以上，当然其波动性毫无疑问是最大的，年化波动率为 37.10%，而且最大回撤也高达-71.48%，单一投资股票指数会面临“高风险、高收益率”的挑战。商品类资产的年化收益率为 7.43%，处于中等水平，但是其年化波动率达 17.88%，从而信息比率较低，同时最大回撤为-46.78%，仅次于股票，在中等收益率水平下需要承担较大的风险，相较而言不是一个明智的投资选择。现金和债券的收益率曲线平缓，但处于较低水平，与之相对应的是低风险，债券与现金的最大回撤分别为-3.17%、-1.55%，在各类资产中较小，并且投资货币型基金能容易变现，资金的流动性很高，因此这两类资产是“低风险、低收益”的代表，属于比较稳当的一种投资策略。

在运用美林时钟投资模型的三种策略中，就收益率来看，避险配置的年化收益率达 13.09%，仅次于股票类，表现较好。多资产配置的年化收益率也较高，达到 8.27%，而单资产配置的收益率与债券类相当，表现稍差，原因可能是 2007—2011 年中经历的衰退期、滞涨期比较长，从而长时间单一配置债券、现金这两类较低收益的大类资产。就波动性而言，三种策略的年化波动性处于中等偏下水平，其中多资产配置、避险配置波动性低于单资产配置。综合而言，避险这三种策略中，配置的信息比率最高，达到 1.12，多资产配置次之，达到 0.76，如表 10.10 所示。

综合来看，利用好美林时钟，在经济周期中采取避险配置策略表现最佳，多资产配置策略也是不错的选择。

表 10.10　经济周期中不同策略下历史回测情况

	股票	债券	商品	现金	单资产配置	多资产配置	避险配置
累计收益率	99.11%	14.72%	33.26%	11.07%	14.69%	37.50%	63.71%
年化收益率	18.75%	3.49%	7.43%	2.65%	3.48%	8.27%	13.09%
年化波动率	37.10%	2.21%	17.88%	-	14.23%	10.91%	11.68%
信息比率	0.51	1.58	0.42	-	0.24	0.76	1.12
最大回撤	-71.48%	-3.17%	-46.78%	-1.55%	-12.48%	-19.86%	-18.76%

数据来源：Wind，2007.01.04—2011.03.01。

当然，美林时钟也有很多局限性，特别是在 A 股的美林时钟经历着更多的考验。根据历史经验，美林时钟在美国市场尤其有效，一个美林周期往往跨度十几年，但是有时候在 A 股市场，本应该缓慢演变的美林时钟却被玩成了“电风扇”，一年就轮转一次的情形不少见，在 2013—2015 两年期间，经济状态频繁切换，美林时钟“根本停不下来”，这给资产配置带来复杂性，况且美林时钟不是万能的，存在失效的可能性。

10.3　为什么需要配置股票资产

经常有投资者问老罗，既然股票资产波动这么大，那么为什么我们还要配置股票资产呢？

老罗想告诉大家，股票资产是我们理财过程中必须配置的资产。大量的研究均表明，在所有资产中，股票的长期回报率最高。股票是分享经济成长的最好资产，所以尽管股票资产会有波动，但是会给你带来丰厚的收益。长期投资于股市，收益是优于投资于债市、黄金、货币等资产的，同时也能够远远跑赢通胀 CPI 的水平。我们首先援引国外先进和权威的研究成果，继而拿我国的实际情况进行举例，来论证此种观点是否符合我国的实际情况。

关于国外的权威研究成果，我们首先摘取了沃顿商学院金融学教授杰里米·J·西格尔在其经典著作《股市长线法宝》里的分析和论证。

在《股市长线法宝》中，西格尔教授研究了美国 1802—2012 年的全部数据后得出结论：1802 年投入 1 美元，分别投资于股票、长期国债、短期国债、黄金，并将期间所得收益继续再投入，一直持有到 2012 年，结果显示，股票资产达到 13 480 000 美元，年化收益率达到 8.09%，而同期长期国债和短期国债年化收益率为 5.07%和 4.16%，黄金资产的年化收益率更低，仅有 2.14%，而代表通胀的物价指数的涨幅为 1.41%，如表 10.11 和表 10.12 所示

表 10.11　美国 1802—2012 年各项资产投资比较

	股票	长期国债	短期国债	黄金	物价指数
资产最终价值	13 480 000 美元	33 922 美元	5379 美元	86.4 美元	19.11
年化收益率	8.09%	5.07%	4.16%	2.14%	1.41%

表 10.12　美国 1802—2012 年各项资产投资比较（扣除通货膨胀后）

	股票	长期国债	短期国债	黄金	物价指数
资产最终价值	704 997 美元	1778 美元	281 美元	4.52 美元	0.05
年化收益率	6.59%	3.61%	2.71%	0.72%	-1.41%

由表 10.11 和表 10.12 可见，无论是否扣除通胀水平，长期投资于股票都能带来远高于其他投资标的的收益。同时，从表 10.12 中可发现，股票资产年化收益率在扣除通胀水平之后依旧高达 6.59%，可见股票是长期投资的良好标的。

这是否只是美国的特例呢？我们摘取伦敦商学院的研究成果《投资收益百年史》，该研究涉及四大洲 19 个能够获取数据的主要国家，涵盖的时间区间内发生过很多次国际政治经济重大危机事件，因而更具普遍性和说服力，如图 10.5 所示。

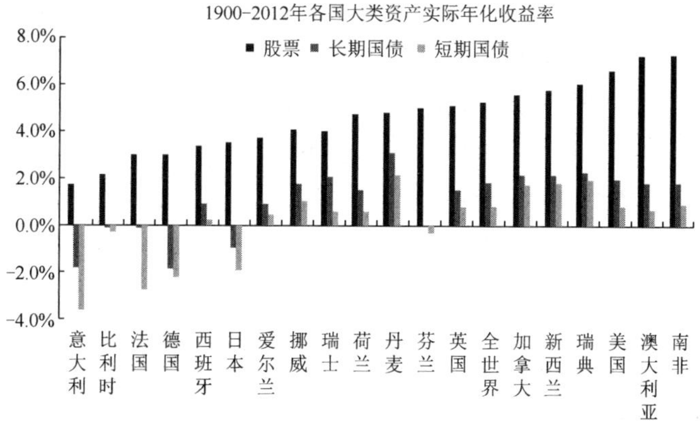

图 10.5　1900—2012 年股票、长期国债、短期国债实际年化收益率比较

在此项研究中，教授们考虑到了“幸存者偏差”，即股票指数不断地选择剔除失败者、纳入胜利者，从而导致估算出的实际收益高估。即使在如此严苛的计算下，股票资产依旧获得了高于其他资产的收益，再加上复利带来的指数型增长，投资股票的长期收益远领先于其他资产收益。

同时，《投资收益百年史》的数据显示，如图 10.6 所示，比较 1964 年至 2013 年全球各类资产的年化回报率水平，发现股票资产年化收益率远好于 10 年期国债及房地产，同时也高于同期的黄金、原油、铜和小麦等商品类资产。总之，即是“长期而言，股票投资收益率最高”。

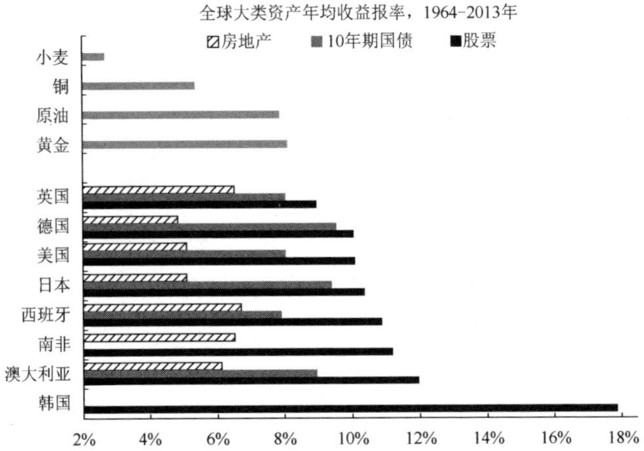

图 10.6　1964—2013 年全球各大类资产年化收益率

看完了国外的情况，我们来分析一下国内的情况。

我们于 2004 年 12 月 31 日起投 10 000 元在中证全指、纳斯达克 100、中证全债指数、中证企业债指数和黄金等不同类别的资产，截止到 2019 年 12 月 31 日，投入股票市场的资产增幅最快，达到 45 001 元，年化收益率达到约 11%，也是所有资产中收益率最高的资产，如表 10.13 所示。由此可见，在国内的资本市场，股票是收益率最高的投资资产，也是我们的资产配置中不可或缺的资产。

表 10.13　国内 2004—2019 年各项资产投资收益率比较

	中证全指	中证全债指数	中证企业债	黄金
资产最终价值	45 001 元	20 068 元	23 198 元	28 862 元
年化收益率	10.55%	4.75%	5.77%	7.32%

数据来源：Wind，2004 年 12 月 31 日至 2019 年 12 月 31 日。

老罗有话说：

很多投资者觉得 A 股市场波动很大，而且上证指数近十年都没变化。因为上证指数并不能反映 A 股市场真实的表现，所以若想提升自己的收益率，自己的资产中必须要配置 A 股资产。如何解决配置 A 股资产在高点的问题呢？老罗的建议是定投，由于 A 股市场熊长牛短，定投能很好地帮助投资者解决择时问题，并且能够很好地分享 A 股资产向上带来的收益。总之，定投和资产配置是我们投资过程中不可或缺的两种投资方式。

10.4　动态调整的资产配置策略

很多投资者者跟老罗抱怨，A 股市场波动太大，指数基金在 2008 年、2015 年及 2018 年的极端行情中跌幅均超过 30%。在这种情况下，很多投资者可能已经不是在想怎么赚钱，而是想着怎样才能保证自己的资产安全了，这时候防御型资产配置就显现出了它的优势，将资金分散投资于债券资产或者货币型基金等资产，在“黑天鹅”事件出现时，也能基本保障资金安全。

10.4.1　我们应该怎么做好资产配置

要配置好资产，首先可以根据投资者的风险偏好类型去配置资产。我们建议防御型投资者投资于股票的资产占比不能高于 25%，与此相应地，债券资产所占的比例则应当在 75%至 100%之间，对于激进的投资者，可以配置股票资产的比例不低于 75%，债券资产配置比例不超过 25%。但是对于大部分投资者，从均衡配置的角度来说，股票资产和债券资产配置的比例可以各占 50%。

对于不同类型的投资者，首先要考虑股票资产和债券资产的配置比例。我们假定三类投资者着分别配置不同的股票资产和债券资产的比例。保守投资者配置 25%股票资产和 75%债券资产，稳健投资者配置 50%股票资产和 50%债券资产，激进投资者配置 75%股票资产和 25%债券资产。

为了方便大家了解不同的配置比例的投资收益率效果，老罗用中证 100 和创业板指的历史数据试验了一下它们以不同比例和国开债的收益率走势，如图 10.7 所示。

图 10.7　中证 100、创业板指和国开债的收益率走势

选取时间为 2017 年 1 月 1 日到 2019 年 12 月 31 日的月收盘数据，进行回测，分别测算中证 100、创业板指与国开债按照 25∶75，50∶50，75∶25 比例进行测算，如表 10.14 所示。

表 10.14　中证 100、创业板指与国开债不同配置比例

配置	25%债券+75%股票	50%债券+50%股票	75%债券+25%股票
国开债+中证 100	31.87%	25.99%	20.11%
国开债+创业板指	−2.71%	2.93%	8.58%

数据来源：Wind，2017 年 1 月 1 日至 2019 年 12 月 31 日。

10.4.2　中证 100 与国开债不同配置比例

按照 25%国开债和 75%中证 100 进行配置，分年度数据显示，尽管在 2017 年和 2019 年中证 100 表现突出的年份组合收益率不错，但是在 2018 年中证 100 表现较差的年份，组合的收益率还是亏损了 14%。但是由于最近三年中证 100

累计涨幅较高，所以配置有 75%中证 100 的组合累计收益率也是最高的（近 32%），这种配置比例适合激进的投资者，如表 10.15 所示。

表 10.15 25%国开债和 75%中证 100 配置的分年度数据

年份	当年策略（国开债+中证 100）	国开债年度收益率	中证 100 年度收益率	年度收益率	累计收益率
2017	25%国开债+75%中证 100	-1.42%	30.21%	22.30%	22.30%
2018		10.57%	-21.94%	-13.81%	3.48%
2019		4.80%	35.54%	27.85%	31.87%

数据来源：Wind，2017.年 1 月 1 日至 2019 年 12 月 31 日。

按照 50%国开债和 50%中证 100 进行配置，分年度数据显示，尽管在 2017 年和 2019 年不如持有中证 100 收益率高，但是在 2018 年，组合收益率亏损仅为 6%左右，通过提升债券资产的比例，有效降低了组合在熊市的亏损，适合稳健型的投资者，如表 10.16 所示。

表 10.16 50%国开债和 50%中证 100 配置的分年度数据

年份	当年策略（国开债+中证 100）	国开债年度收益率	中证 100 年度收益率	年度收益率	累计收益率
2017	50%国开债+50%中证 100	-1.42%	30.21%	14.40%	14.39%
2018		10.57%	-21.94%	-5.69%	5.32%
2019		4.80%	35.54%	20.17%	25.99%

数据来源：Wind，2017 年 1 月 1 日至 2019 年 12 月 31 日。

按照 75%国开债和 25%中证 100 进行配置，分年度数据显示，2017 年至 2019 年三年的组合年度收益率均为正值，尽管累计收益率低于前面两种配置的比例，但是组合的波动较小，适合保守投资的投资者，如表 10.17 所示。

表 10.17 75%国开债和 25%中证 100 配置的分年度数据

年份	当年策略（国开债+中证 100）	国开债年度收益率	中证 100 年度收益率	年度收益率	累计收益率
2017	75%国开债+25%中证 100	-1.42%	30.21%	6.49%	6.49%
2018		10.57%	-21.94%	2.44%	7.16%
2019		4.80%	35.54%	12.48%	20.11%

数据来源：Wind，2017 年 1 月 1 日至 2019 年 12 月 31 日。

由图 10.8 可见，激进投资者的配置比例波动最大，组合的收益率是最高的，而保守投资者由于股票资产配置比例较低，组合的波动率是最低的。

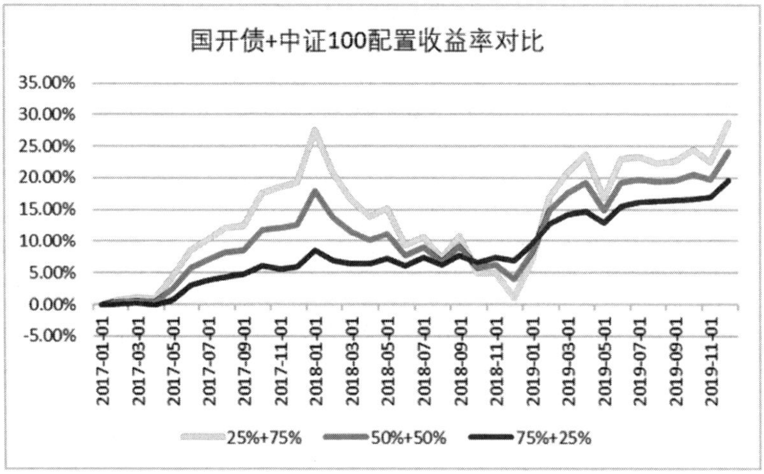

图 10.8　中证 100、创业板指和国开债走势

10.4.3　创业板指与国开债不同配置比例

按照 25%国开债和 75%创业板指进行配置，分年度数据显示，尽管在 2019 年创业板指表现突出的组合收益率不错，但是在 2017 年和 2018 年创业板指表现较差的年份，组合的收益率分别亏损了 8%和 19%左右，如表 10.18 所示，由于创业板指在这三年表现一般，所以组合的累计收益率为-3%左右。

表 10.18　25%国开债和 75%创业板指配置的分年度数据

年份	当年策略（国开债+创业板指）	国开债年度收益率	创业板指年度收益率	年度收益率	累计收益率
2017	25%国开债+75%创业板指	-1.42%	-10.67%	-8.36%	-8.36%
2018		10.57%	-28.65%	-18.85%	-24.95%
2019		4.80%	43.79%	34.04%	-2.71%

数据来源：Wind，2017 年 1 月 1 日至 2019 年 12 月 31 日。

按照 50%国开债和 50%创业板指进行配置，分年度数据显示，尽管在 2017 年和 2018 年组合发生亏损，但是组合亏损都在 10%以内，如表 10.19 所示，通过提升债券资产的比例，有效降低了组合在熊市的亏损，适合稳健投资者。

表 10.19　50%国开债和 50%创业板指配置的分年度数据

年份	当年策略（国开债+创业板指）	国开债年度收益率	创业板指年度收益率	年度收益率	累计收益率
2017	50%国开债+50%创业板指	−1.42%	−10.67%	−6.05%	−6.05%
2018		10.57%	−28.65%	−9.04%	−13.63%
2019		4.80%	43.79%	24.29%	2.93%

数据来源：Wind，2017 年 1 月 1 日至 2019 年 12 月 31 日。

按照 75%国开债和 25%创业板指进行配置，分年度数据显示，2018 年和 2019 年的组合年度收益率均为正值，累计收益率也较高，如表 10.20 所示，主要原因是创业板指在 2017 年和 2018 年收益率表现较差导致的。

表 10.20　75%国开债和 25%创业板指配置的分年度数据

年份	当年策略（国开债+创业板指）	国开债年度收益率	创业板指年度收益率	年度收益率	累计收益率
2017	75%国开债+25%创业板指	−1.42%	−10.67%	−3.73%	−3.73%
2018		10.57%	−28.65%	0.77%	−2.32%
2019		4.80%	43.79%	14.55%	8.58%

数据来源：Wind，2017 年 1 月 1 日至 2019 年 12 月 31 日。

从图 10.9 可见，保守投资者的配置比例波动最大，组合的收益率也是最高的，主要原因是近 3 年的创业板指累计收益率跑输国开债累计收益率，所以债券比例越高的资产，组合收益率也越高。

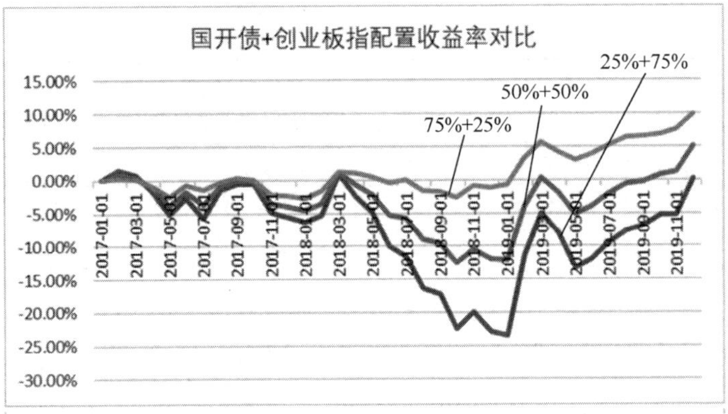

图 10.9　创业板指和国开债不同配置比例的组合走势

10.4.4 如何动态调整资产配置比例

可以根据市场环境进行动态调整，当市场在熊市中时，股票价格发生大幅调整，很多优秀上市公司价格非常便宜，这个时候可以考虑增加股票资产的权重，提升股票资产的配置比例，降低债券资产的配置比例，反之，当牛市来临且市场情绪较为疯狂时，很多优秀上市公司的股价已经远超其内在价值，这个时候可以降低股票资产的配置比例，提升债券资产的配置比例。

如何进行动态平衡呢？我们可以假定权益型指数在某年涨幅较大，下一年就降低权益型资产的配置比例，如果某年跌幅较大，下一年就增加权益型指数的配置比例。

具体方法：选取时间为 2017 年 1 月 1 日到 2019 年 12 月 31 日的日收盘价进行模拟，初期股票指数和国开债指数各占 50%，若当年股票指数的涨幅超过 20%，则下一年股债的配置比例改成股票指数（25%）和国开债指数（75%），若当年股票指数的跌幅超过 20%，则下一年股债的配置比例改成股票指数（75%）和国开债指数（25%），若涨跌幅在 20%以内，则维持股债占比不变。

若按照中证 100 指数与国开债指数进行动态调整，数据显示，根据以上的方法动态调整国开债和中证 100 的比例，组合收益率大幅提高，累计收益率达到 55%左右，相比而言固定比例中最好的策略收益率为 32%左右，动态调整的策略收益提升了约 23%，如表 10.21 所示。

表 10.21 中证 100 与国开债动态平衡策略

年份	中证 100 涨跌幅	当年策略（国开债+中证 100）	下一年策略（国开债+中证 100）	年度收益率	累计收益率
2017	30.21%	50%国开债+50%中证 100	75%国开债+25%中证 100	14.39%	14.39%
2018	-21.94%	75%国开债+25%中证 100	25%国开债+75%中证 100	2.44%	17.18%
2019	35.54%	25%国开债+75%中证 100	75%国开债+25%中证 100	31.87%	54.54%

数据来源：Wind，2017 年 1 月 1 日至 2019 年 12 月 31 日。

若按照创业板指与国开债进行动态调整，数据显示，根据以上的方法动态调整国开债和创业板指的比例，组合收益率大幅提高，累计收益率达到约 15%，相比而言固定比例中最好的策略收益率约为 9%，动态调整的策略收益提升了约 6%，如表 10.22 所示。

表 10.22　创业板指与国开债动态平衡策略

年份	创业板指涨跌幅	当年策略（国开债+创业板指）	下一年策略（国开债+创业板指）	年度收益率	累计收益率
2017	-10.67%	50%国开债+50%创业板指	50%国开债+50%创业板指	-6.05%	-6.05%
2018	-28.65%	50%国开债+50%创业板指	25%国开债+75%创业板指	-9.04%	-14.54%
2019	43.79%	25%国开债+75%创业板指	75%国开债+25%创业板指	34.04%	14.55%

数据来源：Wind，2017 年 1 月 1 日至 2019 年 12 月 31 日。

动态平衡调整股票和债券的比例，在股票市场大跌的环境中，加大股票资产的比例，股票资产大涨的环境中，降低股票资产的比例，遵循了巴菲特常说的“别人贪婪时候我恐惧，别人恐惧时候我贪婪”的投资原则。另外，从实际效果来看，也能增强我们的组合收益率。

老罗有话说：

本节分享的指数涨跌超过 20%时进行调整仅是举例，具体股票和债券动态调整的参数，可以自己根据实际情况进行调整和优化。另外，国开债指数采用市值加权计算方法，反映市场不同期限政策金融债的表现，可以选择 5～10 年国开债或者主动债券型基金进行替代和配置。

10.5　为什么大跌让我们焦虑

投资大师彼得·林奇有个著名的“鸡尾酒会”理论，说的是当人们在都唯恐避之不及而不愿谈论股市时，说明这很有可能是股市下跌后即将反弹的信号，当听到身边一大群人，甚至平日里很少接触股票的大叔、大妈都在兴致勃勃聊股票，并向别人推荐自己认为不错的股票时，则说明股票已经上涨到最高点，股票即将下跌的信号来临了。

对于股票投资者而言，每当暴跌之时，坚定投资信息与克服恐惧心理，似乎是一对双生花，永远折磨着我们。彼得·林奇认为，暴跌也许并不是坏事，历史数据告诉我们，即使是跌幅最大的那次股灾，股价最终也涨回来了。因此，暴跌不失为一次好机会，让我们能以很低的价格买入那些很优秀的公司的股票。

10.5.1 焦虑投资者的特征有哪些

但是，每当大跌的时候，经常有投资者焦虑地问老罗："我的股票/基金怎么办？是不是应该卖出？"为什么在大跌及发生较大亏损时，大家非常焦虑和恐慌，而投资者大师们却认为每次暴跌是给大家机会，以更低价格买入优秀的公司的股票？我们为什么这么焦虑？是不是我们自身发生了什么问题？老罗想了想，发生焦虑的投资者，往往至少具备以下特征之一。

1. 对于股票市场没有充分的认知

收益与风险是相对应的，也就是说，两者是相伴而生的。一般收益高则风险大，风险小则收益低。正所谓"高风险，高收益；低风险，低收益"。所谓的"投资有风险，入市需谨慎"绝不是危言耸听。当然，股票资产作为资产配置的重要组成部分，从国内外经验来看，它是你中长期想获得跑赢理财收益必须要配置的一项重要资产。很多人在投资股市之前，并不知道股票市场存在大幅波动的风险，所以当暴跌来临的时候非常焦虑。

2. 仓位太高，喜欢一把梭或者杠杆投资

过于相信自己以及专家对于市场的判断，比如"大盘会涨到多少点""新一轮牛市来了""不买会后悔"之类的话，没有自己的判断，人云亦云，脑子一发热全仓或者加杠杆买入股票资产。彼得·林奇说投资者并不需要具备预测市场的能力，照样可以在股市中赚钱，如果不是这样的话，那他就应该一分钱也赚不到。专业的经济学家和股市分析师都不能准确地预测市场!如果真能成功预测，那么他们早就成为百千万富翁，早就辞职，用不着为了得到丰厚的薪水而努力工作了，因此我们永远无法预测任何一种灾难的降临或离开。

2018年年初，众多券商一致看多2018年的市场，有很多券商策略研究报告最后都遭"打脸"了，但是结果呢，2018年A股市场全年下跌严重（主流宽基指数都跌幅超过20%以上），如表10.23所示。如果你坚定地认为市场一定会涨，一次性买入较多或者加杠杆买入，那么2018年你也会焦虑。

表 10.23　2018 年主要指数的涨跌幅

年份	中证 100	沪深 300	中证 500	创业板指
2018	−21.94%	−25.31%	−33.32%	−28.65%

数据来源：Wind，2018 年 1 月 1 日至 2018 年 12 月 31 日。

3．股票投资的标的过于集中

如果过于集中地投资某一只股票或者多只类似的股票资产，那么当这类资产发生行业系统性风险的时候，风险就会很大。例如 2012 年白酒行业也遭遇过塑化剂风波，导致行业的白酒股发生调整。还有 2018 年的假疫苗事件，导致疫苗相关的股票都受到了冲击。所以，最好不要只持有一只股票或者同类风格或者同类行业的股票资产，因为当这个行业发生较大波动的时候，如果你选的资产不涨，而其他资产涨，你也会非常焦虑、恐慌。例如，如表 10.24 所示，在 A 股市场中，代表价值股的中证 100 和代表成长的创业板指在 2012 年、2015 年、2017 年分别出现了“它涨我不涨”的结构性行情，如果你不小心满仓在那个下跌的指数基金里面，那么，你一定又会焦虑。

表 10.24　2011 年至 2019 年中证 100 和创业板指的涨跌幅情况

年份	中证 100	创业板指
2011	−21%	−36%
2012	11%	−2%
2013	−13%	83%
2014	60%	13%
2015	−2%	84%
2016	−7%	−28%
2017	30%	−11%
2018	−22%	−29%
2019	36%	44%

数据来源：Wind，2011 年 1 月 1 日至 2019 年 12 月 31 日。

4．对于投资的品种并未充分了解

每每遇到这样的问题，我都希望大家能够自问一句：“是否为投资做了足够的功课？”你如果只是脑袋一热，大腿一拍就开始投资理财，跟丢盔弃甲、赤手空拳上阵的士兵有什么区别？当由于市场系统性风险导致你的指数基金下跌时，如果你对自己投资的品种没有基本的了解，根本不知道当前是便宜还是贵了，那么你肯定又会焦虑。

10.5.2 应对的策略及相应的办法

梳理了以上几点，你是不是发现，如果你具备上述任何一个特征，都会焦虑。找到了自己焦虑的原因，接下来的事情就简单了。只要解决上面四个问题，你就不会恐慌了。老罗想到四个方法：

1. 对市场要有敬畏之心，相信没有人能预测市场

赚钱不易，且赚且珍惜。没有一个市场是只跌不涨的，但也没有一个市场是只涨不跌的，过去熊长牛短，未来也可能牛长熊短，但“熊”一定会出没的，这是市场规律，放之四海而皆准。所以，当市场涨多的时候，可以考虑分批卖出，这样把自己仓位降低，在市场下跌多的时候，可以不断加仓，这样把自己持仓成本降低，等待市场上涨。

2. 通过定投降低焦虑

对于 A 股的指数基金，不要采用激进的投资方式，不建议一次性满仓买卖或者加杠杆投资，因为不像美国市场，A 股市场基本是熊长牛短的，在这种市场，要想让自己长期存活下去并且取得不错的投资收益，可以用定投或者分批买入的方式进行投资。这样也有利于降低组合的波动性。以创业板指数为例在下跌过程中，定投的下跌幅度小于一次性买入，但是收益率不低于一次买入，如图 10.10 所示。

3. 让资产配置更加多元化

所谓“东方不亮西方亮”，应将自己的钱投资于不同类别的资产。对于正常家庭，投资组合通常会包含以下四类资产：股票类资产（包含股票、主动股票型基金、指数基金等）、固定收益类资产（包含债券型基金、货币型基金、银行理财）、海外资产（海外基金产品）、商品资产（原油、黄金等）。最简单的配置方式就是股票型基金、债券型基金、海外基金三类资产。

图 10.10　创业板指数一次性买入与定投收益率的比较

巴菲特说过，“不要把鸡蛋放在一个篮子”。投资者可以通过将资金放在不同类型的资产中，实现分散化投资。如果我们运用定投投资加上资产配置的方法，那么我们的组合波动性进一步降低。在此基础上我们再做一次资产配置，如表 10.25 所示，将 30%的资金全年定投创业板指数，50%的资金投资国开债指数，20%的资金投资纳斯达克 100 指数。那么，在 2018 年，定投创业板指数亏损 19.61%，好于一次性买入创业板亏损 28.65%。通过资产配置加上 A 股指数基金定投的方式，你会发现你的投资组合在 2018 年才亏损 1%，但是到了 2019 年，你的组合收益率能达到 22%。有这样的配置组合，就算经历 2018 年的大熊市，你也不会焦虑，而且能够在 2019 年的牛市获得不错的收益。

表 10.25　资产多元配置加定投策略的组合收益率

	定投创业板指数	国开债指数	纳斯达克 100	组合收益率
比例	30%	50%	20%	100%
2018 年收益率	−19.61%	10.57%	−3.83%	−1%
2019 年收益率	40.91%	4.80%	35.23%	22%

数据来源：Wind。

4．知彼知己，百战不殆

《孙子兵法》告诫将军“不知彼，不知己，每战必殆”，投资也好比排兵布阵：“知彼”是指要熟悉每种投资工具的基本情况，“知己”是指要了解自己的性格。如果你对要投资工具没有基本的了解，不清楚它的产品性质、风险类型及收益情况，又如何能根据自己的投资偏好做出选择，甚至构建组合呢？所谓“万事功到自然成”，投资也是一样的道理，常胜将军不要小聪明，耐心钻研、悉心学习才是制胜法宝。

投资成功要诀——慢就是快，追求快，是人性。人性本贪，多多益善。而慢就是快，则意味着大部分时间要跟人性对抗才能获得长期胜利。投资之难，就难在这里。

投资理念是在不断地实践中慢慢形成的，我们为什么焦虑？因为我们追求快，这是人性，因为我们还没找到自己的投资方式，往往陷于羊群效应跟风投资，根本不了解投资标的的价值几何，所以当投资的资产发生大幅波动时，自然会比较焦虑。

对于长期复利目标而言，不出现致命亏损，是最重要的。华丽而勇猛的进攻，总是最能赢得球迷的心。但是伟大的教练波波维奇告诉我们，靠防守才能赢得总冠军。一颗降低收益率的平静之心，就是投资中最重要的风控。对于普通投资者来说，首先要做好风险控制，通过资产配置和指数基金定投的方法去投资，做到“慢就是快”，这样才能在投资的道路上走得更长、更稳，也能减少自己的焦虑。

10.6 伴你一生的投资方式

投资理财是我们一生的伴侣，在生命的不同时期，我们的投资愿景和心理的风险承受能力都是不同的，都应该有不同的投资计划与之匹配，我们与其仅考虑眼前该如何配置资产，不如将目光放长远一些，来看看我们一生的投资计划。指数基金品种众多，每种产品的风险、收益率、流动性等都有不同的特点，也正因如此，指数基金是一个可以伴随我们一生的投资计划，在我们人生的不同阶段，总有一个指数基金组合或者一种指数基金投资策略适合自己。

10.6.1 生命周期假说与指数基金投资

生命周期假说又称消费与储蓄的生命周期假说，它是由美国经济学家莫迪利安尼、布伦贝格和安东共同提出的。这一理论首先假定消费者都是理性的，其次假定消费者行为的唯一目标就是实现效用的最大化。基于这样的假定，来决定投资的组合和相关资产配置策略。

根据生命周期理论，随着年龄的演进，我们一般将生命划分为青年时期、中年时期和老年时期，下面我们来看看每个时期指数基金投资的侧重点。

1．青年时期

青年时期又可以进一步细分为单身期和新婚期。

首先，单身期是指年轻人刚刚毕业、初入社会，这类单身青年收入水平可能不高，生活压力也处于一个相对较低的水平，每月的可支配收入相对较多。但这类人群往往风险承受能力更高，可以接受高波动、高风险的投资产品，因此，股票型指数基金是更适合他们的投资选择。

其次，新婚期的投资者往往具有两方面的特征。对于新婚家庭而言，在这一阶段，家庭收入逐渐增加，生活逐渐稳定，但是可能有一些较大的支出，例如买房、买车，以及老人的赡养费和子女的抚养费等，因此，新婚期的投资者对于风险的承受能力是有所下降的。但与此同时，这类投资者大多处于事业的上升期，平日忙于工作，闲暇的时间比较少，因此也无法投入太多精力研究投资产品。所以，债券型基金和股票型基金比较适合他们。投资者可以根据自身情况在两类指数基金中进行比例分配。

2．中年时期

中年时期的投资者有如下几个特征：他们事业有成，拥有一定的社会地位，收入较高且比较稳定。在家庭方面，子女的教育支出是他们主要的花费，生活消费也随着收入的增加而成比例地上升。在这一时间区间内，增加财富的积累、为子女教育、成家积累资产、储蓄退休金成为他们的主要目标。因此，股票型指数基金与另类投资指数基金的组合可能更适合这类投资者，一方面可以选择不同行业、不同风格的股票型指数基金（中小盘基金或成长型基金）进行投资，另一方面也可以通过跨境指数基金、商品基金等进行投资。此外，如果投资者进入中年向老年的过渡时期，也就是说要更多地为自己的退休金做准备，则可以选择大盘股指数基金与收益率较高的债券型基金的投资组合。

3. 老年时期

老年时期的投资者更加注重风险控制，在这一时期，投资者基本处于退休的状态，主要目标是安度晚年，他们不会将自己的积蓄投资到风险较高的计划中去，而会更多地考虑投资收益率的稳定性及变现能力的强弱。这一阶段最忌讳的就是盲目投资，一旦错投或误投，可能会导致不可挽回的损失。

长期保本、流动性强、收益率固定的理财产品往往是可以带给老年阶段投资者最大效用的选择。因此，债券型基金和货币型基金的组合比较合适。在债券型基金的选择上，投资者也应该尽可能地选择国债占比较高的基金，来保证自身的收益。

根据生命周期制定资产配置策略是一种非常可靠的投资组合管理办法，这种方法尤其适合于期望在退休时拥有一定财富的投资者。

10.6.2 每个人都是自己的“李佳琦”

众所周知，李佳琦作为淘宝“带货一哥”，一年带货量惊人，那么基金投资行业存在这种又能指导大家买基金，又能帮助大家赚钱的大 V 吗？基金界的“李佳琦”在哪呢？基金界是否存在像“李佳琦”这样的意见领袖呢？

经常也会有很多粉丝问老罗买什么基金好，如何做资产配置好，老罗通常不回答这类问题，因为首先，基金跟口红不一样，基金很难像口红一样被营销带货。首先，口红作为一种消费品，买了是怎么样的就是怎么样的，它对于消费者的影响不会很长久；而基金作为一种投资，一旦投资者投入，资金每日的净值变化都很容易影响到投资者的情绪，在投资过程中，很容易造成精神紧张与压力。其次，由于每个人的风险偏好不同，每个人评价标准不同，每个人的资金成本也不一样，适合别人的投资策略，不一定就适合自己。再次，李佳琦能带货的原因之一，是他能确定地跟粉丝说“这个口红是好的，可以买”。这就是《影响力》里提到的“承诺与一致”，就是说话者可以做出承诺和与其承诺一致的行为，就更容易影响到他人。其起作用的一个重要因素，就是可以让消费者确切地认为“我推荐的口红是好的”。而对于基金来说，市场中总是存在着风险，任何人都不能确切保证投资某只基金在未来就一定能获取收益。

小贴士：

在《随机漫步的傻瓜》一书中反复提到一个词——“幸存者偏差”，也就是说，我们在很多情况下只能看到经过某种筛选而产生的结果，而没有意识到筛选的过程，因此忽略了被筛选掉的关键信息。对于基金市场来说，幸存者偏差的问题尤为明显。在茫茫股市中，有足够多的投资者，即使是小概率事件，也总有一两个人运气好，得到了非凡的收益，即使他们可能只是随机地投资。比如有一个人面对 5000 个人，第一天他对 2500 个人说某只股票会涨，对另外 2500 个人说这只股票会跌，那么总有 1/2 的概率押对；第二天他又对前一天给了正确预测的那部分人中的 1250 个人说某只股票会涨，对另外 1250 个人说某只股票会跌，那么他还是会有 1/2 的概率是正确的……这样循环到第 8 天，会有 20 个人觉得他每天都预测正确，认为他是“股神”，尽管他只是在随意地预测。普通的投资者很难辨别真正优秀的“股神”，更何况，市场中总存在不确定的因素，这是无法被完全预测的，市场中常胜将军极其难得。

基金投资大都采用下面三种策略，老罗按照最差的投资策略、中等的投资策略、最好的投资策略三个等级进行排序，大家可以比对一下自己常用的是哪个策略。

1．最差的投资策略

实际上，“人云亦云”是最差的投资策略。很多“新手”投资者在投资过程中最容易犯的错误就是采用随波逐流、人云亦云的方法，盲目听从某些专家或者“大 V”的投资建议，完全没有自己的判断，殊不知，别人的投资建议不一定符合你本人的现状，每个人的风险承受能力及现金的状况也不一样，另外，专家或者“大 V”也会出错，而且他们出错后就算自己意识到了，也不会及时告诉你，从而导致你不能及时调整，所以老罗认为盲目听从别人的建议是最差的投资策略。

2．中等的投资策略

如果不能跟着别人随波逐流，那么跟着市场总没错了吧？这就是中等的投资策略——指数基金定投了。长远来看，相信市场是有效的，也相信市场是赚钱的、会发展的，那么投资指数基金就可以获得收益。可能有人想问，万一市场在投资的那段时间刚好是下跌的呢？定投就在一定程度上规避了这样的风险，图 10.11 就是一个很好的例子。假设投资者运气奇差无比，从上证指数历史最高点 6092（2007 年 10 月 16 日）开始定投，直接投资指数，一直定投到 2009 年的 7 月末，此时上证指数几乎已经腰斩，跌至 3412 点。

定投金额	累计投入	期末净值	收益率
100元	44 100元	53 773.16元	21.93%

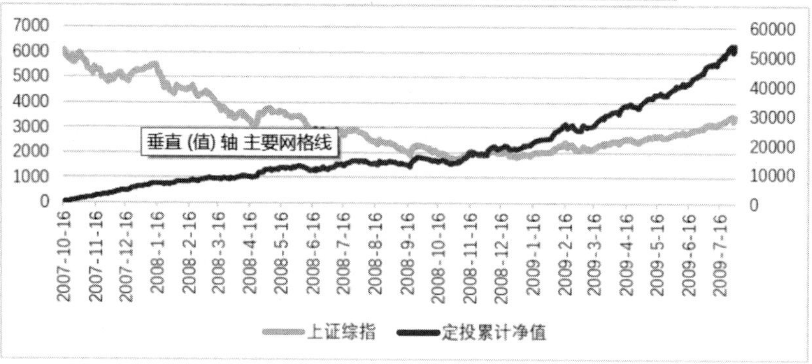

数据来源：Wind.日期2007年10月16日-2009年7月31日.

图 10.11　上证综指一次性买入与定投收益率比较

可以看出，尽管指数已经腰斩，但定投的收益率能达到 21.93%，其原因就是定投能够在熊市中摊薄投资成本，等市场回升到一定程度时，即使是没有达到反弹最高点，定投也可能获取收益。

A 股市场比较适合定投，但是仅靠定投，并不能规避 A 股市场发生亏损的风险，所以还需要提升自己资产配置的能力。

3. 最好的投资策略

实际上，每个人都是自己的“李佳琦”，都加强自身的学习，提升自己的投资能力，建立自己的投资框架，然后依据自身的资金情况和风险偏好去配置资产、调整资产组合，以找到最适合自己的风险收益组合，才是最好的投资策略。勤于学习，善于思考，甘于总结，同时结合自身的具体情况，不断地学习进步，投资自己才是最好的投资策略，这样才能在投资人的道路上越走越远。

10.6.3　投资指数基金，找到自己的投资方式

指数基金作为一种投资工具，其本质上还是以完全复制的被动化投资为主，能够紧密地跟踪指数，从而为投资者提供几乎与指数表现相同的收益保障。由于指数基金的透明度高、跟踪误差小、费用低廉、风险较为分散、受管理人主观因素影响小，故而可预期性强。经验证明，主动管理的基金持续战胜指数的概率很低，投资时间越长，基金经理战胜指数的概率则越小，因此指数是一个较好的长期投资、财富保值的选择，投资者可以采用低位买入并持有的策略，分享指数长期增长带来的资本增值。此外，指数基金根据其特点还可以进行套利操作，因此也适合于短期投资。

投资的过程就像是一场漫长的修行，每位投资者都仿佛是一位苦行僧，这不仅是对自己智慧的修炼，也是对自己心态的考验。相比其他的投资，投资指数基金应该是一个更加有趣味、也更加充满挑战的过程。对于指数基金新手，也许开始的时候会面临许多困惑，也许会惨遭打击，不过每个人都会经历几次失败的投资，不要害怕失败，失败并不可怕，但是我们一定要学会吸取经验教训，不断学习，不断总结让自己的投资决策变得越来越成熟，越来越老练，未来才有机会获得更高的收益。投资的过程需要一颗平常心，要学会坦然面对市场的波动，习惯“熊短牛长”的股市特点，行情好固然大家皆大欢喜，行情不好的时候不妨乐观一点，这样想一想：“熊市都来了，牛市还会远吗？”

如果说投资最忌讳的是盲目跟风，没有自己做出思考判断，那么老罗觉得投资最可惜的是投资多年却没形成自己的投资方法，人云亦云，很难做好投资。投资就像一次远足，只有掌握投资方法和技巧的人才会看到最美丽的风景，才能体会到苦尽甘来的幸福。指数基金投资可以是我们一生的计划，正如我们在前面所分析的，每个人生阶段都有与之对应的指数基金投资策略，坚持自己的指数基金投资方式，根据实际情况来适当调整自己的投资侧重方向及投资组合，每个时期都能够有所收获，对未来也能多一份期待和保障。

希望老罗的《指数基金投资从入门到精通》（修订版）能够帮助大家形成自己的指数投资体系，通过书中的理论和实战结合，不断积累和总结经验，最终找到适合自己的投资方式。

附录 A　市场主要的 ETF 产品概况

指数类别	细分类别	证券代码	证券简称	规模（亿元）
宽基	上证 50	510050	华夏上证 50ETF	395.12
		510850	工银上证 50ETF	17.37
	中证 100	512910	广发中证 100ETF	3.71
	沪深 300	510300	华泰柏瑞沪深 300ETF	342.05
		510330	华夏沪深 300ETF	270.53
		159919	嘉实沪深 300ETF	227.25
		510310	易方达沪深 300ETF	78.38
		510360	广发沪深 300ETF	36.22
	中证 500	510500	南方中证 500ETF	384.60
		512500	华夏中证 500ETF	48.52
		510510	广发中证 500ETF	39.46
	中证 1000	512100	南方中证 1000ETF	1.83
	创业板	159915	易方达创业板 ETF	172.61
		159952	广发创业板 ETF	15.13
		159949	华安创业板 50ETF	95.78
	中小板	159902	华夏中小板 ETF	26.02
	深证 100	159901	易方达深证 100ETF	82.99
	上证 180	510180	华安上证 180ETF	194.04
	MSCI	512090	易方达 MSCI 中国 A 股国际通 ETF	4.24
		512180	建信 MSCI 中国 A 股国际通 ETF	2.23
		512280	景顺长城 MSCI 中国 A 股国际通 ETF	1.65
行业	医药	159938	广发中证全指医药卫生 ETF	29.54
		512010	易方达沪深 300 医药卫生 ETF	20.43
	消费	159928	汇添富中证主要消费 ETF	58.98
		159936	广发中证全指可选消费 ETf	3.34
		512690	鹏华中证酒 ETF	4.02

续表

指数类别	细分类别	证券代码	证券简称	规模（亿元）
行业	信息	159939	广发中证全指信息技术ETF	18.05
		515260	华宝中证电子50ETF	0.00
		512720	国泰中证计算机ETF	9.62
		515880	国泰中证全指通信ETF	27.68
	金融	512880	国泰中证全指证券公司ETF	197.64
		512000	华宝中证全指证券ETF	116.92
		512800	华宝中证银行ETF	36.30
	有色金属	512400	南方中证申万有色金属ETF	8.60
主题	科技	515000	华宝中证科技龙头ETF	97.95
		159801	广发国证半导体芯片ETF	33.44
		159995	华夏国证半导体芯片ETF	150.12
		515070	华夏中证人工智能ETF	7.78
	军工	512660	国泰中证军工ETF	22.07
		512680	广发中证军工ETF	4.09
	环保	512580	广发中证环保产业ETF	17.61
	传媒	512980	广发中证传媒ETF	19.94
		159805	鹏华中证传媒ETF	5.85
	政策类	515600	广发中证央企创新驱动ETF	39.32
		512960	博时央企结构调整ETF	121.89
		510810	汇添富中证上海国企ETF	100.42
策略	基本面	512750	嘉实中证锐联基本面50ETF	3.31
	红利	510880	华泰柏瑞红利ETF	45.47
		159905	工银瑞信深证红利ETF	26.14
	低波动	512260	华安中证500行业中性低波动ETF	2.07
商品	黄金	518600	广发上海金ETF	0.00
		518880	华安黄金ETF	109.05
		159937	博时黄金ETF	58.33
	豆粕	159985	华夏豆粕ETF	5.03
债券	国债	511010	国泰上证5年期国债ETF	10.94
	可转债	511380	博时中证可转债及可交债ETF	5.77
QDII	恒生指数	159920	华夏恒生ETF	63.93
	恒生中国企业指数	510900	易方达恒生H股ETF	92.36
	纳斯达克100	159941	广发纳斯达克100ETF	5.99
		513100	国泰纳斯达克100ETF	10.61
	标普500	513500	博时标普500ETF	20.56
	德国DAX	513030	华安德国30(DAX)ETF	12.56
	法国CAC	513080	华安法国CAC40ETF	0.79
	中国互联网50	513050	易方达中证海外互联ETF	34.42

数据来源：Wind，截至2020年6月30日。

附录 B　广发基金主要 ETF 联接和指数基金 C 类份额产品概况

指数类别	细分类别	证券代码	证券简称	申购费率	赎回费率	销售服务费率
宽基	中证 100	007136	广发中证 100ETF 联接 C	免申购费	<7 天：1.50% >=7 天且<30 天：0.10% >=30 天：免赎回费	0.10%
	沪深 300	002987	广发沪深 300ETF 联接 C	免申购费	<7 天：1.50% >=7 天：免赎回费	0.20%
	中证 500	002903	广发中证 500ETF 联接 C	免申购费	<7 天：1.50% >=7 天且<8 天：0.50% >=8 天：免赎回费	0.20%
	中证 1000	006487	广发中证 1000 指数基金 C	免申购费	<7 天：1.50% >=7 天且<30 天：0.10% >=30 天：免赎回费	0.40%
	创业板	003766	广发创业板 ETF 联接 C	免申购费	<7 天：1.50% >=7 天且<30 天：0.125% >=30 天：免赎回费	0.20%
行业	医药	002978	广发中证全指医药卫生 ETF 联接 C	免申购费	<7 天：1.50% >=7 天：免赎回费	0.20%
	消费	002977	广发中证全指可选消费 ETF 联接 C	免申购费	<7 天：1.50% >=7 天：免赎回费	0.20%
		005064	广发中证全指家用电器指数 C	免申购费	<7 天：1.50% >=7 天且<30 天：0.10% >=30 天：免赎回费	0.20%

续表

指数类别	细分类别	证券代码	证券简称	申购费率	赎回费率	销售服务费率
行业	消费	004855	广发中证全指汽车指数 C	免申购费	<7 天：1.50% >=7 天且<30 天：0.10% >=30 天：免赎回费	0.20%
	信息	002974	广发中证全指信息技术 ETF 联接 C	免申购费	<7 天：1.50% >=7 天：免赎回费	0.20%
	金融	002979	广发中证全指金融地产 ETF 联接 C	免申购费	<7 天：1.50% >=7 天：免赎回费	0.20%
	周期	004857	广发中证全指建筑材料指数 C	免申购费	<7 天：1.50% >=7 天且<30 天：0.10% >=30 天：免赎回费	0.20%
		005224	广发中证基建工程指数 C	免申购费	<7 天：1.50% >=7 天且<30 天：0.10% >=30 天：免赎回费	0.20%
主题	军工	005693	广发中证军工 ETF 联接 C	免申购费	<7 天：1.50% >=7 天：免赎回费	0.20%
	环保	002984	广发中证环保产业 ETF 联接 C	免申购费	<7 天：1.50% >=7 天：免赎回费	0.20%
	传媒	004753	广发中证传媒 ETF 联接 C	免申购费	<7 天：1.50% >=7 天且<30 天：0.50% >=30 天：免赎回费	0.20%
	养老	002982	广发养老指数 C	免申购费	<7 天：1.50% >=7 天：免赎回费	0.20%
	政策类	007785	广发中证央企创新驱动 ETF 联接 C	免申购费	<7 天：1.50% >=7 天：免赎回费	0.10%
商品	黄金	008987	广发上海金 ETF 联接 C	免申购费	<7 天：1.50% >=7 天：免赎回费	0.35%
债券	国开债	006485	广发 1-3 年国开债 C	免申购费	<7 天：1.50% >=7 天且<30 天：0.10% >=30 天：免赎回费	0.10%
QDII	纳斯达克 100	006479	广发纳斯达克 100 指数基金 C	免申购费	<7 天：1.50% >=7 天：免赎回费	0.20%

数据来源：Wind，截至 2020 年 6 月 30 日。

举报电话：(010) 88254396；(010) 88258888

传　　真：(010) 88254397

E－mail　：dbqq@phei.com.cn

通信地址：北京市万寿路 173 信箱

电子工业出版社总编办公室

邮　　编：100036